CW00822457

1 MONTH OF
FREE
READING
at
www.ForgottenBooks.com

By purchasing this book you are eligible for one month membership to ForgottenBooks.com, giving you unlimited access to our entire collection of over 1,000,000 titles via our web site and mobile apps.

To claim your free month visit:

www.forgottenbooks.com/free681652

ISBN 978-0-656-98089-5
PIBN 10681652

Handbuch

für die

Provinz Posen.

Nachweisung

der

Behörden, Anstalten, Institute und Vereine.

Nach amtlichen Quellen bearbeitet.

1. Ausgabe

abgeschlossen nach dem Stande vom 1. April 1901.

Posen 1901.

Verlag der Merzbach'schen Buchdruckerei.

Nachdruck verboten.
Uebersetzungsrechte vorbehalten.

Vorwort.

Schon seit längerer Zeit hat sich in unserer Provinz das Bedürfniß geltend gemacht nach einem Handbuch, — wie es für andere Provinzen der Monarchie bereits regelmäßig zur Ausgabe gelangt — das eine Nachweisung der in der Provinz vorhandenen Behörden und Beamten, Anstalten, Institute und Vereine enthält.

Die besonders umfassenden und zeitraubenden Vorbereitungen und Vorarbeiten für die Herausgabe des Werks haben das Erscheinen der vorliegenden ersten Auflage über Erwarten verzögert. Der ursprüngliche Plan wurde jedoch nicht unbeträchtlich erweitert und es stellte sich auch als wünschenswerth heraus, die am 1. April d. Js. eintretenden Personalveränderungen bei der Drucklegung des Handbuchs noch zu berücksichtigen.

Das Werk, das nunmehr abgeschlossen nach dem Stande von 1. April vorliegt, enthält neben einer namentlichen Nachweisung der Reichs- und Staats-, geistlichen, provinziellen und kommunalen Behörden und deren Beamten, der Schulen, Kirchen und Religionsgesellschaften, Justizbehörden, Rechtsanwälte, Medizinalpersonen, milden Stiftungen Gesellschaften, Fonds, Vereine rc., auch ein Verzeichniß der Privat-, Gemeinde- und Anstaltsforsten nebst deren wichtigsten Personalien. Auch die Angabe der Orden und Ehrenzeichen ist überall durchgeführt worden Die Anordnung des Stoffes ist aus dem folgenden Inhaltsverzeichnisse zu ersehen. Das umfangreiche Personenregister und ein alphabetisches Sachregister wird die Benutzung des Buches wesentlich erleichtern.

Eine weitere Ausgestaltung des Handbuchs soll für die nächsten Auflagen vorbehalten bleiben; insbesondere ist die Angliederung eines Verzeichnisses des Grundbesitzes der Provinz Posen und eines Posenschen Handels- und Gewerbe-Adreßbuches in Aussicht genommen.

Indem wir somit die erste Ausgabe des Handbuchs für die Provinz Posen der Benutzung übergeben, bitten wir, das Werk mit Nachsicht zu beurtheilen, weil — trotz aller Mühen und Aufwendungen — Lücken und Ungenauigkeiten bei dem sehr umfangreichen, sich fast täglich verändernden Material wohl niemals vollständig vermieden werden können, und wir hoffen, daß das Handbuch seiner Aufgabe, ein praktisches Nachschlagewerk bei den oft eigenartigen Verhältnissen unserer Provinz zu bilden, möglichst gerecht werden wird, und daß es sich das Wohl-wollen weiterer Kreise erwirbt.

Schließlich haben wir noch die angenehme Pflicht zu erfüllen, Sr. Excellenz dem Herrn Oberpräsidenten und den hohen Behörden in Stadt und Provinz, welche in bereitwilligem Entgegenkommen das von uns erbetene Material zur Verfügung gestellt und zum Theil wiederholt durchgesehen haben, unseren ganz ergebenen Dank abzustatten.

Posen, im Mai 1901.

Die Verlagsbuchhandlung.

Inhalts-Uebersicht.

Personalnachweise.
A. Staats- und Kommunalbehörden.

B. Militärbehörden.

C. Reichsbehörden.

D. Anstalten bezw. Institute, milde Stiftungen, Gesellschaften Vereine und Fonds.

E. Parlamentsmitglieder.

F. Anhang.

Erklärung der Ordensbezeichnungen.

1) Allgemeine Bezeichnungen.

A, Adl Adler.

Allg Allgemeines.

B, Bd Band, am Bande.

Br mit Brillanten.

C Civil.

D Dienstauszeichnung.

Eich mit Eichenlaub.

ErB am Erinnerungsbande.

Ehr Ehrenzeichen.

EhrKrz Ehrenkreuz.

EmB am Emaillebande, d. Kr des Kronen=, d. RA des Rothen Adler=Ordens.

ErKrz66 Erinnerungskreuz 1866.

Fürstl Fürstlich.

GKrz Großkreuz.

GKomth Großkomthur.

gAllgEhr Allgemeines Ehrenzeichen in Gold.

gMed Goldene Medaille, fK für Kunst, fW für Wissenschaft.

Inh Inhaber.

Joh Johanniter=Ehrenritter, JohRechtsr Rechtsritter des Johanniter=Ordens.

Kdm64 u. 70/71 Kriegsdenkmünze 1864 bezw. 1870 71.

Kr Kronenorden.

Krz Kreuz, (rKrz), DKrz.

Komth Komthur.

Komm Kommandeur.

Kommend Kommendator.

L Landwehr, LD Landwehrdienstauszeichnung.

Luis Luisenorden.

Malt Malteser.

Mil Militär, MilVKrz Militär=Verdienstkreuz.

m mit, z. B. mKette.

Med Medaille, RettMed Rettungs-Medaille, VMed Verdienst-Medaille u. s. w.

NC für Nichtkombattanten.

Off Offizier, OffKrz Offizierkreuz.

RA Rother Adler-Orden.

RettMed Rettungsmedaille.

Rge am Ringe.

Ritt Ritter.

(rKrz) mit dem rothen Kreuz im weißen Felde.

Schw mit Schwertern, SchwaRge mit Schwertern am Ringe.

Schl mit der Schleife.

St mit dem Stern.

V Verdienst, VKrzFrJgfr Verdienstkreuz für Frauen und Jungfrauen.

w am weißen Bande.

---

2) Preußische Orden.

(ohne Bezeichnung der Staatszugehörigkeit).

SchwA Schwarzer Adler-Orden.

Mér Orden pour le Mérite (Friedkl Friedensklasse).

RA Rother Adler-Orden.

Kr Kronen-Orden.

HohenzH Königl. Hausorden von Hohenzollern.

EisKrz Eisernes Kreuz.

MilVKrz Militär-Verdienstkreuz.

MilEhr Militär-Ehrenzeichen.

AllgEhr(rKrz) Allgemeines Ehrenzeichen mit rothem Kreuz im weißen Felde (Sanitäts-Ehrenzeichen).

AllgEhrG Allgemeines Ehrenzeichen in Gold.

AllgEhr Allgemeines Ehrenzeichen.

gMedfK goldene Medaille für Kunst (1 große, 2 kleine).

gMedfWiss goldene Medaille für Wissenschaft (1 große, 2 kleine).

RettMed Rettungs-Medaille.

D Dienstauszeichnungskreuz.

LD Landwehr-Dienstauszeichnung.

Joh Johanniter-Orden (ohne nähere Bezeichnung: Ehrenritter; Rechtsr Rechtsritter; Kommend Kommendator).

Luis Luisen-Orden (I. und II. Abtheilung; die zweite Abtheilung hat 3 Klassen, deren erste mit silberner Krone — LuisIIIsKr — verliehen werden kann).

VKrzFrJgfr Verdienstkreuz für Frauen und Jungfrauen.
FürstlHohenzH Fürstlich Hohenzollernscher Hausorden (EhrKrz1, EhrKommenthKrz, EhrKrz2, 3, InhgEhrMed, InhsVMed).

---

3) Orden anderer deutscher Bundesstaaten.

Anh Herzoglich anhaltische Orden: AlbrBär Herzogl. anhalt. Hausorden Albrecht des Bären; VWuK Herzogl. anhalt. Verdienstorden für Wissenschaft und Kunst.

Bad Großherzoglich badische Orden: Tr Hausorden der Treue; MilKarlFrV Militärischer Karl Friedrich Verdienstorden; ZährL oder ZährLöw Zähringer, Löwen-Orden; CivVMed; DKrz (für Offiziere, und zwar 1 für 40jähriger 2 für 25jährige Dienstzeit).

Bayr Königlich bayrische Orden: Hub St. Hubertus-Orden; Georg St. Georgs-Orden; MaxJos Militär-Max-Joseph-Orden; Kr Civil-Verdienstorden der bayrischen Krone; Mich Verdienstorden vom hl. Michael; Maxim Maximilians-Orden für Wissenschaft und Kunst; MilV Militär-Verdienstorden; LudwMed Ludwigs-Medaille für Wissenschaft und Kunst; VKrz70/71.

Braunschw Herzoglich braunschweigische Orden: HeinrLöw Hausorden Heinrichs des Löwen.

ghHess Großherzoglich hessische Orden: Löw Hausorden vom goldenen Löwen; Ludw Ludwigs-Orden; Phil Verdienstorden Philipps des Großmüthigen; MilVKrz Militär-Verdienstkreuz; SanKrz Militär-Sanitätskreuz; g(s)VMed goldene (silberne) Verdienstmedaille für Wissenschaft, Kunst, Industrie und Landwirthschaft.

Lipp Fürstlich Lippische Orden: EhrKrz Hausorden des fürstlich Lippischen Ehrenkreuzes.

SchaumbLipp Fürstlich Schaumburg-Lippische Orden: EhrKrz Hausorden des Ehrenkreuzes; MilVMed Militär-Verdienst-Medaille.

LippDetm Lippe-Detmoldsche Orden: EhrKrz Hausorden des Ehrenkreuzes; CivVMed bezw. MilVMed Civil- bezw. Militär-Verdienst-Medaille.

Meckl Großherzoglich Mecklenburgsche Orden: WendKr Hausorden der Wendischen Krone; Greif Greifen-Orden; SchwerMilVKrz Schwerinsches Militär-Verdienstkreuz; SchwerMedKuW1 und 2 Schwerinsche Medaille für Kunst und Wissenschaft (1 goldene, 2 silberne); SchwerVMed Schwerinsche Verdienst-Medaille (in Gold, Silber, Bronze), StrelVKrz Strelitzsches Verdienstkreuz für Auszeichnung im Kriege.

Old Großherzoglich Oldenburgsche Orden: VHaus V Haus- und Verdienst-Orden des Herzogs Peter Friedrich Ludwig; VEhr Inhaber des mit dem Haus- und Verdienst-Orden verbundenen Allgemeinen Ehrenzeichens; VKrz Verdienst-Kreuz für Aufopferung und Pflichttreue in Kriegszeiten; EhrKrzEhrenKreuz; gMedKuW Goldene Medaille für Kunst und Wissenschaft.

Reuss Fürstlich Reussische Orden: CivEhrKrz Civil Ehren Kreuz, wird von beiden Linien selbständig, jedoch mit verschiedenem Bande verliehen; EhrMed Ehren Medaille (älterer Linie); EhrKrz Ehrenkreuz (jüngerer Linie); sVMed Silberne Verdienst-Medaille (jüngerer Linie).

Sächs Königlich Sächsische Orden: Raut Hausorden der Rautenkrone; Heinr
  Militär-St.Heinrichs-Orden; V Verdienst-Orden; Albr Albrechts-Orden;
  Sid Sidonien-Orden (als Großkreuz zu tragen); SanKrz Ehrenkreuz für
  freiwillige Krankenpflege (Sanitäts-Kreuz).

ghSächs Großherzoglich sächsische Orden: Falk Hausorden der Wachsamkeit oder
  von weißen Falken; MilVMed; VMedKuW Verdienst-Medaille für Kunst
  und Wissenschaft; CivVMed; Ehr Ehrenzeichen für rühmliche Thätigkeit
  während des Krieges 1870/71.

SachsErnH Herzoglich Sachsen-Ernestinischer Haus-Orden.

SchwarzbEhrKrz Fürstlich Schwarzburgisches Ehrenkreuz.

Wald Fürstlich Waldeck'sche Orden; V Verdienst-Orden; MilVKrz Militär-Verdienst-
  Kreuz für Offiziere; VMed Verdienst-Medaille für Civil- u. Militärpersonen.

Württ Königl. württembergische Orden: Kr Orden der Württembergischen Krone;
  MilV Militär-Verdienst-Orden; Fr Friedrichs-Orden; Olg Olga-Orden;
  MilDEhr Militär-Dienstehrenzeichen; sVMed Silberne Verdienst-Medaille.

4) Ausländische Orden.

Belg Königlich Belgische Orden: Leop Leopold-Orden; BgrEhr Bürger-Ehren-
  zeichen; ErKrzEisenb Erinnerungskreuz für langjährige Dienste im Eisen-
  bahnwesen; VMed Verdienst-Medaille.

Bol Orden der Republik Bolivia: B Orden der Ehrenlegion oder Bolivar-Orden.

Bras Orden der Vereinigten Staaten von Brasilien: VMed Verdienst-Medaille zur
  Belohnung für der Humanität geleistete Dienste. — Aufgehobene kaiserliche
  Orden, welche jedoch noch getragen werden dürfen: SüdlKrz Orden vom
  südlichen Kreuz; Pedr Orden Dom Pedro I.; Ros Rosen-Orden; MilChr
  Militär-Orden Christi; MilBdA Militär-Orden San Bento d'Aviz; MilJak
  Militär-Orden St. Jakobs vom Schwerte; RettMed.

Bulg Bulgarischer Orden: CV Civil-Verdienstorden.

Dän Königlich Dänische Orden: El Elephanten-Orden; Dannebr Dannebrog-
  Orden; Dbrm Dannebrogsmann; RettMed; BelMed Belohnungs-Medaille.

Franz Französische Orden: EhrLeg Ehren-Legion.

Griech Königlich Griechische Orden: Erl Erlöser-Orden; Freih Ehrenzeichen für
  Theilnahme am Freiheitsfriege.

Brit Königlich Großbritannische Orden: Hos Hosenband-Orden; Bath Bath-Orden;
  Ind Orden des Indischen Reichs; KrInd Orden der Krone von Indien
  (Damen-Orden); StInd Orden des Sterns von Indien; RKrz Rothes
  Kreuz (Damen-Orden); Kdm; RettMed.

Haw Orden der Hawaischen oder Sandwich-Inseln: Kal Orden Kalakauas I.;
  Kam Verdienst-Orden Kamehamehas I.

Hond Orden der Republik Honduras: Ros Orden der heiligen Rose und der
  Civilisation von Honduras.

Ital Königlich Italienische Orden: Annunz Orden der Verkündigung oder Annun-
  ziaten-Orden; MuL St. Mauritius- und Lazarus-Orden; MilSav Militär-
  Orden von Savoyen; Kr Orden der Italienischen Krone; TapfMed Goldene
  Tapferkeits-Medaille.

Kong Orden des Kongostaates: AfrSt Orden des afrikanischen Sterns.

Lux Großherzoglich Luxemburgische Orden: Eich Orden der Eichenkrone: GLöw Nassauischer Hausorden vom goldenen Löwen: MilD Militär-Dienstzeichen.

NassAd Herzoglich Nassauischer Hausorden: Militär- und Civil-Orden Adolfs von Nassau.

Nied Königlich Niederländische Orden: Wilh Militär-Wilhelms-Orden: Löw Civil-Verdienstorden vom niederländ. Löwen; OrN Orden von Oranien-Nassau.

NorwOl Königlich norwegischer Orden des heiligen Olaf.

Oest Kais. u. Königl. österreichisch-ungarische Orden: GVl Orden des goldenen Bließes; Stef St. Stefan-Orden; Leop Leopold-Orden; EisKr Eiserne Krone; FrzJos Franz Josef-Orden; MTher Maria Theresia-Orden; MilVKrz: TapfMed Tapferkeits-Medaille; CVKrz: EhrKuW Ehrenzeichen für Kunst und Wissenschaft.

Päpstl Päpstliche Orden: Chr Christus-Orden; Greg St. Gregorius-Orden; Syl Goldener Sporn, jetzt St. Sylvester-Orden; P Pius-Orden; MilVMed: KrzEP Kreuz Pro Ecclesia et Pontifice; HlGrab Orden des heiligen Grabes zu Jerusalem.

PersSuL Persischer Sonnen- und Löwen-Orden.

PortChr Portugiesischer Christus-Orden; VillViç Militär-Orden der Empfängniß Unf. lieben Frau von Villa-Viçosa.

Rum Königlich rumänische Orden: St Stern von Rumänien; Kr Rumänischer Kronen-Orden; TapfKrz Rumänisches Tapferkeits-Kreuz.

Russ Kaiserl. Königl. russische Orden: Andr St. Andreas-Orden: AlexN St. Alexander-Newsky-Orden; WA Weißer Adler-Orden; Ann St. Annen-Orden; Stan St. Stanislaus-Orden; Georg St. Georgen-Orden: Wlad St. Wladimir-Orden. — Von den Kaiserl. Königl. russischen Orden rangiren der St. Andreas-Orden, der St. Alexander-Newsky-Orden, der Weiße Adler-Orden, der St. Annen-Orden und der St. Stanislaus-Orden in der aufgeführten Reihenfolge; die Verleihung des höheren Ordens schließt die der niedrigeren mit ein. Der St. Georgen-Orden und der St. Wladimir-Orden gehören in diese Reihenfolge nicht hinein.

SansSt Strahlender Stern von Sansibar.

Schwed Königlich schwedische Orden: Ser Seraphinen-Orden oder das blaue Band: Schw Schwert-Orden oder das gelbe Band; N Nordstern Orden oder das schwarze Band; Was Wasa-Orden oder das grüne Band.

Serb Königlich serbische Orden: WA Weißer Adler-Orden: Tak Takowo Orden; Sb Orden des heiligen Sabbas für Verdienste um Wissenschaft, Literatur, schöne Künste und die Kirche.

Tunlft Tunesischer Nischan-el-Istikhar, Orden des Ruhmes

Türk Türkische Orden: Imt Nischan-Imtiaz-Orden; Nlft Nischan-Iftikhar: Osm Osmanié-Orden; Medsch Medschidié-Orden.

VenezBol Venezolanischer Orden der Büste Bolivars oder Orden des Libertador.

Erklärung der sonstigen Abkürzungen.

A.

A Amt, Amts, Archipresbyterat.
a. D. außer Dienst.
à l. s. à la suite.
Abg Abgeordneter.
AbgH Abgeordnetenhaus.
Abth Abtheilung.
Adm Administrator.
Aelt Aeltester.
Ag Agentur.
AGR Amtsgerichtsrath.
Alt Alters, z. B. Alt- u. Inv.-Vers.
AM Amtmann.
Anw Anwalt.
Ap Apotheke(r).
AR Amtsrath.
Arb Arbeiter.
ARr Amtsrichter.
Ass, Assist Assistent, Assistenz.
Ass, Assess Assessor.
Aussch Ausschuß.

B.

B Bezirk, Bureau.
Bahnmstr Bahnmeister.
BauInsp Bauinspektor.
Baumstr Baumeister.
BauR Baurath.
Beigeord Beigeordneter.
bes besondere.
Bes, bes Besitzer.
Betr Betriebs-.
Bez Bezirk.
Bgbes Bauergutsbesitzer.
Bgmstr Bergmeister.
Bgrmstr Bürgermeister.
Bur Bureau.

C.

Civ Civil.

D.

D Deichverband, Dienst, Diöcese.
D Doktor der Theologie.
Dech Dechant.
Dek Dekanat.
Del Delegirter.

Dep Departements-, Deputirter.
Diät Diätar.
Dir Direktor.
Dirig Dirigent.
Dr. Doktor.
Durchl Durchlaucht.

E.

E Einnehmer, Elementarlehrer.
EinkSt Einkommensteuer.
Eiu Einnehmer.
Eis Eisenbahn.
em emeritirt.
erbl erblich.
Erzb erzbischöflich.
ev, evang evangelisch.
Ex Excellenz.

F.

F Filialkirche.
F Forst, Förster.
FabrBes Fabrikbesitzer.
FB Forstinspektions-Bezirk.
FKRend Forstkassen-Rendant.
FM Forstmeister.

G.

G Geistlicher, Gericht, Gesanglehrer.
Gbes Gutsbesitzer.
Gef Gefängniß.
GefInsp Gefängniß-Inspektor.
Geh Geheimer.
Geistl Geistlicher.
Gem Gemeinde.
GemVorst Gemeindevorsteher.
Gen General.
GenDir General-Direktor.
GenKomm General Kommission.
GenLandsch Generallandschaft.
GenSup Generalsuperintendent.
Ger Gericht (z. B. VerwGerDir Verwaltungsgerichts-Direktor).
Gew Gewerbe.
GewInsp Gewerbe-Inspektor.
GSchr Gerichtsschreiber.
GVollz Gerichtsvollzieher.
Gymn Gymnasium, Gymnasial.

b

H.

H Haupt, Hülfs, Hülfslehrer, auch Deich-hauptmann.
HA Hauptamt.
HAAssist Hauptamts-Assistent.
HAKontr Hauptamts-Kontroleur.
HARend Hauptamts-Rendant.
Handelsk Handelskammer.
Hausv Hausvater.
Hdl Handel.
HH Herrenhaus.
hlg heilig.
Hosp Hospital.
HptL Hauptlehrer.
Hptm Hauptmann.
HPred Hülfsprediger.
HStA Hauptsteueramt.
Hülfsarb Hülfsarbeiter.
HZA Hauptzollamt.

J.

J Deich-Inspektor, Justiz.
inform informatorisch.
Ing Ingenieur.
Insp Inspektor.
Inv Invalidität.
JR Justizrath.
jüd jüdisch.
jur juristisch.
Just Justiz.

K.

K Kanzlei, Kandidat.
Kämm Kämmerer.
Kass Kassirer.
Kat Kataster.
kth katholisch.
Kfm Kaufmann.
Kgl Königlich.
KnSchule Knabenschule.
Komm kommiss, kommissarisch.
Komm, kommun, Kommune, kommunal.
KommerzR Kommerzienrath.
KommissR Kommissionsrath.
KonsR Konsistorialrath.
Kpl Kaplan.
Kr Kreis, Kranke.
KrBauInsp Kreisbauinspektor.
KrBaumstr Kreisbaumeister.
Krkh Krankenhaus.
KrSekr Kreis-Sekretär.

L.

L Land, Landmesserbureau, Landschaft, Lehrer(in).
Landm Landmesser.

Landsch Landschaft.
Landw Landwirthschaft(lich).
Ld Land.
LdR Landrath.
LdRr Landrichter.
Ldsch Landschaft.
Lds Landes.
LdsAelt Landesältester.
LdsR Landesrath.
LdsOekR Landes-Oekonomierath.
LG Landgericht.
LGR Landgerichtsrath.
Lic Licentiat.
Leut Leutnant.
LMr Landrichter.
Lt Leutnant.

M.

M Mitglied.
Mag Magistrat.
MedKoll Medizinal-Kollegium.
MedR Medizinal-Rath.
Mel Melioration.
Mil Militär.
MSchule Mädchenschule.
Mstr Meister.
Mus Musik, Museum.
MusDir Musik-Direktor.

N.

Ndr Nieder-.

O.

O Ober-,
Ob desgl. (auch: Oberlehrer).
ObAM Oberamtmann.
ObJR Oberjustizrath.
ObLdsGerR Oberlandesgerichtsrath.
ObLt Oberleutnant.
ObPAss Oberpostassistent.
ObPSekr Oberpostsekretär.
ObPräs Oberpräsident (-präsidium).
ObRegR Oberregierungsrath.
ObStA Oberstabsarzt.
ObStAnw Oberstaatsanwalt.
ObTelegrAss Obertelegraphenassistent.
ObTelegrSekr Obertelegraphensekretär.
OekR Oekonomierath.
OF Oberförster(ei).
OFM Oberforstmeister.
OGK Obergrenzkontroleur.
OKAssist Oberkontroleur-Assistent.
OLGR Oberlandesgerichtsrath.
ORev Oberrevisor.
OStK Obersteuerkontroleur.

P.

P Pastor, Pächter, Post.
PAmt Postamt.
PAss Postassistent.
PDir Postdirektor.
Pf Pfarrer.
PMstr Postmstr.
Pol Polizei.
Präs Präsident, Präsidial-, Präsidium.
Pred Prediger.
prim primarius.
Prinzl prinzlich.
Priv Privat.
Prof Professor.
Prov Provinzial-, Proviant-.
PSekr Post-Sekretär.

R.

R Rath.
R Reichstag (in M. d. R.)
Rabb Rabbiner.
RAnw Rechtsanwalt.
Realg Realgymnasium(al).
RechnR Rechnungsrath.
Reg Regierung.
RegBaumstr Regierungs-Baumeister.
Registr Registrator.
RegKanzlDiät Regierungskanzleidiätar.
RegR Regierungsrath.
Reg- u. BauR Regierungs- und Baurath.
Rel Religionslehrer.
Rentmstr Rentmeister.
Repr Repräsentant.
Rev Revisor.
RevJ Revisions-Inspektor.
Rf Rechnungsführer.
Rg Rittergut.
Rgbes Rittergutsbesitzer.
Rittm Rittmeister.

S.

s siehe.
SanR Sanitätsrath.
Schr Schriftführer.
Sekr Sekretär.
Sem Seminar.
sim simultan.
sog sogen sogenannt.
Sp Spezialkommissar.
St Staats-, Stabs-, Stadt-, Stations-, Steuer-.
StA Stabsarzt, Steueramt.
städt städtisch.

StAnw Staatsanwalt.
StAss Stationsassistent.
statist statistisch.
StdtHptkasse Stadt-Hauptkasse.
StdtR Stadtrath.
StE Steuereinnehmer.
Stellv Stellvertreter.
StJ Steuer-Inspektor.
StR Steuerrath.
Sup Superintendent.
Supern Supernumerar.
Syn mit den Synodalien ausgezeichnet.
Synd Syndikus.
SynVorst Synagogenvorsteher.

T.

T technischer Lehrer.
T mit Telegraphenbetrieb.
techn technisch.
TelegrAssist Telegraphen-Assistent.
TelegrSekr Telegraphen-Sekretär.
Th Thierarzt.
theol theologiae.
Tu Turnlehrer.

V.

V Verein.
V, Vorst Vorsteher bezw. Bureauvorsteher, (beim ProvSchulKoll: Vorschullehrer).
V Vorsteher resp. Vorsitzender.
Vermess Vermessungs-.
Vers Versicherung.
VerwGerDir Verwaltungsgerichtsdirektor.
VetAss Veterinär-Assessor.
VolA Volontärarzt.
Vors Vorsitzender.
Vorst Vorstand, Vorsteher.

W.

W Wasser, Werk, (Kreis-)Wundarzt.
WBauInsp Wasser-Bauinspektor.
Werkmstr Werkmeister.
WH Wissenschaftlicher Hülfslehrer.
WirklGehR Wirklicher Geheimer Rath.

Z.

ZA Zollamt.
ZE Zolleinnehmer.
ZJ Zollinspektor.
z. Zt. zur Zeit.
Z Zeichenlehrer.

Alphabetisches Sachregister.

Handbuch der Provinz Posen.

A. Staats= und Kommunalbehörden.

I. Ober=Präsidium.

Taubenstraße Nr. 1.

Oberpräsident: Se. Excellenz Dr. **von Bitter,** Stellvertr des Vorf. der Ansiedel= Kommission für Westpreußen u. Posen RA2 StRA2Eich Kr2St EisKrz2 LD2 RussStan1 OesterrLeopKomm OesterrEisKr3 WürttKrKomth.

Dem Oberpräsidenten sind beigegeben: Thon ObPräsR Stellv des Ob= Präf in Behinderungsfällen RA3Schl LD2 DänDannebrKomm2 KomthKrz2 SächsAlbr; **Schumann, von Tilly, Graf von Roedern, von Oppen** Reg= Assessoren.

Bureau: Steinbrunn RechnR BurVorst, **Glaubitz** KR, **Winkler, König, Schneider** Sekretäre, **Bürger, Deutschländer, Martineck** RegCivSupernumerare.

Kanzlei: Striese KVorst, **Roy, Kochau** Kanzlisten, **Simmerow** KDiät.

Boten: Höpfner, Leese.

Provinzialrath der Provinz Posen.

Vorsitzender: Se. Exc Dr. **von Bitter** ObPräs (j. vorher).
Stellvertreter: Thon ObPräsR (j. vorher).
a) **Ernannte Mitglieder:** Thon ObPräsR (j. vorher).
Stellvertreter: Schumann RegAssessor (j. vorher).
b) **Vom Provinzial=Ausschuß gewählte Mitglieder:** Se. Durchlaucht Fürst **Ferdinand Radziwill** auf Schloß Antonin, Kr. Ostrowo, Mitgl des HH RA2St EisKrz2 Krl JohMalt PäpstlGregCiKrz, **von Bernuth** Rgbei auf Borowo, Kr. Kosten, RA3Schl Joh, Dr. **Sigism. Szuldrzynski** Rgbef auf Lubasch, Kr. Czarnikau, **Wendorff** OekR Rgbei auf Zdziechowo, Kr. Gnesen, stellv Mitgl des LdsOekKollegiums, **Witting** ObBgrmstr in Posen.
Stellvertreter: Graf Kwilecki Rgbei auf Oporowo b. Wronke, Mitgl des HH, **Franke** KommerzR, Kanim u. StadtR, Vors der Handelst in Bromberg, Frhr. v. **Scherr-Thoß** Rgbei auf Ober Möhrsdorf, Kr. Frau stadt, RA3Schl u. Kr EisKrz2 Joh AnhllAlbrBärKittl SächsAlbrOff, **von Poninski** Rgbei auf Koscielec, Kr. Inowrazlaw, **Jouanne** Rgbei auf Santomischel, Kr. Schroda, RA4.

Handbuch der Provinz Posen.

Realgymnasien.

Bromberg (Kgl). Dir: Keſſeler. — Ob: Dr. Goerres, Engelhardt ErKrz1866 Kdm70/71 LD2, Gutzeit, Dr. Oſiecki Kdm70/71 LD2, Dr. Reeck, Schaube Kdm70/71 LD2 Profeſſoren; Dr. Seelig, Kolbe LD2, Dr. Brülcke LD2, Dr. Kubſe, Bock, Arnold LD2, Rückert, Kühn, Mertner; WH Richert, Z Müller, GymnL Hertel, WH Kuwert, K Heerhaber. — Im Nebenamte ſind beſchäftigt: Rel (kath) Markwart Propſt, (jüd) Dr. Walter Rabb, GL Bauer, WPrivL Kothe Kdm66 Kdm70/71 LD2. — Neubauer Schuidiener D3.

Progymnaſien.

Kempen (Kgl). Dir: Mahn. — Ob: Dr. Heintze, Heinrich, Dr. Eßner, Dr. Beer. — Im Nebenamte ſind beſchäftigt: Rudolph (Kaſſenrendant); Rel (kath) Jurek Propſt; GL Bombitzke; Lauterbach Schuldiener Kdm70/71 D3 u. 2.
Tremeſſen (Kgl). Dir: Prof Dr. Rittau. — Ob: Woller, Gatzemeyer, Dr. Kremmer, Holtzheimer, Gaebler. — WH: Dorn, T Werner. — Im Nebenamte ſind beſchäftigt: Rel (kath) Thyrakowſki Vikar. — Filutowicz Schuldiener.

Schullehrer-Seminare.

Bromberg (Kgl). Dir: Stolzenburg SchulR. — SOb: Koch. — SL: Hinze, Hopp, Neumann SKaſſRend, Reddin, Lieke. — SMuſL Marwitzky; SH Fiebig; PräpL Maiwald, Wilde. — Gerner Schuldiener.
Exin (Kgi). Dir: Schmidt. — SOb u. Rel: Kretſchmer. — SL: Beyer, Ormanns, Krawczyůſki, May, Apel, Roſe. — Litwin Schuldiener.
Koſchmin (Kgl). Dir: Hammerſchmidt. — SOb: Röll. — SL: Ernſt SKaſſRend, Bobke, Schmidt, Hinze. — SMuſL: Schöne. — KommSL: Dr. Wilcke. — Im Nebenamte ſind beſchäftigt: Kr Dr. Volkmann Anſtaltsarzt; L der polniſchen Sprache Kryſinſki; Lehrerin für weibliche Handarbeiten Puſch. — Schröper Speiſewirthin, Schulz Schuldiener D3.
Paradies (Kgl). Dir: Pelz. — SOb: Stelter. — SL: Werner, Janiſch, Weißenſtein, Stein, Kreutner, Dr. Servos. — Vierwagen Schuldiener AllgEhr.
Poſen (Kgi. Luiſenſtiftung). Dir: Baldamus Eduard SchulR RA4. — SOb: Raſt, Dr. Hübler. — SL: Claſſen Oskar, Seyda, Damſch, Erbe, Haberling, Juhnke, Will, Steinhauff, Weiler. — SObLehrerin: Hermann. — SLehrerinnen: Schönke, Albrecht, Vaſſenge, Langhaus, Baldamus Eliſabeth, Frenzel, Le Viſeur, Hippauf, Claſſen Katharine, Baldamus Jda, Leuchtenberger. — Michalowicz DivPfr. — GymnT: Gandert. — Jordan Schuldiener.
Rawitſch (Kgl). Dir: Reimann. — SOb: Leiſt LD2. — SL: Pade, Sonnenburg Kdm70/71NCBd, Morawitzky, Kobilke, Kuſtin, Gaide, Stietz, Jüttner, Schröter, Walter. — Rohrbech Schuldiener ErKrz66 Kdm70/71 D1.
Schneidemühl (Kgl). Dir: Grüner LD2. — SL: Jauer Kaſſenrendant. — Im Nebenamte ſind beſchäftigt: Dr. Hartiſch praet. Arzt, Rel (kath) Platz Vikar.

Königliche Präparandenanſtalten.

Czarnikau (ſim). V Höhne, PräpL Schwantes, H Klautſchke. — Draeger Wirthin.
Liſſa i. P. (ſim). V Geſchke EisKrz2, L Lattermann, Hauffe, H Schramm.
Lobſens (kath). V Jennig. L Petzelt, H Wittke.
Meſeritz (ſim). V Lange, PräpL Hoffs, H Raſetzki.
Rogaſen (ſim). V Ulbrich, L Lewicki, Templin.
Schönlanke (ſim). V Lukſch. — Im Nebenamte ſind beſchäftigt: VL Albrecht, Sachon.

Städtiſche höhere Mädchenſchulen.

Bromberg (St. höh. Mdchſch. u. Lehrerinnenſeminar). Dir: Dr. Rademacher. — Ob: Krüger, Pieconka PredigtKand (komm.), Weſtpfahl. — L: Zepke, Schneider, Wieſe, Mertner PredigtKand (komm). — OLehrerin: Falk. — Lehrerinnen: Krauſe, Rückersfeldt, Chappuis (OL), Holbe. — Im Nebenamte ſind beſchäftigt: MuſikL Bauer, ZLehrerin Reuter, Rabb Walter, VLehrerin Doblin, L Cronhelm.

Schneidemühl (Kaiserin Auguste=Victoria=Schule). Dir: **Ernst.** — Ob: **Rösener,**
Dr. **Grubich.** — L: **Schiemann** — OLehrerin: **Minarski.** — Lehrerinnen:
Regenbrecht, Finsch. — Tu u. HLehrerin **Hintze;** HLehrerin **Mahnkopf;**
— Im Nebenamt sind beschäftigt: Rel (jüd) **Brann** Rabb. — **Kowitz** Schul=
diener.

Privat-Lehranstalten.

Ostrau. Dir: Prof Dr. M. **Beheim=Schwarzbach.** — L: Dr. Felix **Beheim=Schwarzbach,**
Bialonski, Elsner, Gerhard, Voiges, Dr. **Wien, Zimmermann, Barnewitz,**
Bloch, Delles, Engeljohann, Heldig, Kaltbrenner, Leidhold, Laebcke, Pophal,
Rupp, Schindler, Schmartel, Spiegelberg, Vogel, Wegner. — Rel (kath)
Dratwa Vikar, (jüd) Dr. **Richter;** Rend Dr. Hugo **Beheim=Schwarzbach;**
WJnsp Alexander **Beheim=Schwarzbach;** RendGeh **Thinius.**
Unruhstadt. Vorst u. Rektor: **Ziemann.** — PräpL: **Graupner, Wilde, Hecke.** —
H im Gartenbau: **Graeber** Kantor. — MusLehrerin: **Haack.**

---

2. Medizinal-Kollegium in Posen.

Präsident: Se. Exc Dr. **von Bitter** ObPräs (s. vorher).
Stellvertreter: Thon ObPräsR (s. vorher).
Mitglieder: Dr. **Wernicke** (Erich), MedR, Prof, Dir des Kgl Hygien Instituts
zu Posen BadZährLRitt2Eich GriechErlRittGKrz, Dr. **Kunau** GehMedR
RA4, Dr. **Toporski** MedR, Dr. **Borchard** (mit der komm. Verwaltung der
Medizinal=Assessorstelle beauftragt), **Heyne** Dep=Th VerAss RA4, Dr. **Man-**
kiewicz pharmaz. Assessor.
Dem Medizinal=Kollegium treten in einzelnen von dem Vorsitzenden des Kollegiums
zu bestimmenden Fällen zwei Mitglieder der nach der Königlichen Verordnung
vom 25. Mai 1887 (G.=S. S. 169) für jede Provinz gebildeten Aerztekammer
bei. Diese Mitglieder und ebensoviel Stellvertreter werden von der Aerzte=
kammer selbst zu diesem Behufe gewählt (vergl. § 3 d. v. a. Verordnung).

Aerztekammer.
Die Vorstandsmitglieder sind durch (V) bezeichnet.

I. Aus dem Reg.=Bez. Posen.

Mitglieder:

Dr. **von Alkiewicz** in Pudewitz,
" **Borchard** in Posen (V),
" **Dluhosch** Dir der ProvIrrenPflegeAnst Kosten,
" **Herrnstadt** in Lissa i. P.
" **Jerzykowski** in Posen fehlt z. Z. (V),
" **Landsberger** in Posen (V),
" **Pauly** GehSanR in Posen (V).

Stellvertreter:

Dr. **von Kutzner** in Kobylin,
" **Wroblewski** in Buk,
" **Krysiewicz** in Posen,
" **von Chlapowski** SanR in Posen,
" **Sandhop** in Brätz,
" **Brinkmann** Kreisarzt in Neutomischel,
" **Jaffé** in Posen,
" **Wege** in Buk.

II. Aus dem Reg.=Bez. Bromberg.

Dr. **Brunk** SanR in Bromberg (V),
" **Jacoby** GehSanR in Bromberg,
" **Warminski** SanR in Bromberg,
" **Davidsohn** in Schneidemühl.

Dr. **Forner** SanR in Inowrazlaw,
" **Holz** Kreisarzt in Bromberg,
" **Warschauer** in Inowrazlaw,
" **Drozynski** in Schneidemühl.

Vertreter in dem Provinzial=Medizinal=Kollegium.

Dr. **Herrnstadt** in Lissa i. P.
" **Davidsohn** in Schneidemühl.

Dr. **von Alkiewicz** in Pudewitz,
" **Dluhosch** Dir d. ProvIrrenPflAnst in Kosten.

Vertreter in der Wissenschaftlichen Deputation für das Medizinalwesen.

Dr. Jacoby GehSanR in Bromberg.   Dr. Pauly GehSanR in Posen.

Für den Aerztekammer-Ausschuß.

Delegirter:	Stellvertreter:
Dr. Landsberg in Posen.	Dr. Borchard in Posen.

Aerztliches Ehrengericht für die Provinz Posen.

Mitglieder:	Stellvertreter:
Dr. Brunk SanR in Bromberg (B),	Dr. Davidsohn in Schneidemühl,
„ fehlt z. Z.	„ Jacoby GehSanR in Bromberg,
„ Landsberger in Posen,	„ Pauly GehSanR in Posen,
„ Herrnstadt in Lissa i. P..	„ Jerzykowski in Posen,
„ Pilling LGR in Posen (richterl.).	Knitter LGR in Posen (richterl.).

Protokollführer: Schneider RegSekr.

Medizinalpersonen in Posen.

Regierungsbezirk Posen.

Stadtkreis Posen.

Dr. Apolant,
„ Andersch,
„ Batkowski SanR,
„ Biberfeld,
„ v. Bolewski,
„ Borchardt,
„ v. Broekere,
„ Burmeister
„ Caro,
„ v. Chlapowski Franz SanR,
„ Chlapowski Anton,
„ v. Chrzanowski,
„ Calvary,
„ Chachamowicz,
„ Chrzelitzer,
„ Claus KrAssArzt,
„ v. Dembinski,
„ Dahmer,
„ Derlin,
„ Davies,
„ Drobnik,
„ v. Dziembowski,
„ Ehrlich,
„ Elkeles,
„ Fiedler,
„ Friedländer,
„ Fritsche,
„ Freund,
„ v. Gąsiorowski SanR
„ Grodzki,
„ Gottberg,
„ Hampel,
„ Heermann,
„ Herr,
„ Hirschberg GehSanR R.A4Schw EisKrz2 Kdm66 u. 70/71,
„ Holtzer,

Dr. Hirschbruch,
„ Jaffé,
„ Jarnatowski Th. Max
„ Jarnatowski Kasimir,
„ v. Jaruntowski,
„ Jerzykowski,
„ Jeremias,
„ Kantorowicz,
„ Kapuscinski,
„ Kassel,
„ Korach,
„ Kozielski,
„ Krayn,
„ Kryssewicz,
„ Kunau GehMedR RA4,
„ Kożuszkiewicz,
„ Kroll,
„ Landsberg,
„ Landsberger,
„ Lange Ferdinand,
„ Lange Ludwig,
„ Laschke,
„ Lehmann KrArzt,
„ Lichtenstein,
„ Larras,
„ Lubarsch Prof,
„ Maaß,
„ Maćkiewicz,
„ Marquardt,
„ Mutschler,
„ Michalski,
„ Markus,
„ v. Niegolewski,
„ Ott GenObArzt,
„ Panienski Valentin KrArzt RittKrz2- EichZährL,
„ Panienski Johann,
„ Pauly, GehSanR,

Dr. Peyser,
„ Pinkus Oskar,
„ Pinkus Theodor,
„ Popper,
„ Pomorski,
„ Preibisz,
„ Prochownik,
„ Pulvermacher,
„ Popper,
„ Rudolph,
„ Rudzki,
„ Rilke,
„ Schmidt RegMedR,
„ Schoenke SanR,
„ Schoenstedt,
„ Stan,
„ Steiner Prof.,
„ Schulz,
„ Schwer,
„ Suszczynski,
„ Szumann,
„ v. Swięcicki,
„ Schlomer,
„ Smolinski,
„ Sowinski,
„ Stark,
„ Spicker,
„ Toporski MedR,
„ Witte,
„ Wicherkiewicz,
„ Wernicke Prof MedR,
„ Wintersohle,
„ Villaret GenArzt.
„ v. Zakrzewski,
„ Zielewicz SanR,
„ Zielcke,
„ Ziolkowski,
„ Heyne DepThierarzt VeterinärAssessRA4.

Apothecken.

Becker St. Martinstr. 18,
v. Dzierzgowski Breslauerstr. 31,
Gierlowski Alter Markt 41,
Herlitz Alter Markt 37,
Jacobsohn Wilhelmstr. 24,
Jasinski Alter Markt 75,

Koffer Parkstr. 9,
Dr. Leschnitzer Wilhelmspl. 13,
Linke Kronprinzenstr. 9,
Dr. Wild Hedwigstr. 12,
Zycki Wallischei 76.

Landkreis Adelnau.

Adelnau: Dr. Sandhop Kreisarzt, Dr. Sobiech. — Thierarzt: Bludau KrTh (inter). — Ap: Swidzinski.
Sulmierschütz: Dr. Szurminski. — Ap: Kostrzenski.
Raschkow: Dr. Greuer. — Ap: Schoen.

Landkreis Birnbaum.

Birnbaum: Dr. Graetz, Dr. Schroeder Kreisarzt. — Thierarzt: Schwanke KrTh. — Ap: Reinhard.
Großdorf bei Birnbaum: Dr. v. Wlazlowski.
Zirke: Dr. Peschel, Dr. Michalek. — Ap: Eisen.

Landkreis Bomst.

Bomst: Dr. Smulkowski. — Ap: Dr. Piper.
Rakwitz: Dr. Greiser, Dr. Lazarewicz. — Ap: Gericke.
Unruhstadt: Dr. Schroch, Dr. Krause. — Ap: Gaebel.
Wollstein: Dr. Kallmann, Dr. Markwitz, Dr. Schroeder Kreisarzt. — Thierarzt: Schick KrTh. — Ap: Knechtel.
Altkloster: Ap: Eppen.

Landkreis Fraustadt.

Fraustadt: Dr. Ebner SanR Kreisarzt RA4 Kdm66 u. 70 71, Dr. Glaser, Hubrich, Dr. Kowalewicz. — Thierarzt: Roskowski KrTh. — Ap: Franz (Stadtapotheke), Sunderhoff (Adlerapotheke), Schilbach (Mohrenapotheke).
Luschwitz: Treptau.
Schlichtingsheim: Olshausen. — Ap: Michel (Filiale).

Landkreis Gostyn.

Gostyn: Dr. v. Gorski, Dr. Granatkiewicz, Dr. Hartisch Kreisarzt. — Thierarzt: Baum (inter) KrTh. — Ap: v. Pruski.
Kröben: Antoniewicz, Dr. Kucner. — Ap: Glatzel.
Punitz: Dr. Hejnowicz, Dr. Huebner. — Ap: Marchwinski.
Sandberg: Dr. Dirbach.

Landkreis Grätz.

Buk: Dr. Wege, Dr. Wroblewski. — Ap: Rostel.
Grätz: Dr. Rubensohn SanR Kreisarzt, Dr. v. Zuchowski, Dr. v. Koczorowski. Ap: Ritter.
Opalenitza: Krüger. — Thierarzt: Kurschat KrTh. — Ap: Bloch.

Landkreis Jarotschin.

Jaratschewo: Dr. Pietrowicz.
Jarotschin: Dr. Klinkowski, Dr. v. Bartkowski, Dr. Cohn Kreisarzt, Dr. Niklewski SanR, Dr. Dogs. — Thierarzt: Prieur KrTh. — Ap: Powidzka.
Neustadt a. W.: Dr. Mussiel. — Ap: Brandenburg.
Zerkow: Dr. Janiszewski, Dr. Buddee. — Ap: Majer.

Landkreis Kempen.

Kempen: Dr. Daszkiewicz, Dr. Laudowicz Kreisarzt, Dr. Schlesinger, Dr. Irzcinski.
Thierarzt: Matzki KrTh. — Ap: Mierzejewski, Mißbach.

Landkreis Koschmin.

Borek: Dr. Bielawski, Dr. Siepniewski. — Ap: Scheres.
Koschmin: Dr. Fuchs SanR, Dr. Wyszynski, Dr. Volkmann Kreisarzt LD2. —
Thierarzt: Sprenger KrTh. — Ap: Balcerek.
Pogorzela: Dr. Braun.

Landkreis Kosten.

Czempin: Dr. Bartlitz, Dr. Braun. — Ap: v. Brodzki.
Kosten: Dr. Laurentowski, Dr. Bosse, Dr. Dluhosch Dir der Provinzial-Irren-
Anstalt, Dr. Halleur AssArzt, Dr. Havemann VolArzt, Dr. Litzner Geh.
SanR Kreisarzt RA4w Kdm66 u. 70/71 LD2, Dr. Nowakowski, Dr. v. Zawadzki,
Dr. Lehmann. — Thierarzt: Huebner KrTh. — Ap: Seile.
Kriewen: Dr. Biziel. — Ap: Badelt.

Landkreis Krotoschin.

Dobrzyca: Dr. Schreyer.
Kobylin: Dr. v. Kutzner, Dr. Türk. — Ap: Hartmann.
Krotoschin: Dr. Adamczewski, Dr. Kreißmann, Dr. Karl Friedr. Lachmann
GehSanR, Dr. Reinh. Lachmann, Dr. Polewski, Dr. Wunderlich GehSanR
Kreisarzt EisKr2w Kdm66 u. 70/71 LD2. — Thierarzt: Reinemann KrTh.
— Ap: Matheus, Wicherski.
Zduny: Dr. Jaffé, Dr. Studentkowski. Arzt. — Ap: Wolffohn.

Landkreis Lissa i. P.

Lissa i. P.: Dr. Hubert Goder SanR, Dr. Hubert Goder, Dr. Herrnstadt,
Dr. Müller SanR, Dr. Riessing, Dr. Neustadt, Dr. Swiderski, Dr. Scherbel,
Dr. Gebhard, Dr. Wegner SanR Kreisarzt. — Thierarzt: Bartelt KrTh.
— Ap: Klupsch, Krönig, Reinstein.
Reisen: Dr. Favre.
Storchnest: Dr. Alkiewicz. — Ap: Zweigapotheke von Klupsch aus Lissa i. P.

Landkreis Meseritz.

Bentschen: Dr. Schlief, Dr. Krzyzan. — Ap: Dr. Koeberlin.
Betsche: Fengler. — Ap: Gros.
Braetz: Ap: Heinrichsdorff.
Meseritz: Dr. Rogowski Kreisarzt, Dr. Gebauer, Dr. Grimm, Dr. Hensel, Trusz-
czynski. — Thierarzt: Heese KrTh. — Ap: Dr. Schwabe.
Tirschtiegel: Dr. Grimm, Dr. Tschacher. — Ap: Röderer.

Landkreis Neutomischel.

Neustadt b. P.: Dr. Heydrich, Dr. Pajzderski. — Ap: Roering.
Neutomischel: Dr. Brinkmann Kreisarzt, Dr. Loechner. — Thierarzt: Bauer II
(komm) KrTh. — Ap: Dr. Weiß.

Landkreis Obornik.

Kowanowko: Dr. Mucha, Dr. v. Karczewski.
Ritschenwalde: Dr. Wrzyszczynski. — Ap: Lamprecht.
Murowana Goslin: Dr. Luft, Dr. Maj. — Ap: Zielechowski.
Obornik: Dr. Matthes, Dr. Peters GehMedR, Dr. Stefanowicz, Dr. Herrmann
Kreisarzt. — Thierarzt: Bauer I KrTh. — Ap: Speichert.
Owinsk: Dr. Sturmhöfel.
Rogasen: Dr. Straube, Dr. Wysocki. — Ap: Wadynski.

Landkreis Ostrowo.

Ostrowo: Dr. v. Blociszewski, Dr. Ozegowski, Dr. Maeusel, Dr. Metzner, Dr. Meyer, Dr. Paulisch KrArzt, Dr. Szostakowski, Dr. Wittkowski, Dr. Peiser. — Thierarzt: Bertelt KrTh. — Ap: Scheyer, Hentschel.

Landkreis Pleschen.

Pleschen: Dr. Kirschstein, Dr. Kubacki, Dr. Landsberg SanR KrArzt ErKrz66 Kdm70/71, Dr. Likowski, Dr. Peyser. — Thierarzt: Jacobi KrTh. — Ap: Suchocki.

Landkreis Posen-Ost.

Owinsk: Dr. Christoph, Dr. Teichert Aerzte der ProvJrrenAnstalt, Dr. Werner Dir der Prov-JrrenAnstalt, Dr. Winkler, Dr. Sturmhoefel AssAerzte.
Schwersenz: Dr. Knoblauch, Dr. Blazejczyk. — Ap: Storch.
Pudewitz: Dr. v. Alkiewicz, Dr. Eitner, Dr. Kossowski, Dr. Lehmann KrArzt in Posen, Dr. Clauß KrAssArzt in Posen. — Thierarzt: Jacob KrTh in Posen. — Ap: Ralentz.

Landkreis Posen-West.

Stenschewo: Dr. v. Gorski, Dr. Kompf. — Ap: Liebau.
Tarnowo: Buchwald, Dr. Heinze, Dr. Lehmann KrArzt in Posen, Dr. Clauß KrAssArzt in Posen. — Thierarzt: Jacob KrTh in Posen.

Landkreis Rawitsch.

Bojanowo: Dr. Frost, Dr. Seiler SanR. — Ap: Miehle.
Görchen: Dr. Grobelny. — Ap: Floßky.
Jutroschin: Dr. Grynglewicz. — Ap: v. Gorski.
Rawitsch: Dr. Dyrenfurth, Dr. Greulich SanR, Dr. Kleinert SanR KrArzt, Dr. Lowinski, Dr. Krause. — Thierarzt: Frick KrTh. — Ap: Müller (Stadt- u. Rathsapotheke), Wittig (Löwenapotheke).

Landkreis Samter.

Duschnik: Dr. Schlinke.
Obersitzko: Dr. Gropler, Dr. Huebner. — Ap: Dr. Hummel.
Pinne: Dr. Weßling, Dr. Gostynski, Dr. Szrant, Dr. Nizinski. — Ap: Röstel.
Samter: Dr. Munter, D. Lehmann KrArzt, Dr. Rosinski. — Thierarzt: Hartmann KrTh. — Ap: Konieczny.
Wronke: Dr. Rosinski SanR. — Ap: Strzyzynski.

Landkreis Schildberg.

Grabow: Dr. Milkowski. — Ap: Degórski.
Schildberg: Dr. Jordan, Dr. Sikowski KrArzt, Dr. Schlesinger, Dr. Zycki. — Thierarzt: Ohlmann KrTh. — Ap: Zietak.

Landkreis Schmiegel.

Schmiegel: Dr. Jaeckel KrArzt, Dr. Kaminski, Dr. Tomaszewski. — Thierarzt: Schnibbe KrTh. — Ap: Hanisch.
Wielichowo: Dr. Makowski.

Landkreis Schrimm.

Dolzig: Dr. Kowalski. — Ap: v. Grabowski.
Kurnik: Dr. Tetzlaff, Dr. Unger. — Ap: Kuczynski.
Moschin: Dr. Sterz, Dr. Arlt. — Ap: Marggraff.
Schrimm: Dr. v. Broetere, Dr. Ehrlich, Dr. Nawrocki, Dr. Telschow KrArzt. — Thierarzt: Roempler KrTh. — Ap: Peyser.
Xions: Dr. v. Karchowski. — Ap: Beyersdorff.

Landkreis Schroda.

Kostschin: Dr. Kube SanR, Dr. Taczak. — Ap: Mąkowski.
Santomischel: Dr. Fink.
Schroda: Dr. Dembczak SanR KrArzt LD1, Dr. Lawiecki, Dr. Liebel, Dr. Opielinski. — Thierarzt: Bermbach KrTh. — Ap: Tarnowski.

Landkreis Schwerin a. W.

Blesen: Dr. Kahl, Dr. Binder. — Ap: Sakszewsky.
Prittisch: Dr. Mahlow. — Filialap: Ap: Horn.
Schwerin a. W.: Dr. Schmidt Kreisarzt, Dr. Wolffsohn, Hampke, Dr. Wengel GehSanR, Hovemann. — Thierarzt: Wodarg KrTh (komm). — Ap: Reimer.

Landkreis Wreschen.

Miloslaw: Dr. Lehmann, Matuszewski. — Ap: Grochowski.
Strzalkowo: Drezewski.
Wreschen: Dr. Böning, Dr. Krzyzagorski, Dr. Michaelssohn Kreisarzt. — Thier-
arzt: Dr. Foth. — Ap: Smyczynski.

Regierungsbezirk Bromberg.

Stadtkreis Bromberg.

Dr. Andryssohn,
" Augstein SanR,
" Baasner,
" Bille SanR EisKrz2,
" Breslauer,
" Brüggemann Kreisarzt des LdKr Bromberg,
" Brunk SanR,
" v. Czarlinski SanR,
" Daniel,
" Dietz,
" Gartzko,
" Goerl,
" Großkopf,
" Hecht,

Dr. Hering OStArzt I. Kl. Kdm70/71 EisKrz2w RettMedBd RA4 MilVKrz,
" Hirschberg,
" Holz Kreisarzt des Stdt-Kr Bromberg,
" Hoppe,
" Jacoby GehSanR EisKrz2w,
" Jaster SanR Reg= u. MedR,
Kroening,
" Koerner OStArzt I. Kl. u. RegArzt,

Dr. Kuhn,
" Lampe,
" Leisner,
" Lipowski,
" Meyer,
" Michle,
" Mittelstädt,
" Piórek,
" Queisner,
" Rheindorf,
" Schmude,
" Schulz,
" Voigt Kreisarzt GenArzt a.D. RA4 Kr3 EisKrz2,
" Warminski SanR.

Thierarzt: Peters DepThierarzt.

Apotheker:
Affeld, Faerber, Jacob, Kuhlmann (Verwalter).

Landkreis Bromberg.

Crone a. B.: Dr. Lindenau (Strafanstaltsarzt), Dr. Szews, Dr. Szukalski. —
Ap: Nizinski.
Fordon: Dr. Arndt, Dr. Sebbel (Strafanstaltsarzt). — Ap: Rosenow.
Schulitz: Dr. Simon. — Ap: Grimm.
Schleusenau: Dr. Bennefahrt, Dr. Wilde. — Ap: Tonn. — Thierarzt: Peters
DepThierarzt in Bromberg.

Kreis Czarnikau.

Czarnikau: Dr. Hinz, Dr. v. Lniski, Dr. Michelsohn, Dr. Moeller Kreisarzt SanR
Kdm70/71, Dr. Pfeffer, Dr. Wieniecki. — Thierarzt: Jochmann KrTh. —
Ap: Dr. Selle.
Schönlanke: Dr. Blumberg, Dr. Hentschel, Dr. Lipecki, Dr. Sachs SanR EisKrz2w.
— Ap: Wagner Kdm70/71.

Kreis Filehne.

Filehne: Dr. Fronzig, Dr. Gahbler, Dr. Kastor, Dr. Wiese Kreisarzt. — Thierarzt: Dlugay KrTh. — Ap: Groß.

Kreuz a. O.: Dr. Bratel, Dr. Klein. — Ap: Kornhuber.

Schneidemühlchen: Dr. Caspary.

Kreis Gnesen.

Gnesen: Dr. Anders, Dr. Brandt StArzt, Dr. Czarnecki, Dr. Exner StArzt Dr. Fritz ObStArzt I. Kl. RA4 TürkMedsch4, Dr. Grünbaum ObStArzt I. Kl. RA4, Dr. Kaslinski, Dr. Meyer, Dr. Miodowski, Dr. von Ulatowski, Dr. Wieczorek, Dr. Wilke GehSanR Kreisarzt MilEhr2, Dr. Wolff. — Thier-arzt: Schumann KrTh. — Ap: Gantkowski, Grieben.

Kletzko: Dr. Urbanski. — Ap: Grochowski.

Dziekanka: Dr. v. Blomberg ObArzt, Dr. Kayser SanR Dir, Dr. Pawel II. AssArzt, Dr. Wickel I. AssArzt an der ProvJrrenAnst.

Kreis Jnowrazlaw.

Jnowrazlaw: Dr. Bergel, Dr. Ernst Militärarzt, Dr. Fouer RA4, Dr. Fränkel ObStArzt I. Kl. RA4, Dr. Frost, Dr. Janssen Kreisarzt, Dr. Jóskowski, Dr. Krzyminski, Dr. Loewenberg, Dr. Langner, Dr. Nordmann, Dr. Przy-byszewski, Dr. Rakowski SanR, Dr. Rhese StArzt, Dr. Schellin, Dr. Sell, Dr. Spirel StArzt, Dr. Stankowski, Dr. Szczypinski, Dr. Warschauer. — Thierarzt: Wagner KrTh. — Ap: Jedamski, Reichmann, Wasowicz.

Argenau: Dr. Dörschlag, Dr. Glabisz. — Ap: Kuzaj.

Gr.-Koluda: Dr. von Mieczkowski.

Luisenfelde: Dr. Wahler.

Montwy: Dr. Duda.

Kreis Kolmar i. P.

Budsin: Dr. Demmler. — Ap: Dutz.

Kolmar i. P.: Dr. Bausi, Dr. Chrzescinski, Dr. Reeps, Dr. Witting Kreisarzt. — Thierarzt: Elschner KrTh. — Ap: Schneider.

Margonin: Dr. Conrad. — Ap: Schauer.

Samotschin: Dr. Münk StArzt a. D., Dr. Reiß SanR. — Ap: Büttner.

Schneidemühl: Dr. Briese, Dr. Davidsohn, Dr. Drozynski, Dr. Kühn, Dr. Mislo-witzer ObArzt d. R., Dr. Steiner ObArzt b. R., Dr. Strauch ObStArzt I. Kl. u. RegArzt RA4, Dr. Sydow StArzt. — Ap: Philipp, Seligsohn.

Usch: Dr. Goebe, Dr. Zoch. — Ap: Caspary.

Kreis Mogilno.

Mogilno: Dr. Maciejewski, Dr. Schröder Kreisarzt, Dr. Szuminski. — Ap: Elzanowski.

Pakosch: Dr. Drescher, Dr. Kollmann, Dr. von Znaniecki. — Ap: von Milewski.

Tremessen: Dr. von Pradzynski, Dr. Nau, Dr. Stroinski. — Ap: Umbreit.

Orchowo: Dr. Grunwald.

Kreis Schubin.

Bartschin: Dr. Kolodziej. — Ap: v. Kulesza.

Labischin: Dr. von Chrzanowski. — Ap: Manzek.

Exin: Dr. Mangelsdorf, Dr. Sell. — Ap: Pardon.

Schubin: Dr. Holec, Dr. Loeffler Kreisarzt. — Thierarzt: Deppe KrTh. — Ap: Maliski.

Kreis Strelno.

Kruschwitz: Dr. Aronsfeld, Dr. Stankowski. — Ap: Wituski.
Strelno: Dr. Cieslewicz Kdm70/71, Dr. Haack KrArzt, Dr. Szafarkiewicz. —
    Thierarzt: Fredrich KrTh in Kruschwitz. — Ap: Umbreit.

Kreis Wirsitz.

Friedheim: Dr. Nitsche.
Lobsens: Dr. Ebert, Dr. Simon. — Ap: Settmacher.
Mrotschen: Dr. Below, Dr. Rudolf. — Ap: Kalliese.
Nakel: Dr. Vorkowski, Dr. Hoppe, Dr. Lande SanR, Dr. Lewy, Dr. Majewski.
    — Ap: Büttner.
Wirsitz: Dr. Litterski SanR, Dr. Sauberzweig KrArzt, Dr. Stanczyk. — Ap:
    v. Tempski.
Wissek: Dr. Schwantes. — Ap: Findeklee (Verw).
Weißenhöhe: Dr. Brunk. — Ap: Fischer.

Kreis Witkowo.

Schwarzenau: Dr. Nobowski. — Ap: Baum.
Witkowo: Dr. Gautkowski, Dr. v. Piskorski, Dr. Salzwedel KrArzt. — Thier=
    arzt: Krüger KrTh (inter). — Ap: v. b. Osten-Sacken.

Kreis Wongrowitz.

Gollantsch: Dr. Piotrowski, Dr. Zauke. — Ap: Ankermann.
Schokken: Dr. Fridrich KrAssArzt. — Ap: Weichert.
Wongrowitz: Dr. Bekker KrArzt, Dr. Laskowski SanR EisKrz2, Dr. Peyser,
    Dr. Suszycki. — Thierarzt: Müller KrTh. — Ap: Dr. Bredow.

Kreis Znin.

Janowitz-Stadt: Dr. Goldbaum, Dr. v. Radojewski. — Ap: Prochnow.
Janowitz-Gut: Dr. Bloch.
Rogowo: Dr. Grzeskowiak. — Ap: Werner (Filiale).
Rogowko: Dr. Lachmann.
Znin: Dr. v. Bogdanski, Dr. Jaczynski, Dr. Pieconka KrArzt, Dr. v. Plewkiewicz.
    — Thierarzt: Hummel KrTh. — Ap: Legal.

---

3. Königliche Generalkommission
für die Provinzen Westpreußen und Posen zu Bromberg.

Bahnhofstraße Nr. 29 und Viktoriastraße Nr. 4b.

Präsident: von Baumbach-Amönau (m. d. Range d. Räthe II. Kl.), Mitglied des Aus=
    schusses zur Untersuchung der Wasserverhältnisse in den der Ueberschwemmungs=
    gefahr besonders ausgesetzten Flußgebieten und der Ansiedelungs-Kommission
    für Westpreußen und Posen RA3Schl SchwarzbEhrKrz2.
Mitglieder: Dr. Jesse ObRegR LD2, Perrin GehRegR RA4, Picht Reg u. LdsOekR
    RA4, Ortmann RegR, Alfred Meyer RegR LD1, Carlson RegR LD2,
    Friedrich RegR, Ehrhardt RegR, Philipp RegR, von Katzler RegR LD1.
Zur Ausbildung beim Kollegium beschäftigt: Hildebrand OekKommGeh,
    Mahlich OekKommAnw.
Technische Hülfsarbeiter: Breitkopf VermessInsp LD1, Evers MelBauinsp.
    (nebenamtl.)
Geodätisch-technisches Bureau: Die Vorstehergeschäfte werden durch den
    VermessInsp wahrgenommen. — AbtheilVorst I: Timme ObLandm u. VermessRev.
    — VermessBeamte: Wallisch, Heinschke, Gaedke, Palmowski, Mach. —
    AbtheilVorst II: Heidelck ObLandm. — Hülfszeichner: Werner, Knichalla,
    Liedtke.

Bureaubeamte: Koedcke RechnR; Steinbrinck zugl BurVorst; Cronhelm, Heinh, von Hirsch, Steinbrück, Kirsten, Kunz, Staege, Busch, Zechlin, Köbsell, Sekretäre; von Trzebiatowski, von Rzepecki SpSekretäre; Strehlke, Sauer, Sommer, Fischer, Flick u. Piepiorka GenKommBurDiätare.
Kanzleibeamte: Hapke KInsp, Bretsch KSekr, Schmidt, Scharlauck, Medenwald, Müller Kanzlisten, Bergin, Romahn Kanzleidiätare.
Unterbeamte: Steffen Botenmstr, Laske, Wolinski u. Reimer Boten.

Spezialkommissionen.

Sp Spezialkommissar, V Vermessungsbeamte, B Bureaubeamte.

Bromberg I Sp: Jordan RegAss; V: Ziegelasch ObLandm, Wilke, Mater, Reich, Steindel Landm; B: Hendrischke SpSekr, Erota CivAnw.
Bromberg II: Sp: Gottwald RegAss; V: Mende SpSekr, Wintersteir CivAnw.
Lissa I: Sp: Müller LdsOekR RA4; Dr. Rintelen RegAss, V: Franke ObLandm, Starzewski, Gilge, Gehlich, Baum Landm; B: Wirth SpSekr, Jaensch CivAnw.
Lissa II: Sp Marchand RegAss; Schipplick SpBurDiät.
Posen: Sp: Riechert RegAss; V: Loewe Landm; B: KR Kantorowicz SpSekr, Wozny BDiät.
Schneidemühl: Sp: Sp Dr. Jlgner RegAss; V: Plähn ObLandm, B: Müller SpSekr, Wiese BDiät.

---

4. Provinzial=Steuerdirektion Posen.

Wilhelmstraße 31.

Besondere Abkürzungen: StR Steuer=Rath, OStJ Ober=Steuer=Inspektor, OJJ Ober=Zoll= Inspektor, RR Rechnungs=Rath, KR Kanzleirath, HARdt Hauptamts=Rendant, ORev Ober=Revisor, HAK Hauptamts=Kontroleur, StJ Steuer=Inspektor, OStK Ober=Steuer=Kontroleur, OGK Ober=Grenz= Kontroleur, HASekr Hauptamts=Sekretär, HAAss Hauptamts=Assistent, StRdt Steuer=Rendant, StE Steuer= Einnehmer, ZE Zoll=Einnehmer, OKAss Ober=Kontrole=Assistent, Aß Zoll= od. Steueramts=Assistent, ZP Zoll=Praktikant, StS Steuer=Supernumerar, StK Stationskontroleur.

ProvStDir: Loehning GehFinanzR RA3Schl GLE3a.
Mitglieder: Gesch ORegR Stellv des ProvStDir LD1, Mende GehRegR Justitiar ErKrz66 RA4, Laube RegR, Dorgerloh RegR, Schütze RegAssess u. Vorst des Stempel= u. Erbschaftssteueramts II (kommiss), Knaack RegAssess u. Vorst des Stempel= u. Erbschaftssteueramts I (kommiss).

Bureaubeamte:

BurVorst: Piton RR (für das Rechnungswesen) RA4 Kdm70 71 ErKrz66 LD1. Leutke (für das Expeditions= u. Kanzleiwesen).
Sekretäre: Heinze KR RA4 D3, Mach KR, Walter LD2, Matzel, Kopitsch D3, Klinke, Gütschow, Bressel D3, Dröge, Taubert, Brunne D3, Becker, Lieske, Glase= mann, Dreschke LD2, Weiß LD2, Gensicke, Martin LD2, Walther D3, Krutschel, Winter LD2, Wagner.
Hilfsarbeiter: Haß, Meyer, Peuckert Zollpraktikanten.
Kanzlisten: Riering KInsp Kdm70/71 D3, Bartsch KSekr KrönungsMed61 D3, Lehmann Hilfsschreiber D3.

Der Provinzial=Steuerdirektion beigeordnet als:

Reichsbevollmächtigter für Zölle und Steuern: Haupt Kgl sächs OFinanzR Kr3 SächsV3.
Den Hauptämtern Inowrazlaw, Pogorzelice, Skalmierzyce, Bromberg, Lissa, Meseritz, Posen und Rogasen als StR beigeordnet Niedereder (Großherzogl. badischer FinanzAssess u. HAK zu Posen.

Reſſort.

Zum Reſſort der Provinzial=Steuerdirektion gehören die Stempel= und Erbſchaftsſteuerämter I und II in Poſen und 8 Hauptzoll= bezw. Hauptſteuerämter mit den zugetheilten Nebenzollämtern und Steuerämtern.

Stempel= und Erbſchaftsſteueramt I

für den Regierungsbezirk Poſen mit Ausnahme der Kreiſe Obornik, Birnbaum und Schwerin a. W.

Vorſteher: **Knaack** RegAſſ. BurBeamte: **Taubert, Genſicke, Wagner** Sekretäre.

Stempel= und Erbſchaftsſteueramt II

für den Regierungsbezirk Bromberg und die Kreiſe Obornik, Birnbaum und Schwerin a. W.

Vorſteher: **Schütze** RegAſſ. BurBeamte: **Guetſchow, Becker** Sekretäre, **Meyer** ZP (Hilfsarbeiter).

Hauptzoll= und Hauptſteuerämter.

Die Ziffern bedeuten die Etatsnummer des Hauptamts.

Bromberg	4	Meſeritz	6	Rogaſen	8
Inowrazlaw	1	Pogorzelice	2	Skalmierzyce	3
Liſſa	5	Poſen	7		

Ober-Kontrolen.

Die Ziffern bezeichnen das Hauptamt, zu welchem die Ober=Kontrole gehört.

a) Ober=Grenz=Kontrolen.

Boguslaw	3	Papros	1	Skalmierzyce	3
Borzykowo	2	Podzamcze	3	Strzalkowo	2
Grabow	3	Robakow	2	Woycin	1

b) Ober=Steuer=Kontrolen.

Bentſchen	6	Labiſchin	4	Poſen IV	7
Birnbaum	6	Liſſa I	5	Budewitz	7
Bomſt	6	Liſſa II	5	Punitz	5
Bromberg	4	Lobſens	4	Rawitſch	5
Buk	7	Margonin	8	Rogaſen	8
Crone a. B.	4	Meſeritz	6	Samter	7
Czarnikau	8	Mogilno	1	Schildberg	3
Czempin	5	Mrotſchen	4	Schneidemühl	8
Exin	4	Mur.=Goslin	8	Schmiegel	5
Frauſtadt	5	Nakel	4	Schokken	8
Gneſen	7	Neuſtadt b. P.	6	Schrimm	5
Goſtyn	5	Neuſtadt a. W.	2	Schroda	2
Grätz	6	Obornik	8	Schwerin a. W.	6
Inowrazlaw I	1	Opalenitza	6	Stenſchewo	7
Inowrazlaw II	1	Ostrowo I	3	Tremeſſen	1
Zaratſchewo	2	Ostrowo II	3	Wirſitz	4
Jarotſchin	2	Pinne I	6	Wollſtein	6
Kempen	3	Pinne II	6	Wongrowitz	8
Kolmar i. P.	8	Pleſchen	3	Wreſchen	2
Koſten	5	Poſen I	7	Wronke	7
Krotoſchin	5	Poſen II	7	Znin	1
Koſchmin	5	Poſen III	7		

Nebenzollämter.

Die Ziffern bezeichnen das Hauptamt, zu welchem die Hebestelle gehört.

Anastazewo	1	Jerzyce	1	Strzalkowo	2
Boguslaw	3	Krumknie	1	Walentinowo	1
Boleslawice	3	Papros	1	Woycin	1
Borzykowo	2	Podzamcze	3		
Grabow	3	Robakow	2		

Steuerämter.

Bentschen	6	Krotoschin	5	Schneidemühl	8
Birnbaum	6	Labischin	4	Schönlanke	8
Bomst	6	Lobsens	4	Schokken	8
Buk	7	Margonin	8	Schrimm	5
Crone a. B.	4	Mogilno	1	Schroda	2
Czarnikau	8	Mur. Goslin	8	Schubin	4
Exin	4	Nakel	4	Schwerin a. W.	6
Filehne	8	Neustadt b. P.	6	Stenschewo	7
Fraustadt	5	Obornik	8	Wirsitz	4
Gnesen	7	Ostrowo	3	Witkowo	2
Gostyn	5	Pinne	6	Wollstein	6
Grätz	6	Pleschen	3	Wongrowitz	8
Jaratschewo	2	Pudewitz	7	Wreschen	2
Jarotschin	2	Rawitsch	5	Wronke	7
Kempen	3	Samter	7	Znin	1
Kolmar i. P.	8	Schildberg	3		
Kosten	5	Schmiegel	5		

Salzsteuerämter.

Jnowrazlaw I	1	Jnowrazlaw II	1

Zollabfertigungsstellen.

Posen am Bahnhof . . . . (

Branntweinabfertigungsstellen.

Bentschener Bahnhof 0

Selbständige Zuckersteuerstellen.

Amsee	1	Niezychowo	4	Szymborze	1
Görchen	5	Opalenitza	6	Tuczno	1
Kruschwitz	1	Pakosch	1	Wierschoslawitz	1

Steuerämter für die Schlachtsteuer.

Posen am Gurtschiner Eingang	7	Posen am Berliner Eingange	7
„ in Wilda	7	„ an der Junikower Straße	7
„ am Kalischer Thor	7	„ auf dem Hauptbahnhofe	7
„ „ Warschauer Thor	7	„ Personenabfertigungsstelle am	
„ „ Bromberger Thor	7	Centralbahnhofe	7
„ „ Kirchhofsthor	7	„ Niederlage am Kleemann'schen	
„ auf dem Schlachthofe	7	Vollwerk	7

Stempelvertheiler.

Adelnau	3	Kriewen	5	Schulitz	4
Bojanowo	5	Lazarus	7	Strelno	1
Bromberg	4	Lissa	5	Tirschtiegel	6
Fordon	4	Neutomischel	6	Tremessen	1
Jnowrazlaw	1	Obersitzko	7	Unruhstadt	6
Jersitz	7	Pogorzela	5	Wilda	7
Jutroschin	5	Posen	7	Zirke	6
Kletzko	7	Posen	7		
Koschmin	5	Punitz	5		

Legitimationsschein=Ertheiler.

Argenau	1	Miloslaw	2	Wengierki	2
Kruschwitz	1	Montwy	1	Zerkow	2
Luisenfelde	1	Powidz	2		
Mieltschin	2	Strelno	1		

Hauptzollamt Jnowrazlaw.

Bezirk: Kreis Jnowrazlaw, Strelno und Mogilno, sowie Theile von Zuin und Witkowo.

OZJ: **Böttcher.** — HARdt: **Deutsch** EisKrz1 u 2 RussGeorg5 Kdm70/71 ErKrz66 LD2 D3. — HAK: **Rohr.**
HAAff: **Bunze** HASekr ErKrz66, **Kellmann, Neumann.** — ZP: **Land.**

Ober=Kontrolen.

OGK: **Bieck** LD2 in Woycin, **Czygan** LD2 in Papros.
OStK: **Groß** LD1 und **Schenke** LD2 in Jnowrazlaw, **Twachtmann** in Mogilno, **Vorckmann** in Tremessen, **Sach** in Zuin.

Nebenzollämter.

2. Kl. Anastazewo: **Szczesny** ZE D3. | 2. Kl. Papros: **Riedel** ZE D3.
2. Kl. Zerzyce: **Kohls** ZE D3. | 2. Kl. Walentinowo: **Rakulski** ZE D3.
2. Kl. Krumknie: **Weber** ZE D3. | 2. Kl. Woycin: **Laude** ZE D3.

Steuerämter.

1. Kl. Jnowrazlaw: Salzsteueramt Nr. 1: **Linke** SStE. | 1. Kl. Mogilno: **Janoschek** ·StE· D3.
1. Kl. Jnowrazlaw: Salzsteueramt Nr. 2: **Patschorke** SStE Kdm70/71 D3. | 1. Kl. Zuin: **Scholz** StE D3, **Köhn** Aff D3.

Zuckersteuerstellen.

Amsee: **Peschel** HAAff D3. | Szymborze: **Goerke** HAAff D3.
Kruschwitz: **Reimann** HASekr EisKrz2 Kdm70/71 ErKrz66 D2 u. 3. | Tuczno: Kommiss verwaltet.
Pakosch: Kommiss verwaltet. | Wierschoslawitz: **Tetzlaff** HASekr Kdm 70/71.

Stempelvertheiler.

Jnowrazlaw: **Olawski,** Buchhändler.
Strelno: **Fechner,** Gemeinde=Einnehmer.
Tremessen: **Marten,** Buchhändler.

Legitimationsschein=Ertheiler.

Argenau: **Weitze,** Königl. Distriktskommissarius a. D.
Kruschwitz: **Nowacki,** pens. ber. StAufseher.
Luisenfelde: **Seiffert,** Bureaugehilfe.
Montwy: **Genschorek,** Lehrer.
Strelno: **Fechner,** Stadtkämmerer.

Hauptzollamt Pogorzelice.

Bezirk: Kreis Wilkowo, Wreschen, Schroda, Jarotschin und Theile der Kr. Schrimm, Koschmin, Krotoschin, Gostyn und Pleschen.

OZJ: **Herrmann** LD1. — HARdt: **Pfeiffer** LD1. — HAK: **Rahn** LD1.
HAAff: **Machule, Bree** D3. — OKAff: **Bachmann** in Miloslaw.

Ober=Kontrolen.

OGK: **Appelhans** in Strzalkowo, **Rehm** in Borzykowo, **Wilke** LD2 in Robakow.
OStK: **Borm** in Jarotschin, **Müller** in Wreschen, **Koch** in Jaratschewo, **Laurich** LD2 in Neustadt a. W., **Hesse** LD2 in Schroda.

Neben = Zollämter.

1. Kl. Strzalkowo: **Seidel** ZE Kdm 70,71 D2, **Schwanke** Kdm70/71 D3, **Fischer** EisKrz2 Kdm70/71 D2 Assistenten.

1. Kl. Borzykowo: **Adamski** ZE, PVerw und Standesbeamter Kdm70 71 D3.
2. Kl. Robakow: **Wierschaczewski**, ZE PVerw Kdm70/71 D2 u. 3.

Steuerämter.

1. Kl. Jaratschewo: **Knauer** StE Kdm 70/71 D3.
1. Kl. Jarotschin: **Erbe** StE D3, **Sturm** Aff Kdm70/71.
2. Kl. Witkowo: **Hintz** StE Kdm70/71 D3.

1. Kl. Wreschen: **Jaekel** StE D3 Kdm 70/71.
1. Kl. Schroda: **Jahnke** StE D3, **Wolff** Aff Kdm70/71 D3.

Legitimationsscheinertheiler.

Mieltschin: **Joop,** Bürgermeister.
Miloslaw: **Jankowsky,** pens. StAufseher.
Powidz: **Lisiecki,** Bürgermeister.
Wengierki: **Machinski,** Ortsschulze.
Zerkow: **Scheps,** Stadtkämmerer.

Hauptzollamt Skalmierzyce.

Bezirk: Kreis Kempen, Schildberg, Ostrowo, Pleschen und Theile des Kreises Adelnau.

OZJ: **Grosse** Kdm70/71. — HARdt: **Schultz** EisKrz2 Kdm70/71 LD2. — HAK: **Albrecht.**
HAAff: **Bunzel** D3, **Schlincke, Mehlhose** D3. — ZP: **Meyer** I.

Ober = Kontrolen.

OGK: **Weber** LD2 in Podzamcze, **Werner** LD2 in Grabow, **Schröter** LD2 in Skalmierzyce, **Tasche** in Boguslaw.
OStK: **Börken** in Ostrowo, **Kesler** LD1 in Ostrowo, **Krogoll** LD2 in Pleschen, **Neimann** in Schildberg; StJ: **Stappenbeck** in Kempen.

Neben = Zollämter.

1. Kl. Boleslawice: **Kollmann** ZE D3.
1. Kl. Podzamcze: **Heller** ZE Kdm. 70/71, **Wannke** Aff D2.

1. Kl. Grabow: **Jakisch** ZE Kdm70/71 D2 LD3.
1. Kl. Boguslaw: **Wittke** ZE D3.

Steuerämter.

1. Kl. Ostrowo: **Hoffmann** StE Kdm. 70/71 D3, **Schiller** Aff Kdm70/71 D3.
1. Kl. Pleschen: **Czekalla** StE EisKrz2 Kdm70/71 D3.

2. Kl. Schildberg: **Steuer** StE Kdm70,71 D3.
1. Kl. Kempen: **Schubert** StE EisKrz2 Kdm70/71 D2 u. 3.

Stempelvertheiler.

Adelnau: **Waldeck,** Kaufmann.

Hauptsteueramt Bromberg.

Bezirk: Kreis Bromberg, Wirsitz, Schubin und Theile der Kreise Inowrazlaw, Znin, Wongrowitz und Schwetz.

OStJ: **Klammroth** Kdm70/71 LD1. — HARdt: **Jaehnke** LD2. — HAK: **Christ** EisKrz2 Kdm70/71.
HAAff: **Hillmer** HASekr, **Bielitz** LD2, **Lincke, Kahl, Stolpe** LD2. — ZP: **Sturtzel, Timling.** StE: **Link, Klenzahn.**

Ober = Kontrolen.

OStK: **Wiecklow** in Bromberg, **Krause** LD2 in Nakel, **Bierwagen** in Lobjens. **Paul** LD2 in Exin, **Rydtbusch** LD2 in Crone a. Br., **Leistikow** in Wirsitz, **Kunth** LD2 in Labischin, **Gencke** in Mrotschen.

Steuerämter.

1. Kl. Nakel: **Bode** StRdt D3, Hannov LangensMed, **Frohnert** D3, Theilbar D3 Assistenten.
1. Kl. Labischin: **Tschepke** StE EisKrz2 Kdm70/71 D3.
1. Kl. Lobsens: **Kramm** StE Kdm70/71 D3 LD2.

1. Kl. Wirsitz: **Brach** StE Kdm70/71 D2.
2. Kl. Crone a. Br.: **Krause** StE Kdm 70/71 D3.
2. Kl. Schubin: **Jahnke** StE EisKrz2 Kdm70/71 ErKrz66 D3.
2. Kl. Exin: **Kristen** StE Kdm70/71 D3 LD2.

Zuckersteuerstellen.

Niezychowo: Kommissarisch verwaltet.

Stempelvertheiler.

Bromberg: **Fromm**, Buchhändler.
Jordon: **Fuß**, ev Pastor.
Schulitz: **Brüning**, Dachpappenfabrikant.

Hauptsteueramt Lissa i. P.

Bezirk: Kreis Lissa, Fraustadt, Kosten, Krotoschin, Koschmin, Rawitsch, Schrimm, Schmiegel, Gostyn und ein Theil des Kreises Adelnau.

OStJ: **Stichel** StR EisKrz2 LD2 Kdm70/71 ErKrz66. — ORev: **Heerde** RA4. — HARdt: **Martens** RR EisKrz66 Kdm70/71. — HAK: **Zipper** LD1.
HAAss: **Sternberg** D3, **Dalchow** Kdm70/71 HASekretäre, **Riedel** D3, **Pretz**.

Ober-Kontrolen.

OStK: **Witte** StJ in Rawitsch LD1 Kdm70/71, **Mantel** LD2 in Krotoschin, **Schmidt** LD1 in Lissa II, **Brose** in Schrimm, **Witte** in Lissa I, **Hoffmann** LD2 in Schmiegel, **Goldbach** in Gostyn, **Fleischer** in Czempin, **Heiligstedt** in Kosten, **Sodemann** in Koschmin, **Rüterbusch** LD2 in Fraustadt, **Wiesemann** LD2 in Punitz.

Steuerämter.

1. Kl. Fraustadt: **Michalski** StE Kdm 70/71 D3, **Dehmel** D3, **Mahler** Kdm 70/71 D3 LD2 Assistenten.
1. Kl. Kosten: **Wittenberg** StE Kdm70/71 D3 LD2, **Hirschfelder** Ass Kdm70/71 D3.
1. Kl. Krotoschin: **Lettow** StE Kdm70/71 D2, **Mader** D3, **Radewald** Kdm70/71 LD2 D3 Assistenten.

1. Kl. Rawitsch: **Kießler** StE StRdt Kdm70/71 D3 LD2, **Radke** Ass Kdm 70/71.
1. Kl. Schrimm: **Reineke** StE StRdt Kdm70/71 D3 LD2.
1. Kl. Schmiegel: **Getzlaff** StE EisKrz2 Kdm70/71 LD2 D2.
2. Kl. Gostyn: **Schinke** StE Kdm70/71 D3, **Kluge** Ass Kdm70/71.

Zuckersteuerstellen.

Görchen: Kommissarisch verwaltet.

Stempelvertheiler.

Lissa: **Ad. Pick**, Kaufmann.
Koschmin: **Liesiecki**, Kämmerer.
Punitz: **Scholz**, Kämmerei-KassenRdt.
Pogorzela: **Sandberg**, Kämmerei-KassenRdt.
Jutroschin: **Reißer**, Hotelbesitzer.
Kriewen: **Szulczynski**, Kämmerei-KassenRdt.
Bojanowo: **Daunke**, Sparkassen-Rdt.

Hauptsteueramt Meseritz.

Bezirk: Kreis Meseritz, Birnbaum, Bomst, Neutomischel, Schwerin a. W., Theile der Kreise Grätz, Schmiegel, Kosten und Sternberg.

OStJ: **Witting** EisKrz2 Kdm70/71 LD2. — ORev: **Wrede** EisKrz2 RA4 Kdm70/71 ErKrz66 LD1. — HARdt: **Sonntag** Kdm70/71 LD1. — HAK: **Schiffer** LD1.
HAAss: **Kretschmer** HASekr EisKrz2 Kdm70/71 D2, **Tschinke**.

Ober=Kontrolen.

OStK: **Martens** StJ in Bentschen, **Bartel** in Birnbaum, **Getzkow** LD2 in Bomst, **Biesendahl** in Grätz, **Kaelke** LD1 in Meseritz, **Rohde** LD1 in Neustadt b. P., **Rabach** LD2 in Opalenitza, **Kranemann** LD2 in Pinne I, **Brüggemann** LD2 in Pinne II, **Warner** LD1 in Schwerin a. W. und **Jahn** StJ LD1 Kdm70/71 in Wollstein.

Steuerämter.

1. Kl. Bentschen: **Brieger** StE Kdm70/71 ErKrz66 D3.
1. Kl. Bomst: **Dehmel** StE EisKrz2 Kdm70/71 ErKrz66 D2.
1. Kl. Pinne: **Barda** StE Kdm70/71 D3.
1. Kl. Wollstein: **Lüdigt** StE EisKrz2 Kdm70/71 D3, **Loßau** Aff D2.

1. Kl. Birnbaum: **Sefzat** StE Kdm70/71.
1. Kl. Grätz: **Haupt** StE StRdt Kdm 70/71 LD2 u. 3, **Koeppen** Aff D3.
1. Kl. Neustadt b. P.: **Wolf** StE Kdm 70/71 D3 LD2, **Müller** Aff D3.
1. Kl. Schwerin a. W.: **Parthie** StE EisKrz2 Kdm70/71 D2.

Branntwein=Abfertigungsstellen.

Bentschener Bahnhof: **Behrens** HAAff MeckMilVKrz2 EisKrz2 StrelVKrz2 Kdm 70/71 D2.

Zuckersteuerstelle.

Opalenitza: **Täubert** HASekr Kdm70/71 LD2 D3.

Stempelvertheiler.

Neutomischel: **Goldmann**, Kaufmann und Spediteur.
Tirschtiegel: **Borngräber**, Stadtkämmerer.
Unruhstadt: **Diehr**, Kämmerei=KassenRdt.
Zirke: **Offig**, Buchhändler und Buchbindermstr.

Hauptsteueramt Posen.

Beztrk: Kreis Posen Ost und West, Theile der Kreise Samter, Schrimm, Grätz, Gnesen, Schroda, Birnbaum.

OStJ: **Kollmann** StR RA4 LD1 Kdm70/71. — HARdt: **Grunwald** RR RA4 LD1 Kdm70/71 ErKrz66. — ORev: **Kretschmer** Kdm70/71. — HAK: **Gräfer**. — OStK: **Faust** StJ Kdm 70/71 LD1.
HAAff: **Janitzki** HASekr Kr4 D3, **Bohlmann**, **Curti** D3, **Hesse** Kdm70/71 D3 LD2. **Lustig**, **Rooß** Kdm70/71 D3 LD2, **Pätsch** HASekr MilEhr2 Kdm70/71 ErKrz66 D3, **Regler** LD2, **Schieberle** HASekr Kdm70/71 D2, **Schliebs**, **Willer**, **Seel**, **Zauk**. — ZP: **Ventzki**. — StS: **Dauer**, **Hennig**.

Zollabfertigungsstelle am Bahnhof.

OStK: **Pfannenschmid** StJ LD2. — HASekr: **Besser** D2.

Ober=Kontrolen.

SStK: **Damm**, **Mikeska** StJ Kdm70/71 ErKrz66 LD2, **Scoppewer**, **Rinck** in Posen, **Schwantes** StJ RA4 Kdm70/71 ErKrz66 LD2 in Gnesen, **Albinus** in Buk, **Martini** LD2 in Pudewitz, **Wittig** LD1 in Samter, **Braumann** in Stenschewo. **Linder** in Wronke.

Steuerämter.

1. Kl. Gnesen: **Geitel** StRdt EisKrz2 Kdm70/71 D3 LD2, **Müller** Aff Kdm70/71 D3 LD2.
1. Kl. Buk: **Pesch** StE D2.
1. Kl. Pudewitz: **Buhrand** StE Kdm70/71 D2.

1. Kl. Samter: **Stiebner** StRdt Kdm 70/71NC ErKrz66 D3, **Malchow** Aff D3.
1. Kl. Stenschewo: **Scholz** StE Kdm70/71 D3 LD2.
2. Kl. Wronke: **Winkler** StE Kdm70/71 D2.

Steuerämter in Posen nur für die Schlachtsteuer rc.

2. Kl. am Gurtschiner Eingang: **Großmann** StE D3.

2. Kl. in Wilda: **Wiggert** StE Kdm70/71 D3 LD2.

2. Kl. am Kalischerthor: **Marks** StAuffstellv StE D3.

2. Kl. am Warschauerthor: **Wünsche** StE EisKrz2 Kdm70/71 D2 LD2.

2. Kl. am Brombergerthor: **Patschovsky** StE D3.

2. Kl. am Kirchhofsthor: **Kraft** StE Kdm 70/71 D3.

2. Kl. auf dem Schlachthofe: **Witthuhn** StE D3.

2. Kl. am Berliner Eingange: **Wolff** StE D3.

2. Kl. an der Junikowerstraße: **d'Halle** StE Kdm70/71.

2. Kl. auf dem Hauptbahnhofe: **Röhl** StE D3.

Personenabfertigungsstelle am Centralbahnhofe in Posen.
Verw: **Spitzner** StAuff D3.

Niederlage am Kleemannschen Bollwerk.
Niederlage-Verw: **Weiß** StAuff.

Stempelvertheiler.

Jerfitz: **Kirscht,** Kaufmann.
Kletzko: **Fischbach,** Kaufmann.
Lazarus: **Rehdanz,** Kaufmann.
Obersitzko: **Gundlach,** StadtSekr.
Posen: **Kahl,** Kaufmann.
Posen: **Reiche,** Seifenfabrikant.
Wilda: **Dreizehner,** Kaufmann.

Hauptsteueramt Rogasen.

Bezirk: Kreis Czarnikau, Kolmar i. P., Filehne, Obornik, Wongrowitz und Theile der Kreise Posen-Ost und Deutsch-Krone (Westpreußen).

OStF: **Kittel** StR Kdm70/71 LD2. — HARdt: **Gustine** Kdm70/71. — HAR: **Leo.** — HAAff: **Zeumer** EisKrz2 MilVKrz Kdm70/71 D2 u 3. — HASekr: **Pusch** Kdm70/71 D3 LD2, **Schmidt** LD2.

Ober-Kontrolen.

OStK: **Oertel** in Czarnikau, **Hippe** LD2 in Kolmar i. P., **Weinberg** (auftragsw.) in Margonin, **Haupt** LD2 in Mur.-Goslin, **Bräuer** LD1 in Obornik, **Bartram** in Rogasen, **Mania** in Schneidemühl, **Baumert** LD2 in Schokken, **Bruhn** StF in Wongrowitz.

Steuerämter.

1. Kl. Czarnikau: **Krause** StE Kdm70/71 D2.

2. Kl. Filehne: **Lüders** StE Kdm70/71.

1. Kl. Kolmar i. P.: **Gomoll** StE.

1. Kl. Margonin: **Reinmann** StE D3.

1. Kl. Mur.-Goslin: **Neumann** StE Kdm 70/71 D3.

1. Kl. Obornik: **Schneider** StRdt EisKrz2 Kdm70/71 D2 LD2.

1. Kl. Schneidemühl: **Baumhauer** StRdt Kdm70/71 D3.

2. Kl. Schönlanke: **Walde** StE Kdm70/71 D2.

1. Kl. Schokken: **Cissarz** StE EisKrz2 Kdm70/71 ErKrz66 D3.

1. Kl. Wongrowitz: **Büchner** StRdt Kdm 70/71 ErKrz66 D3.

5. Landwirthschaftskammer für die Provinz Posen.

Geschäftsstelle: Posen O I, Friedrichstraße 26. — Dienststunden: 8—3, Sonnabends 8—1.

Vorsitzender: v. Born-Fallois Rgbes, Kgl. Kammerh u. Major a. D. auf Zienno bei Klarheim RA4 EisKrz2 SächsA3OffzKrzKD RA3.

Stellv. Vors.: v. Unruh Rgbes u. Hptm auf Kl. Münche bei Gr. Münche.

Mitglieder des Vorstandes: v. Colbe Rgbes auf Wartenberg RA4, v. Heydebrand u. der Lasa Kammerj, Rgbes auf Storchnest Joh. Leonhardt Rgbes auf Rucewko, v. Lubienski Rgbes auf Kiączyn, Schubert Erbscholtiseibes auf Grune, Dr. v. Skarzynski Rgbes auf Splawie, v. Staudy GenLandschDir in Posen (s. LandschKredit-Institute), v. Treskow Rgbes auf Radojewo, Endell Major a. D. in Posen.

Stellvertretende Mitglieder des Vorstandes: Hartsel Gbes in Rostrzembowo, Hoffmeyer Gbes auf Puszczykowo b. Kostschin, v. Lacki Rgbes auf Lipnica, v. Lipski LandschR auf Lewkow, v. Martini Rgbes auf Lukowo, Dr. v. Willich Kammerj LdR des Kr. Birnbaum, Rgbes auf Gorzyn (s. Reg. zu Posen, LdR-Aemter), Zindler Gbes auf Neudorf, M d. Ah, Dr. v. Zoltowski Rgbes auf Ujazd b. Grätz.

Bureau: Eberl GenSekr, Hünerasky stellv GenSekr, OekR, Marks ZuchtDir, Lehme Geschäftsf d. ProvMoorKomm, Pflücker, v. Graevenitz WanderL, Reißert ObstbauInsp, Assist: Heine, Dr. v. Kahlden, Faltis, Kasse: Hünewaldt Rendant, Leichnitz KassenAssist, Trennert Kassengehilfe, HBur: Zirkel BurVorst, Gürschke BurAssist u. Registr, Schiedel, Benecke BurAssistenten, Sprink Hilfsarb, Appelt, Winkler, Friedrich, Szczepski, Prietz KGehülfen, Christ BurDiener, Seydel KassDiener.

Landwirthschaftliche Versuchsstation: Posen W 6, Große Berlinerstraße 17. Dir Dr. Gerlach, I. Assist u. stellv. Dir Dr. Passon; chem. Assist: Dr. Kreuz, Dr. Werner, Dr. Knoetzsch, Dr. König; Botaniker: Dr. Jungner; Dr. Vogel Bakteriologe. — Riedel Buchhalter, Gerstenberg BurGehilfe, Sonnenberg Laboratoriumsdiener, Rieke Anstaltsgärtner.

Zuchtstierdepot: Posen W 6, Posenerstraße 47/51. Schulz Verwalter, Stereczala Futtermstr.

Zentral-Arbeitsnachweis: Posen W 3, Vor dem Berliner Thor 17a. Hayn Verwalter, Landeck BurGeh.

Milchwirthschaftliches Institut in Wreschen: Dir: Dr. Tiemann. — Teichert Assi. — Thiede Obermeier, Martin Laboratoriumsdiener.

Obstbau-Institut in Krotoschin: Pappuch Vorarbeiter.

Hufbeschlaglehrschmiede in Lissa i. P.: Bartelt Kgl ArTh (Nebenamt), Fabisch Lehrschmiedemstr.

Versuchsgut in Pentkowo b. Schroda. Doehler Verwalter.

6. Regierungen.

I. Regierung zu Posen.

Regierungspräsident: Krahmer RA3Sch RussStan2 LD2.

Oberregierungsräthe: Heinrichs Stellv. des RegPräs I RA4 rKrzMed3, Bauer Dirig von III RA3Sch Kr3 RittKrz1SächsAlbr, Frese OFM Mitdirig von III RA4, Hassenpflug Dirig von II RA4LD2.

Regierungsräthe: Oberg GehRegR V des Schiedsgerichts für Arbeiterversicherung im RegBez Posen u. des Schiedsgerichts für die Arbeiterversicherung im EisenbDirBez Posen RA4, Sklodny GehRegR Reg u. SchulR II RA3Sch ARittHohenz3, Werner Reg u. FR III RA4, Schwieger Reg u. FR III RA4 EisKrz2 LD2, Dr. Franke Reg u. SchulR II RA4, Daum III RA4, von Siegroth I, Justitiar III, Hägermann Reg u. GewR I RA4 LD2 EisKrz2, Windmüller I LD2, Morgenbesser II (s. Bezirks-Ausschuß) LD2, Pfähler Reg u. SchulR II, Dr. Machatius I, Boenisch I, Dr. Schmidt Reg u. MedR I,

Korb II, Dr. Haaselau I, II, KassenR, Weber Reg u. BauR I, II, III LD2, Schneider Reg u. BauR I, Richter Reg u. SchulR II, Brinckmann Reg u. BauR I, II, III RettMed RA4.

Regierungsassessoren und ihnen gleichstehende Beamte: Seidel BauR, WBauJnsp I, von Gostkowski I LD2, Geiet LdBauJnsp u. BauR I, II, III, Dr. Koch II, Freiherr von Meerscheidt-Hüllessem stellv V des Schiedsger für Arbeiterversicherung im RegBez Posen u. des Schiedsger für die Arbeiterversicherung im EisenbDirBez Posen, Steinbrück II, Ludovici II, Kohlbach FAss III LD2, Kayser StR KatJnsp III, Preuß II, Dr. Meinertz Justitiar I, Schilling II LD2, von Löbbecke I, Schmid I, Heegewaldt stellv V der Schieds= gerichte der Arbeitervers, Graf Schack von Wittenau I, Dr. Gewiese II LD2, Dr. Menzel III, Schmöle II, Parthey Hilfsarbeiter beim Vorsitz. der Einkommenst.= Veranl.=Kommiss. für den Stadtkr. Posen, Umbach SteuerR, KatJnsp III, Knoblauch GerAss LD2, Dr. Abicht bei der Polizeidirektion Posen.

Technische Hülfsarbeiter: Just RegBaumstr I, II, III.

Departements=Thierarzt: Heyne VetAss RA4, LD2.

Regierungsreferendare: von Pappenheim, Lorenz, Naumann, Breest, von Treskow.

Bureaubeamte: Goldhagen KR, Meyer RechnR, Coccius, Mathias, Schulz I, Kohz I, Bürger, Kersten, Kleine, Lentz, Rabura, Geschwandner, Lange, Lehmann, Draber, Krüger I, Klamm, May, von Ciecierski, Maager, Kohz II, Exner, Heidenreich, Weidner, Gutsche, Küntzel, Bartsch, Krüger II, Steinbrunn, Hanuschke, Zollfeldt, Braun (BauSekr), Lachmann, Oehlke, Todt, Zschiesche, Lehnert, Schmidt, Nethe (Vorsteher d. Centralbureaus), Wlodarski, Krause, Meier, Arndt, Schmedicke, Felsch, König I, Schoß, Döring, Ober, Greipel, Bielke, Dreier, Greger, Schlinke, Koppe, Schulz II, Schrake.

Bureauhülfsarbeiter: Sieg, Petermann, Grieger, Karnetzki (beurlaubt bis 1. 10. 1901 nach Togo), Hausleutner, Rehnert (komm KrSekr in Wreschen), Buchholtz (komm KrSekr in Schmiegel), Arndt (f. Kr Samter), Braun, Bosin, Jakrzewski, Schwabe Christoph, Feist (f. Kr Wollstein), Steinbrunn, Striese, Quetz, Preiß (f. Kr Schroda), Lust (f. Kr Posen=Ost), Scheinemann, von Koziczkowski, Geschwandner, Zink, Wilhelmi, Probst CivSupernumerare, Machemehl, Buchwald, Dümmel, Hayn, Werner, Kellner, Scheffler, Küter, Mittelstaedt, Fröhlich, Bloy.

Kanzlei: Schirmer KJnsp, Kochanowski, Fietz, Buchwald, Emmerich, Henkel, Tschich, Reimnitz, Blaurock, Koller, Pohl, Praeger, Patzer, Seiler, Aßmann, Wirth RegKanzlisten, Schoett, Werner, Hecht RegKanzleidiätare.

Grund=und Gebäudesteuerverwaltung: Kayser, Umbach StRäthe (f. RegAssess) Hartmann, Tschersich StJnspektoren u. KatSekretäre, Janik, Jaeger, Reiter, Fischer KatLandm, Tiltmann, Henning, KatLandm bei den Kataster= ämtern beschäftigt, Scholz, Nauer KatZeichner, Oklitz, Brehmer KathZeichner.

Reg.=Hauptkasse: Willum Landrentmeister, Schmidt ObBuchhalter, Reimann Kassirer, Kretschmer RA4, Friedrich RA4, Kimler, Köhler, Lehmann, Brieger, Krumhaar, Klaunick, Weckwerth LD1,2, Thielsch, Bergmann Buch= hatter.

Reg.=Botenmeister: Gramatzki AllgEhr.

Kastellan: Apelt.

Bezirks=Ausschuß.

Vorsitzender: Krahmer RegPräs (f. oben).

Stellvertretender Vorsitzender: Breyer VerwGerDir RA4.

Sonstiger Stellvertreter: von Siegroth RegR (f. RegRäthe).

Mitglieder: a) ernannte: Breyer VerwGerDir (f. vorher). Morgenbesser RegR (f. RegRäthe).

Stellvertreter: Dr. **Machatius** RegR (f. RegRäthe), **Knoblauch** GerAff.
b) gewählte vom Provinzial=Ausschuß: **von Günther** Rgbef u. LandschR auf
Grzybno RA4, **von Seydlitz** und **Kurzbach** Rgbef auf Schrodke RA4
JohRechtsr, **Schmidt** StdtR in Rawitsch RA4, **von Raszewski** Rgbef auf
Jasin.
Stellvertreter: **Graf Bnin=Bninski** Rgbef auf Gultowy RA4, **Breest** Rgbef
in Pieske, **von Heydebrand und der Lasa** Kammerj, Rgbef auf Schloß Storch=
nest Joh, **Hugger** Joseph KommerzR in Posen.

II. Regierung zu Bromberg.

Regierungspräsident: **Conrad** RA3Schl LD1 (f Bez=Ausſch).

Abtheilungen:

I. Präsidial=Abtheilungen, die dem Regierungs=Präsidenten beigegebenen Räthe.
II. Abtheilung für Kirchen und Schulwesen.
III. Abtheilung für direkte Steuern, Domänen und Forsten.
Oberregierungsräthe: **Jauck** VerwGDir RA4 LD2, **Gärtner** RA4 EisKrz2 LD1
RittKrzNiedLöw3, Dirig III, Graf **von Bethusy-Huc** OFM RA4 Joh,
MitDirig III, Dr. Freiherr **von Luetzow** Kammerherr, Stellv des RegPräs in
Behinderungsfällen RA4 JohRechtsr RussAnn2 RussStan2 grSächsFalkRitt
Krz1, Dirig I, **Albrecht** RA4, Dirig II.
Regierungsräthe: **Kohen** Regu.ForstR RA4 III, **Demnitz** Geh BauR
RA4, I, **Neumann** LD2, II. Dr. **Waschow** Regu.SchulR LD1, II, **Heckert**
Regu.SchulR, II, Dr. **Helmbold** I, II Justitar, III (f. BezAusſch), **Meyer**
KaffR, **Moritz** Regu.BauR, I II, **Maetzke** III, **Scheuermann** Regu.SchulR II,
Pohle LD I, **Müller** I, **Wagner** I III LD2, **Trewendt** II, Dr. **Jaster** Regu.
MedR, **Schuster** Regu.FR, **von Gyldenfeldt** I.
Bauräthe, RegAssessoren und den letzteren gleichstehende Beamte:
Bauräthe mit dem Rang der Räthe IV. Kl.: **Schwarze** BauR BauInsp III,
Eckerl BauR WBauInsp I, **Steiner** WBauInsp I, **Migula** StR KatInsp
RA4 III, **Böhm** GewInsp (ständ Vertr des Regu. GewR im RegBez
Bromberg) f GewInspektionen I, **Bode** LBauInsp, Dr. **Pokrantz** I III,
Menzel FAff III **Frost** I, **Parey** II Justitar I II, **Hahn** I (f BezAusſch),
Freiherr **von Hohenberg** l LD2, **Geißler** (f BezAusſch), Dr. **von Gottschall**
Vorſ des SchiedsG, **von Harnier** Joh I, Dr. **Graeser** III, **Oesterreich**
(Hülfsarb b Landr d Kr Bromberg).
Technische Hülfsarbeiter: **Peters** DepTh I RA4 (f KrsThierärzte), **Kayser** WBau
Insp, Dr. **Busse** (Hülfsarb beim LR des Kr Jnowrazlaw).
RegReferendare: **Hartwig, Schulte-Heuthaus, von Wagenhoff,** Freiherr **von Lynncker,**
Dr. **Gohlke, Eckardt.**
RegBauführer: **Kaufnicht, von Reiche, Schedler, Jeske.**
Bureaubeamte: RechnR **Hartung** (Vorſt des CentralBur) RA4, RechnR **Marski,**
Jahns ErKrz66, **Kories** ErKrz66 Kdm70/71 LD2, **Petzoldt** ErKrz66 Kdm
70/71NC, **Mylo, Lüttschwager** EisKrz2 ErKrz66 Kdm70/71, **Regendauk** (Bez
Ausſch) ErKrz66 Kdm70/71, **Gauerte, Breetſch, Brosemann** Kdm70/71,
Jßmer Kdm70/71NCBd, **Zachartiewicz** (BezAusſch), **Spitzig, Braun, Pieper,
Prüfert, Wellach, Schneider, Dolinsky, Herzog, Schrodter, Schmude, Wenzli,
Giese, Schuzius, Worzewski** (Miniſt des öffentl Arb), **Grunwald, Hannemann,
Kühn, Saath, Busse,** v. **Zindler** (EinkStBerufungs=Kommiſſion), **Sommerfeld,
Schwittay, Poß, Primus** RegSekretäre; **Teschner, Rhinow** techn Sekretäre der
BauVerw; **Hensel** (Gouvernem von Togo), **Klose, Boesel** (LA Bromberg),
Block, Anders (LA Kolmar), **Mühling** (Gouvernem von Kamerun), **Kleſſen,
Boetzel** (LA Jnowrazlaw), **Schendel, Straßer, Kollmann, Hopp, Untermann,
Manchen, Marski** RegCivSupernumerare; **Schulz** (LA Bromberg), **Köhler,
Hautz, Lambrecht** RegMilSupernumerare; **Koßwig** Kr4 LD2, **Lüder** LD2
KatSekretäre; **Jakoby, Netzlaff** RegLandm, **Czosnowski** KatZeichn, **Koch**
KathZeichn.

Kaffenbeamte: **Paris** RegHKRend LRentMftr. RA4; **Schendel** RegHKaffenOb
Buchhalter ErKrz66 Kdm70/71LD2 AllgEhr, **Lubomiersky** RegHKaffenKaff,
Möller RechnR, **Roll** ErKrz66 Kdm70/71, **Fechner**, **Brandt** Kdm70/71NC,
Becker, **Wilske** RegHKaffenBuchhalter.

Kanzlei: **Reimann** RegKInsp EisKrz2 ErKrz66 Kdm70/71, **Schroeder** Kdm70/71,
Falkenberg EisKrz2 ErKrz66 Kdm70/71, **Freytag** Kdm70/71, **Draheim**,
Griese, **Kannengießer** LD2, **Galuski**, **Roepke**, **Tesch**, **Gaertner** RegKanzlisten,
Fenske, **Schülke** RegKDiätare; **Tesch** RegBotenmeister.

Bezirks-Ausschuß.

Vorsitzender: **Conrad** RegPräs (f. vorher).

Stellvertretender Vorsitzender: **Fauck** VerwGerDir RA4 LD2.

Sonstiger Stellvertreter: Dr. Frhr. **von Lützow** (f. vorher).

Mitglieder:

a) ernannte: **Fauck** VerwGerDir (f. vorher). **Geißler** RegAffeff (f. vorher).
— Stellvertreter: Dr. **Helmboldt** RegR, **Hahn** RegAff;

b) gewählte vom Provinzial-Ausschuß: Frhr. **von Schlichting** Rgbef auf
Wierzbiczany, Kammerherr u. Rittm a. D. RA4 Kdm70/71 JohRechtsr;
Dr. **von Komierowski** auf Niezychowo, M des KrAusfch Wirfitz, M des R,
Rgbef u. PäpftlGehKämm; **Wegner** Gutsbef in Ambach, M des KrAusfch
Wirfitz Kr4; **Böhme** Kunstgärtnerei in Bromberg, Hofl. Sr. Maj. des Kaisers
u. Königs, M des Kuratoriums der staatl. gewerbl. Fortbildungsschule Kr4.
— Stellvertreter: **von Klahr** Majoratsbef u. LandfchR auf Klahrheim
RA4 JohRechtsr Kdm70/71 LD2; **Roth** Rgbef auf Twierdzyn, Rittm der
LKavall, M des KrAusfch u. des Kuratoriums der KrSparkaffe Mogilno
LD2; Dr. **Bockfch** GymnProf in Bromberg; v. **Poninski-Koscielec** Rgbef
u. LandfchR.

A. Reffort der Präsidialabtheilung (I).

a. Kreisverwaltungen.

1. Regierungsbezirk Pofen.

Adelnau.

47 960 ha, 33 534 Einw (6402 ev, 26 761 kth, 1 and, 370 jüd).

Landrath: Dr. jur. **Heimann** LD2. — KrSekr: **Koebcke**; SteuerSekr: **Thefing**
SteuerSupern D3.

KrAusschuß: **Weber** AGerR in Adelnau, Dr. **Szurminski** prakt. Arzt in Sulmierzyce, **Giersberg** Rgpächter in Chwalifzew II, **Enfe** Rgpächter u. Rittmeister d. R. in Przybyslawice LD3, **Gmurowski** Grundbef in Jankow zal. II,
Fiebig Hegemftr in Krzyzafi D3.

KrKomm= u. Sparkaffe: Rendant: **Gafzczak**; Kontroleur: **Milde**.

KrBauInspektor: **Leutfeld** in Oftrowo.

Birnbaum.

65 030,65,86 ha 27 590 Einw (11 382 ev, 15 829 kth, 159 and, 220 jüd).

Landrath: Dr. **v. Willich** Kgl. Kammerjunker, Rittmftr. d. R u. Rgbef JohRechtsr
RA4 TürkOsm3 D2. — KrSekr: **Teichert**; SteuerSekr: **Scheil** Steuer-
Supernumerar.

KrAusschuß: Frhr. **v. Maffenbach** Rgbef u. GenLandfchR zu Bialokofch EisKrz2
RA4 Kr3, **v. Seydlitz** Rgbef zu Schrofke JohRechtsr RA4, **von Unruh**
Rgbef u. Hauptmann d. L. zu Kl.-Münche, **Rothenbücher** Kfm u. Beigeordn,
Hoene Gutsbef zu Lindenstadt, **Hemmerling** Grundbef zu Neuzattum. —
KrAusfchSekr: **Danielowski**.

KrKommKaffe: Rendant: **Krug** Rentmeister.

Bomst.

103 641 ha, 60 712 Einw (23 294 ev, 36 794 kth, 11 and, 613 jüd).

Landrathsamtsverweser: Dr. Hayessen RegAss in Wollstein. — KrSekr: Klemke; SteuerSekr: Klatt SteuerSupern; Hülfsarb: Feist RegCivSupern. KrAusschuß: Graf Schliessen Rgbes u. OberstLt z. D. in Wioska Mér kr2 EisKrz2, von Wentzel Rgbes in Belencin, Horn Ackerbürger in Rakwitz, Jaekel Ksm in Wollstein, Loitz I Eigenthümer in Lupitze, Schmolke Ausgedinger in Silz-Hauland. — KrAusschSekr: Brennecke.
KrKommKasse: Rendant: Rinschen Rentmeister.

Fraustadt.

47 689 ha, 28 862 Einw (11 131 ev, 17 446 kth, 2 and, 283 jüd).

Landrath: Alsen LD2. — KrSekr: Mählich LD2 D3; SteuerSekr: Weber D3. KrAusschuß: Frhr. v. Seherr-Thoß Rgbes auf Ober-Röhrsdorf, Major a. D., Mitgl. d. AbgHauses, stellv. Vorsitzender RA3Stu.Kette JohRechtsr EisKrz2 BayrMilVRittKrz1 OffKrzSächsAlbr AnhAlbrBärRitt1, Daum Bgrmstr u. Amtsanwalt zu Fraustadt, Lürman Rgbes auf Geyersdorf LD2, Sauer Gutsbes zu Kandlau, Frhr. von Schlichting-Bukowitz Majoratsherr auf Gurschen, Rittmstr a. D., erbl. Mitgl. des Herrenhauses RA4 JohRechtsr EisKrz2 LD2, Seimert Gutsbes u. Rathsherr zu Fraustadt. — KrAusschSekr: Mählich KrSekr (im Nebenamte).
KrKomm= u. Sparkasse: Rendant: Buchholtz Rentmeister (im Nebenamte); Kontroleur: Maschke Lehrer a. D.

Gostyn.

60 036 ha, 40 966 Einw (4532 ev, 36 098 kth, 9 and, 327 jüd).

Landrath: Dr. jur. Lucke LD1. — KrSekr: Bahl; SteuerSekr: Tritschler SteuerSupern. KrAusschuß: von Zóltowski Rgbes in Godurowo, Kothe Bgrmstr in Punitz ErKrz66 Kdm70/71 D1 AllgEhr Kr4, Matthes Rgpächter u. Kgl. Oberamtmann in Bodzewko, von Wesierski Rgbes in Podrzecze, Piotrowski Ackerwirth u. Postagent in Niepart. — KrAusschSekr: Kühn.
KrKomm= u. Sparkasse: Rendant: Behrmann Rentmeister (im Nebenamt).
KrBaumeister: (fehlt) LandesBauJnsp BauR John in Lissa i. P. besorgt die Geschäfte nebenamtlich.

Grätz.

42 929 ha, 33 650 Einw (5091 ev, 27 934 kth, 1 and, 624 jüd).

Landrath: Boltze. — KrSekr: Kornke; SteuerSekr: Döring. KrAusschuß: Heyder Rgbes auf Schloß Grätz, Jacobi Rgbes u. OetR auf Trzcionka RA4, von Niegolewski Minoratsbes auf Niegolewo, Degórski StdtvVorst in Buk, Wege Vorwerksbes u. Beigeordn in Buk, Gutsche Baumstr, Hauptm d. L. u. Beigeordn in Grätz LD1. — KrAusschSekr: Kornke KrSekr (im Nebenamt).
KrKomm= u. Sparkasse: Rendant: Hentschel; Kontroleur: Weber.

Jarotschin.

72 085 ha, 46 885 Einw (5550 ev, 40 601 kth, 6 and, 698 jüd).

Landrath: Engelbrecht RA4 LD2 RussStan2. — KrSekr: Patzwald; Steuer-Sekr Urbschat SteuerSupernumerar. KrAusschuß: Hocke Rgbes in Suchorzew, Dr. Garst Rgbes in Zakrzew, von Zychlinski Rgbes in Twardow, Leporowski JustR in Jarotschin, Müller Kämmerer in Jarotschin.
KrKomm= u. Sparkasse: Rendant: Violet Rentm; Kontroleur: Helminski.

Kempen.

45 775 ha, 34 704 Einw (5063 ev, 28 282 kth, 1359 jüd).

Landrath: von Scheele Geh)RegR RA4 EisKrz2 MilEhr1 Kdm70/71 BadZährRttKrz2 RussStan3 SächsAlbrKomthKrz2 JohRechtsr. — KrSekr: Walewski EisKrz2 Kdm66 u. 70/71 D2; SteuerSekr: Erdmann.
KrAusschuß: Anderson ObAM in Swiba Kr4, v. Borcke Bgrmstr in Kempen RA4 rKrzMed3, Brocoff KMnw in Kempen, von Szóldrski Rgbes in Torzeniec, Daszkiewicz Rgbes in Olszowa I, Scheitza Bauunternehmer in Kuznica trzc. — KrAusschSekr: Walewski KrSekr.
KrKomm= u. Sparkasse: Rendant: Ziebart; Kontroleur: Bieda.

Koschmin.

45 274 ha, 31 523 Einw (4946 ev, 25 976 kth, 12 and, 589 jüd).

Landrath: Dr. Witte. — KrSekr: Hildebrandt rKrzMed3; SteuerSekr: Märker D3
KrDeputirte: Kulau Rgbes u. LandschR, Leut a. D. in Hundsfeld LD2 Kdm70/71
KrAusschuß: Kulau (s. oben), Kolaski Grundbes in Galewo-Parzellen Kdm70/71, von Modlibowski Gbes, Leut a. D. in Mokronos Kdm70/71, Jahnke Bgrmstr in Koschmin, von Chelmicki Rgbes in Gosciejewo, Mitschke Rgbes, Rittm d. L. in Staniewo LD1. — KrAusschSekr: Hildebrandt KrSekr (im Nebenamt).
KrKomm= u. Sparkasse: Rendant: Zeidler Rentmstr, Hptm d. L. Kr4 EisKrz2 Kdm70/71 LD1 u. 2.

Kosten.

60 793 ha, 42 397 Einw (3458 ev, 38 504 kth 1 and, 434 jüd).

Landrath: Behrnauer ghSächsFalkRittKrz1. — KrSekr: Steinke; SteuerSekr: Loeffler.
KrDeputirte: Als ständ. Vertr. des Landraths bei Beurlaubungen 2c. fungirt der stellvertr. Vorsitzende des KrAusschusses, Rgbes Frhr. von Langermann auf Lubin.
KrAusschuß: Frhr. von Langermann und Erlencamp auf Lubin, stellvertr. Vorsitzender d. KrAusschusses Joh Kr3 RA3Schl ghSächsFalkRittKrz1, von Bernuth Rgbes auf Borowo Joh RA3Schl, Graf von Zóltowski Rgbes auf Gluchowo, Lorenz Rgbes, OekR u. LandschR auf Pianowo RA4, von Lossow Rgbes auf Gryzyn, Izakiewicz Maurer= u. Zimmermstr, MagBeigeord Kr4. — KrAusschAssist: Koehler.
KrKomm= u. Sparkasse: Rendant: Liepe (komm) D2.

Krotoschin.

50 138,97,49 ha, 44 693 Einw (13 102 ev, 30 427 kth, 10 and, 1154 jüd).

Landrath: Hahn. — KrSekr: Braun KR; SteuerSekr: Naatz.
KrAusschuß: May fürstl. KammerDir in Krotoschin Schloß, von Czarnecki Rgbes auf Dobrzyca, Materne Rgbes in Wolenice, Dr. von Kutzner prakt. Arzt in Kobylin, Sponnagel Bgrmstr in Krotoschin, Patzky Rentier in Bestwin. — KrAussch=Sekr: Anders Assistent.
KrKomm= u. Sparkasse: Rendant: Possart Rentmstr, RechnungsR; Kontroleur: Meyer KrKassengehilfe.
KrBaumeister: Schupp.

Lissa i. P.

52 456 ha, 39 418 Einw (14 525 ev, 23 620 kth, 14 and, 1259 jüd).

Landrath: von Rosenstiel Joh. — KrSekr: Ernst; SteuerSekr: Wyszynski.
KrDeputirte: Herrmann OBgrmstr in Lissa RA4.

KrAusschuß: **Herrmann** OBgrmstr in **Lissa**, **Opitz v. Voberfeld** Rgbes in **Witoslaw** RA3, **v. Heydebrand und der Lasa** Rgbes, Kgl. Kammerjunker auf Schloß Storchnest, **von Ponikiewski** Rgbes, LandschR in Brylewo, **Stas-kiewicz** Ackerwirth in Oporowko. — KrAusschSekr: **Pech.**
KrKomm- u. Sparkasse: Rendant: **Thiele** Zahlmstr a. D.; Kontroleur: **Kühn.**

Meseritz.

115,255 ha, 50 711 Einw (26 146 ev, 23 951 kth, 34 and, 580 jüd).

Landrath: **Blomeyer** LD1 LippDetmEhrKrz3. — KrSekr: **Tschuschke;** SteuerSekr: **Breier** SteuerSupern; Hülfsarb: fehlt z. Z.
KrAusschuß: **Breest** Rgbes auf **Pieske** EisKrz2 Kdm70/71, Graf **zu Dohna** Rgbes auf Schloß Hiller-Gaertringen RA4 EisKrz2 Kr4 Schw Kdm66 u. 70/71, **Matthias** Buchdruckereibes und Stadtverordnetenvorsteher in Meseritz, **Hielscher** Bgrmstr in Bentschen, **Wandel** Eigenth in Bauchwitz AllgEhr, **Begall** Eigenth in Kutschkau.
KrKomm-Kasse: Rendant: **Fick** EisKrz2 AllgEhrKrz Kdm48 u. 70/71.
KrSparkasse: Rendant: **Matthias** Buchdruckereibes in Meseritz; Kontroleur: **Gumpert** Kfm in Meseritz.

Neutomischel.

52 315,39 ha, 33 176 Einw (13 927 ev, 18 615 kth, 261 and, 373 jüd).

Landrath: **v. Daniels** EisKrz2 Kdm70/71. — KrSekr: **Emmrich** EisKrz2 ErKrz66 Kdm70/71 D1; SteuerSekr: **Lange** D3.
KrAusschuß: **von Poncet** Rgbes u. Hauptmann a. D. auf Alttomischel, Stellv des Vors EisKrz2 RA4, **Schulz** Rgbes auf Steinhorst, **von Lącki** Kgl. Kammerjunker u. Rgbes auf Pakoslaw, **Schwartzkopff** Gbes in Rose, **Witte** Bgrmstr in Neutomischel, **Kurz** Altsitzer in Paprotsch. — KrAusschSekr: **Fromm.**
KrKommKasse: Rendant: **Schendel** RechnR (nebenamtlich) RA4 ErKrz66.
KrSparkasse: Rendant: **Weber** Kämm (nebenamtlich); Kontroleur: **Fromm** KrAusschSekr.

Obornik.

109 481 ha, 50 354 Einw (16 179 ev, 32 842 kth, 6 and, 1327 jüd).

Landrath: **von Klitzing.** — Kr Sekr: **Buchholtz;** SteuerSekr: **Hinz.**
KrAusschuß: **von Martini** Rgbes in Lukowo Kr3, **von Skrzydlewski** Rgbes in Ocieszyn, **Hoefer** Gutsbes in Ciesla, **Schmolke** Bgrmstr u. AAmw in Obornik, **Weise** Bgrmstr u. AAmw, Leut a. D. in Rogasen Kdm70 71 LD2, **von Saenger** Kgl. DomPächter u. AmtsR in Güldenau. — KrAusschSekr: **Kahn.**
KrKommKasse: Rendant: **Spornberger** Rentmeister.
KrSparkasse: Rendant: **Stiller** Kämm; Kontroleur: **Schmolke** Bürgermstr.

Ostrowo.

41303 ha, 34 766 Einw (5 642 ev, 28 150 kth, 1 and, 973 jüd).

Landrath: Frhr. **von Schele** Joh. — KrSekr: **Klein** EisKrz2 MilEhr2 ghHess MilVKrz ErKrz66 Kdm70/71 D2; SteuerSekr: **Rüdenburg** D3.
KrAusschuß: Se. Durchlaucht Ferdinand Fürst **Radziwill** auf Antonin, M d Herrenhauses RA2St Kr1 EisKrz2 Joh, **von Lipski** LdschR u. Rgbes in Lewkow, **von Brodowski** Rgbes in Psary, **Goldstein** OekR in Ostrowo RA4, **Lucke** OekR in Raduchow, **Nessel** Bgrmstr in Ostrowo rKrzMed3. — KrAusschSekr: **Klein** KrSekr.
KrKomm- u. Sparkasse: Rendant: **Fröhlich;** Kontroleur: **Klein** LdrsamtsExpedient.
KrBaumstr: **Leutfeld** KrBauJnsp.

Pleschen.

48097 ha, 32880 Einw (4123 ev, 28199 kth, 558 jüd).

Landrathsamtsverwalter: von Eichmann. — KrSekr: Graeve; SteuerSekr: Hayn.

KrAusschuß: Jouanne Rittm Rgbes in Malinie RA4, von Chlapowski Rgbes in Rzegocin, von Stiegler Majoratsherr in Sobotta, Dr. Likowski prakt. Arzt StA d. L. in Pleschen, Jonas Grundbes in Pleschen, Lobermeyer Mühlenbes in Rokutow. — KrAusschSekr: Graeve KrSekr (im Nebenamt).

KrKommKasse: Rendant: Krienke Rentmstr (im Nebenamt).

Posen-Ost.

73774 ha, 56192 Einw (16806 ev, 38742 kth, 40 anb, 604 jüd).

Landrath: Steimer. — KrSekr: Hennig; SteuerSekr: Schwandt; Hilfsarb: Luft RegSupern.

KrAusschuß: Helling Rgbes in Lagiewnik RA4, von Treskow Rgbes u. Major a. D. in Wierzonka EisKrz2 RA4 Joh, von Taczanowski Rgbes in Naramowice, von Radonski Rgbes in Kocialkowagorka, Hoffmeyer Gbes u. Hptm a. D. in Puszczykowo, Kluge Beigeord in Schwersenz.

KrKomm- u. Sparkasse: Rendant: Wegner.

KrBauInsp: Hirt BauR.

Posen-West.

80636,28 ha, 34018 Einw (3299 ev, 30635 kth, 4 anb, 80 jüd).

Landrath: Rasch. — KrSekr: Kretschmer; SteuerSekr: Rieger.

KrAusschuß: Endell Major a. D. in Posen (stellv. Vors), Graf Bninski Rgbes in Pamiontkowo, von Tempelhoff LdschR u. Rgbes in Dombrowka, Rodatz Kgl DomPächter in Joachimsfeld, Krause Rentier in Marcellino, Kopa Gbes in Trzcielino. — KrAusschSekr: Pietsch.

KrKommKasse: Rendant: Lehmann Rentmstr RechnR (im Nebenamte).

Rawitsch.

49530,74,54 ha, 49896 Einw (18586 ev, 30291 kth, 35 anb, 984 jüd).

Landrath: Frhr. von Schacky MexikGuadeloupRittKrz. — KrSekr: Koch; SteuerSekr: Bluschke.

KrAusschuß: Reinecke Rgbes in Gußwitz, Schmidt StdtR u. Brauereibes in Rawitsch RA4, Hoffmann Freigutsbes in Jeziora, Graf Czarnecki Rgbes in Pakoslaw, von Langendorff Major u. Rgbes in Rawitsch Joh, Methner Zimmermstr in Bärsdorf. — KrAusschSekr: Bonkowski.

KrKommKasse: Rendant: Spornberger RechnR (im Nebenamt) RA4.

Samter.

109213 ha, 58494 Einw (13396 ev, 43226 kth, 3 anb, 1869 jüd).

Landrath: Ramm. — KrSekr: Janowski; SteuerSekr: Graumann D2; Hilfsarb: Arndt RegSupern.

KrAusschuß: Saffe AmtsR in Ottorowo (stellv. Vors) RA3Schl Kr3. SachErnH, Graf Kwilecki Rgbes in Oporowo M. d. Herrenhauses, Wieczynski Rgbes in Gnuszyn SachErnH, von Twardowski Majoratsbes in Kobylnik, Wysocki Maurer- u. Zimmermstr in Samter, Sauer FabrBes in Zamorze Kdm 70/71 LD2. — KrAusschSekr: Langner.

KrKomm- u. Sparkasse: Rendant: Müller EisKrz2 Kdm 70/71 LD2; Kontroleur: Selchow ErKr66 Kdm70/71 LD2.

KrBaumstr: Hauptner BauR KrBauinsp in Posen RA4 LD1.

Schildberg.

51385 ha, 34178 Einw (3497 ev, 30681 kth, 679 jüd).

Landrath: von Doemming GehRegR RA4Schw AnhAlbrBärRittKrz1. — KrSekr: Stelter; SteuerSupern: Vater.

KrDeputirter: **Nobiling** Rgbes auf Godzientow.

KrAusschuß: **Nobiling** Rgbes auf Godzientow, **Koenigk** Rgbes in Ligota, **Oswiecimski** Gbes in Morawin, **Gorgorlewski** Kfm in Schildberg, **Hampf** Vorwerksbes in Marienthal. — KrAusSekr: **Stelter** KrSekr (nebenamtlich).

KrKomm= u. Sparkasse: Rendant: **Hentschel**; Kotroleur: **Maletzki**.

Schmiegel.

53641 ha, 35305 Einw (4536 ev, 30576 kth, 1 anb, 192 jüd).

Landrath: **Brinckman.** — KrSekr: **Buchholtz** (komm), SteuerSekr: **Schiebusch.**

KrDeputirter: Frhr **von Gersdorff** Rgbes auf Parsko RA4.

KrAusschuß: Frhr **von Gersdorff** Rgbes auf Parsko (stellv Vors) RA4, **Förster** Rgbes u. OekR in Boguschin RA4, **von Wedemeyer** Rgbes auf Woynitz, **von Zoltowski** Rgbes u. Kgl Kammerherr in Czacz Kr2, Dr. **von Zoltowski** Rgbes in Ujazd. — KrAusschSekr: **Buchholtz** KrSekr (komm) (im Neben-amte).

KrKomm u. Sparkasse: Rendant: **Brunk** KR RA4; Kontroleur: **Buchholtz** (im Nebenamte).

Schrimm.

92809 ha, 53418 Einw (7890 ev, 44410 kath, 18 anb, 1100 jüd).

Landrath: **Kirchhoff.** — KrSekr: **Jauerneck**; SteuerSekr: **Hoheisel**; Hilfs-arbeiter: **Steinbrunn** RegCivSupern.

KrAusschuß: Baron **v. Chlapowski** Rgbes in Szoldry Kr3, **Graßmann** Rgbes u. LandschR in Koninko RA4, **v. Guenther** Rgbes u. LandschR in Grzybno RA4, **Senftleben** Rgbes in Schrimm Kr4, **v. Krzysztoporski** Rgbes in Dobczyn, **Kubiak** Grundbes in Wirginowo AllgEhr. — KrAusschAssistent: **Schiller.**

KrKomm= u. Sparkasse: Rendant: **Tadrzynski**; Kontroleur: **Dürbaum.**

Schroda.

76399 ha, 53973 Einw (7874 ev, 45529 kath, 11 anb, 559 jüd).

Landrath: Dr. **Rose.** — KrSekr: **Roll**; SteuerSupern: **Hirt**; Hilfsarbeiter: **Preiß** RegSupern.

KrAusschuß: **Jouanne** Rgbes, Rittm a. D. auf Schloß Santomischel RA4 EisKrz2, Graf **v. Bninski** Rgbes, Rittm a. D. in Guttowy RA4, **Friederici** Rgbes, Königl. OekonomieR in Czerleino, **v. Niemojowski** Rgbes in Dzierznica, **Roll** Bgrmstr in Schroda, **Nowak** WirthschBes in Mondre.

KrKomm= u. Sparkasse: Rendant: **Neyman.**

Schwerin a. W.

65035,26,98 ha, 22948 Einw (9817 ev, 12871 kath, 1 anb, 259 jüd).

Landrath: **v. Brandis** Königl. Kammerherr, Rgbes auf Neuhaus EisKrz2 Russ Stan4Schw, RA4, Kdm70/71. — KrSekr: **Siemianowski**; SteuerSekr: (als solcher fungirt der KrSekr).

KrDeputirte: **Nicaeus** Rgbes auf Wiersebaum (stellvertretender Vorsitzender des KrAusschusses).

KrAusschuß: **Nicaeus** Rgbes auf Wiersebaum, **Fuß** Rgbes auf Mujchten, Kreis Züllichau=Schwiebus, **Margraf** Rentier in Meseritz, **Genge** Fabrikbes in Schwerin a. W. LD1, **Reiche** Gbes in Falkenwalde, **Mantey** Eigenthümer in Schweinert Hld. ErKrz66 Kdm70/71 Kr4. — KrAusschußSekr: **Sie-mianowski** KrSekr.

KrKommKasse: Rendant: **Tiete** Rentmeister.

Wreschen.

56108 ha, 34123 Einw (3451 ev, 29801 kath, 2 anb, 869 jüd).

Landratsamtsverwalter: Dr. Freiherr **v. Massenbach** RegAss. KrSekr: **Rehnert** RegCivSupern (komm); SteuerSekr: **Neyman.**

KrAusschuß: **v. Zychlinski** GenLdschR in Posen, **v. Heydebrand u. d. Lasa**
Hauptmann a. D. u. Rgbes auf Klein Guttowy JohRechtsr, **v. Hulewicz**
Rgbes auf Mlodziejewice, **Mylius** Gbes auf Nehringswalde Kdm70/71 LD2,
Seydel Bgrmstr, Leutnant a. D. in Wreschen Kdm66 u. 70/71, **Suchorski**
Landwirth in Weinbusch. — KrAusschußSekr: **Keßler.**
KrKomm= u. Sparkasse: Rendant: **Wegener** Rentmstr rKrzMed3 Kdm70/71
D3; Kontroleur: **Haake** Rentier.

2. Regierungsbezirk Bromberg.

Bromberg.
60 639,04 ha, 82 662 Einw.

Landrath: **v. Eisenhart-Rothe.** — KrSekr: **Strasser;** SteuerSekr: **Klawitter;**
Hülfsarb: **Boesel, Schulz.**
KrAusschuß: **Franke** Rgbes LandschDir in Gondes RA4, **v. Born-Fallois** Fidei=
kommißbes Kammerherr Major a. D. in Sienno EisKrz2 RA4, **v. Klahr**
Fideikommißbes LandschR in Klahrheim JohKrz RA4, **Teller** Bgrmstr in
Schulitz, **Schmidt** Gbes in Fuchsschwanz Kr4, **Reuter** Gbes in Buschkowo.
KrKomm= u. Sparkasse: Rendant: **Gerbrecht;** Kontroleur: **Kersten;** Buchhalter:
Niedermeyr.

Czarnikau.
79 993 ha, 39 899 Einw (20 863 ev, 17 692 kth, 1 anb, 1343 jüb).

Landrath: **v. Bethe** RA4 LD1. — KrSekr: **Stolzenburg;** SteuerSekr: **Klatt.**
KrAusschuß: **Zindler** Gbes in Neudorf, Dr. **Szuldrzynski** Rgbes in Lubasch,
Maacke Rentier in Schönlanke, **Jeske** Zimmermstr in Czarnikau, **Ritter** Gbes
in Stieglitz, **Mierendorff** Gbes in Belsin.
KrKomm= u. Sparkasse: Rendant: **Schwantes.**

Filehne.
76 100 ha, 32 930 Einw (21 500 ev, 10 749 kth, 20 anb, 661 jüb).

Landrath: Dr. **Buresch.** — KrSekr: **Worzewski;** SteuerSekr: **Alshuth.**
KrAusschuß: **Ledderboge** Gbes in Eichberg Kr4, **Müller** Gbes in Dratzigmühle,
Goguel Herrschaftl. Rentmstr in Schloß Filehne, **Hanelt** Rentier in Neuhöfen
AllgEhr, **Fröhlich** Rentier in Caminchen AllgEhr, Dr. **Beheim-Schwarzbach**
Gbes in Ostrau bei Filehne. — KrAusschußSekr: **Worzewski.**
KrKomm= u. Sparkasse: Rendant: **Utschink;** Kontroleur: **Gießler.**

Gnesen.
56 441 ha, 45 567 Einw (12 288 ev, 31 796 kth, 35 anb, 1448 jüb).

Landrath: **Coeler.** — KrSekr: **Scheffler;** SteuerSekr: **Krause.**
KrAusschuß: **Schwindt 1.** Bgrmstr in Gnesen, **Wendorff** OekR in Zechau RA,
Dr. **v. Zychlinski** Rgbes in Modliszewo, **Hüser** Gbes in Pyszczynek, **v. Grabski**
ZuckerFabrDir in Gnesen, **Griep** Besitzer in Braciszewo; KrSyndikus: **Ehrich** GAss.
KrKommKasse: Rendant: **Schulz** Rentmstr.
     KrSparkasse: Rendant: **Nowotnick;** Kontroleur: **Klawitter.**
KrBaumstr: **Kockstein.**

Inowrazlaw.
103 846 ha, 45 116 Einw (13 557 ev, 31 530 kth, 1 anb, 28 jüb).

Landrath: **Lucke;** Hülfsbeamter: Dr. **Busse** RegAssess. — KrSekr: **Wohlfahrt** LD2.
SteuerSekretäre: **Hintz, Schulz;** Hülfsarb: **Boetzel** RegCivSupern.
KrDeputirte: **v. Kunkel** LdsOekR Rgbes u. Majoratsherr auf Markowo.
KrAusschuß: **v. Kunkel** LdsOekR Rgbes u. Majoratsherr auf Markowo, **Frhr v.**
Schlichting Kgl Kammerherr JohEhru.Rechtsr RA4 in Wierzbiczany,
v. Poninski LandschR u. Rgbes in Koscielec, **Kowalke** AGR in Inowrazlaw,
Kunckell OekR Gbes in Krenzoly RA4.
KrKomm= u. Sparkasse: Rendant: **Kiersch;** Kontroleur: **Wellnitz.**
KrBaum str:**Pozin** Kgl KrBauInsp.

Kolmar i. P.

109 483,35 63 ha, 66 834 Einw (38 705 ev, 26 079 kth, 501 and, 1549 jüd).

Landrath: v. Schwichow GehRegR Kammerherr RA4 JohRechtsr LD1 Kdm66 u. 70/71. — KrSekr: Gumtz; SteuerSekretäre: Helm, Focke; Hülfsarb: Anders RegCivSupern.
KrAusschuß: Graf v. Königsmarck Rgbes LbR a. D. in Oberleснitz Joh ErKrz66 EisKrz2 Kdm70/71 LD2, Rißmann Rgbes in Miroslaw, Wolff 1. Bgrmstr in Schneidemühl RA4, Hartmann Zimmermstr in Kolmar i. P., Ikier Gbes in Brаtnitz, Stellmacher OrtsV in Stroсewohanland. — KrAusschußSekr: Block.
KrKomm= u. Sparkasse: Rendant: Pohl.

Mogilno.

73 349,2 ha, 43 554 Einw.

Landrath: Dr. Conze LD2. — KrSekr: Preuß; SteuerSupern: Tetzlaff.
KrDeputirte: Tiedemann Rgbes OekR in Slaboschewo.
KrAusschuß: Tiedemann Rgbes OekR in Slaboschewo, Roth Rgbes Rittmstr a. D. in Twierdzyn LD1, v. Zakrzewski Rgbes in Linowiec, Boethelt Bgrmstr in Tremessen EisKrz2 LD2, Arndt Grundbes in Kaisersfelde KrzHohenzH, Karow Gbes in Jerzykowo.
KrKomm= u. Sparkasse: Rendant: Wegner; Kontroleur: Bruszynski.

Schubin.

91 533 ha, 44 137 Einw.

Landrath: Graf v. Nittberg. — KrSekr: Namnitz; SteuerSekr: Müller; Hülfsarb: Formanowicz Kreistranslateur.
KrAusschuß: Poll Rgbes in Groß=Samoklensk RA4, v. Malczewski Rgbes in Mlodocin, v. Jaraczewski Rgbes in Sobiejuchy, Hartfiel Bes in Rostrzembowo, Schwen Bes in Wonsosch, Seiler Bgrmstr in Schubin. — KrAusschußSekr: Schulz.
KrKomm= u. Sparkasse: Rendant: Geißler; Kontroleur: Formanowicz.

Strelno.

61 440 ha, 32 722 Einw.

Landrath: Kritzler. — KrSekr: Gellert; SteuerSekr: Prütz.
KrAusschuß: Herrgott Bgrmstr in Strelno, v. Amrogowicz Rgbes in Rzeszynek, Hinsch Rgbes Lachmirowitz, Dr. v. Trzcinski Rgbes in Popowo, v. Grabski Rgbes in Krusza podl., Heym Oförster in Mirau.
KrKomm= u. Sparkasse: Rendant: Nischke.

Wirsitz.

116 018 ha, 60 369 Einw (128 071 ev, 30 776 kth, 100 and, 1 422 jüd).

Landrath: Graf v. Wartensleben EisKrz2. — KrSekr: Albrecht; SteuerSekr: Bormann.
KrAusschuß: Graf v. d. Goltz Fideikommißbes auf Czayeze JohKrz, v. Schmidt Rgbes in Moschütz, Dr. v. Komierowski Rgbes in Nieznchowo, Martini Rgbes in Dembowo, Wegner Gutsbes in Arabach Kr4, Riedel Bgrmstr in Nakel.
KrAusschußSekr: Klein.
KrKomm= u. Sparkasse: Rendant: Boehm; Kontroleur: Foerster.

Witkowo.

58 869 ha, 26 490 Einw (3 921 ev, 22 267 kth, 2 and, 300 jüd).

Landrath: v. Zawadzky EisKrz2. — KrSekr: Arndt; SteuerSekr: Gulweida (komm).
KrAusschuß: Guischard Rgbes in Gulczewo RA4, v. Malczewski Rgbes in Odrowonz,
Tillgner Gutsbes in Malenin, v. Grudzielski Gutsbes in Grotkowo, Nawrocki
Bauunternehmer in Powidz, Redlich kgl OFörster in Korschin. — KrAus-
schußSekr: Arndt KrSekr (im Nebenamt).
KrKommKasse: Rendant: v. Seredynski.

Wongrowitz.

103 706 ha, 45 751 Einw (8 563 ev, 36 416 kth, 772 jüd).

Landrath: Dr. Schreiber. — KrSekr: Pieczynski; SteuerSekr: Finneisen.
KrAusschuß: Koerner Rgbes u. OekR in Stolenschin stellv. Vors Kr4, Mengel
Rgbes in Elsenau RA4, v. Moszczenski Rgbes LandschR in Wiatrowo,
v. Brodnicki Rgbes in Nieswiastowice, Szalczynski Gbes in Prusiec, Weinert
Bgrmstr in Wongrowitz Kr4. — KrAusschußSekr: Krug.
KrKommKasse: Rendant: Giese Rentmstr RechnR RA4.
KrSparkasse: Rendant: Duhme Rentier StdtR Kr4.

Znin.

74 127 ha, 35 838 Einw.

Landrath: v. Peistel. — KrSekr: Knothe; SteuerSekr: Behmer.
KrAusschuß: v. Colbe Rgbes in Wartenberg, Legal Apothekenbes in Znin, v. Tucholka
Rgbes in Marcinkowo dolne, v. Moszczenski Rgbes in Brudzyn, Holtz Gutsbes
in Pniewy, Schleiff Gbes in Lubtsch. — KrAusschußSekr: Knothe KrSekr
(im Nebenamt).
KrKomm- u. Sparkasse: Rendant: Albrecht; Kontroleur: Jäger.

Die Städte der Provinz.

Regierungsbezirk Posen.

Posen, Provinzial-Hauptstadt, Stadtkreis.

117 014 Einw.

Garnison: Generalkommando V. Armeekorps; Intendantur V. Armeekorps;
Sanitätsamt V. Armeekorps; Kommando der 10. Division; Intendantur
der 10. Division; Kommando der 19. Infanterie-, der 20. Infanterie-, der
10. Kavallerie- und der 5. Feld-Artillerie-Brigade; Kommandantur; Gren.-
Regiment Graf Kleist von Nollendorf (1. Westpr.) Nr. 6; Inf.-Reg. Graf
Kirchbach (1. Niederschl.) Nr. 46; 2. Niederschl. Inf.-Reg. Nr. 47; 2. Leib-
Husaren-Reg. Kaiserin Nr. 2; Posen. Feld-Art.-Reg. Nr. 20; Niederschl.
Fuß-Art.-Reg. Nr. 5; Niederschl. Train-Bataillon Nr. 5; Traindepot
V. Armeekorps; Stab der 5. Gendarmerie-Brigade; Bekleidungsamt V. Armee-
korps; Bezirks-Kommando Posen; 1. Artillerie-Direktion; Artillerie-Depot;
3. Festungs-Inspektion; Fortifikation; Proviantamt; Garnison-Verwaltung;
Garnison-Lazareth; Garnison-Bauinspektion I u. II.
Magistrat: Witting ObBgrmstr Mitgl des HH RA4; Künzer Bgrmstr; Grüder
StdtBauR RA4 Kr3; Peters, Dr. Krause, Pohlmann, Scholtz, Dr. Unger
besoldete Stadträthe; Schweiger (Ingen), Herz (KommerzR u. Vors. der
Handelskammer), Schleyer (Kfm). Ad. Kantorowicz (KommerzR) Kr4,
Jagielski (früh. Apothekenbes.), Nazary Kantorowicz (KommerzR u. Fabrik-
Direktor), Neukrantz (Kgl.Landmesser, Bauunternehmer u. Cementwaarenfabr.),
Labsch (Bauunternehmer) Kdm70/71, Stiller (Kfm), Herrmann (Kfm) OffKrz
Kdm66 u. 70/71 unbesoldete Stadträthe. — Juristischer Hilfsarbeiter: Freymuth
GerAssessor.
Stadt-Ausschuß: Witting ObBgrmstr V; Künzer Bgrmstr Stellv; Dr. Unger,
Ad. Kantorowicz, Neukrantz, Jagielski Mitglieder.

Stadtverordneten-Versammlung: Dr. Landsberger prakt. Arzt V; Herzberg (Thierarzt) Stellv EisKrz2 Kdm70/71, Busse (RechnR) Kdm70/71, Eichowicz (RAnw) Schriftführer. — Beckmann (ObSekr) Protokollführer.

Beamte mit wissensch. oder techn. Vorbildg.: Wulsch, Moritz SdtBauJnsp.; Mertens Dir der Licht- u. Wasserwerke; Stauf Dir des Schlacht- u. Vieh-hofes; Heidelberg ObLandmesser; Dr. Magdeburg, Neubauer Thierärzte; Handke, Hammacher Jngenieure der Licht- u. Wasserwerke; Kloß ObTurn-lehrer.

Bureau- u. Kassenbeamte: Goebbels BurDir; Weckwerth Stdthauptkassen-Rend Kr4; Knudsen, Heise, Weise, Schwarzkopf Rendanten. — Pahl StdtSekr V des Bur I., Schütte StdtSekr V des Bur Ia, Matschky Rend V d. Bur II, Offterdinger ObSekr V des Bur III, Wengel ObSekr V des Bur IIIa, Weiß ObSekr V des Bur IIIb, Linke ObSekr V des Bur IV, Palasky ObSekr V des Bur IVa, Beckmann ObSekr V des Bur V, Hennig ObSekr V des Bur VII, Boltz Rend V des Bur VIII. — Schwarz, Käufer ObBuchhalter; Olbrisch EisKrz2 Kdm70/71, Dobers, Altmann, Fischer, Flach, Bajerlein, Weigt StdtSekr, Schmidt, Müller, Krause, Steckbeck, Filitz Buchhalter.

Majewski (Pfandl.-Anst.-Buchhalter), Foulté, Messian, Czech, Schön II, Goralski, Franke, Tscheiche, Laß, Zodel, Röseler, Geßner, Wilschek, Enter, Röhring, Martens, Mehrfort, Kaethner, Neumann, Schlewitz, Hoffmann, Ehlert, Stachowiak, Stachowski, Wolniewicz, Banaszkiewicz Assistenten; Bräz, Storandt, Kernchen, Brinkel, Springer, Grams, Fünfstück, Schöpke, Ußwaldt, Schäbitz, Kollath, Hedtke, Beyer, Mehlhose, Radochla, Zühlsdorf, Kabeller, Scheffler, Richter, Skibinski, Brann, Kühn, Strey, Schuppe, Jutrowski, Pietsch, Feife, Schlabs, Riebel, Inner, Breite, Wolff, Slomo-wicz, Brylinski (Schätzer der Pfandl.-Anstalt), Litkowski, Pätschke Bureau-diätare.

Heyme Hausvater im städtischen Krankenhause; Schweder WaisenAuff.

Walczynski, Eichler, Zeisler, Mardzinski, Herziger, Stranz, Rowicki, Hoffmann Kanzleidiätare.

Wilke Botenmeister ErKrz66 Kdm70/71 D2, Otto ErKrz66 Kdm70/71 D2, Schmidt ErKrz66 EisKrz2 Kdm70/71 D2, Anders Kdm70/71, Rose, Saage, Andreas, Schwenke, Jankowski, Sikorra, Hille, Brumby, Rettig, Warnke, Mißbach, Dochan, Tschach, Schilling, Exner, Wienecke, John, Graffunder, Marciniak, Ratajczak, Hundt, Fritsche Rathsboten. — Montin, Weickert, Blumenthal Hallenmstr im Schlacht- u. Viehhof; Borcherdt HofVerw des Schlacht- u. Viehhofes; Winter Lagerdiener der Pfandl.-Anstalt; Teichert städt. Wachtmstr; Chojnacki Drucker. — Weise Rathhaus-Kastellan.

Technische Beamte: Kahle techn Sekr; Meyer techn Beamter der Licht- und Wasserwerke; Matzkow Brandmstr; Kube GartenJnsp; Wiedemann, Busz-kiewicz Bauführer; Hirt, Köhler Baupoliz.-Kommissare a. Pr.; Bady techn Assistent; Wittiger Futtermstr; Kudera Jnsp des Schlacht- u. Viehhofes; Gehrmann ObMaschinist; Gomolzig Werkmstr; Wiegandt Rohrmstr; Ober-länder, Stegen Maschinisten; Konukiewicz, Marquardt Feuerwehr-Feldwebel.

Standesbeamte: Walther Kgl. Distr.-Kommissar a. D. Kdm70/71; Brandstädter StdtSekr Stellv.

Anstalts- und sonstige Jnspektoren: Vogt KrankenhausJnsp Kdm70/71 D2, Fechner EisKrz2 Kdm70/71 D2, Günther StadtJnsp, Schön Pfandleih-Anst.-Verwalter, Bady Jnsp bei der Gasanstalt.

Rektoren an den städtischen Volksschulen: I. Stadtschule: Brendel, II.: Markus Kdm70/71, III.: Schlabs, IV.: Schulz, V.: (komm) Ziede, VI.: Driesner, VII.: (komm) Gutsche, VIII.: Knothe Rektoren, IX.: Hoffmann HptL, X.: Pawlak HptL AlnhHohenzH, XI.: (komm) Neger, XII.: Sulek Rektoren.

Lehrpersonen an den städtischen Zahlschulen: (Mittelschule für Knaben): Franke Rektor; Kupke Kr4, Weymann, Waszynski, Marcinkowski, Ostrowski, Eitner, Lincke, Günther, Schleiff, Schumann, Felsmann, Kahl, Kinzel, Engler, Rebitzki, Schubert, Kuß, Tolkmitt Mittelschullehrer; Volkmer, Przybylski, Zirus, Rausch, Redlich, Kowald, Fleig, Rost, Brunzel, Lehrer. — (Mittel-

schule für Mädchen): Lehmann Rektor Kr4; Jäschke, Poprawski, Röstger, Scherner, Degorski, Teß, Altwasser, Reinhold Mittelschullehrer; Demmich, Fleißig, Seydell Lehrer; Molinska, Pohle, Krupski, Kroschel, Barth, Hirsch=feld, Schwalbe Lehrerinnen. — (Bürgerschule, Mittelschule Nr. 3): Schwochow Rektor; Otto, Mitzka, Pachna, Fechner, Fiebig, Dombrowski, Dobers, Rauer, Schmidt Mittelschullehrer; Vogt, Gryszczynski, Kocialkowski, Zippel, Jachnikowski, Witte, Trynka, Eschenbach, Rausch, Rüdenburg, Semrau, Kirsten Lehrer; Molinska, Otto, Krüger, Schultz, Hillmer Lehrerinnen. — (Mittelschule Nr. 4): Weymann Rektor; Korbowicz, Arendt, Drehsler Mittelschullehrer; Steinbrunn, Stiller Lehrerinnen.
Privatschulen. (Höhere Mädchenschulen): (sim) Frl. Knothe, Friedrichstr. 29; (sim) Frl. Valentin, Wilhelmsplatz 14 u. Theaterstr. 4; (kth) Frl. Dannyß, St. Martinstr. 68; (kth) Frl. v. Ettkowska, Petristr. 5; (kth) Frl. Warnka, Wienerstr. 1; (sim) Frl. Sachse, Kaiser Friedrichstr. 29; (sim) Frl. Wegener, Kronprinzenstr. 93. — Mittelschule für Knaben u. Mädchen: (sim) Jllgen SchulVorst, Kaiser Wilhelmstraße 15. — Vorschule für das Gymnasium: (sim) Frl. Mentzel, St. Martinstraße 64. — Seminare für Kindergärtnerinnen: Frau Michel Viktoriastr. 27, Frl. Puffke, Langestr. 4.

Adelnau, Kreisstadt.
2267 Einw. 326 ev, 1757 kth, 184 jüd.

Magistrat: Mazurkiewicz Bgrmstr; Hoelzel (Apothekenbes), von Chelmicki (RAnw) Mitglieder.
Stadtv Vers: Mazurkiewicz Bgrmstr V; Jacobowitz (Kfm), Dr. Sobiech (prakt. Arzt), Splitt (BVorst), Michalowski (Böttchermstr), Stannek (Kfm), Bloch (Gastwirth) Mitglieder.
Städt. Beamte: Glabisz Kämm; Lipinski StdtSekr; Boek SchlachthofJnsp; Derfert PolSergeant; Robeck Vollziehungsbeamter.
Städt. Schulen: (ev) Jacob; (kth) Krutzek HptL.

Baranow, Kr Kempen.
867 Einw. 32 ev, 835 kth.

Magistrat: Piechocki Bgrmstr; Becker (Kfm), Walczak (Bauunternehmer) Mitglieder.
Stadtv Vers: Piechocki Bgrmstr V; Fierek, Alter, Obalski, Solyga, Janicki, Sieranski (Ackerbürger) Mitglieder.
Städt. Beamte: Jasinski Kämm; Smieszek PolSergeant.
Städt. Schule: (kth) Joschinski HptL.

Bentschen, Kr Meseritz.
3358 Einw. 5170 ev, 1669 kth, 147 jüd.

Magistrat: Hielscher Bgrmstr; Knauerhase (Kfm) Kdm66 u. 70/71NC LD Bei=geordneter, Lehmann (Gastwirth), Wache (Bäckermstr) Schöffen.
Stadtv Vers: Franke (Locomobilenbes), Kdm66 u. 70/71 LD Vorsteher; Dr. Blumen=thal (FabrDir), Bomme (Kfm), Brach (Postmstr), Cohn (Kfm), Fellner (Schneidermstr), Gutsche (Posthalter) Kdm70/71 LD . Dr. Koeberlin (Apothekenbes), Lietsch (Gbes) AllgEhr LippEhrKrz4; Rothe (Tischlermstr), Seelig (Jng u. Zimmermstr), Zolnierkiewicz (Kfm) Mitglieder.
Städt. Beamte: Preiß Kämm Kdm70/71; Grothe Stdtwachtmstr Kdm70/71 D2; Bentzki PolDiener u. Kommunalexekutor Kdm70/71NC LD.
Städt. Schulen: (ev) Anklam HptL; (kth) Bensch HptL Kdm70/71NC.

Betsche, Kr Meseritz.
2074 Einw. 510 ev, 1529 kth, 35 jüd.

Magistrat: Krüger Brgmstr; Schildt, Gros Schöffen.
Stadtv Vers: Krüger Brgmstr V; Schildt, Fischbock, Kaczmarek, Kolczyk, Wittchen, Fietz Mitglieder.
Städt. Beamte: Eichowicz Kämm; Gloede StdtFörster; Maciejewski PolSergeant.
Städt. Schulen: (ev) Krause; (kth) Paech HptL.

Birnbaum, Kreisstadt.

3207 Einw. 2006 ev, 954 kth, 30 and, 217 jüd.

Magistrat: von Kaffka Bgrmstr u. Kgl. Amtsanwalt, Rothenbücher (Kfm) Beigeordneter Stadtältester, Klaette (Rentier u. Ackerbürger), Schneider (FabrBes),
Pohle (FabrBes u. Kfm) Rathmänner.

StadtvVers: Voß (RAnw u. Notar) RA4 V; Reinert (Fleischermstr), Schulz
(Kupferschmiedemstr), Rothe (Kfm), Dr. med. Graetz (prakt. Arzt), Lehmann
(Kfm), Wendler (Baumstr), Duncke (Kfm), Rübke (Posthalter), Brasch
(FabrBes), Stobel (Bäckermstr), Liebich (Klempnermstr) Mitglieder.

Städt. Beamte: Reitter Kämmerei- u. SparkassenRend; Jewannski Sparkassen-
Kontroleur; Scheller Stadt- u. PolWachtmstr; Gehwein PolSergeant.

Städt. Schulen: (ev) Dr. phil. Keller Rektor; (kth) Mai L; (jüd) Sander L.

Blesen, Kr Schwerin a. W.

1740 Einw. 175 ev, 1550 kth, 15 jüd.

Magistrat: Kaffler Brgmstr.

StadtvVers: Kaffler Bgrmstr V; Riettert, Kirscht, Behr, May, Steinke, Blobelt
Mitglieder.

Städt. Beamte: Beil Kämmerei- u. SparkassenRend; Wolff PolDiener.

Städt. Schulen: (ev) Paeschke L; (kth) Petzelt HptL;

Buin, Kreis Schrimm.

1303 Einw. 170 ev, 1133 kth.

Magistrat: Müller Bgrmstr ErKrz66 Kdm70/71 LD; Beuther, Burchardt Schöffen.

StadtvVers: Müller Bgrmstr V; Gniotczyk, Burchardt, Weichmann, Strojny,
Brustmann, Flens Mitglieder.

Städt. Beamte: Flens PolDiener.

Städt. Schulen: (ev) Gottschling L; (kth) Dierker HptL.

Bojanowo, Kr Rawitsch.

2099 Einw. 1605 ev, 434 kth, 60 jüd.

Magistrat: Hahm Bgrmstr; SanR Dr. Seiler Beigeordneter; Grunwald
(Grundbes); Matton (Kfm) Rathmänner.

StadtvVers: Miodowski (Kfm) V; Ammon (Hotelbes), Maetze (Rend), Weber
(Bäckermstr), Ziegenhals (Bäckermstr), Kaebsch (Bäckermstr), Rabe (Rentner)
Kastel (Kontroleur), Junke (Brauereibes), Rauhut (Viehkfm), Krischke (Kfm),
Landsberg (Kfm) Mitglieder.

Städt. Beamte: Franzke KämmereikassenRend; Daunke SparkassenRend; Buddenz
Sparkassen-Kontroleur.

Städt. Schule: (Bürgerschule) Buchholz Rektor u. OrtsschulInsp.

Fortbildungsschule: Preuß Konrektor.

Bomst, Kreisstadt.

2078 Einw. 908 ev, 1105 kth, 65 jüd.

Magistrat: Stephan Bgrmstr; Ulmitz Beigeordneter; Gellert, Semmler, Peschke
Schöffen.

StadtvVers: Schmidt (Rentier) V; Lausch (Kfm), Fischer (Kfm), Eichler (Ackerbürger), Grätz (Ackerbürger), Neumann (Tischlermstr), Schulz (Pferdehändler),
Mühlberg (Kfm), Szukala (Mühlenbes) Mitglieder.

Städt. Beamte: Kahn Kämmerei- u. SparkassenRend; Augustin Stdtwachtmstr;
Schumann Vollziehungsbeamter; Scholz StdtF; Zmuda Feldhüter.

Städt. Schulen: (ev) Finke HptL; (kth) Karwatka HptL.

Borek, Kr Moschmin.
1986 Einw. 207 ev, 1662 kth, 117 jüd.

Magistrat: Przybylski Bgrmstr; Eichmann (Grundbes), Dziubczynski (Kfm) Schöffen.
Stadtv Vers: Przybylski Bgrmstr V; Bromberg (Hotelbes), Ciachowski (Fleischermstr), Gogulski (Kfm), Neustadt (Rentier), Ofierzynski (Kfm), Zuske (Baumstr) Mitglieder.
Städt. Beamte: Wollmann KämmKRend; Schub PolSergeant.
Städt. Schulen: (ev) Budig L; (kth) Mielcarski HptL; (jüd) Katz L.

Grätz, Kr Meseritz.
1470 Einw. 1194 ev, 275 kth, 1 jüd.

Magistrat: Weidlich Bgrmstr; Schmidtsdorff, Wilhelm Rathmänner.
Stadtv Vers: Weidlich Bgrmstr V; Penther (Gbes), Stiller (Kfm), Stratz (Kürschnermstr), Hämpel (Schuhmachermstr), Deutschmann (Schmiedemstr), Pfeiffer (Tuchmachermstr) Mitglieder.
Städt. Beamte: Stratz KämmKRend; Potempa PolDiener.
Städt. Schule: (ev) Strauß HptL.

Buk, Kr Grätz.
3385 Einw. 443 ev, 2692 kth, 250 jüd.

Magistrat: Roll Bgrmstr; Wege Beigeordneter; Dr. Wróblewski, Gintrowicz Schöffen.
Stadtv Vers: Degórski V; Bittiner, Guderski, Hirsch, Panienski, Ritter, Roestel, Siuchninski Mitglieder.
Städt. Beamte: Teinert KämmKRend; Górczak, Bialkowski PolDiener.
Städt. Schulen: (ev) Krauft erster L; (kth) Stam HptL; (jüd) Spieldoch L.

Czempin, Kr Kosten.
2242 Einw. 430 ev, 1650 kth, 1 anb, 161 jüd.

Magistrat: Hoffmann Bgrmstr; Drescher Beigeordneter; Ertel, Nowakowski Stadt=älteste.
Stadtv Vers: Schneider Kr4 V; Dr. Bartlitz, Iwaszkiewicz, Neumann, Noak, Rothholz, Siminski, Riedel, Szukalski, Wessolowski, Zdanowski Mitglieder.
Städt. Beamte: Senftleben KämmKRend; Strolock PolSergeant.
Städt. Schulen: (ev) Roihl HptL; (kth) Bergmann Rektor; (jüd) Tint L.

Dobrzyca, Kr Krotoschin.
1314 Einw. 409 ev, 821 kth, 84 jüd.

Magistrat: Brandenburger Bgrmstr; Piepenborn (KämmKRend), Stolpe (Mühlen=besitzer) Schöffen.
Stadtv Vers: Brandenburger Bgrmstr V; Stolpe, Gahl, Heilmann, Szókalski, Markowicz Mitglieder.
Städt. Beamte: Piepenborn KämmKRend; Gerhard PolDiener.
Städt. Schulen: (ev) Hampel HptL; (kth) Janecki HptL.

Dolzig, Kr Schrimm.
1626 Einw. 78 ev, 1542 kth, 16 jüd.

Magistrat: Ciesielski Bgrmstr; Burzynski (Kämm), Hoffmann (Gastwirth) Schöffen.
Stadtv Vers: Dr. Kowalski (prakt. Arzt), Leciejewski (Grundbesitzer), Latanowicz (Restaurateur), Krzyminski (Müllermstr), Peifert (Schuhmachermstr), Snie-gowski (Heilgehülfe) Mitglieder.
Städt. Beamte: Burzynski Kämm; Nikodemski PolSergeant LD2 Kdm70/71 ErMedBd.
Städt. Schule: (kth) Szrejbrowski HptL.

Fraustadt, Kreisstadt.
7579 Einw. 4138 ev, 3173 kth, 2 and, 266 jüd.

Magistrat: **Daum** Bgrmstr; **Hoffmann** (Rentier) Beigeordneter; **Großmann** (Kfm), **Fließ** (RAnw u. Notar), **Preiser** (FabrBes), **Seimert** (Gbes) Rathsherren.
StadtvVers: **Pucher** (Buchdruckereibes) V; **Hitzegrad** (Hotelbes), **Sachs** (Kfm), **Fuchs** (Kfm), **Michel** (Maurer= u. Zimmermstr), Dr. **Glaser** (prakt. Arzt), **Schendell** (Rentier), **Deichsel** (Klempnermstr), **Härtel** (Fleischermstr), **Hofer** (Kfm), **Porada** (Hotelbes), **Franke** (Handschuhfabrikant), **Henke** (Hotelbes), **Schorsch** (Rentier), **Weidner** (Brauereibes), **Friedrich** (Müllermstr), **Menzel** (Kfm), **Sturzenbecher** (Tischlermstr) Mitglieder.
Städt. Beamte: **Pfeifer** Kämm= u. SparkassenRend; **Grützmacher** StadtSekr; **Poesch** PolSekr; **Unbehaun** KämmKAss u. Sparkassenkontroleur; **Wenzelowski** Pol= Wachtmstr AllgEhrz Kdm70/71NC KrönMed D1; **Neumann** PolSergeant; **Schmolke** Vollziehungsbeamter; **Liebich** KDiener; **Dürrast** GasJnsp.
Städt. Schulen: (ev) **Lange** HptL; (kth) **Kühnel** Rektor; (jüd) **Zerkowski** L.

Görchen, Kr Rawitsch.
2234 Einw. 656 ev, 1573 kth, 5 jüd.

Magistrat: **Stiller** Bgrmstr; **Bultze** (Bäckermstr), **Skwierczynski** (Rend) Mitglieder.
StadtvVers: **Stiller** Bgrmstr V; Dr. **Grobelny** (prakt. Arzt), **Bössert** (Kfm), **Stahn** (Müllermstr), **Skwierczynski** (Rend), **Schwarz** (Kfm), **Orlowski** (Schuhmachermstr) Mitglieder.
Städt. Beamte: **Fischbach** KämmKRend.
Städt. Schulen: (ev) **Fabiunke** HptL u. Kantor; (kth) **Dalkowski** HptL.

Gostyn, Kreisstadt.
4844 Einw. 590 ev, 4093 kth, 161 jüd.

Magistrat: **Flieger** Bgrmstr; **Sura** (Taxator) Beigeordneter, **Goldschmidt** (Kfm), **Ciazynski** (Destillateur) Schöffen.
StadtvVers: Dr. **Granatkiewicz** (prakt. Arzt) V, **Czabajski** (Ackerbürger), **Dabinski** (Ziegeleibes.), **Gomerski** (Kfm), **Hejnowicz** (Ackerbürger), **Kantorowicz** (Kfm), **von Pruski** (Apotheker), **Piatkowski** (Baumstr), **Perlinski** (Kfm), **Strzyzewski** (Kfm), **Szlosman** (Seiler), **Woziwodzki** (Kfm) Mitglieder.
Städt. Beamte: **Wolski** KämmKRend; **Dzwikowski** SchlachthausVerw; **Krotki**, **Janowicz** PolDiener; **Gulinski** Vollziehungsbeamter.
Städt. Schulen: (ev) **Bergert** erster L; (kth) **Schmidt** HptL; (jüd) **Mamlok** L.

Grabow, Kr Schildberg.
1805 Einw. 198 ev, 1504 kth, 103 jüd.

Magistrat: Bgrmstr fehlt z. Zt.; **Ertel** (Molkereibes), **Pawlowski** (Ackerbürger) Mitglieder.
StadtvVers: **Kozlowski** (Ackerbürger), **Marcus** (Kfm), **Degórski** (Apotheker), **Jakubowicz** (Gastwirth), **Speter** (Kfm), **Sierszenski** (Bürger) Mitglieder.
Städt. Beamte: **Janicki** PolDiener.
Städt. Schule: (kth) **Parzyk** HptL.

Grätz, Kreisstadt.
3784 Einw. 855 ev, 2573 kth, 356 jüd.

Magistrat: **Howe** Bgrmstr; **Gutsche** (Baumstr), Dr. **Zuchowski** (prakt. Arzt), Dr. **Rubensohn** (SanR), **Motty** (JR), **Dosmar** (Kfm) Mitglieder.
StadtvVers: **Herzfeld** (Kfm) V; **Alexandrowicz** (Kfm), **Andrzejewski** (Kfm), **Bick** (Kfm), **Braun** (Postmstr), **Chocieszynski** (Brauereibes), **Greiffenberg** (Kfm), **Grünberg** (Brauereibes), **Loew** (Kfm), **Meyer** (Kfm), **Ritter** (Apotheker), **Stams** (RAnw) Mitglieder.
Städt. Beamte: **Kabisch** Kämm; **Priebe** StadtSekr; **Kaiser** KAss; **Kühl** Wachtmstr; **Hoffmann** PolDiener.
Städt. Schule: (parität) **Müller** Rektor u. OrtsschulJnsp.

Jaratschewo, Kr Jarotschin.

937 Einw. 96 ev, 750 kth, 91 jüd.

Magiftrat: **Plazalski** Bgrmftr; **Neuftadt** (Kfm), **Kuntz** (Grundbef) Mitglieder.

StadtvVerf: **Plazalski** (Bgrmftr) V; **Hepner** (Kfm), **Guttmacher** (Kfm), **Ziegel** (Kfm), **Rutowski** (Ackerbürger u. Gaftwirth), **Banaszak** (Ackerbürger), **Machowski** (Schuhmachermftr) Mitglieder.

Städt. Beamte: **Neuftadt** Kämm, **Bach** Stadtwachtmftr.

Städt. Schulen: (ev) **Plog** L; (kth) **Hahn** HptL; (jüd) **Rosenthal** L.

Jarotschin, Kreisftadt.

4333 Einw. 1441 ev, 2631 kth, 261 jüd.

Magiftrat: **Friefe** Bgrmftr; 1 Beigeordneter, 2 Rathmänner.

StadtvVerf: **Adler** (Kfm), **Golinsky** (Kfm), **Frietzfche** (Baumftr), **Klötzel** (Kultur-technifer), **Krüger** (MolfereiDir), **Mäntel** (Schuhmachermftr), **Illmer** (Bahnhofs-reftaurateur), **Simon** (EifBetrWerfmftr), **Ofchinsky** (Kfm), **Pietrkowsky** (Kfm) Mitglieder.

Städt. Beamte: **Müller** Kämmerei- u. SparfaffenRend EisKrz2 Kr4; **Fröhlich** StadtSefr; **Dargel**, **Fechner** PolSergeanten.

Städt. Schulen: (ev) **Rüdiger** HptL; (kth) **Schlabs** HptL; (jüd) **Laufer** L.

Jutrofchin, Kr Rawitfch.

1906 Einw. 668 ev, 1129 kth, 3 and, 106 jüd.

Magiftrat: **Girfe** Bgrmftr; **Jeske**, **Weigelt**, **Sobanski** Mitglieder.

StadtvVerf: **Rofenbaum**, **Woyczek**, **Suchner**, **Lachmann**, **Daunfe**, **Kazmierski**, **Kühnaft**, **Krentzlin-Domaszewski** Mitglieder.

Städt. Beamte: **Dummer** GemE u. SparfaffenRend; **Schröder** PolSergeant.

Städt. Schulen: (ev) **Reffel** ältefter L; (kth) **Lyfinski** HptL; (jüd) **Treumann** L.

Kempen, Kreisftadt.

5757 Einw. 1546 ev, 2974 kth, 1237 jüd.

Magiftrat: **von Borcke** Bgrmftr D3 rKrzMed3 RA4; **Schacher** (RAnw u Notar) Beigeordneter; **Bloch** (Stadtälteſter u. Kfm), **Weber** (Maurer- u. Zimmerermftr), **Deumling** (Brauereibef) Rathsherren-

StadtvVerf: **Brunfch** (Kfm), **Mahn** (GymnDir), **Burde** (KR a. D.), **Ritter** (Kfm), **Fifcher** (Spediteur), **Rofenbaum** (Kfm), **Hacia** (Kfm), **Schlefinger** (KglLotterieE), **Kann** (RAnw), **Schultz** (RechnR), **Lubliner** (Rentier), **Siegmund** (Stell-machermftr) Mitglieder.

Städt. Beamte: **Szczepanski** Rend; **Wifchanowski** Sefr; **Kubica**, **Kottwitz** Affiftenten; **Gaczynski** Vollziehungsbeamter; **Maffalef**, **Freytag** PolSergeanten.

Städt. Schulen: (parit. Volfsknabenfchule) **Poft** Reftor; (parit. Volfsmädchenfchule) **Rathmann** Reftor; (parit. höhere Mädchenfchule) **Sieg** Reftor.

Kobylin, Kr Krotofchin.

2214 Einw. 667 ev, 1376 kth, 171 jüd.

Magiftrat: **Eberftein** Bgrmftr; **Krug** Beigeordneter; **Urbanowicz**, **Romann** Schöffen.

StadtvVerf: Dr. **von Kutzner** (praft. Arzt) B Kdm70/71 D1; **Biedermann**, **Dandelfki**, **Guttmann**, **Friedmann**, **Hoffmann**, **Kallmann**, **Koppel**, **Maciejewski**, **Rozynski**, **Szelagowski**, Dr. **Türf** (praft. Arzt) Mitglieder.

Städt. Beamte: **Schulz** Kämmerei- u. SparfaffenRend; **Beftrzynski** PolWachtmftr.

Städt. Schulen: (ev) **Sopart** HptL; (kth) **Drecher** HptL; (jüd) **Lippef** L.

Kofchmin, Kr Bomft.

820 Einw. 336 ev, 478 kth, 6 and.

Magiftrat: **Langner** Bgrmftr; **Heinrich Michaelis**, **Kurzfe** Schöffen.

StadtvVerf: **Langner** Bgrmftr B; **Kaliske**, **Heinrich Michaelis**, **Wilhelm Michaelis**, **Reibert**, **Sarnecfi**, **Werner** Mitglieder.

Städt. Beamte: **Gottlieb Eichler** Kämmereifaffen=Rend; **Heinrich Eichler** Pol-Sergeant.

Städt. Schulen: (ev) **Quade** L; (kth) **Fiebig** L.

Koschmin, Kreisstadt.

4643 Einw. 980 ev, 3304 kth, 9 and, 350 jüd.

Magistrat: Jahnke Bgrmstr; Lisiecki Beigeordneter; Cieszynski (Ackerbürger), Horwitz (Rentier u. Stadtältester), Mathias (Kfm), Rathsherren.

StadtvVerf: Borngraeber PMstr V: Kantorowicz (RAnw u. Notar), Fuchs (Kfm), Zeidler (KglRentmstr) EisKrz2 Kr4 LD2 Kdm70/71, Kleemann (Baumstr), Styburski (Ackerbürger), Scheyer (Kfm), Michaelis (Bäckermstr), Podlewski (Tischlermstr), Dr. Fuchs (SanR), Trennert (Schuhmachermstr), Moll (Kfm) Mitglieder.

Städt. Beamte: Lisiecki Kämm=u. SparkassenRend; Dautz StdtSekr; Krzysztofowicz Schlachthaus Insp; Szych PolWachtmstr; Hansch PolSergeant; Elsner HPol= Sergeant u. Vollziehungsbeamter; Tomczak=Weißhof Waldwärter.

Städt. Schulen: (ev) Raschke Kantor u. L; (kth) Kryzynski L; (jüd) Schneider L.

Kosten, Kreisstadt.

5815 Einw. 1086 ev, 4514 kth, 195 jüd.

Magistrat: Stüwe Bgrmstr; Izakiewicz (Maurer= u. Zimmermstr) Beigeordneter Kr4; Plonsk (Kfm), Löwenstein (Kfm), Meißner (RAnw) Rathsherren.

StadtvVerf: Schober (Kfm) V: Bayer (Kreistaxator), Prange (Buchhalter), Lachmann (Kfm), Gotthelf (Kfm), Wdowicki (Sattlermstr), Dr. Laurentowski (prakt. Arzt), Glaß (Kfm), Pinner (RAnw), Kozlowski (Kfm), Goldschmidt (Kfm), Selle (Apotheker) RA4 Mitglieder.

Städt. Beamte: Rattay Kämmerer= u. SparkassenRend; Mollmann KaßKontroleur; Koszewski StdtSekr; Kozlicki, Krause PolSergeanten; A. Fellmann Voll= ziehungsbeamter; M. Fellmann Rathsbote.

Städt. Schulen: (ev) Kurjawe HptL; (kth) Wilkens Rektor.

Kostschin, Kr Schroda.

2339 Einw. 238 ev, 2065 kth, 36 jüd.

Magistrat: Stein Bgrmstr; Dr. Kube (SanR), Dr. Taczak (prakt. Arzt) Schöffen.

StadtvVerf: Schulz (Rgbef), Dr. Taczak (prakt. Arzt), Luberski (Bäckermstr), Szymanski (Schneidermstr), Danielewski (Handelsmann) Mitglieder.

Städt. Beamte: Janicki KämmereikassRend.

Städt. Schule: (kth) Binek HptL.

Kriewen, Kr Kosten.

1540 Einw. 127 ev, 1369 kth, 44 jüd.

Magistrat: Czekalla Bgrmstr; Badelt (Apotheker), Szulczynski (Eigenthümer) Rath= männer.

StadtvVerf: Czekalla Bgrmstr V: Smoczynski (Ackerbürger), Staniszewski (Kfm), Laurentowski (Gastwirth), Paehold (Dampfziegeleibef u. Gastwirth), Klupsch (Stellmachermstr), Fener (Kfm) Mitglieder.

Städt. Beamte: Szulczynski KämmereikassRend; Krötki PolSergeant.

Städt. Schulen: (ev) Fliegner L; (kth) Riedel HptL.

Kröben, Kr Gostyn.

2186 Einw. 107 ev, 2030 kth, 49 jüd.

Magistrat: Balcerek Bgrmstr; Switalski Schöffe.

StadtvVerf: Bgrmstr Balcerek V; Andreas Formanowski, Valentin Formanowski, Jedryczkowski, Kaczmarek, Mackowiat, Zucker Mitglieder.

Städt. Beamte: Switalski KämmereikassenRend; Andrzejewski PolDiener u. Vollziehungsbeamter.

Städt. Schulen: (ev) Knappe L u. Kantor; (kth) Gusinde HptL.

Krotoschin, Kreisstadt.

11547 Einw. 4892 ev, 5846 kth, 9 and, 800 jüd.

Magistrat: Sponnagel Bgrmstr; Rebesky (Kfm), Beigeordneter; Heyner (KommerzR), Katzenellenbogen (Kfm), Dr. Lachmann (GehSanR), Madelung (RAnw u. Notar) Mitglieder.

StadtvVerf: Koeppel (Baumstr), V; Auerbach (Rentier), Baumgart (Rentier), Cohn (Kfm), Daniel (Kfm), Dymarski (Bäckermstr), Glatzel (Tischlermstr), Grünspach (Kfm), Hampel (RAnw u. Notar), Prof Dr. Jonas (GymnDir), Dr. Kreismann (prakt Arzt), Langner (Kfm), Lewy (Kfm), Matheus (Apothekenbes), Neumark (Kfm), Przygode (Mühlenbes), Naetzer (Kfm), Seiffert (Gutsbes), Sierodzki (Klempnermstr), Schmidt (Buchdruckereibes), Ueberle (Baumstr), Wagner (Destillateur), Werner (Baumstr), Niuhmann (Kfm) Mitglieder.

Städt. Beamte: Schoen StdtSekr; Kretschmer I. Registr; Schwarzkopf PolKomiss; Siegmund II. Registr; Schleicher BurHülfsarb; Flöter Kämm; Kretschmer Kämmerei= u. Sparkassenkontroleur; Weber KassenAss; Stache BurDiät; Koeppel SchlachthausInsp; Sorge GasanstaltsInsp; Müller StdtF.

Städt. Schulen: (ev) Storch Rektor; (Vorstadtschule): Sucker L; (kth) Kaschny Rektor; (Pläner kth): Jernajczyk L, (jüd) Nies HptL; (höhere Töchterschule): Hoeven Rektor.

Kurnik, Kr Schrimm.
2589 Einw. 247 ev, 2171 kth, 171 jüd.

Magistrat: Jewasinski Bgrmstr Kdm70/71NC D3; Kuczynski (Apotheker), Lenartowicz (Ackerbürger) Kdm 70/71, Serwatkiewicz (Bäckermstr) Beigeordnete.

StadtvVerf: Tulewicz (Kfm) V; Chmielewski (Schneidermstr), Haase (Kfm), Laurentowski (Mühlenbes), Malecki (Ackerbürger), Nawrocki (Ackerbürger) Kdm70/71, Oelsner (Kfm), Przychodzki (Fleischermstr), Dr. Unger (prakt Arzt) Mitglieder.

Städt. Beamte: Obst KämmereikassenRend; Glowinski Schlachtviehbeschauer.

Städt. Schulen: (kth) Müller HptL; (jüd) Hopp L.

Lissa i. P., Kreisstadt.
14262 Einw. 7401 ev, 5651 kth, 14 and, 1196 jüd.

Magistrat: Herrmann (ObBgrmstr) RA4; Scheibel (Beigeordneter u. StdtR) Kr4; Liebelt, Jacubowski, Winkler, Dolscius, Nerger, Contenius unbesoldete Stadträthe.

StadtvVerf: Wolff (RAnw u. Notar) V; Glogauer (Kfm), Klupsch (Apotheker), Eisenstädt (Kfm), Linke (Müllermstr), Schoenenberg (BauR), Schreyer (Bankier), Schild sen. (Böttchermstr), Scholz (Kfm), Noll (RAnw), stellv. V, Bieberfeld (Kürschnermstr), Halliant (Kunstgärtner), Wurst (Fleischermstr), Prof Dr. Prause, Schneider (Kfm), Dr. von Putiatycki (Arzt), Mill (Rentier), Franke (Brauereibes), Jentsch EisenbahnbetrSekr), Engel (Möbelhändler), Müller (Maurer= u. Zimmermstr), Otto (Hotelbes) Mitglieder.

Städt. Beamte: Sevin StdtBaumstr; Herbricht Kämmerer u. StadtkassenRend; Peickert StdtSekr MilEhr2; Ilgner PolInsp; Mischke Stadtkassen=Kontroleur; Werner PolSekr; Knorn Registr; Marquardt, Lampert, Tietze Stadt= kassenAssistenten; Schubert PolWachtmstr; Wiegand SchlachthausInsp; Pohlit Gasanstaltsverw.

Städt. Schulen: (ev) Elle HptL; (kth) Bensch HptL; (jüd) Herbst HptL.

Meseritz, Kreisstadt.
5654 Einw. 3609 ev, 1716 kth, 124 luth, 205 jüd.

Magistrat: Dollega Bgrmstr; Jähnke Beigeordneter; Pastor (Hauptm d. L.), Wünsche (Stadtältester), Gumpert, Fröhlich Rathsherren.

StadtvVerf: Matthias (Buchdruckereibes) V; Bieske, Bischoff, Clemens, Deutschkron, Enders, Gumpert stellv. V, Hang, Heyn, Leutke, Prof Quade, Sagner, Schiffmann, Schleese, Schulze, Zillmann Mitglieder.

Städt. Beamte: Knothe Kämm; Nikolaus StdtSekr; Fechner Ass; Schreiber PolSekr; Brosowsky KämmKAss; Rosenau PolWachtmstr; Klopsch SchlachthausInsp; Harnisch Betriebsleiter.

Städt. Schule: (parit) Rektor Richter Ortsschulinsp.

Miloslaw, Kr Wreschen.
2484 Einw.   224 ev, 2052 kth, 208 jüd.

M a g i s t r a t: **Malkowski** Bgrmstr.
S t a d t v V e r f: **Malkowski** Bgrmstr V;   Gabriel **Kaphan**, Elias **Kaphan**, Dr. **Matuszewski, von Zambrzycki, Monarszynski, Zolnierkiewicz** Mitglieder.
S t ä d t.   B e a m t e: **Wroniewicz** KämmKassenRend.
S t ä d t.   S c h u l e n: (ev) **Ludwig** L; (kth) **Krukowski** Rektor; (jüd) **Brzezinski** L.

Mixstadt, Kr Schildberg.
1396 Einw.   44 ev, 1249 kth, 103 jüd.

M a g i s t r a t: **Cleve** Bgrmstr; **Biczysko, Karwik** Mitglieder.
S t a d t v V e r f: **Cleve** Bgrmstr V; **Biczysko, Bieganski, Fabrowski, Karwik, Stasierski, Sternberg** Mitglieder.
S t ä d t.   B e a m t e: **Gastauer** StdtF; **Lauterer** Kämm.
S t ä d t.   S c h u l e: (kth) **Lauterer** HptL.

Moschin, Kr Schrimm.
1763 Einw.   489 ev, 1140 kth, 134 jüd.

M a g i s t r a t: **Keichel** Bgrmstr; **Silberstein** (Kfm), **Freudrich** (Postvorst) Mitglieder.
S t a d t v V e r f: **Keichel** Bgrmstr V; **Silberstein** (Kfm), Dr. **Sterz** (prakt Arzt), **Jaskolski** (Ackerbürger), **Seiler** (Ackerbürger), **Jaworski** (Ackerbürger), **Mannheimer** (Kfm) Mitglieder.
S t ä d t.   B e a m t e: **Lozynski** KämmKassenRend AdlHohenzH.
S t ä d t.   S c h u l e n: (ev) **Hauff** 1. L; (kth) **Effert** HptL.

Mur. Goslin, Kr Obornik.
1513 Einw.   427 ev, 982 kth, 104 jüd.

M a g i s t r a t: **Hartmann** Bgrmstr Kdm70/71 D3, **Kobel** (Rentier) EisKrz2 AllgEhr ErKrz66 Kdm70/71 D1, **Zielechowski** (Apothekenbes) Beisitzer.
S t a d t v V e r f: **Hartmann** Bgrmstr V; **Siegert** (Hotelbes), **Bajer** (Fleischermstr) ErKrz66 Kdm70/71 LD, **Stern** (Fleischermstr), **Ulmann** (Maurermstr), **Giballe** (Kfm), Dr. **Lust** (prakt Arzt) Mitglieder.
S t ä d t.   B e a m t e: **Rau** KämmKassenRend.
S t ä d t.   S c h u l e: (parit) **Roßner** Rektor.

Neustadt b. P., Kr Neutomischel.
2601 Einw.   555 ev, 1861 kth, 225 jüd.

M a g i s t r a t: **Weigt** Bgrmstr; **Loby** (Gerbereibes) Beigeordneter EisKrz2 Kdm66, **Wolfsohn** (Kfm) Kdm70/71, **Bentlich** (Kfm) Mitglieder.
S t a d t v V e r f: **Wolfsohn** (Kfm) V; **Brauer** (Maurer= u. Zimmermstr), **Butkiewicz** (Viehhändler), **Cohn** (Kfm), **Forecki** Restaurateur, **Gerlach** (Ackerbürger), **Hoffmann** (Kfm), **Philipsthal** (Kfm), **Roestel** (Kfm) Mitglieder.
S t ä d t.   B e a m t e: **Mroczkiewicz** Kämm u. SparkassenRend (pens L).
S t ä d t.   S c h u l e n: (ev) **Tamke** 1. Lehrer u. Kantor; (kth) **Nehring** HptL; (jüd) **Berlowitz** L.

Neustadt a. W., Kr Jarotschin.
1135 Einw.   225 ev, 822 kth, 88 jüd.

M a g i s t r a t: **Alberti** Bgrmstr; **Heldt** (Kfm), Dr. **Musiel** (Arzt) Schöffen.
S t a d t v V e r f: **Alberti** Bgrmstr V; **Engelmann** (Kfm), **Kliemt** (Rentier), Dr. **Musiel** (Arzt), **Stroheim** (Kfm), **Szymankiewicz** (Fleischermstr), **Zawadowicz** (Sattlermstr) Mitglieder.
S t ä d t.   B e a m t e: **Rumpelt** KämmercikassenVerw.
S t ä d t.   S c h u l e n: (Konfessionsschule) **Hoffmann** Kantor; **Lowinski** HptL.

Neutomischel, Kreisstadt.
1805 Einw. 1365 ev, 311 kth, 4 anb, 125 jüd.

Magistrat: Witte Bgrmstr; Peilert (Kfm), Tepper (Kfm) Stadtälteste.
StadtvVers: Witte Bgrmstr V; Jeenicke (Schornsteinfegermstr), Maennel (Dampfmühlenbes), Scheibe (Fleischermstr), Tepper (Kfm), Toessling (Kfm), Wittkowsky (Kfm) Mitglieder.
Städt. Beamte: Weber KämmKassenRend; Schubert Stadtwachtmstr.
Städt. Schule: (ev) Schwaebe HptL.

Obersitzko, Kr Samter.
1559 Einw. 750 ev, 550 kth, 1 anb, 258 jüd.

Magistrat: Laschke Bgrmstr; Richter Beigeordneter; Grünberg, Fechner Schöffen.
StadtvVers: Podkomorski (Kfm) V; Cohn (Kfm), Roth (Postvorst), Petrich (Kfm), Arnswalder (Kfm), Schlimmer (Kfm), Stein (Kfm), R. Petrich (Kfm), Lichtenstein (Fleischermstr), Klausewitz (Sattlermstr), Kühn (Schlossermstr), Löwinsohn (Kfm) Mitglieder.
Städt. Beamte: Winkler PolDiener.
Städt. Schulen: (ev) Wolke HptL; (kth) Kluge L; (jüd) Rynarzewski L.

Obornik, Kreisstadt.
3059 Einw. 1202 ev, 1557 kth, 300 jüd.

Magistrat: Schmolke Bgrmstr; Dobrzanski Beigeordneter; Glowinski, Wreschner Rathmänner.
StadtvVers: Schwarzschulz (RAnw) V; Fest (Hotelbes), Friedmann (Kfm), Großmann (Zimmer= u. Maurermstr), Laue (Zimmer= u. Maurermstr), Dr. Peters (GehMedR), Reschke (Fleischermstr), Schubert (Malermstr), Smorawski (Brauereibes) Dr. Stefanowicz (prakt Arzt), Sydow (Zimmermstr), Tausk (Kfm) Mitglieder.
Städt. Beamte: Stiller KämmKassenRend; Schober StdtSekr; Len Schlachthaus=Insp; Neubauer Stadtwachtmstr.
Städt. Schule: (sim) Feierabend Rektor.

Opalenitza, Kr Grätz.
3028 Einw. 542 ev, 2473 kth, 9 anb, 4 jüd.

Magistrat: Thorzewski Bgrmstr; Krüger (prakt Arzt), Witajewski (Gasthofbes) Mitglieder.
StadtvVers: Thorzewski Bgrmstr V; Gintrowicz (Kfm), Nord (ZuckerfabrikDir), Krüger (prakt Arzt); Schonert (Ackerbürger), Schulz (Ackerbürger), Teuber (ObBuchhalter) Mitglieder.
Städt. Beamte: Schirmer KämmKassenRend.
Städt. Schulen: (ev) Gruhn 1. Lehrer; (kth) Schneider HptL.

Ostrowo, Kreisstadt.
10 327 Einw. 3236 ev, 6178 kth, 1 anb, 912 jüd.

Magistrat: Nessel Bgrmstr rKrzmed3; Schulze (JR) unbesoldeter Beigeordneter; Hirsch (Brauereibes, KommissR) Kdm70/71 LD, Fränkel (FabrBes) Kr4, Wagner (Kfm), Zakobielski (BankV a. D. Stadtältester) Kr4 Mitglieder.
StadtvVers: Prof. Dr. Schlüter (GymnDir) V RA4; Helbig (GSekr) EisKrz2 MilEhr2 D3 ErKrz66 Kdm70/71, Lachmann (Rentier) Kr4 Kdm70/71 LD, Grützmacher (Tischlermstr) Kdm70/71, Krauskopf (Kfm), Gehlich (Maurer= u. Zimmermstr), Rothstein (Kfm), Josephi (Selterwasserfabrikant), Pawelitzki (RAnw u. Notar), Voß (RAnw), Dr. Paulisch (Ph), Kutzner (RAnw), Scholz (OPSekr) LD1 Kdm70/71; Hayn (Buchhändler), Than (Kfm), Kupfe (Baumstr), Friedrich (Schuhmachermstr), Martin (Blechwaarenfabrikant) Mitglieder.

Städt. Beamte: **Slosarczyk** 1. StdtSekr; **Schön** 2. StdtSekr; **Lehninger** Kämm rKrzmed3; **Karnop** KämmereikassenBuchhalter D3; **Martini** SparkassenRend; **Blotny**, **Peschmann** Bureauassistenten; **Wandelt** Registrator D3; **Migge** PolWachtmeister D3.

Städt. Schulen: (ev) **Imm** Rektor u. OrtsschulInsp; (tth) **Mizgalski** HptL; (jüd) **Haym** HptL.

Pinne, Kr Samter.
2595 Einw. 788 ev, 1440 tth, 376 jüd.

Magistrat: **Woydt** Bgrmstr; **Marcus** (Stadtältester) Beigeordneter; **Manski**, **Fiege** Schöffen.

StadtvVers: Dr. **Schraut** (prakt. Arzt) V; **Abraham**, **Borchardt**, **Böhm**, **Flieger**, **Lippmann**, **Schrader**, **Scheffler**, **Seimert**, **Szamatolski**, **Szmytkowski**, **Witkowski** Mitglieder.

Städt. Beamte: **Semmler** PolSergeant; **Schneider** Vollziehungsbeamter.

Städt. Schulen: (Sozietäts-Schulen) (ev) **Klein** Kantor; (tth) **Quath** HptL; (jüd) **Friedenthal** L.

Pleschen, Kreisstadt.
6030 Einw. 1412 ev, 4068 tth, 550 jüd.

Magistrat: **Becker** Bgrmstr; **Asch** (RAnw) Beigeordneter; **Joachim** (Rentier), Dr. **Likowski** (prakt. Arzt), **Wilke** (GARend), **Pomorski** (Rentier) Mitglieder.

StadtvVers: **Strelitz** (Kfm) V; Dr. **Peiser** (prakt. Arzt), Dr. **Knbacki** (prakt. Arzt), **Hirsch Brandt** (Rentier), **Oppler** (Bankier), **Meltzer** (Gastwirth), **Gellert** (Kfm), **Zboralski** (Kfm), **Michael Brandt** (Kfm), **Jezierski** (Fleischermstr), **Gdeczyk** (Rend) Mitglieder.

Städt. Beamte: **Muschner** KämmereikassenRend; **Bradermann** SparkassenRend; **Doege** SchlachthausInsp; **Schmidt** StdtSekr.

Städt. Schulen: (Deutsche Bürgerschule) **Wentzel** Rektor; (tth) **Oehlrich** Rektor.

Pogorzela, Kr Koschmin.
1615 Einw. 387 ev, 1202 tth, 3 and, 23 jüd.

Magistrat: Bgrmstr fehlt z. Z.; **Pallaske** Verwalter; **Wielicki** (Gastwirth), **Pannwitz** (Gastwirth) Schöffen.

StadtvVers: V der Bürgermeister; **Busza** (Ackerbürger), **Kaniewski** (Ackerbürger), **Lewin** (Ziegeleibes), **Marcinkowski** (Ackerbürger), **Owsianowski** (Ackerbürger), **Przybylski** (Fleischermstr) Mitglieder.

Städt. Beamte: **Sandberg** KämmereikassenRend.

Städt. Schulen: (Sozietätsschulen) (ev) **Koschel** 1. L u. Kantor; (tth) **Stenzel** HptL.

Pudewitz, Kr Posen-Ost.
2836 Einw. 980 ev, 1675 tth, 181 jüd.

Magistrat: **Riemer** Bgrmstr; **Szafranski** (RAnw) Rathmann.

StadtvVers: **Riemer** Bgrmstr V; Dr. **von Alkiewicz** (prakt. Arzt), **Henke** (Gbes), **Koczorowicz** (Hausbes), **Lewinsohn** (Kfm), **Wreschinski** (Kfm), **Giehler** (Brauereibes) Mitglieder.

Städt. Beamte: **Nitschke** Kämm; **Kurek** StdtWachtmstr; **Besler** Vollziehungsbeamter.

Städt. Schulen: (ev) **Streubel** HptL; (tth) **Ignaszewski** HptL.

Punitz, Kr Gostyn.
2193 Einw. 1094 ev, 1077 tth, 22 jüd.

Magistrat: **Rothe** Bgrmstr Kr4 AllgEhr Kdm70,71 ErKrz66 D1; **Weigt**, **Klimpel**, H. **Kosmahl** Mitglieder.

StadtvVers: K. **Kosmahl** V; **Bratge**, **Cierpinsky**, **Eitner**, **Hanisch**, **Jätel**, **Kollewe** Kdm70/71; **Wähner**, **Wurst** Kdm64 u. 70/71 ErKrz66 Mitglieder.

Städt. Beamte: **Scholz** KämmereikassenRend.

Städt. Schule: **Günther** Rektor.

Rakwitz, Kr Bomst.
2210 Einw. 1181 ev, 932 kth, 1 and, 95 jüb.

Magiſtrat: Gerlach Bgrmſtr; Horn (Kfm) Beigeordneter EisKrz2; Kaliſke (Bäckermſtr), Elwers (Poſthalter) Mitglieder.

StadtvVerſ: Oettinger (Ziegeleibeſ) V; Haaſe (Kfm), Kaliſke (Bäckermſtr), Kohlmey (Schmiedemſtr), Kloſe (Schuhmachermſtr), Dr. Lazarewicz (prakt. Arzt u. Stabsarzt d. R.), Matthias (Bäckermſtr), Schöneich (Bäckermſtr), Woyciechowski (Kürſchnermſtr) Mitglieder.

Städt. Beamte: Egel Kämmerei= u. SparkaſſenRend.

Städt. Schulen: (ev) Grabert HptL; (kth) Otto HptL; (jüb) Joſephſohn L.

Raſchkow, Kr Adelnau.
1658 Einw. 125 ev, 1449 kth, 84 jüb.

Magiſtrat: Beutlich Bgrmſtr; Keller, Mylewski Schöffen.

StadtvVerſ: Zerkowski (Rentier), Plotke (Kfm), Leſinski (Kfm), Kaniewski (Ackerbürger), Herwich (Schuhmachermſtr), Hatlinski (Schuhmachermſtr) Mitglieder.

Städt. Beamte: Kaczanowski PolDiener.

Städt. Schulen: (ev) Müller HptL; (kth) Bajouski HptL.

Rawitſch, Kreisſtadt.
11739 Einw. 7964 ev, 3218 kth, 3 and, 554 jüb.

Magiſtrat: Krafau Bgrmſtr RA4 Kdm70/71 LD2; Schmidt (Brauereibeſ) Bei= geordneter RA4 Kdm70/71 LD2, Müller (Apothekenbeſ), Gollniſch (Rentier), Maſur (Fabrikbeſ), Brann (Fabrikbeſ) ErKrz66 MilA Kdm70/71 LD2 Mitglieder.

StadtvVerſ: Schubert (KR) V; Adam (Rentner) ErKrz66 Kdm70/71, Beran (Buchdruckereibeſ), Breslauer (RAnw u. Notar), Bieſſert (Schmiedemſtr) Kdm64u.70/71 ErKrz66 MilA LD2, Buhle (Kunſtgärtnereibeſ), Gehlich (Tiſch= fabrikant) MilEhr2 ErKrz66 MilA Kdm70/71 LD2, Glogowski (RAnw u. Notar) LD1, Labitzke (Möbelfabrikant) Kdm70/71 LD2, Haacke (Kupfer= ſchmiedemſtr), Lichtner (FabrBeſ), Ludewig (Weingroßhändler), Linz (FabrBeſ) LD2, Prof Dr. Mylius (GymnOb) Kdm70/71 LD2, Meißner (Ackerbürger) D3, Paſch (Kfm) Paetzold (Brunnenbaumſtr), Putzke (Kfm) EisKrz2 ErKrz66 MilA Kdm70/71 LD2, Rohne (Hotelbeſ, KommiſſR), Schultz (Seilermſtr), Schumann (Kfm), Sprotte sen. (Fleiſchermſtr), Ziegler (Kunſtſchloſſermſtr) Kdm70/71 D3 Mitglieder.

Städt. Beamte: Krauſe PolInſp u. AAnw MilEhr2 ErKrz66 Kdm70/71 D2; Weiſe StdtSekr D3; Meyer Kämmerei= u. SparkaſſenRend.

Städt. Schulen: Weiß Rektor, Merſchel Prorektor, Gieſe, Vojdzinski, Heymann, Kierſchke Hauptlehrer.

Reiſen, Kr Liſſa i. P.
1186 Einw. 624 ev, 531 kth, 21 jüb.

Magiſtrat: Härtel Bgrmſtr; Wolf (Bäckermſtr), Robert Klopſch (Müllermſtr) Schöffen.

StadtvVerſ: Härtel Bgrmſtr V; Seifert (Ackerbürger), Fechner (Gaſthofbeſ), Sucker (Müllermſtr), Wolf (Bäckermſtr), Auguſt Klopſch (Malermſtr), Nather (Müllermſtr u. Ackerbürger) Mitglieder.

Städt. Beamte: Rüde KämmereikaſſenRend.

Städt. Schulen: (ev) Niegner 1. L u. Kantor; (kth) Schmidt L u. Kantor.

Ritſchenwalde, Kr Obornik.
1051 Einw. 339 ev, 573 kth, 139 jüb.

Magiſtrat: Braun Bgrmſtr; Riſke (Ackerbürger), Trewler (Rentier) Mitglieder.

StadtvVerſ: Braun Bgrmſtr V; Riſke (Ackerbürger), Salomon Rummelsburg (Schneidermſtr), Krüger (Ackerbürger), Zoeger (Kfm), Zadek Rummelsburg (Schneidermſtr), Zielinski (Töpfermſtr) Mitglieder.

Städt. Schulen: (ev) Ziebe L; (kth) Weber L; (jüd) Abramowitz L.

Rogasen, Kr Obornik.
5020 Einw. 1776 ev, 2577 kth, 667 jüd.

Magistrat: Weise Brgmstr; Lorenz (Fleischermstr), Ehrlich (Buchhändler), Wadynski (Apotheker), Levy (Kfm) Mitglieder.
Stadtv Vers: Hahn (RAnw u. Notar) V; Wieczorek (Kfm), Heymann (Postmstr), Jastrow (Kfm), von Rhein (Kfm), Gockfch (Rentier) Dr. med. Wysocki, Peik (Kfm), Hammerschmidt (Kfm), Dandelski (Kfm), Seemann (Ackerbürger), Fabian (Uhrmacher) Mitglieder.
Städt. Beamte: Jänsch KämmereikassenRend, Jakubowski StdtSekr, Ganske, Jahnz Stdtwachtmstr, Polomski (Thierarzt) SchlachthausVerw.
Städt. Schulen: (ev) Worm HptL; (kth) Rakowski Rektor; (jüd) Cohn HptL.

Rothenburg a. d. Obra, Kr Bomst.
1193 Einw. 1030 ev, 160 kth, 3 jüd.

Magistrat: Karst Bgrmstr LD2; Brunzel (Bauunternehmer), Heinrich (Bäckermstr) Mitglieder.
Stadtv Vers: Karst Bgrmstr V; Karl Schulz (Ackerbürger), Bederke (Ackerbürger), Neumann (Schuhmachermstr), August Schulz (Müllermstr), Brunzel (Bau= unternehmer), Heinrich (Bäckermstr) Mitglieder.
Städt. Beamte: Herrmann Kämmerer.
Städt. Schule: (ev) Wiedmann HptL.

Samter, Kreisstadt.
5265 Einw. 1232 ev, 3391 kth, 26 and, 616 jüd.

Magistrat: Hartmann Bgrmstr; Kober Beigeordneter; Berger, Bergas, Wysocki Mitglieder.
Stadtv Vers: Struve RA4 V; Gladysz, Holländer, Kauf, Kerger, Krüger, Langner, Lachmann, Dr. Munter, Nathan, Wall, Weigelt Mitglieder.
Städt. Beamte: Szyszka Kämmerer, Baumert Stadtwachtmeister.
Städt. Schulen: (ev.) Reder HptL; (kth) Miskwicz Rektor; (jüd) Borchardt L.

Sandberg, Kr Gostyn.
1231 Einw. 193 ev, 1003 kth, 35 jüd.

Magistrat: Kossag Bgrmstr rKrzMed3; Jakob (Kfm), Langner (Dampfziegeleibes) Mitglieder.
Stadtv Vers: Kossag Bgrmstr V.; Louis Pawel (Kfm), Abraham Pawel (Bäcker) Brendel (Bäcker), Leopold Langner (Tischler), Rudolf Langner (Ziegeleibes), Radolla (Müller) Mitglieder.
Städt. Beamte: John PolDiener Kdm 66 u. 70/71.
Städt. Schule: (paritätisch) Strauß HptL.

Santomischel, Kr Schroda.
1253 Einw. 278 ev, 905 kth, 70 jüd.

Magistrat: Brust Bgrmstr, Lehmann, Reimann Mitglieder.
Stadtv Vers: Lehmann V; Liebchen, Weber, Matschke, Bänsch, Strobel, Lehmann Mitglieder.
Städt. Beamte: Gerstmann Rend, Dr. Fink Armenarzt.
Städt. Schulen: (ev) Bensch Kantor; (kth) Drees (jüd) Speier L.

Sarne, Kr Rawitsch.
1650 Einw. 736 ev, 895 kth, 19 jüd.

Magistrat: Dienwiebel Bgrmstr; Lenzer, Berger, Hubert Mitglieder.
Stadtv Vers: Scholz Rentier V; Kessel, Neumann, Albrecht Niepelt, Heinrich Niepelt sen., Rademacher, Schulz, Feige, Unger Mitglieder.
Städt. Beamte: Scholz KämmereikassRend.
Städt. Schulen: (ev) Schulz HptL; (kth) Molinski HptL.

Scharfenort, Kr Samter.
1003 Einw. 77 ev, 907 kth, 19 jüd.

Magistrat: Rehbein Bgrmstr V; Gornicki, Chytry Schöffen.

StadtvVers: Rehbein Bgrmstr; Sobecki (Gutsbes), Paschke (Tischlermstr), Kobusinski (Gastwirth)), Dondajewski (Eigenthümer), Szafranski (Ackerbürger) Figas (Schuhmacher) Mitglieder.

Städt. Beamte: Rychczynski Kämm.

Städt. Schule: (ev.) 1 L; (kth) 1 HptL.

Schildberg, Kreisstadt.
4648 Einw. 959 ev, 3343 kth, 3 and, 343 jüd.

Magistrat: Krakowski Bgrmstr; Juhs (RAnw u. Notar) Beigeordneter; Gorgolewski, Valentin Wodniakowski, Felix Wodniakowski, Dr. Sikorski Mitglieder.

StadtvVers: Radziszewski (RAnw) V; Dirska (Kfm), Jabrowski (Tischlermstr), Gora (Landwirth), Joskowski (Hausbes),. Kiesel (SchulR), Lewy (Kfm), Rindfleisch (Rentier), Schwarz (Kfm) Mitglieder.

Städt. Beamte: Hentschel Kämm, Rode StdtJ, Kinastowski PolSergeant.

Städt. Schulen: (ev) Michalik 1. L; (kth) Kasprowicz HptL; (jüd) Singermann L.

Schlichtingsheim, Kr Fraustadt.
724 Einw. 617 ev, 97 kth, 10 jüd.

Magistrat: Kleiber Bgrmstr; Schultz (Bäckermstr), Hoffmann (Bäckermstr) Mitglieder.

StadtvVers: Jung (Seilermstr), Kürscke (Stellmachermstr), Olshausen (prakt Arzt), Schultz (Bäckermstr), Schwiersch (Sattlermstr), Vierich (Barbier) Mitglieder.

Städt. Beamte: Sommer PolDiener.

Städt. Schule: (ev.) Hossenfelder HptL.

Schmiegel, Kreisstadt.
3811 Einw. 1495 ev, 2155 kth, 161 jüd.

Magistrat: Frost Bgrmstr; Wurst (Gerbermstr) Beigeordneter Kr4; Ritsche (Kfm), Niche (Gbes), Spinck (Kämm) Rathmänner.

StadtvVers: Höpner (Bäckermstr) V; Denecke (Vorwerksbes), Fischer (Hutmacher), Hanisch (Apotheker), Heintze (Sattlermstr), Klimpel (Brauereipächter), Neumann (Kfm), Rudolph (Kfm), Scholz (Maschinenbauer), Steinbach (Maurer= u. Zimmermstr), Strecker (Kfm), Zehr (Kfm) Mitglieder.

Städt. Beamte: Spincke Kämm; Lehmann Sparkassen=Kontroleur; Andersch StdtSekr; Ruttkowske SchlachthausInsp.

Städt. Schulen: (ev) Scholz Rektor; (kth) Janischewski Rektor; (jüd) Emanuel L.

Schrimm, Kreisstadt.
5799 Einw. 975 ev, 4217 kth, 607 jüd.

Magistrat: Schorstein Bgrmstr; Holtz (SchulR) Beigeordneter; Madalinski (Kfm), Breslauer (Kfm), Voldin (Bäckermstr) Mitglieder.

StadtvVers: Kierey (OSekr) V; Becher (Kfm), Futz (Kfm), Citron (RAnw u. Notar), von Nostitz-Jackowski (Rentier), Neyman (Kfm), Unger (Kfm), Senftleben (Rgbes), Zwierzchowski (Seilermstr) Mitglieder.

Städt. Beamte: Komendzinski KämmereiKassenRend; Werner StdtSekr; Dienstag Magistrats=Assist; Scharfenberg Registrator; Sternelle StdtWachtmstr; Linke SchlachthausInsp; Mahn Gasanstaltspächter.

Städt. Schulen: (ev) Weigt HptL; (kth) Lösch HptL.

Schroda, Kreisstadt.
5218 Einw. 600 ev, 4390 kth, 9 and, 219 jüd.

Magistrat: Roll Bgrmstr; Dr. Opielinski Beigeordneter; Kubicki, Sielski Stadträthe.

StadtvVers: Bogulinski V; Dr. Lawicki, Schmidt, Dr. Liebel, Baruch, Mendelsohn, Weißkopf, Hoffmann, Olcht, Vinkowski, Baruch, Deregowski Mitglieder.

Städt. Beamte: Wentzel StdtSekr; Wunderlich Kämm; Kruszynski StdtWachtmstr.

Städt. Rektor=Schule: (ev) Schiller Rektor.

Schwerin a. W., Kreisstadt.

7316 Einw. 3980 ev, 2942 kth, 169 and, 225 jüd.

Magistrat: Scholz Bgrmstr; Teschner Beigeordneter; Genge, Kintzel, Boas, Janisch Rathsherren.

StadtvVers: Hennig Stellvertreter V; Becker, Boas, Cohn, Froehlich, Geselle, Hoenicke, Kleemann, Leutke, Minke, Pohl, Plothe, Nißmann, Stange, Stargardt, Schultz Mitglieder.

Städt. Beamte: Blobelt, StatKämm; Ueberle StdtSekr; Teichert PolSekr; Kutzsch Sparkassen=Kontroleur u. Steuererheber; Roesler, Fuerst VAssistenten; Plehn StdtWachtmstr.

Städt. Schulen: (ev) Günther Rektor; (kth) Paetzelt Rektor; (jüd) Kuntz HptL.

Schwersenz, Kr Posen=Ost.

3049 Einw. 1089 ev, 1622 kth, 18 and, 320 jüd.

Magistrat: Hoppmann Bgrmstr; Kluge (Fabrikbes) Beigeordneter; Rosenfeld (Kfm), Lieske (Bäckermstr u. Kfm) Rathmänner.

StadtvVers: Lesser (Kfm) V; Cabański (Fleischermstr), Katz (Kfm), Reich (Kfm), Mikolajewski (Fleischermstr), Placzek (Kfm), Lewek (Bäckermstr), Roszak (Viehhändler), Frankowski (Kfm) Mitglieder.

Städt. Beamte: Byll KämmereiKassenRend u. StdtSekr; Pursian StdtWachtmstr.

Städt. Schulen: (ev) Gerdey HptL; Raßmann HptL; (jüd) Broh HptL.

Schwetzkau, Kr Lissa i. P.

1525 Einw. 27 ev, 1484 kth, 4 jüd.

Magistrat: Engel Bgrmstr; Hoffmann (Postagent) EisKrz2 Kdm66 u. 70/71 D3, Andersch (Rentier) Schöffen.

StadtvVers: Engel Bgrmstr V; Braun (Schuhmachermstr), Kühn (Müller= u. Bäckermstr, Ackerbürger), Roesler (Ackerbürger), Schulz (Ackerbürger), Weigt (Ackerbürger), Welz (Ackerbürger), Mitglieder.

Städt. Beamte: Kleinert (Ackerbürger) KämmereiKassenRend (im Nebenamte).

Städt. Schule: (kth) Deutsch HptL u. Küster.

Stenschewo, Kr Posen=West.

1453 Einw. 85 ev, 1335 kth, 33 jüd.

Magistrat: Bgrmstr fehlt z. Zt; Olszynski (Posthalter) Schöffe.

StadtvVers: Dr. v. Górski (prakt. Arzt), Szyfter II (Ackerbürger), Piotrowski I (Ackerbürger), Alejski (Bäckermstr), Wolynski (Schuhmachermstr) Mitglieder.

Städt. Beamte: Paul (L) Kämm.

Städt. Soziëtäts=Schulen: (ev) Mertens L; (kth) Münchberg HptL.

Storchnest, Kr Lissa i. P.

1590 Einw. 393 ev, 1195 kth, 2 jüd.

Magistrat: Rothnagel kom. Bgrmstr; Mende (Rentier), Welz (Sattlermstr) Mitglieder.

StadtvVers: Szydlowski (Ziegeleibes), Traeger (Fleischermstr), Wittig (Obes), Kuśnierski (Vorwerksbes), Schilling (Kfm), Schwarz (Bäckermstr) Mitglieder.

Städt. Beamte: Die Kämmererstelle ist z. Zt. unbesetzt.

Städt. Schulen: (ev) Janoske HptL; (kth) Ciesielski L.

Sulmierzyce, Kr Adelnau.

2888 Einw. 218 ev, 2633 kth, 37 jüd.

Magistrat: Wodniakowski Bgrmstr; Siwczynski Beigeordneter; von Biernacki, Fibak I Schöffen.

StadtvVers: Dr. Szurminski V; Dlugiewicz, Rybczynski, Garyantasiewicz, Laudowicz, Fibak II (Ackerbürger), Zaremba (Kfm), Hempowicz (Gastwirth) Mitglieder.

Städt. Beamte: Liebich Hegemstr; Zaremba Kämm; Sikora PolWachtmstr.

Städt. Schulen: (ev) Reutert L u. Kantor; (kth) Smolinski Rektor.

Tirschtiegel, Kr Meseritz.

2348 Einw. 1371 ev, 892 kth, 85 jüd.

Magistrat: Franke Bgrmstr; Ullrich Beigeordneter; Steindamm, Lehmann Schöffen.
StadtvVers: Zimmermann V; Pankow, Greiffenhagen, Engler, Stürmer, Glucke,
Smolibowski, Barthelt, Konopka Mitglieder.
Städt. Beamte: Borngräber Kämm; Peschke interim. StdtWachtmstr.
Städt. Schulen: (ev) Ellenfeld Rektor; (kth) Beil L; (jüd) Friedländer L.

Unruhstadt, Kr Bomst.

1594 Einw. 1225 ev, 297 kth, 72 jüd.

Magistrat: Weihnacht Bgrmstr; Bloche Beigeordneter; E. Günther, Raschke Rath-
männer.
StadtvVers: Wilh. Günther (Müllermstr) V; Pilz (Kfm), Spielhagen (Kfm),
Theod. Rothe (Kfm), Wandel (Bäckermstr), Peschel (Bäckermstr), Herbakowski
(Zahntechniker), Jäckel (Posthalter), Reustädter (Kfm), H. Rothe (Fleischermstr),
Sommer (Gasthofbes), Fechner (Schützenhausbes) Mitglieder.
Städt. Beamte: Diehr Kämmerei= u. SparkassenRend.
Städt. Schulen: (ev) Ziemann Rektor; städt. Präparanden=Anstalt: Ziemann Rektor.

Wielichowo, Kr Schmiegel.

1699 Einw. 99 ev, 1571 kth, 29 jüd.

Magistrat: Merk Bgrmstr; Burmistrzak (Kämm), Niklewicz (Postverwalter a. D.)
Mitglieder.
StadtvVers: Merk Bgrmstr V; Paetzold (Gastwirth), Schmidt (Kfm), Rogocinski
(Tischlermstr), Slowikowski (Ackerbürger), Bzyl (Ackerbürger), Sibilski
(Stellmachermstr) Mitglieder.
Städt. Beamte: Burmistrzak Kämm; Paetzold SparkassenRend.
Städt. Schulen: (ev) Pietsch L; (kth) Franke HptL.

Wollstein, Kr Bomst.

3236 Einw. 1435 ev, 1471 kth, 330 jüd.

Magistrat: Matzel Bgrmstr; Krause (Dampfziegeleibes) Beigeordneter Kr4,
Neßler (Baumstr), Jaensch (Kfm), Graffe (Kfm), Knechtel (Apotheker u. Stadt-
ältester) Mitglieder.
StadtvVers: Jaekel (Kfm) V; E. Neubelt (Selterwasserfabrikant), G. Neubelt
(Kfm), Dr. Markwitz (prakt. Arzt), Vetter (Mühlenbes), Wascher (Kfm),
Nowacki (Tischlermstr), Weiß (Schuhmachermstr), Samter (Kfm), Richter
(Gastwirth), Fuhrmann (Kfm), Bitterfleit (Ziegeleibes) Mitglieder.
Städt. Beamte: Walter Kämmerei= u. SparkassenRend; Laubsch Kämmerei=
u. Sparkassenkontroleur; Modlinski StdtSekr.
Städt. Schulen: (ev) Jerke Rektor; (kth) Petzelt HptL.

Wreschen, Kreisstadt.

5535 Einw. 898 ev, 4166 kth, 2 and, 469 jüd.

Magistrat: Seydel Bgrmstr (Leut a. D.) Kdm66 u. 70/71; Einicke Kreisthierarzt a. D.
(Beigeordneter) RA4 Kr4 Kdm48; Eulenfeld (Gutsbes), Dr. Boening (prakt Arzt,
Unterarzt a. D.) EisKrz2wB Kdm70/71, Miodowski (Kfm), Ehrenfried (Kfm)
Kdm70/71 Schöffen.
StadtvVers: Peyser (RAnw u. Notar) V; Wegener (Kgl Rentmstr) Stellv
rKrzMed3 Kdm70/71; Dzieciuchowicz (Fleischermstr), Franke (Ackerbürger u.
Gastwirth), Hauff (Maurer= u. Zimmermstr), Jarocinski (Schuhmachermstr),
Kaczorowski (Kfm), Kaerger (Bäckermstr), Kirscht (Kfm), Dr. Krzyżagorski
(prakt Arz), Dr. Michaelsohn (Kreisarzt), Mirels (Kfm), Nowakowski
(Agent), Radziejewski (Kfm), Rauhudt (Gutsbes) Kdm70/71, Türk (Kfm),
Ziegel (Kfm), Ziolecki (Kfm) Mitglieder.
Städt. Beamte: Klatt KämmKassenRend (Leut a. D.); Richter StdtSekr D3.
Städt. Schulen: [Städtische höhere Töchterschule]: Wottrich Rektor; (ev) Schwarzer
HptL; (kth) Jedtke Rektor; (jüd) Cohn L.

Wronke, Kr Samter.
4357 Einw. 486 ev, 2341 kth, 2 and, 528 jüd.

Magiſtrat: Otterſohn Bgrmſtr Kr4 rKrzMed3 Kdm70/71; Stcaſinski Beigeordneter; Lißner (Stadtälteſter), Mottek (Kfm), Szumſki (Kfm) Mitglieder.
StadtvVerſ: Lippmann (Kfm) V; Waſilewſki (Schuhmacher), Grupinſki (Kürſchner), Krzyzankiewicz (Hotelbeſ), Gegenmantel (Hotelbeſ), Kallmann (Kfm), Köhler (Brauereibeſ), Krüger (Baumſtr), Roſenthal (Kfm), Joſeph (Kfm), Paſchke (Uhrmacher), Zoudek (Kfm) Mitglieder.
Städt. Beamte: Rakowicz Kämmerei= u. SparkaſſenRend; Breithaupt Stadt= u. PolSekr.
Städt. Schulen: (ev) Schroeper HptL; (kth) Klaus Rektor; (jüd) Friedländer L.

Xions, Kr Schrimm.
968 Einw. 250 ev, 600 kth, 118 jüd.

Magiſtrat: Schmolke Bgrmſtr; Beyersdorff (Apothekenbeſ), Kliſch (Kfm) Mitglieder.
StadtvVerſ: Schmolke Bgrmſtr V; Kliſch (Kfm), Kantrowicz (Kfm), Jaehn (Bäckermſtr), Bulinſki (Hotelbeſ), Tuch (Kfm) Mitglieder.
Städt. Beamte: Klupp Kämmereikaſſen=Rend; Müller (Thierarzt) Schlachtvieh=beſchauer.
Städt. Schulen: (ev) Lachmann Kantor u. L; (kth) Reza HptL; (jüd) Goldberg L.

Jduny, Kr Krotoſchin.
3514 Einw. 2464 ev, 999 kth, 51 jüd.

Magiſtrat: Lachmann Bgrmſtr; Otto Beigeordneter; Doms Schöffe.
StadtvVerſ: Dr. Studentkowſki V; Adler, Bederke, Binias, Burghardt, Möwius, Reinke, Schubert, Tſchäcke Mitglieder.
Städt. Beamte: Burghardt Kämmerei= u. SparkaſſenRend; Suchner StdtSekr; Reinke Schlachthof=Jnſp.
Städt. Schule: (ev) Hübner HptL; (kath) Montag HptL.

Jerkow, Kr Jarotſchin.
1777 Einw. 140 ev, 1466 kth, 171 jüd.

Magiſtrat: Rudolph Bgrmſtr; Steinhardt (Kfm), Koſel (Bauunternehmer) Mitglieder.
StadtvVerſ: Deplewſki (Ackerbürger), Koſel (Bauunternehmer), Borowinſki (Hutmacher), Steinhardt (Kfm), Schulz (Kfm), Bittner (Schuhmachermſtr) Mitglieder.
Städt. Beamte: Scheps Steuererheber.
Städt. Schulen: (ev) Eichholz L; (kth) Jaſielſki HptL; (jüd) Abraham L.

Jirke, Kr Birnbaum.
2874 Einw. 1118 ev, 6176 kth, 8 and, 72 jüd.

Magiſtrat: Franzke Bgrmſtr; Plonſki Beigeordneter; Lieſke Stadtälteſter; Zedler, Werner Rathmänner.
StadtvVerſ: Herferth V; Denſing, Prochownik, Jſert, Cohn, Stadthagen, Oſſig, Wieſner, Lehmann, Graßhoff, Gromadecki, Hoffmann Mitglieder.
Städt. Beamte: Hettke Kämm; Kluge StdtSekr; Sündermann PolWachtmſtr.
Städt. Schulen: (ev) Mertner HptL; (kth) Kowalczyk HptL.

Regierungsbezirk Bromberg.

Bromberg, Kreisſtadt.
52154 Einw.

Magiſtrat: Knobloch Erſter Bgrmſtr LD1; Schmieder Bgrmſtr; Franke (KommerzR) Kr4, Wenzel (Kfm), Dietz Rentner RA4, Teſchner (Kfm), Meyer (StdtBauR), Aronſohn (KommerzR), Thiele (Kfm), Schönberg (GenAgent), Wolff, Plaße, Werckmeiſter, Jeſchke, Metzger Stadträthe.

StadtvVers: **Beck** (Kfm), **Beetz** (Schornsteinfegermstr), **Bennewitz** (Stellmachermstr), **Berndt** (Zimmermstr), Dr. **Bockfch** (Prof), **Borchardt** (SteuerInsp), **Braun** (GymnL), Dr. **Brunk** (prakt.Arzt), **Cohnfeld** (Rentier), **Eckert** (Kfm), **Friedlaender** (BankDir), **Fromm** (Buchhdl), **Gamm** (Kfm), **Heinschke** (Ing), **Jahnke** (Kfm), Dr. **Jacoby** (GehSanR), **Kasprowicz** (Rentner), **Kolwitz** (Kfm), **Lachmann** (Fabrikant), **Lange** (Glasermstr), **Lastig** (Kfm), **Lenquing** (Hotelbesitzer), **Matthes** (Kfm), **Ménard** (Kfm), **Rheindorff** (RechnR), **Rosenfeldt** (Rend), **Schmidt** (Reg. u. BauR), **Schutz** (Kfm), **Trennert** (Fabrikant), **Vaternam** (RechnR), **Vincent** (Kfm), **Wolfen** (RAnw), **Zawadzki** (Kfm) Mitglieder.

Städt. Beamte: **Herold** StdtHauptkassenRend, **Thienell** BurDir; Sekretäre: **Anders**, **Bleich**, **Gardiewski**, **Laupner**, **Mackuth**, **Mündner** EisKrz2, **Nabdak**, **Stein**, **Stiller**, **Tormann**, **Ulrich**, **Wackwitz**; **Georgi** StdtSparkRend, **Viemeyer** StdtSteuerRRend; Registratoren: **Friese**, **Heyden**, **Hildenbrandt**, **Kluck**, **Nabdak**, **Seupin**; Buchhalter: **Imm**, **Kethling**, **Lochmann**, **Pieper**, **Zippke**; Assistenten: **Arndt**, **Voehlke**, **Voelitz**, **Fechner**, **Gosemann**, **Grunow**, **Hausdörffer**, **Jarchow**, **Jorbahn**, **Krietsch**, **Mackuth**, **March**, **Naujokat**, **Ogdowski**, **Pinkatzky**, **Niskowski**, **Schmechel**, **Schuhmacher**, **Schwindt**, **Treppke**, **Wanguet**; Bureaudiätare: **Burow**, **Tollas**; **Schild** GasanstaltsRend, **Naft** Schlachthofs-Kassenführer, **Hackbarth** Leihamtsvorsteher, **Malotti** KrankenhausVerw, **Uthke** GasanstMaterVerw, **Hartmann** Gasmeister, **Helmer** GasanstaltsWerkmstr, **Stagge** Stadtbaumstr; Bauführer: **Kandler**, **Sommer**; **Gottwald** Brandmstr; Oberfeuerwehrmänner: **Döring**, **Wolff** Erster **Funk**; **Wolff** Erster Theater- u. Maschinenmstr, **Bliesener** EisKrz1 u. 2 AllgEhr RG5 Theaterkastellan, **Steinbach** Schlacht- u. ViehhofsDir, **Meißner** ViehhofsInsp, **Lentz** HallenInsp, **Neumann** Stadtgärtner, **Clauß** Aichmstr, **Hoffmann** Marktstandgelderheber.

Unterbeamte: **Marx** Botenmstr u. Rathhauswart; Gelderheber: **Bredtschneider**, **Priewe**, **Reckel**.

Polizei-Exekutivbeamte: **Kollath** PolInsp Kr4 MilEhr2, von **Heybowitz** KriminalKomm; Polizei-Kommissare: **Becker**, **Benner**, **Ulrich**; **Meyer** PolWachtmstr.

Städt. Schulen: (ev) I. KnVolksschule **Brecht** (HptL), I. MVolksschule **Wende** (HptL), II. MVolksschule **Miehle** Kr4 (HptL), II. KnVolksschule **Völker** Kr4 (Rektor), III. KnVolksschule **Säuberlich** (HptL), IV. MVolksschule **Schöneich** (HptL), V. KnVolksschule **Röseler** (HptL), VI. KnVolksschule **Augschun** (HptL), VI. MVolksschule **Pfefferkorn** (HptL); (kath) III. MVolksschule **Sekura** (HptL), IV. KnVolksschule **Bonk** HptL).

Höhere Mädchenschule: (ev) Dr. **Rademacher** Dir.

Mittlere Mädchenschule: (ev) **Wilske** Rektor.

Bürgerschule: (ev) **Berger** Rektor.

Argenau, Kr Inowrazlaw.
3121 Einw. 1156 ev, 1792 kth, 121 jüd, 50 ev-luth, 2 Baptisten.

Magistrat: **Kowalski** Bgrmstr, **Schwarz** (FabrBes) Beigeord; **Davidsohn** (Kfm), Dr. **Glabisch** (Arzt), **Eichstädt** (Landw), **Hoffmann** (Landw) Schöffen.

StadtvVers: **Fischer** (Zimmermstr) Kr4 V; **Lentz** (Maurermstr), Dr. **Dörschlag** (Arzt), **Chrzastowski** (Grundbes), **Mendel** (Kfm), **Frey** (Fleischermstr), **Kallmann** (Rentier), **Kwiatkowski** (Fleischermstr), **Kurban** (Kfm), **Hirsch** (Kfm), **Göring** (Kfm) Mitglieder.

Städt. Beamte: **Wieck** StdtKämm, **Golding**, **Stelter**, **Chyrreck** StdtWachtmstr.

Städt. Schule: **Seydlitz** Rektor.

Bartschin, Kr Schubin.
1106 Einw. 330 ev, 689 kth, 87 jüd.

Magistrat: **Spude** Bgrmstr, **Lachmann** (Kfm), **Maike** (Kämm) Schöffen.

StadtvVers: **Lachmann** (Kfm), **Gerson** (Kfm), **Pick** (Kfm), **Krupinsky** (Kfm), **Kolodziej** (prakt. Arzt), **Chojnacki** (Tischlermstr) Mitglieder.

Städt. Beamte: **Maike** Kämm, **Thews** StdtWachtmstr, **Nagel** Fleischbeschauer.

Städt. Schule: (ev) **Lüdtke** HptL.

Budſin, Kr Kolmar i. P.

2018 Einw. 785 ev, 1148 kth, 85 jüd.

Magiſtrat: Jaffke Bgrmſtr; Hauffe (Gutsbeſ) Schöffe.

Stadtv Verſ: Guſtav Krüger, Hermann Krüger, Kierſtein, Pufahl (Ackerbürger), Hildebrandt, Czerwinſki, Zimmermann, Hamling (Kaufleute) Mitglieder.

Städt. Beamte: Hildebrandt Kämm; Hedeſzynſki PolSerg.

Städt. Schule: (ev) Kuhmann Lehrer; (kth) Hübſcher HptL.

Crone, a. Brahe, Kr Bromberg.

3847 Einw. 947 ev, 2622 kth, 278 jüd.

Magiſtrat: Haacke Bgrmſtr, Cohn (Kfm) Beigeord u. Stadtälteſter; Buchholz (Rentier), Geiger (Sattlermſtr) Rathmänner.

Stadtv Verſ: Schemel (Ziegeleibeſ) V; Krakauer (Kfm), Bradtke (Kfm), Grabowſki (Kfm), Joſeph (Kfm), Kleibor (Töpfermſtr), Latos (Grundbeſ), Schmidt (GerSekr), Dr. Szukalſki (prakt. Arzt) Mitglieder.

Städt. Beamte: Hilcker StdtKämm; Marx StdtSekr; Wegehaupt BurAſſ; Marks StdtWachtmſtr.

Städt. Schulen: (ev) Stiller HptL; (kth) Thidigk HptL.

Czarnikau, Kreisſtadt.

4885 Einw. 2299 ev, 1925 kath, 1 and, 660 jüd.

Magiſtrat: Zager Bgrmſtr; Jeſke (Zimmermſtr) Beigeordneter; Wruck (Kfm), Koeppe (Brauereibeſ), Crohn (Kfm), Dr. Selle (Apothekenbeſ) Rathmänner.

Stadtv Verſ: Schick (SchulR) V; Stiege (RAnw u. Notar), Schwanteſ (Rend), Maſke (Kfm) Kdm66, Simonſohn (Kfm), Hirſchberg (Kfm), Dr. v. Luiſki (prakt. Arzt), Steinberg (Spediteur) Kdm66 u. 70/71, Schendel (Fleiſchermſtr), Jack (Schuhmachermſtr), Baumgart (Bäckermſtr) Mitglieder.

Städt. Beamte: Schedler Rend Kdm66 u. 70/71; Radtke StdtSekr; Hanke MagAſſiſt; Graß EisKrz2 Kdm66 u. 70/71, Buſch, Fleiſcher PolSergeanten.

Städt. Schulen: (ſtädt. höh. Knaben= u. Mädchenſchule) Hinz Rektor; (ev) Riepel HptL; (kth) v. Swiętochowſki HptL; (jüd) Cohn L.

Exin, Kr Schubin.

3086 Einw.

Magiſtrat: Knapkiewicz Bgrmſtr; Seemann Beigeordneter; Riſtau, Wieſe, Synoracki Schöffen.

Stadtv Verſ: Loewy (RAnw), Wieſe (Obeſ), Weber (Zimmermſtr), Maelger (Bäckermſtr), Kuttner (Reſtaurateur), Salomon (Kfm), Buchholz (Ackerbürger), Paprocki (Gaſtwirth), v. Broekere (Kfm).

Städt. Beamte: Kories KämmlRend; Floegel StdtSekr; Pufahl StdtWachtmſtr.

Städt. Schulen: (ev) Donner HptL; (kth) Schmidt Kgl SeminarDir; (jüd) Lewin L. (Pr. KnSchule) Fedtke PredigtamtsK; (Pr. MSchule) Krüger Schulvorſteherin.

Filehne, Kreisſtadt.

4303 Einw. 2123 ev, 1362 kth, 27 and, 491 jüd.

Magiſtrat: Schwedler Bgrmſtr; Poetter Beigeordneter; Zibell, Froſt Rathmänner.

Stadtv Verſ: Dr. Beheim=Schwarzbach, Kittel, Lochow, Salinger, Kacza, Memels= dorff, Schulz, Almus, Groß Mitglieder.

Städt. Beamte: Roßbach StdtKaſſenRend AllgEhr; Grüning StdtSekr; Dr. Heffter Schlachthaus=Inſp.

Städt. Schulen: (ev) Hainke Rektor; (kth) Roſenau HptL.

Fordon, Kr Bromberg.

2310 Einw. 1296 ev, 738 kth, 20 and, 256 jüd.

Magiſtrat: Baenſch Bgrmſtr; Roſenow, Oſer Schöffen.

Stadtv Verſ: Baenſch Bgrmſtr V; Cohn, Fouquet, Koſch, Kryſtkiewicz, Lambrecht, Wolff Mitglieder.

Städt. Beamte: **Otto** GemE; **Baensch** Standesbeamter; **Gardzielewski** Stdt=
Wachtmstr; **Irgang** PolSergeant.
Städt. Schulen: (christl) **Engel** HptL Kr4; (jüd) **Noßkamm** L.

Friedheim, Kr Wirsitz.
1058 Einw. 683 ev, 332 kth, 43 jüd.

Magistrat: **Beßler** Bgrmstr; **Werdin, Machol** Schöffen.
StadtvVers: **Beßler** Bgrmstr V; **Baeck, Machol, Schmidt, Sommerfeld, Werdin,
Krüger** Mitglieder.
Städt. Beamte: **Placke** Kämm; **Neumann** PolSergeant.
Städt. Schulen: (ev) **Ziemke** 1.L; (kth) **Papenfuß** L.

Gembitz, Kr Mogilno.
1185 Einw. 205 ev, 929 kth, 51 jüd.

Magistrat: **Blasius** Bgrmstr; **Sennftleben, Lublinski** Schöffen.
StadtvVers: **Lewin** (Kfm), **Jost** (Grundbes), **Baranski** (Kfm), **Jankowski**
(Tischlermstr), **v. Lagiewski** (Kfm), **Kazmierowski** (Schuhmachermstr) Mitglieder.
Städt. Beamte: **Wenzel** Kämm u. Steuererheber; **Pfefferkorn** PolSergeant.
Städt. Schulen: (ev) **Wenzel** L; (kth) **Bratkowski** 1.L.

Gnesen, Kreisstadt.
20489 Einw. 7481 ev, 12067 kth, 1241 jüd.

Magistrat: **Schwindt** Erster Bgrmstr; **Putzer** Beigeordneter; **Kietzmann, Samberger,
Preul, Böder** Kr4, Dr. **Czarnecki** Stadträthe; **Braun** StdtBauR Kr4.
StadtvVers: **Rogowski** (FabrBes) Kr4 V; **Schnee** (OberLehrer) stellv V; **Behrens**
(Kunstgärtner), **Bonin** (Kfm), **Englaender** (Kfm), **Gimkiewicz** (Kfm), **Gosieniecki**
(Malermstr), **Hoffmann** (Maurermstr), **Hoppe** (Kfm), **Jacob** (Hausbes), **Jahns**
(Justizrath), **Kiesewetter** (Reichsbankagent), **Kohnert** (Restaurateur), **Krüger**
(Kfm), **Krüger** (Uhrmacher), **Krzywynos** (Kfm), **Kulesza** (Kfm), **Kurtzig**
(Kfm), Dr. **Kuttner** (OberLehrer), **Maaß** (Kfm), **Martin** (Wagenfabrikant),
Pestachowski (Kfm), **Storz** (ObSekr), **Stranz** (Kfm), **Türk** (RAnw), **Waldstein**
(Kfm), **Warschauer** (Kfm), **Weise** (Brauereibes), **Wreschinski** (Kfm), Dr. **Wolff**
(prakt. Arzt) Mitglieder.
Städt. Beamte: **Heitner** KanzleiDir; PolSekr z. Zt. unbesetzt; **Heilmann,
Lange** SteuerSekretäre; **Schmolke, Kondziela, Wiegandt** Bureau=Assistenten;
Pichel Registrator; **Gielsdorf** Journalist; **Krause** StdtHptkassenRend; **Kirch**
StdtHptkassenBuchhalter; **Brüste** KassenAssist; **Kunkel** SchlachthofkassenRend;
Habisch Geflügel= pp. Steuererheber; **Bürgel** PolInsp; **Hansch** PolKomm;
Neumann PolWachtmstr; **Budziak, Kostuchowski, Michalski** Vollziehungsbeamte;
Heleniak Kastellan; **Einsporn** Kanzlist; **Schmidt** I, **Baranowski, Schmidt** II,
Wachholz Boten; **Reinke** SchlachthofDir; **Paczkowski** Hallenmstr; **Markiewicz**
Schlachthofpförtner, **Hein** AbfuhrInsp; **Kußner** StdtF.
Städt. Schulen: (ev) **Grotrian** Rektor; (kth) **Boder** Rektor; (jüd) **Katz** HptL.

Gollantsch, Kr Wongrowitz.
1093 Einw. 257 ev, 731 kth, 105 jüd.

Magistrat: **Ketz** Bgrmstr; **Brach, Fethke** Schöffen.
StadtvVers: Dr. **Piotrowski, Brach, Fethke, Thielmann, Wyszomirski, Lipinski**
Mitglieder.
Städt. Beamte: **Hellwig** KämmereikassenRend; **Jesse** Stadtwachtmstr.
Städt. Schule: (parit) **Osmanski** HptL.

Gonsawa, Kr Znin.
828 Einw. 72 ev, 723 kth, 33 jüd.

Magistrat: **Smierzchalski** Bgrmstr; **Schmidt** (Kfm) Schöffe.
StadtvVers: **Schmidt** (Kfm), **Mnichowski** (Kfm), **Maciejewski** (Ackerbürger),
Gacka (Tischlermstr), **Tyblewski** (Sattlermstr) Mitglieder.
Städt. Beamte: **Itzig** (Kfm) Kämm.
Städt. Schule: (kth) **Roggenbuck** HptL.

Janowitz, Kr Znin.
1566 Einw. 252 ev, 1140 kath, 174 jüd.

Magistrat: **Gehrmann** Bgrmstr D3, **Mannheim** (Ziegeleibes), **Prochnow** (Apotheker) Kr4 Schöffen.

Stadtv Vers: **Gehrmann** (Bgrmstr) V; **Mannheim** (Ziegeleibes), Dr. **v. Radojewski**, **Suwalski** (Kfm), Dr. **Goldbaum** (prakt Arzt), **Baer** (Kfm), **Schlome** (Kfm) Mitglieder.

Städt. Beamte: **Schlome** Kämm, **Schulz** Schlachthausinsp Kdm70/71 D1.

Städt. Schule: (parit) **Mikolajczak** HptL Kdm70/71 LD2.

Inowrazlaw, Kreisstadt.
26142 Einw. 8777 ev, 15837 kth, 144 and, 1384 jüd.

Magistrat: **Treinies** Erster Bgrmstr, Dr. **Kollath** Zweiter Bgrmstr; **Kleine** (JustizR) RA4, **Ewald** (Bauunternehmer) Kr4, **Goecke** (KommerzR) RA4, **Sydow** (Geometer u. Standesbeamter) Stadträthe.

Stadtv Vers: **Levy** (KommR) V; **Besser** (Geh. BergR) RA4, **Volkmann** (Zimmermeister) stellv V; SanR Dr. **Rakowski** (prakt Arzt), GehSanR Dr. **Forner** (prakt Arzt), Dr. med. **Krzyminski** (prakt Arzt), **Grosman** (Kfm), **Czapla** (Thierarzt), **Kozlowicz** (Möbelfabr), **Latte** (Kfm), **Rosenfeld** (Kfm), **Hendelsohn** (Kfm), **Sandler** (Kfm), **Peters** (Töpfermstr), **Felsch** (Zimmermstr), **Schulte** (GerSekr), **Schwersenz** (Ziegeleibes), **Salomonsohn** (Banquier), **Beyer** (Kfm), **Latte** (Rechtsanw), **Bochinski** (Fleischermstr), **Dobrosinski** (Grundbes), **Schroeter** (Rentier), **Schweigert** (Fleischermstr), v. **Czarlinski** (FabrDir), **Rosenberg** (Kfm), **Wettcke** (Maurermstr) **Kayser** (Kfm), **Galon** (Rechtsanw) Mitglieder.

Städt. Beamte: **Spitzer** StadtHptKRend, **Burg** PolInsp, **Gancza** PolKomm, **Franke**, **Langner**, **Kaldykiewicz** StadtSekretäre, **Schneider** StSekr, **Schulz** MagRegistr, **Dietrich** PolRegistr, **Kurzina** StadtHptKBuchh, **Winckler**, **Lottermoser** StadtHptKAssist, **Fischoeder** MeldeamtsVorst, **Kirbis** PolWachtmstr, **Heinecke** MagBuchFühr, **Mindak** SchlachthausDir.

Städt. Schulen: (ev) **Eckell** Rektor; (ev) **Schwarz** Rektor; (kth) **Matschewsky** Rektor.

Kletzko, Kr Gnesen.
1724 Einw. 290 ev, 1341 kth, 93 jüd.

Magistrat: **Stüwe** Bgrmstr Kr4; **Fischbach** (Hausbes), **Grochowski** (Apotheker) Schöffen.

Stadtv Vers: **Davidsohn** (Kfm), **Garski** (Ackerbürger), **Kleinert** (Brauereibes), **Heller** (Schänker), **Heller** (Ackerbürger), **Rahm** (Molkereibes), **Szczepanski** (Hausbes), Dr. **Urbanski** (prakt Arzt), **Wollmann** (Gutsbes) Mitglieder.

Städt. Beamter: **Fischbach** Kämm.

Städt. Schulen: (ev) **Jordan** HptL; (kth) **Lubinski** HptL.

Kolmar i. P. Kreisstadt.
5026 Einw. 2722 ev, 1959 kth, 345 jüd.

Magistrat: **Dembek** Bgrmstr; **Cohn** (Rechtsanw) Beigeordneter; **Priebe** (Rentier) Stadtältester, **Schmieder** (Apotheker), **Teske** (Ackerbürger) Beisitzer.

Stadtv Vers: **Hartmann** (Zimmermstr) V; **Renger** (Molkereibes) Kdm70/71, **Isaacsohn** (Kfm), **Aßmann** (Restaurateur), **Neetzel** (Bäckermstr), **Spektorek** (Buchdruckereibes), **Perla** (Handelsgärtner), **Heymann** (Kfm), **Fleischer** (Stellmachermeister) Mitglieder.

Städt. Beamte: **Seydelsdorff** GemEinn, N. StdtSekr, **Wintziger** PolWachtmstr.

Städt. Schulen: (ev) **Casten** Rektor; (kth) **Marx** HptL.

Kruschwitz, Kr Strelno.
2843 Einw. 505 ev, 2232 kth, 106 jüd.

Magistrat: **Rosenke** Bgrmstr; **Fredrich**, **Stankowski** Schöffen.

Stadtv Vers: **Appelt**, **Stankowski**, **Walzyk**, **Wisniewski** Mitglieder.

Städt. Beamte: **Unger** Kämm, **Bormann** SchlachthausInsp, **Krüger** Stadtwachtmeister.

Städt. Schulen: (ev) **Rosentreter** HptL; (kth) **Woydich** HptL.

Labischin, Kreis Schubin.
2251 Einw. 836 ev, 1131 kth, 284 jüd.

Magistrat: Volkmann Bgrmstr; Lippmann (Kfm), Beigeordneter; Schülke (Hotelbes), Joel (Kfm), Mitglieder.
StadtvVers: Munter (Kfm), B; Lewin (Kfm), Stellvertr; Goldstein (Kfm), Pohlmann (Kfm), Rynarzewski (Kfm), Kiewe (Kfm), Nawicki (Gastwirth), Radtki (Tuchmachermstr) Hiller (Ackerbürger), Schultz (Gastwirth), Kurdelsk (Bäckermstr), Arndt (Schuhmachermstr) Kdm70/71 Mitglieder.
Städt. Beamte: Morszek Kämm; Luchhau SchlachthausInsp.
Städt. Schulen: (ev) Schulz HptL u. Kantor; (kth) Braminski HptL.

Lobsens, Kr Wirsitz.
2238 Einw. 953 ev, 972 kth, 313 jüd.

Magistrat: Genschmer Bgrmstr; Lubenau Beigeordneter; Bornstaedt, Gramse, Klein, Petrich Rathmänner.
StadtvVers: Herzog, Byczek, Cohn, Falk, Lutz, Pinkus, Reinke, Schultz, Schindke, Scheye, Seelert, Simon Mitglieder.
Städt. Beamte: Jonas StdtkassenRend; Stephan StdtWachtmstr.
Städt. Schule: (ev) Quade Rektor; (kth) Böhm 1. L.

Margonin, Kr. Kolmar i. P.
1777 Einw. 676 ev, 1012 kth, 89 jüd.

Magistrat: Baumgarten Bgrmstr; Mengert (GerichtsSekr a. D.), Klatt (Acker- bürger) Schöffen.
StadtvVers: Adamski, Klatt, Gehring, Thie, Zieske, Wojciechowski, Stern MilEhr2, Müller, Erdmann Mitglieder.
Städt. Beamte: Rohr KämmereikassenRend.
Städt. Schulen: (ev) Lück HptL; (kth) Wienke HptL.

Mieltschin, Kr. Wittkowo.
525 Einw. 26 ev, 496 kth, 3 jüd.

Magistrat: Joop Bgrmstr; Sindzik, Sikorski Schöffen.
StadtvVers: Sikorski, Mankowski, Sindzik, Bodyna, Radkowski, Kowalski Mitglieder.
Städt. Beamte: Radkowski KämmereikassenRend.
Städt. Schule: (kth) Sell HptL.

Mietschisko, Kr. Wongrowitz.
1030 Einw. 83 ev, 898 kth, 49 jüd.

Magistrat: Stier Bgrmstr; Graser (Gutsbes), Schott (Kfm) Schöffen.
StadtvVers: Brinck (Gutsbes), Bock (Kfm), Tomaszewski (Ackerbürger), Niewitecki (Bürger), Rakowski (Tischlermstr), Jasinski (Kfm) Mitglieder.
Städt. Beamte: Beltzke Polizeidiener.
Städt. Schule: (parit) Ziemke HptL.

Mogilno, Kreisstadt.
3321 Einw. 919 ev, 2210 kth, 19 and, 173 jüd.

Magistrat: Föhse Bgrmstr; London (Fabrikbes) Kr4 Beigeordneter; Dr. Szumski (prakt Arzt) EisKrz2, Kubitza (Kämm) Schöffen.
StadtvVers: Tonn (JR) B; v. Filisiewicz (Rentier), Lewin (Kfm), Wildt (FabrBes), Litwinski (Kfm), Jankowski (Gutsbes), Stark (Kfm), Derdau (Hotelbes), Bylski (Fleischermstr), Albath (KatKontroleur), Drucker (Kfm), Bethke (Hotelbes) Mitglieder.
Städt. Beamte: Kubitza Kämm; Tietz StdtSekr; Chorobinski PolWachtmstr.
Städt. Schulen: (ev) Scheffler HptL; (kth) Beinlich Rektor. — [Kommunalmädchen- schule]: Bona Schulvorsteherin.

Mrotschen, Kr. Wirsitz.
2197 Einw. 966 ev, 1046 kth, 185 jüd.

Magiſtrat: Flatau Bgrmſtr Kdm70/71; Saekel (Maurermſtr), Pajzderski I (Rentier) Mitglieder.
StadtvVerſ: Pajzderski I, Machol, Dr. Below, Timm, Kretlau, Stojaczyk Mitglieder.
Städt. Beamte: Pajzderski Kämm; Haß StdtWachtmſtr.
Städt. Schule: (parit) Suckut Rektor.

Nakel (Netze), Kr. Wirsitz.
7782 Einw. 3950 ev, 3402 kth, 430 jüd.

Magiſtrat: Riedel Bgrmſtr; Tonn (Gutsbeſ, Rittmſtr a. D.) Beigeordneter; Rudolph (Kfm), Ritter (Rentier), Büttner (ApothekenBeſ) Mitglieder.
StadtvVerſ: Baerwald (Kfm) V; Münchau (Maurermſtr) Stellvertreter; Brink (RAnw), Bauer (Kfm), Biniakowski (Kfm), Fiſcher (KonditoreiBeſ), Günther (Rentier), Glatzel (Kfm), Herrmann (BrauereiBeſ), Itzig (Kfm), Kopitſch (Maurermſtr), Kaeding (GymnaſialL) Kr4, Kryszkiewicz (Bäckermſtr), Lewin-ſohn (VerbDir), Müller (Kfm), Salomon (Kfm), Schwanke (HptAgent u. L. a. D.), Wilinski (Ackerbürger) Mitglieder.
Städt. Beamte: Mandke StdtHptKaſſenRend; Noelcke PolSekr, D3; Silinsky MagSekr; Graf BurAſſ; Stenger PolWachtmſtr, LD2; Dr. Borkowski Kommunalarzt (nebenamtl.); Schrempf PolThierarzt (nebenamtl.).
Städt. Schulen: [Gehobene Mädchenſchule] Bartſch Rektor; (ev.) Rude Rektor; (kth) Mentkowski HptL; (jüd) Peczkowski L.

Pakoſch, Kr. Mogilno.
2957 Einw. 392 ev, 2429 kth, 136 jüd

Magiſtrat: Kollmann Bgrmſtr Kr4; Heiniſch (Kfm) Beigeordneter; Samelſohn (Kfm) Kdm70/71, Laubitz (Grundbeſ) Schöffen.
StadtvVerſ: Dreſcher (prakt Arzt) V; Liebermann (Kfm) Kdm70/71, Altmann (Zimmermſtr) Kdm70/71, Lewin (Kaufmann), Strauz (Schmiedemſtr), Klich (Fleiſchermſtr) Mitglieder.
Städt. Beamte: Freter StdtKämm; Schreiber MagBurGehilfe; Dobrzynski Stdt-Wachtmſtr.
Städt. Schulen: (ev) Beyer L u. Kantor; (kth) Duszynski HptL; (jüd) Naftaniel L.

Powidz, Kr. Witkowo.
1107 Einw. 64 ev, 1019 kth, 24 jüd.

Magiſtrat: Liſiecki Bgrmſtr; Kozlowski (Altſitzer), Walich (Poſtagent) Schöffen.
StadtvVerſ: Kozlowski (Altſitzer), Putz, Szeszycki, Chorian (Ackerbürger), Kozlowski (Schmiedemſtr), Szymanski II (Ackerbürger) Mitglieder.
Städt. Beamte: Obarski KämmKaſſenRend.
Städt. Schule: (parit) Eſch HptL.

Rogowo, Kr Znin.
811 Einw. 136 ev, 564 kth, 111 jüd.

Magiſtrat: Krenz Bgrmſtr; Harmel (Kfm), Dąbrowski (Kfm) Schöffen.
StadtvVerſ: Gellhorn (Bäckermſtr), Sobczak (Schuhmachermſtr), Dąbrowski (Kfm), Rigall (Bauunternehmer), Jacob (Kfm), Haaſe (Kfm) Mitglieder.
Städt. Beamte: Friedlaender KämmKaſſenRend u. Steuererheber.
Städt. Schulen: (ev) Raddatz; (kth) Kowalski; (jüd) Baruth Lehrer.

Rynarſchewo, Kr Schubin.
813 Einw. 472 ev, 338 kth, 3 jüd.

Magiſtrat: Einsporn Bgrmſtr; Grüning (Ackerbürger), Schwarz (Ackerbürger), Schöffen.
StadtvVerſ: Hildebrandt (Ackerbürger), Schlieter (Gaſtwirth), Raddatz, Gut-kowski, Schramm, Grüning (Ackerbürger) Mitglieder.
Städt. Beamte: Schwarz GemEinn.

Samotschin, Kr Kolmar i. P.
1967 Einw. 1246 ev, 518 kth, 1 and. 202 jüd.

Magistrat: Stahl Bgrmstr; Grun, Schulz Schöffen.
StadtvVers: Bütow, Grun, Gruſczynski ErMed66 Kdm70/71 D, Haaſe, Neudorff, Dr. Reiß (SanR) Kdm70/71 LD1, Schulz Kdm70/71 LD, Seligſohn, Wruck.
Städt. Beamte: MämmstaſſenRend (Stelle z. Zt. unbeſetzt).

Schneidemühl, Kr Kolmar i. P.
19 657 Einw. 12 581 ev, 6309 kth, 46 and, 721 jüd.

Magistrat: Wolff Erster Bgrmstr RA4; Liebetanz Zweiter Bgrmstr Beigeord; Gaebel (JR); Samuelſohn, Philipp (Apothekenbeſ), Kirſtein, Arzt (Brauerei= beſ), Stachnik (Maurermſtr) Stadträthe.
StadtvVers: Dr. Davidſohn (prakt Arzt) V; Koepp (RAnw u. Notar) stellv. V; Hartelt (Erster TaubstummenL); Medenus (EiſBetrSekr) MilEhr, Aſch (Kfm), Baumann (Kfm), Dr. Brieſe (prakt Arzt), Prof Brann (Kgi GymnDir), Dreier (Kfm), Dr. Drozynski (prakt Arzt), Ernst (Dir d. Kaiſerin Auguſta Victoria=Schule), Falk (Kfm), Dr. Glaß (RAnw und Notar), Groß (Kfm), Havemann (Buchdruckereibeſ), Hellwig (Tiſchlermſtr), Lesczynski (Gaſtwirth), Noeske (Bäckermſtr), Prellwitz (Schuhmachermſtr), Roſengarten (Drogueriebeſ), Schieſelbein (Maurermſtr), Schwanke (Tiſchlermſtr), Dr. Toelle (RAnw), Wieck (Kaiſ Bankvorst), Wittkowski (Zimmermſtr), Wlosczynski (Schneidermſtr), Zerbſt (GymnProf), Krauſe (Cementwaarenfabrikant), Koch (Architekt), Blumenthal (Dir d. Stärkefabrik) Mitglieder.
Städt. Beamte: Felski, Doerffer Stadtſekr; Pretkiewicz StdtSekr, Kalkulator, Geometer; Vogel StdtSekr; Schwidefski, Winkler, Flachshaar BurAſſ; Krähan MagRegiſtr; Roſe StdtBaumſtr; Schönrock StdtHptKaſſRend; Knobloch, Scholz, Bloch StdtHptKaſſBuchhalter; Kirſchbaum Erster Rathsdiener u. Kaſtellan; Oſtendorff Thierarzt, SchlachthausInſp; Kniehaſe ſtädt Ober= Förſt, Kgl ForstAſſ; Herwig, Freiberg, Tſchorn ſtädt Förſt; Quandt, Bahr ForstAuff; Tſchentſcher PolKomm; Hoeft Stdt u. PolSekr AllgEhr RettMedBd; Schulz PolBurAſſ Vorst d. EinwMeldeAmtes; Philipp PolRegiſtr; Mattern PolBurAſſ.
Städt. Schulen: (ev) Ernst Dir d. höheren MSchule, Lakoſchus Rektor, Böhm, Schmidt Hauptlehrer; (kth) Winke, Stukowski, Klimkiewicz Hauptlehrer.

Schönlanke, Kr Czarnikau.
5429 Einw. 3515 ev, 1387 kth, 527 jüd.

Magistrat: Rentel Bgrmstr; Dr. Sachs (SanR) Beigeordneter; EisKr2 Mobrow, Stegmann, Bochner, Herrmann (OLt a. D.) Rathmänner.
StadtvVers: Maske V; Aſch, Badt, Baruch, Bunk, Dolgner, Grunwald, Hanow, Jacobſohn, Kalck EisKr2, H. Levy, R. Levy, Marotzke, Polzin, Throl, Tietze, Tobias, Wieczorek Mitglieder.
Städt. Beamte: Engel StdtSekr; Buchholz Kämm; Fritzſche StdtWachtmſtr.
Städt. Schulen: (ev) Sabatke Rektor; (kth) Großer Rektor.

Schokken, Kr Wongrowitz.
1284 Einw. 475 ev, 666 kth, 143 jüd.

Magistrat: Kußmann Bgrmstr (Kgl. DiſtriktsKomm) Kr4; Weichert (Apotheker), Salomon (Kfm) Schöffen.
StadtvVers: Salomon (Kfm), Rude (Kfm), Fenrich (Grundbeſ), Fuchs (Kfm), Markiewicz (Kfm), Fitzner (Schuhmachermſtr) Mitglieder.
Städt. Beamte: Pavel Kämm; Puſahl StdtWachtmſtr.
Städt. Schule: (parit) Rektor z. Zt. nicht beſetzt.

Schubin, Kreisſtadt.
3063 Einw. 972 ev, 1880 kth, 211 jüd.

Magistrat: Seiler Bgrmstr; Vollmann (Katasterkontroleur) Beigeordneter; Wier= feld, Wunſch, Markus (Kaufleute) Rathmänner.

Stadtv Vers: **Geißler** KrKommKaſſenRend V; Dr. **Fenſelau** (Kreisſchulinſpektor), **Cunow** (Molkereibeſitzer), **Kiehn** (Kfm), **Petz** (Kfm), **Meyer** (Kfm), **Siuchninſki** (Fleiſchermſtr), **Makowſki** (Bäckermſtr), **Sommerfeld** (Böttchermſtr), **Springer** (Kfm) Mitglieder.
Städt. Beamte: **Müller** Kämm; **Wegner** Stadtwachtmſtr.
Städt. Schulen: (ev) **Funk** HptL; (kth) Rektor unbeſetzt.

Schulitz, Kreis Bromberg.
4330 Einw.

Magiſtrat: **Teller** Bgrmſtr; **Germer** Beigeordneter; **Reutz**, **Knitter** Rathmänner.
Stadtv Vers: **Wegener** V; **Brüning**, **Schinn**, **Lindau**, **Heiſe**, **Pohl**, **Vogel**, **Friedländer**, **Zühlke** Mitglieder.
Städt. Beamte: **Germer** StadtRentmſtr; **Kayma** StadtSekr; **Haefner** Stadt=förſter; **Amm** PolWachtmſtr.
Städt. Schulen: (ſim): **Derezinſki** Rektor; (4 ev einkl. Schulen): **Oelke**, **Stolpe**, **Wolff** u. **Jaekel** L.

Schwarzenau, Kr Witkowo.
1324 Einw. 180 ev, 1114 kth, 30 jüd.

Magiſtrat: **Gebel** Bgrmſtr; **Neuſtadt** (Kfm), Stan. **Obarſki** (Ackerbürger) Schöffen.
Stadtv Vers: 6 Mitglieder.
Städt. Beamte: Stefan **Obarſki** Kämm; **Vien** StadtWachtmſtr.
Städt. Schulen: (ev) **Klautz** L u. Kantor; (kth) **Foerſter** HptL.

Strelno, Kreisſtadt.
4550 Einw. 1112 ev, 3204 kth, 234 jüd.

Magiſtrat: **Herrgott** Bgrmſtr; **Ritter** sen., **Pinkowſki**, **Munk** (Kaufleute), Dr. **Cieslewicz** (prakt Arzt) Mitglieder.
Stadtv Vers: **Kwiecinſki** (RAnw) V; **Balinſki** (Grundbeſ), **Gembitz** (Kfm), **Klomp** (Zimmermſtr) AllgEhr, **Kornaszewſki** (Maurermſtr), **Leſſer** (Kfm), **Lippmann** (Kfm), **Lubinſki** (Kfm), **Schreiber** (KatKontroleur Steuerinſp), **Schulz** (Hotelier), **Vollert** (Uhrmacher), **Wagner** (Grundbeſitzer) Mitglieder.
Städt. Beamte: **Fechner** Kämm; **Weigt** Schlachthausinſp; **Kelm** StadtWachtmſtr; **Schweigert** Hallenmſtr.
Städt. Schulen: (ev) **Hoffmann** HptL; (kth) **Majorowicz** HptL; (jüd) **Deſtler** L.

Tremeſſen, Kr Mogilno.
5030 Einw. 1477 ev, 3123 kth, 430 jüd.

Magiſtrat: **Boethelt** Bgrmſtr EisKrz2 LD2; **Warnke** Beigeordneter; **Stroinſki**, **Marten**, **Zucker** Schöffen.
Stadtv Vers: **Warſchauer** (RAnw u. Notar) V; **Dabinſki** (Kfm) Stellv V; **Eichler** (Kfm) Schriftf; **Ellmann** Stellv; **Fuchs** (Kfm), **Wabiszewſki** (Bauunternehmer), **Zurawiak** (Tiſchlermſtr), **Tenzer** (Kfm), **Ponat** (Kgl FRRend), **Sommerfeld** (Bierverleger) Mitglieder.
Städt. Beamte: **Kutkinſki** Kämm; **Pacanowſki** StadtSekr; **Lüning** Aſſ, **Zadow** StadtWachtmſtr; **Peich** Schlachthausinſp.
Städt. Schulen: (ev) **Weber** 1.L; (kth) **Marx** HptL; (jüd) **Arndt** L.

Uſch, Kr Kolmar i. P.
2287 Einw. 690 ev, 1542 kth, 55 jüd.

Magiſtrat: **Freitag** Bgrmſtr; **Mantey** (Kfm) Beigeordneter; **Renkawitz** (Zimmermſtr), **Roſendorff** (Kfm) Schöffen.
Stadtv Vers: **Rozdzynſki** (Ackerbürger) V; **Pawlowſki**, **Lück**, **Prink**, **Haeske** Kdm70/71, **Schwanke** Mitglieder.
Städt. Beamte: **Günther** StdtSekr; **Woydke** StdtWachtmſtr EisKrz2 Kdm70,71 ErKrz66 LD.
Städt. Schulen: (ev) **Poſe** HptL; (kth) **Kliche** HptL.

Wirsitz, Kreisstadt.
1672 Einw. 895 ev, 755 kth, 112 jüd.

Magistrat: **Schirrmeister** Bgrmstr; **Kunz** (Brauereibes), **Freitag** (Kämm) Schöffen.
StadtvVers: **Kunz** (Brauereibes), **Pelz** (Kfm), **Bonin** (Zimmermstr), **Kazmierski**
    Schmiedemstr) Kdm70/71; **Berg** (Landwirth), **Stephan** (Fleischermstr) Mitglieder.
Städt. Beamte: **Freitag** Kämm; **Balcerowski** StdtWachtmstr Kdm70 71
Städt. Schulen: (ev) **Ziplinski** HptL; (kth) **Palzewicz** Kdm70 71.

Wissek, Kr Wirsitz.
1159 Einw. 364 ev, 761 kth, 34 jüd.

Magistrat: **Severin** Bgrmstr; **Wraase** (Maschinenbauer), **Werdin** (Bauunternehmer)
    Schöffen.
StadtvVers: **Rosenau** (Kfm), **Hoeske** (Rentier), **Werdin** (Bauunternehmer), **Seelig**
    (Kfm), **Bederski** (Tischlermstr) Mitglieder.
Städt. Beamte: **Seelig** StdtWachtmstr; **Wraase** Kämm.
Städt. Schulen: (ev) **Foerster** 1. L; (kth) **Knuth** 1. L.

Witkowo, Kreisstadt.
1555 Einw. 184 ev, 1147 kth, 224 jüd.

Magistrat: **Bilecki** Bgrmstr; **Witkowski** (Kfm), **Lubinski** (Kfm) Schöffen.
StadtvVers: **Witkowski** (Kfm), **von der Osten** (Apothekenbes), **Berne** (Kfm),
    Knast (Hotelbes), **Kozminski** (Kfm), **Winnicki** (Maurermstr) Mitglieder.
Städt. Beamte: **v. Seredynski** KämmRRend.
Städt. Schulen: (ev) **Benth** L; (kth) **Slowig** HptL.

Wongrowitz, Kreisstadt.
5362 Einw. 1086 ev, 3822 kth, 454 jüd.

Magistrat: **Weinert** Bgrmstr Kr4; **Duhme** Beigeordneter Kr4; Dr. **Laskowski**
    (SanR) EisKrz2; **Freudenthal** Kr4; **Lutherer** (KanzlR) Kr3 RA4m.50; **Roth-**
    mann, **Sroczynski** RathSherren.
StadtvVers: Dr. **Bredow** (Apothekenbes) V; **Scholz** (GymnObL), stellv. V;
    Budnikowski (Maschinenfabrikant), **Cohn** (Fabrikbes), **Förder** (Kfm), **Hentschel**
    (Kfm), **Kronhelm** (Gastwirth), **Lenartowski** (Schuhmachermstr), **Mode** (Kfm),
    Müller (KrThierarzt), **Noack** (Uhrmacher), **Okopinski** (Kfm), Dr. **Peyser** (Arzt),
    Schilling (Tischlermstr), **Szudzinski** (Fleischermstr), **Tulasiewicz** (Kfm), **Turk**
    (Brauereibes), **Ziegel** (Hotelbes) Mitglieder.
Städt. Beamte: **Gryger** Kämm; **Merkert** SchlachthausInsp; **Boehlke** StdtWachtmstr.
Städt. Schulen: (ev) **Höhne** HptL; (kth) **Hoppe** Rektor.

Znin, Kreisstadt.
4005 Einw. 914 ev, 2818 kth, 2 and, 271 jüd.

Magistrat: **Wodtke** Bgrmstr; **Legal** (Apothekenbes) Beigeordneter; Dr. **v. Plewkiewicz**
    (prakt. Arzt) EisKrz2; **Leyser** (Kfm), **Jeske** (Rentier) Mitglieder.
StadtvVers: **Menner** V; **Pasemann** Schr; **Wenzel**, Dr. **Lehmann**, **Tschierse**,
    Derech, **Cohn**, **Hirsch**, **Chaim**, **Wolff**, **Schilling**, **Schneider** Mitglieder.
Städt. Beamte: **Fechner** Kämm; **Westphal** StdtWachtmstr; **Gryn** SchlachthausVerw.
Städt. Schule: (ev) **Stroedicke** Rektor.

b. Königl. Polizeibehörden.

1. Polizei-Direktion zu Posen.

Polizeipräsident: **von Hellmann** RA4 LD1 AnhAlbrBär Ritt1.
1. Dezernent der Verwaltungs-Abtheilung: Dr. **Abicht** RegAssessor Vertreter des
    PolizPräs.
Dezernent der Kriminalabtheilung: **Gottschalk** PolR Kdm 70/71 LD2.
Dezernent der Politischen Abtheilung: **Zacher** PolR RA4.

2. Dezernent der Verwaltungsabtheilung: **Ullrich** PolAffeff.
Polizeikassenrendant: **Lindner** RechnR EisKrz2 Kdm70/71 C RA4 D3 LD.
Bureau: **Görlitz** EisKrz2 Kdm64 ErKrz66 D3 LD2, **Wolter, Hensel** D3, **Grund-
mann** D3, **Fauft** D3, **Dotter** D3, **Mannigel** D3, **Günther, Barchmin** D3,
Schaaf D3, **Mertinke** D3, **Kunick** D3, **Mäber** D3 PolSekretäre; **Wolff** D3,
Scholz D3 BurDiätare; **Böhmer, Berger** D3 BurHülfsarb; **Zugehör** Civ
Supern; **Thierling** D3 MeldeamtsAff; **Jäckel** D3, **Jeske** D3 Meldeamts
Hülfsarb; **Schilling** D3, **Hublow** D3 LD2, **Schöpfer** D3. Kanzliften; **Feuerhak**
D3 Diätar.

Ausübende Beamte.

Polizei-Jnspektor: **Bentzki** RA4 Kdm64 D3. — Polizeikommiffar: **Gürke** D3. —
SchutzmWachmftr: **Westphal** II D3 LD.
I. Polizei-Revier: Langeftr. 3, Polizei-Kommiffar **Kluge** D3. — SchutzmWachmftr
Otto ErKrz66 D3 Kdm70/71 AllgEhr.
II. Polizei-Revier: Teichftr. 7, Polizei-Kommiffar: **Kugas** D3. — Schutzm
Wachmftr **Wonneberg** ErKrz66 Kdm70/71 LD.
III. Polizei-Revier: Blücherftr. 8, Polizei-Kommiffar: **Weithe** D3 — Schutzm
Wachmftr **Schulz** Kdm70/71 D3 LD.
IV. Polizei-Revier: Königsplatz 2, Polizeikommiffar **Teske** D3, charakt. Schutzm
Wachmftr **Westphal** I ErKrz66 Kdm70/71 D3.
V. Polizei-Revier: Wallifchei 76, Polizeikommiffar: **Tscheppan** D3, charakt
SchutzmWachmftr **Lorenz** Kdm 70/71 D3 LD.
VI. Polizei-Revier: Bäckerftr. 17, Polizeikommiffar: **Günther** D3, Schutzm
Wachmftr **Hoferichter** EisKrz2 Kdm70/71 D3 AllgEhr.
VII. Polizei-Revier: Moltkeftr. 14, Polizeikommiffar: **Kwasniewski** D3, Schutzm
Wachmftr **Beck** Kdm70 71 D3 LD.
VIII. Polizei-Revier: Auguftaftr. 3, Jnterim-Polizeikommiffar: **Krause** komm D3,
Schutzm Wachmftr **Firzlaff** Kdm70/71 D3.
Kriminal-Polizei-Jnspektor **Portaszewicz** Kdm 70/71 LD3.
Kriminal-Polizei-Kommiffarien: **Schultz** RussStan3 LD1, **Marfchal** D2,
Auguftini, Dandelfki D2, **Hannemann**.
Polizei-Arzt: Dr. **Schönke** SanR.

2. Königliche Polizei-Diftrikts-Komiffarien.

a. Regierungsbezirk Posen.

Kreis Adelnau: Adelnau **Schimming,** Glisnica (Baben) **Maaß,** Rafchkow (Lamfi)
Rofenberger.
Kreis Birnbaum: Birnbaum **von Winterfeld** EisKrz2, Orzefchkowo **Cleve,** Zirke
von Alvensleben.
Kreis Bomft: Altklofter **Tominfki,** Hammer (Borui) **Tesmer,** Rakwitz **Bock** LD2,
Unruhftadt **Wagner,** Wollftein (Nord) **Buchholz,** Wollftein (Süd) **Bongfcho** D2.
Kreis Frauftadt: Frauftadt (Nord) **Lehmann,** Frauftadt (Süd) **Rudolph** LD1,
Lufchwitz **von Rieben.**
Kreis Goftyn: Goftyn (Oft) **Trenner** LD2, Goftyn (Weft) **Schiebufch,** Kröben
von Gerdtell, Punitz **von Tietzen und Hennig** LD2.
Kreis Grätz: Buk **Maske,** LD2, Grätz **Duden** LD2, Opalenitza **von Bernftorff** LD2.
Kreis Jarotfchin: Jarotfchin **Hellenfchmidt** EisKrz2 LD2, Kotlin **Wätzmann** EisKrz2,
Neuftadt a. W. **Klug** II LD1 RittKrzBulCV, Zerkow **Friedrich,** Jaratfchewo
Graf von Baudiffin.
Kreis Kempen: Kempen **Rudtke** D.A3, Opatow **Klimek,** Podzamtfche **Wegner** LD1.
Kreis Kofchmin: Borek **Reuß** LD1, Kofchmin **Dittfach,** Pogorzela **von Bodungen.**
Kreis Koften: Czempin **Linemann,** Koften (Nord) **Krebs,** Koften (Süd) **Schulz** II
LD1, Kriewen **Gebhard.**
Kreis Krotofchin: Dobrzyca **Pancke** LD2, Krotofchin (Nord) **Schalowfki,** Krotofchin
(Süd) **Blümel** LD.
Kreis Liffa: Liffa (Weft) **Ludwig,** Liffa (Oft) **von Tuszka** MilEl RettMedBR
OffKrzSerbTak ittKrzPortChr, Storchneft **Czwalina** LD. rh

Kreis Meseritz: Bentschen von Anderten, Betsche Kunze, Brätz Kewisch LD2, Meseritz Weßling, Tirschtiegel von Nekowski EisKrz2.

Kreis Neutomischel: Kuschlin von Wulffen, Neustadt b. P. von Kahlden EisKrz2, Neutomischel Noll II rKrz3.

Kreis Obornik: Pila (Mur.=Goslin) Dzedzitzki EisKrz2, Obornik (Nord) Mazura, Obornik (Süd) Buddee LD1 u. 2, Polajewo Gellonneck, Rogasen Mengel.

Kreis Ostrowo: Ostrowo (Nord) Garmatter EisKrz2, Ostrowo (Süd) von Hennig LD1, Ostrowo (Rossoschütz) Nixdorff.

Kreis Pleschen: Pleschen I Neymann LD2, Pleschen II Sikorski, Krzywosondowo (Sobotka) Spiller.

Kreis Posen=Ost: Schwersenz Noll RA4, Pudewitz Giernat, Posen II Kosmowski, Posen I Laske.

Kreis Posen=West: Posen (Komornik) Rohleder D2, Tarnowo (Saby) von Negelein, Stenschewo Rainprechter, Posen (Dopiewo) Zierbock.

Kreis Rawitsch: Bojanowo von Glisczinski EisKrz2 MilVKrz, Jutroschin Fabian, Rawitsch Hoffmann II, Görchen Ehmann.

Kreis Samter: Duschnik (Bythin) Muenzer, Pinne Hoffmann III LD1, Klein=Gay (Samter Nord) Mattauschek, Samter (Süd) von Homeyer LD2, Wronke Leitlof LD1 u. 2.

Kreis Schildberg: Grabow Nehring LD1, Kobylagora Pallaske EisKrz2 AllgEhr, Mixstadt Göcking.

Kreis Schmiegel: Schmiegel (Ost) Ostrowicz LD2, Schmiegel (West) Rupp D1, Wielichowo Schober LD2.

Kreis Schrimm: Kurnik (Bnin) Neyländer, Dolzig Lehnert LD1, Moschin Keller LD1, Schrimm Meyer, Xions Buscke.

Kreis Schroda: Kostschin von Zamory LD1, Dominowo (Nekla) Schmekel EisKrzw, Schroda (West) Paschke, Schroda (Ost) Meyer II LD1.

Kreis Schwerin a. W.: Prittisch Hoffmann I, Schwerin a. W. Kempf LD1.

Kreis Wreschen: Miloslaw von Kolzenberg, Strzalkowo Schneider LD1, Wreschen Klug I EisKrz2.

b. Regierungsbezirk Bromberg.

Kreis Bromberg: Bromberg I Gottschalk, Bromberg II Klose RA4, Bromberg III Kleinfeld, Crone a. Br. Wundrack, Schulitz Dobberstein, Trzementowo (Wilhelmsort) Schmidt, Zolondowo Meske.

Kreis Czarnikau: Czarnikau I Fiebach, Czarnikau (Czarnikau=Hammer) Matthies, Lubasch (Czarnikau=Lubasch) Priebsch, Schönlanke Müller.

Kreis Filehne: Filehne (Stadt) Wolff, Filehne (Schloß) von Oppeln=Bronikowski, Kreuz Warnecke.

Kreis Gnesen: Gnesen I Maslowski, Gnesen II Nicol, Kletzko Thym.

Kreis Inowrazlaw: Argenau von Langen RA4 Joh RussStan3, Jno=wrazlaw I Stroschein Kdm66, Inowrazlaw II Lemke RA4, Louisenfelde Hoffmann MilEhr1, Gniewkowitz (Rojewo) Westphal, Tarkowo (Gniewkowitz) von Bodungen Kdm70/71.

Kreis Kolmar i. P.: Budsin Palmgrén LD1, Kolmar i. P. Sehmsdorff, Samotschin Schnee (komm.), Schneidemühl Mühring LD2 Kdm70/71, Usch v. Gotzkow LD2.

Kreis Mogilno: Gembitz Wendland, Mogilno Schulte, Pakosch von Haw, Tremessen Kawecki.

Kreis Schubin: Schubin I Castner Kr4, Schubin II von Haugwitz, Exin Grell, Labischin Funck.

Kreis Strelno: Strelno I Pohl, Strelno II Altmann, Kruschwitz Methner.

Kreis Wirsitz: Lobsens von der Oelsnitz, Mrotschen von Rappard, Nakel Nehring, Weißenhöhe von Hartmann, Wirsitz von Bode.

Kreis Witkowo: Witkowo I Hartung, Witkowo II von Hertell, Schwarzenau Severin.

Kreis Wongrowitz: Smolary (Gollantsch) Schüler, Lekno Peschke, Ruda (Mietschisko) Plathner, Schokken Kuhmann Kr4, Wongrowitz Rosenberger.

Kreis Znin: Janowitz Sopsky, Rogowo Ritter, Znin I Büttner, Znin II Quade.

c. Kreisärzte.

Reg.=Bez. Posen.

Adelnau: Dr. Sandhop.
Birnbaum: Dr. Schroeder.
Fraustadt: Dr. Ebner SanR RA4 Kdm66 u. 70/71.
Gostyn: Dr. Hartisch.
Grätz: Dr. Rubensohn SanR.
Jarotschin: Dr. Cohn.
Kempen: Dr. Laudowicz.
Koschmin: Dr. Volkmann LD2.
Kosten: Dr. Litzner GehSanR RA4 schw-wB Kdm66 u. 70/71 LD2.
Krotoschin: Dr. Wunderlich GehSanR EisKrz2schw-wB Kdm66 u. 70/71 LD2.
Lissa: Dr. Wegner SanR.
Meseritz: Dr. Rogowski.
Neutomischel: Dr. Brinkmann.

Obornik: Dr. Herrmann.
Ostrowo: Dr. Paulisch.
Pleschen: Dr. Landsberg SanR ErKrz66 Kdm70/71.
Posen Ost u. West: Dr. Lehmann.
Posen Stadt: Dr. Panienski BadZährL2 Eich; Dr. Clauß KrAssArzt.
Rawitsch: Dr. Kleinert SanR LD1.
Samter: Dr. Lehmann.
Schildberg: Dr. Siforski.
Schmiegel: Dr. Jaeckel.
Schrimm: Dr. Telschow.
Schroda: Dr. Dembczak SanR LD1.
Schwerin a. W.: Dr. Schmidt.
Wollstein: Dr. Schroeder.
Wreschen: Dr. Michaelsohn.

Reg.=Bez. Bromberg.

Bromberg Stadt: Dr. Holz.
Bromberg Land: Dr. Brüggemann.
Czarnikau: Dr. Möller SanR·
Filehne: Dr. Wiese.
Gnesen: Dr. Wille GehSanR.
Inowrazlaw: Dr. Janßen.
Kolmar i. P.: Dr. Witting.
Mogilno: Dr. Schroeder.

Schocken: Dr. Fridrich KrAssArzt.
Schubin: Dr. Loeffler.
Strelno: Dr. Haack.
Witkowo: Dr. Salzwedel.
Wirsitz: Dr. Sauberzweig.
Wongrowitz: Dr. Bekker.
Znin: Dr. Pieconka.

d. Departements= und Kreisthierärzte.

Reg.=Bez. Posen.

Posen (Stadtkreis): DepThArzt Heyne VeterAff u. KrThArzt in Posen RA4.
Adelnau: Bludau (interim).
Birnbaum: Schwanke.
Bomst: Schick in Wollstein.
Fraustadt: Roskowski.
Gostyn: Baum (interim).
Grätz: Kurschat in Opalenitza.
Jarotschin: Prieur·
Kempen: Matzki.
Koschmin: Sprenger.
Kosten: Huebner.
Krotoschin: Reinemann.
Lissa i. P.: Bartelt.
Meseritz: Heese.

Neutomischel: Bauer II (komm).
Obornik: Bauer I.
Ostrowo: Bertelt.
Pleschen: Jacobi.
Posen=Ost u. West: Jacob in Posen.
Rawitsch I: Frick.
Rawitsch II: Dr. Profé in Sarne.
Samter: Hartmann.
Schildberg: Ohlmann.
Schmiegel: Schnibbe (interim).
Schrimm: Roempler.
Schroda: Vermbach.
Schwerin a. W.: Wodarg (komm).
Wreschen: Dr. Foth.

Reg.=Bezirk Bromberg.

Bromberg: DepThArzt Peters KrTh für die Kr Bromberg St u. L.
Czarnikau: Jochmann.
Filehne: Dlugay.
Gnesen: Schumann.
Inowrazlaw: Wagner.
Kolmar i. P.: Elschner.

Mogilno: Kettritz.
Schubin: Deppe.
Strelno: Fredrich in Kruschwitz.
Wirsitz: Stappen in Nakel.
Witkowo: Krüger (interim).
Wongrowitz: Müller.
Znin: Hummel.

c. Baukreise und Baubeamte.

Reg.-Bez. Posen.

Kreis-Bauinspektionen.

Birnbaum (Kr Birnbaum u. Schwerin a. W.): **Rieck** KrBauInsp LD1.
Krotoschin (Kr Jarotschin-Krotoschin-Pleschen): **Röthling** KrBauInsp.
Meseritz: **Wilcke** KrBauInsp u. BauR.
Lissa (Kr Fraustadt-Lissa-Schmiegel): **Schultz** KrBauInsp.
Obornik: **Runge** KrBauInsp.
Ostrowo (Kr Adelnau-Kempen-Ostrowo-Schildberg): **Leutfeld** KrBauInsp.
Posen (Kr Posen-Ost, Posen-West u. Stadt Posen): **Hirt** KrBauInsp u. BauR
    RA4 Kr3.
Rawitsch (Kr Gostyn-Koschmin-Rawitsch): **Engelhart** KrBauInsp.
Samter (Kr Grätz-Neutomischel-Samter): **Hauptner** KrBauInsp u. BauR in Posen
    RA4 LD1 Kdm70/71.
Schrimm (Kr Kosten u. Schrimm): **Feltzin** KrBauInsp LD2 Kr4.
Wollstein: **Lottermoser** RegBaumstr.
Wreschen (Kr Schroda u. Wreschen): **Büchner** KrBauInsp.

Wasser-Bauinspektionen.

Birnbaum (Die Warthe von Lukowo bis zur märkischen Grenze): **Marten**
    WBauInsp.
Posen (die Warthe von der russischen Grenze bis Lukowo): **Weber** WBauInsp u.
    Baurath.
    Dem Wasserbauinspektor in Posen sind unterstellt die Strommeisterbezirke Neu=
stadt a. W., Schrimm, Hohensee, Posen und Goldgräber-Hauland, dem Wasserbau=
inspektor in Birnbaum diejenigen von Obornik, Wronke, Zirke, Birnbaum und
Schwerin a. W.

**Zur Aufstellung von Ablösungsberechnungen für die wegebaufiskalischen
Verpflichtungen im Regierungsbezirk Posen.**

Kreise Adelnau, Jarotschin, Kempen, Koschmin, Krotoschin, Ostrowo, Pleschen, Posen=
    Ost, Schildberg, Schrimm, Schroda u. Wreschen: **Dahms** LBauInsp und
    Baurath.
Kreise Bomst, Fraustadt, Gostyn, Kosten, Lissa i. P., Neutomischel, Rawitsch und
    Schmiegel: **Graevell** WBauInsp RA4.
Kreise Birnbaum, Grätz, Meseritz, Obornik, Posen-West, Posen-Stadt, Samter und
    Schwerin a. W.: **Knispel** WBauInsp.

Reg.-Bezirk Bromberg.

Kreis-Bauinspektionen.

Bromberg: **von Busse** KrBauInsp in Bromberg.
Czarnikau: **Bennstein** KrBauInsp in Schneidemühl.
Inowrazlaw: **Possin** KrBauInsp in Inowrazlaw.
Mogilno: **Claren** KrBauInsp in Mogilno.
Schubin: **Kuhlmey** kommiss KrBauInsp u. RegBaumstr in Schubin.
Nakel: **Michael** KrBauInsp in Nakel.
Gnesen: **Kokstein** KrBauInsp in Gnesen.
Wongrowitz: **Adams** KrBauInsp in Wongrowitz.

Wasser-Bauinspektionen.

Bromberg: **Allendorf** BauR u. WBauInsp in Bromberg.
Nakel: **Ilen** WBauInsp in Nakel.
Czarnikau: **Stringe** BauR u. WBauInsp in Czarnikau.

f. Gewerbeinspektionen.

I. Regierungsbezirk Posen.

Haegermann Reg= und GewR in Posen RA4 EisKrz2 Kdm70/71 LD2 für die
Provinz Posen.

Posen (f. d. StadtKr Posen, die Kreise Birnbaum, Grätz, Meseritz, Neutomischel,
Obornik, Posen=Ost, Posen=West, Samter, Schrimm, Schroda u. Schwerin a. W.):
Gerhardt GewR, GewInsp, (zugl. Vertreter des Reg= u. GewRaths in
Behinderungsfällen), **Klein** GewInsp, Assist.
Krotoschin (f. d. Kreise Adelnau, Jarotschin, Kempen, Koschmin, Krotoschin, Ostrowo
Pleschen, Schildberg u. Wreschen): **Willner** GewR.
Lissa i. P. (f. d. Kreise Bomst, Fraustadt, Gostyn, Kosten, Lissa i. P., Rawitsch
u. Schmiegel): **Plotke** GewInsp.

II. Regierungsbezirk Bromberg.

Bromberg (f. d. Kreise Bromberg Stadt u. Land, Czarnikau, Filehne, Kolmar i. P.,
Schubin, Wirsitz, Wongrowitz u. Znin): **Böhm** GewInsp (zugl. Vertreter des
Reg= u. GewRaths in Behinderungsfällen), Dr. **Burgaß** GewInsp, Assist.
Inowrazlaw (f. d. Kreise Inowrazlaw, Gnesen, Mogilno, Strelno u. Witkowo):
Kubanek GewInsp.

g. Deichverbände.

D Deichverband, H Deichhauptmann, J Deichinspektor.

Reg.-Bez. Posen.

D Muchocin=Marienwalde: H **Stumpf** GutsAdm
in Gordy Kr4,
D Marienwalde=Alt=Lauske: H **Boese** Eigenthümer
in Alt=Lauske,
D Waitze=Kl. Krebbel=Krinitz: H **Ménard** Königl.
ObFörster in Kl.=Krebbel,
D Neuhaus=Schweinert: H **v. Brandis** Kammerherr,
Landrath im Kr Schwerin a. W. Rgbef in Neuhaus,
D Neu=Merine: H **Grade** Eigenthümer in Neu=Merine.
D Czeszewo=Orzechowo: H **von Schlichting** ObFörster
in Czeszewo,
D Szczonowo: H **von Chelkowski** Rgbef in Smielow.

J **Martens** WBauInsp
in Birnbaum.

J **Weber** BauR WBau=
Insp in Posen.

h. Bürgermeister in Städten über 10 000 Einwohner.

Reg.-Bezirk Posen.

Posen: ObBgrmstr **Witting** (mit der für seine Person verliehenen Befugniß zum
Tragen der goldenen Amtskette) M des Herrenhauses RA4.
Lissa: ObBgrmstr **Herrmann** RA4.
Rawitsch: Bgrmstr **Kratau** RA4 LD Kdm70/71.
Krotoschin: Bgrmstr **Sponnagel** EisKrz2 Kdm66 u. 70/71.
Ostrowo: Bgrmstr **Nessel**.

Reg.-Bez. Bromberg.

Bromberg: **Knobloch** I. Bgrmstr LD1; **Schmieder** II. Bgrmstr.
Gnesen: **Schwindt** I. Bgrmstr LD2; **Putzer** II. Bgrmstr.
Inowrazlaw: **Treinies** I. Bgrmstr; Dr. **Kollath** II. Bgrmstr.
Schneidemühl: **Wolff** I. Bgrmstr RA4; **Liebetanz** II. Bgrmstr.

j. Handelskammern.

Regierungsbezirk Posei.

Posen,
Wilhelmsplatz Nr. 19.

Mitglieder: Herz kgl. KommerzR u. StdtR. Vors, Posen; Nazary Kantorowicz kgl. KommerzR u. StdtR, stellv Vors, Posen; Asch Kfm Posen, Baum Kfm Schroda, Berger Zimmermstr Samter, Braun StdtR u. Fabrikbes Rawitsch, Brodnitz Kfm Posen, Cegielski Reichstags= u. LandtagsAbg, Päpstl. Geheimkämmerer Posen, Cohn Kfm Krotoschin, Elkeles Kfm u. Handelsrichter Posen, Eisenstädt Kfm Lissa i. P., Fränkel Dampfmühlenbes Ostrowo, Friedländer Kfm Posen, Genge Fabrikbes, Hauptm d. L. Schwerin a. W., Glaß Kfm Kosten, Grosmann Kfm Fraustadt, Hamburger Kfm Posen, Herzfeld Kfm u. StadtvVorst Grätz, Hepner Fabrikbes u. ObLt a. D. Posen, Jätel Kfm Wollstein, Jerzykiewicz LandtagsAbg u. BankDir Posen, Max Kantorowicz Kfm Posen, Katzenellenbogen Fabrikbes Krotoschin, Linz Fabrikbes u. ObLt d. R. Rawitsch, Ludewig Kfm Rawitsch, Miodowski Kfm Wreschen, Nitsche Kfm Schmiegel, Olynski Kfm Posen, Nabbow Mühlenbes Loncznmühle bei Posen, Ribbeck KommerzR Kfm u. Handelsrichter Posen, Robinski Kfm Krotoschin, Rothe Kfm Meseritz, Schneider Dampfmühlenbes Lissa i. P., Wagner Kfm Ostrowo, Warschauer Kfm Posen, Wittkowsky Kfm Neutomischel.
Syndikus: Dr. phil. Hampke Posen.
Bureau: Hoffmann, Kaulfersch Bureaugehilfen, Christoph Bote.
Hilfsarbeiter: Dr. phil. Flechtner WHilfsarb, Lehrer Zirus Hilfsarbeiter.

Regierungsbezirk Bromberg.

Vorsitzender: Franke KommerzR M des ProvRaths Kr4.
Stellvertreter: Aronsohn KommerzR.
Sekretär u. Syndikus: Hirschberg.

k. Handwerkskammern.

Posen.
Ritterstraße Nr. 101.

Vorstand Müller Maurer= u. Zimmermstr, Vors, Posen Kr4 EisKrz2 DA1 Kdm66 u. 70/71, Zumkowski Schmiedemstr, stellv. Vors, Posen, Andrzejewski Tischlermstr, Kassenführer, Posen, Wurst Fleischermster Lissa i. P. Kdm70/71 D, Liebich Klempnermstr, Mitgl des Vorst, Birnbaum.
Mitglieder: Bulst Schuhmachermstr Rawitsch, Kaebsch Müllermstr Bojanowo, Weigt Bäckermstr Punitz, Fuhrig Barbier Posen, Kubicki Stellmachermstr Ostrowo, Jachowski Bäckermstr Jarotschin, Blumenstengler Schlossermstr Krotoschin, Borowinski Schuhmachermstr Koschmin, Bischoff Schneidermstr Meseritz Kdm70/71 D, Jacob Maurer= u. Zimmermstr Bentschen, Lüdke Schmiedemstr Neutomischel, Krenz Dekorateur Posen, Kleiber Müllermstr Wollstein, Klose Schuhmachermstr Rakwitz, Gruhl Tischlermstr Fraustadt, Hanke Bäckermstr Posen, Deiting Maurer= und Zimmermstr Zirke, Heering Fleischermstr Schwerin a. W., Höhne Schornsteinfegermstr Posen, Paluszkiewicz Fleischermstr Posen, Nowakowski Tischlermstr Posen, Wozny Schneidermstr Schroda, Malinowski Schmiedemstr Schrimm, Berchlet Schuhmachermstr Posen, Wolkowitz Uhrmacher Posen, Spetzler BaugewerkschulDir Posen RA4, Menzel Rentner Posen.
Beamte: Dr. Bandelin GenSekr Posen, Fiedler, Seiler BurAssistenten.

Bromberg.

Vorsitzender: Berndt Maurer= u. Zimmermstr Bromberg.
Mitglieder: Pohlmann Schuhmachermstr Bromberg, Meckel Obermeister der Töpfer=Innung Bromberg, Hoffmann Fleischermstr Bromberg, Brüning Dachdeckermstr Schulitz, Mälger Bäckermstr Exin, Beetz Obermstr der Schorn-

steinfeger-Innung Bromberg, **Neumann** Schmiedemstr Schönlanke, **Küster** Böttchermstr Filehne, **Koseling** Obermstr der Barbier-Innung Bromberg, **Rademacher** Zimmermstr Schneidemühl, **Milbradt** Schmiedemstr Kolmar i. P., **Fischer** Müllermstr Nakel, **Stephan** Schlossermstr Wirsitz, **Maciejewski** Stellmachermstr Wongrowitz, **Derech** Schneidermstr Znin, **Friebel** Obermstr der Dachdecker-Innung Bromberg, **Tyrocke** Maurermstr Gnesen, **Splonskowski** Zimmermstr Gnesen, **Menning** Tischlermstr Bromberg, **Borys** Tischlermstr Mogilno, **Kornaszewski** Tischlermstr Strelno, **Felsch** Zimmermstr Inowrazlaw, **Kozlowicz** Sattlermstr Inowrazlaw, **Bennewitz** Stellmachermstr Bromberg.

l. Besondere Anstalten.
Reg.-Bezirk Bromberg.

Straßenbahn-Gesellschaft in Bromberg.
Kreis-Krankenhaus in Bleichfelde (Landkreis Bromberg).
Blumwe's Kinderheim in Prinzenthal.
Diakonissen-Kinderheim in Schwedenhöhe.
Kleinbahnen im Kreise Bromberg Land in Bromberg (Betriebsstelle).
Arbeiter-Kolonie in Alt-Laatzig.
Johanniter-Krankenhaus (Kreis-Krankenhaus) in Kolmar i. P.
Kreis-Krankenhaus in Strelno.
Kreis-Krankenhaus in Wirsitz.
Kleinbahnen des Kreises Wirsitz in Bromberg (Betriebsleitung).
Kleinbahnen des Kreises Witkowo in Witkowo.
Kleinbahnen des Kreises Znin in Znin.

m. Strafanstalten und Gefängnisse.
Reg.-Bez. Posen.

Rawitsch (Strafanstalt für 1075 männl. Zuchthausgef.). Dir: **von Madai** RA4. — Insp: **Nitsche** ErKrz66 Kdm70/71 vStaCB D2, **Krause**, **Dobuschinsky** Rend D2. — Sekr: **Franiel** D3. — Geistl: (ev) **Bonner**, (kath) **Meißner**, (jüd) Dr. **Cohn** (im Nebenamt). — L: **Ciesielski** Kdm70/71NC. — Arzt: Dr. **Kleinert** LD1 (im Nebenamt).

Reg.-Bez. Bromberg.

Fordon (Strafanstalt f. 310 weibl. Zuchthausgef., gemeinsch. Haft m. 24 Zellen). Vorst: **Thiele** Insp Kdm70/71 D2. — Insp: **Wolff** Rend D2. — ObAufseherin: **Godweleit**. — Werkmeisterin: **Schulz**. — Hausmutter: **Nywoldt**. — Geistl: (ev) **Fuß** Pastor (nebenamtlich), (kath) **Litewski** Kuratus (im Hauptamte). — Lehrerin: (kath) **Eichy**. — Arzt: Dr. **Sebbel** (nebenamtlich).
Cronthal b. Crone a. Br. (Strafanstalt f. 596 männl. Zuchthausgef. kath. u. jüd. Konfession, gemeinsch. Haft m. 60 Einzelzellen). Dir: **von Wolff**. — Insp: **Doericht** ArbInsp EisKrz2 D2 Kdm70/71, **Köhler** Rend D2, **Harten** OekInsp D2. — Sekr: **Radtke** D3. — Hausvater: **Bartsch** D3. — Geistl: (kath) **Lange**. — Lehrer: (kath) **Ohl**. — Arzt: **Lindenau** (im Nebenamt).

B. Ressort der Abtheilung für Kirchen- und Schulwesen (II).
n. Kreisschulinspektionen.

Reg.-Bez. Posen.
Adelnau: **Lepke**.
Bentschen: **Platz**.
Birnbaum: **Kowalewski**.
Bomst: **Hotop**.

Fraustadt: **Grubel** SchulR.
Gostyn: Dr. **Doerry**.
Grätz: Dr. **Lohrer**.
Jarotschin I: **Albrecht**.
Jarotschin II: **Heidrich**.

Jutroschin: Dr. Zahlfeldt.
Kempen: Dr. Schwierezina.
Koschmin: Brückner.
Kosten: Sobolewski.
Krotoschin: Dr. Schlegel SchulR.
Lissa i. P.: Fehlberg SchulR RA4.
Meseritz: Tecklenburg SchulR.
Miloslaw: Rohde.
Neustadt b. P.: Dr. Volkmann.
Neutomischel: Below.
Obornik: Witt.
Ostrowo: Platsch SchulR rKrzMed3.
Pinne: Jonetz.
Pleschen: Neuendorff.
Posen=Stadt: Friedrich.
Posen=Ost: Brandenburger.
Posen=West: Casper.
Budewitz: Bickenbach.
Rawitsch: Wenzel SchulR RA4.
Rakwitz: Janusch (komm).
Rogasen: Streich.
Samter: Lindner (komm).
Schildberg I: Kiesel SchulR.
Schildberg II: Suchsdorf.
Schmiegel: Richter.
Schrimm I: Baumhauer.
Schrimm II: Holtz SchulR.
Schroda: Dr. Bidder.
Schwerin a. W.: Dr. Kremer LD.
Storchnest: Schwarze in Lissa.

Wollstein: Dr. Tolle (komm).
Wreschen: Winter.

Reg.-Bez. Bromberg.

Bartschin: Kempff.
Bromberg: Dr. Baier LD2; Dr. Remitz
    Kdm70/71 LD2; Maigatter Schulrath
    Kdm70/71NC.
Crone a. Br.: Speer.
Czarnikau: Schick Schulrath.
Exin: Rosenstedt.
Filehne: Detzel.
Gnesen I: Hesse.
Gnesen II: Folz.
Inowrazlaw I: Winter.
Inowrazlaw II: Storz LD2.
Kolmar i. P.: Sterntopf.
Mogilno: Lösche Kdm70/71.
Nakel: Sachse Kdm70/71.
Samotschin: Damus.
Schneidemühl: Dr. Hilfer Schulrath.
Schubin: Dr. Fenselau.
Schönlanke: Fischer.
Strelno: Waschke.
Tremessen: Runge.
Wirsitz: Krüger.
Witkowo: Bismark.
Wongrowitz I: Heisig.
Wongrowitz II: Lichthorn.
Znin: Gutsche.

o. Unter der Aufsicht der Bezirksregierung stehende Schulen mittlerer Ordnung.

Regierungsbezirk Posen.

Adelnau. PrivMSchule, V: Margarethe Winkler.
Birnbaum. Höhere KnSchule, V: Rektor Dr. Keller. — Höhere MSchule, V:
    Elisabeth Herzberg.
Zirke, Krickau verst., Schule aufgelöst. — Höhere MSchule, V: Helene Gube.
Wollstein, Kr Bomst. Höhere KnSchule, V: Dr. Löschhorn. — Höhere MSchule,
    V: verw. Minna Williger.
Fraustadt. Höhere MSchule, V: Bertha Neumann.
Gostyn. Höhere KnSchule, V: Klose. — Höhere MSchule, V: Anna Rackwitz.
Grätz. Städt. MSchule, V: Anna Pohl. — Höhere PrivMSchule, V: Schoebe.
Buk, Kr Grätz. Höhere MSchule, V: Eugenie Scholz.
Jarotschin. Höhere KnSchule, V: Dr. Pape. — Höhere MSchule, V: Paula
    Sacher.
Kempen. Städt. MSchule, V: Arthur Sieg.
Koschmin. Höhere PrivKnSchule, V: Noth. — PrivMSchule, V: Magdalene
    Fuchs.
Kosten. Höhere PrivKnSchule, V: Kandidat Kinast. — Höhere MSchule, V:
    Martha Rhese.
Krotoschin. Höhere städt. MSchule, V: Rektor Hoeven.
Lissa i. P. PrivMSchule, V: Anna Sander.
Meseritz. PrivMSchule, V: Richter.
Bentschen, Kr Meseritz. Priv MSchule, V: Eltner. — Höhere PrivKnSchule, V:
    Pfarrer em Schulze.

Neutomischel. Höhere KnSchule, V: cand. theol. Reh. — PrivMSchule, V
. Ida von Lekow.
Neustadt bei Pinne, Kr Neutomischel. Höhere PrivKnSchule, V: cand. min.
Malachinsky.
Obornik. PrivMSchule, V: Christine Krüger.
Rogasen, Kr Obornik. PrivMSchule, V: Martha Langenmayr.
Ostrowo. PrivMSchule, V: Anna Kühn.
Pleschen. Städt MSchule, V: Marie Wende. — Deutsche Bürgerschule (Gymn=
Abth.), V: Rektor Wentzel.
Posen=Stadt: Lehrpersonen an den städtischen Zahlschulen. (Mittel=
schule für Knaben): Franke Rektor; Kupke Kr4, Weymann, Waszynski,
Marcinkowski, Ostrowski, Eitner, Lincke, Günther, Schleiff, Schumann,
Felsmann, Kahl, Kinzel, Engler, Rebitzki, Schubert, Kuß, Tolkmitt Mittel=
schullehrer; Volkmer, Przybylski, Zirus, Rausch, Redlich, Kowald, Fleig,
Rost, Brunzel Lehrer. — (Mittelschule für Mädchen): Lehmann Rektor Kr4;
Jaeschke, Poprawski, Rösiger, Scherner, Degorski, Tefs, Altwasser, Reinhold
Mittelschullehrer; Demmich, Fleißig, Seydell Lehrer; Molinska, Pohle, Krupski,
Kroschel, Barth, Hirschfeld, Schwalbe Lehrerinnen. — (Bürgerschule, Mittel=
schule Nr. 3): Schwochow Rektor; Otto, Mitzka, Pacyna, Fechner, Fiebig,
Dombrowski, Dobers, Rauer, Schmidt Mittelschullehrer; Vogt, Gryszczynski,
Kocialkowski, Zippel, Jachnikowski, Witte, Trynka, Eschenbach, Rausch,
Rüdenburg, Semrau, Kirsten Lehrer; Molinska, Otto, Krüger, Schultz,
Hillmer Lehrerinnen. — (Mittelschule Nr. 4): Weymann Rektor; Korbo=
wicz, Arendt, Drehsler Mittelschullehrer; Steinbrunn, Stiller Lehrerinnen.
— Privatschulen: (Höhere Mädchenschulen): (sim) Frl. Knothe, Friedrich=
straße 29; (sim) Frl. Valentin, Wilhelmsplatz 14 u. Theaterstr. 4; (kth)
Frl. Danysz, St. Martinstr. 68; (kth) v. Estkowska, Petristr. 5; (kth) Frl.
Warnka, Wienerstr. 1; (sim) Frl. Sachse, Kaiser Friedrichstr. 29; (sim)
Frl. Wegener, Kronprinzenstr. 93. — (Mittelschule für Knaben u. Mädchen):
(sim) Jllgen SchulVorst, Kaiser Wilhelmstr. 15. — Vorschule für das
Gymnasium: (sim) Frl. Mentzel, St. Martinstr. 64. — Seminare für Kinder=
gärtnerinnen: Frau Michel, Viktoriastr. 27; Frl. Pulffke, Langestr. 4.
Schwersenz, Kr Posen=Ost. PrivMSchule, V: Rose Engelmann.
Pudewitz, Kr Posen=Ost. Städt. MSchule, V: Popp. — Höhere PrivKnSchule,
V: Scherzberg.
Rawitsch. PrivMSchule, V: Marie Mahler.
Samter. PrivMSchule, V: Bertha Engmann. — LandwSchule, V: Dir Struve.
Wronke, Kr Samter. PrivMSchule, V: Jda Guttwein. — Höhere PrivKnSchule,
V: cand. min. Gattig.
Pinne, Kr Samter. Höhere Kn= u. MSchule, V: Rektor Kehm.
Schildberg. PrivMSchule, V: Martha Hoppe. — Höhere PrivKnSchule, V:
Rektor Biskupski.
Schmiegel. PrivMSchule, V: Luise Stryck.
Schrimm. PrivMSchule, V: GymnDir Ziaja.
Schroda. PrivMSchule, V: Franziska Nehring. — Rektorschule, V: Rektor
Schiller.
Kostschin, Kr Schroda. PrivMSchule, V: Marie v. Laszewska.
Schwerin a. W. Städt. höhere KnSchule, V: Dr. Schmeißer. — PrivMSchule,
V: Rektor Dr. Schmeißer.
Wreschen. PrivKnSchule, V: Oehlkens. — Städt. MSchule, V: Wottrich.

Regierungsbezirk Bromberg.

Bromberg, Stadtkreis. Städt. Bürgerschule (KnMittelschule), V: Berger Rektor;
Tenfer, Löscher, Piepiorra, Mitschin, Ostermann, Hennig Mittelschullehrer;
Gieburowski, Strehlke, Schöneich, Wiese, Klein, Vogs, Daniel, Kopischke
Volksschullehrer. — Städt. mittlere MSchule, V: Wilske Rektor; Pannicke,
Zwicki, Gerstberger Mittelschullehrer; Gluth, Stoll Lehrer; Fechner, Krause,
Buchholz, Hartung Lehrerinnen.

Czarnikau. Höhere Kn= u. MSchule, B: Hinz kommiss Rektor; Henkel Lehrer; Bäcker, Finck, Haack Lehrerinnen.
Schönlanke, Kr. Czarnikau. Höhere KnSchule, B: Schmidt Rektor; Ernst Hanow, Rosentreter Kdm70/71 Lehrer; Rudolf Hanow cand. theol. — Priv. höhere MSchule, B: Nühl; Nühe, Graf Lehrerinnen.
Filehne. Priv. höhere MSchule, B: Berger Rektor, Bertha Berger; Gatzlaff, Neumann Lehrerinnen.
Gnesen. PrivMittelschule für Kn u. M, B: Behrendt; Boost, Nodelau Lehrer; Katz, Nitsche, Schneider, Szyja Hilfslehrer; Martin, Meyer, Müller, Schulz Lehrerinnen. — Höhere PrivMSchule, B: Meyer; Methner, Kulicke, Langenstraß, Kilczenska, Brüggemann, Beck, Reinke Lehrerinnen; Barth techn Lehrerin.
Inowrazlaw. Städt. KnMittelschule, B: Janetzky Rektor: Kolbe, Stoebbe, Schütz, Thurmann, Grunhold Mittelschullehrer; Huse, Tschiersch, Fechner, Neumann Lehrer.
Kolmar i. P. Höh. städt. MSchule, B: Bendler, Seeliger, Gleich, Baske Lehrerinnen.
Mogilno. Höhere MSchule, B: Bona.
Tremessen, Kr Mogilno. PrivTöchterschule, Dr. Schmeier ProgymnDir; Kozlowska, Kadur Lehrerinnen.
Strelno. PrivMSchule, B: Lauther.
Kruschwitz, Kr Strelno. PrivKnSchule, B: Pfarrer Weckwerth. — PrivMSchule, B: Immelmann.
Wirsitz. Höhere PrivMSchule, B: Quade Rektor; Kraemer, Müller Lehrerinnen.
Nakel, Kr Wirsitz. Höhere MSchule, B: Bartsch Rektor; Zeuschner, Reimke, Floethe Lehrerinnen.
Wongrowitz. Höhere Töchterschule, B: Parszewski; Bekker, Lutherer, Neumann Lehrerinnen.
Znin. Höhere Kn= u. MSchule, B: Stroedicke Rektor.

p. Königliche Baugewerkschule zu Posen.

Fischerei Nr. 17.

Besondere Abkürzungen: BgOb Baugewerkschul=Oberlehrer, BgL Baugewerkschullehrer, A Architekt.

Direktor: Spetzler RA4 gMedfarchL95.
Lehrer=Kollegium: Beyer BgOb, Prof Binder BgOb OffVKrzB gMedfarchL95, Brockmann Ing u. BgL, Feuerstein Ing u. BgOb, Prof Funke BgOb, Prof Hellner BgOb, Höck BgL, Krüger A u. BgOb, Lüdecke RegBauführer u. BgOb, Neuhaus RegBaumstr u. BgOb, Noelpp BgOb, Raabe BgL, Rauh BgOb, Rohr A u. BgL, Saliger Ing u. BgL OestJubMilMed, Schieblich A u. BgOb, Schmidt BgL Kr4, Walch A u. BgL.
Schuldiener u. Pedell: Kaminski Kdm70/71 D1.
Sekretär: Probst.

q. Königliche Gewerbe= und Haushaltungsschule für Mädchen zu Posen.

Thiergartenstraße 4.

Leiterin: Fräul Hermine Ridder.
Pensionsvorsteherin: Fräul Esser.
Lehrerinnen: Straube, Katzenberger, Blindow, Frömel, Trenthorst, Liebich, Kobligk, Hammel, Gloyer, Raab, Kolbe, Schmidt.
Hülfslehrer: Dr. Flechtner (f. Handelsk), Juhnke SemL, Lincke, Gutsche, Fiebig MittelschL, Reiche städt L Lehrer.
Hülfslehrerinnen: Fräul Turton u. Streus.
Sekretärin: Fräul Gerhardt.
Rendant: König I RegSekr.
Kalkulator: Buchholz RegCivSupern.
Schuldiener: Wolff.

C. Reffort der Abtheilung für direkte Steuern, Domänen und Forsten (III).

r. Verwaltung der direkten Steuern und Steuerausschüsse der Gewerbesteuerklasse III u. IV.

Reg.-Bez. Posen.

Kreis	Sitz des Steuer-Ausschusses der Klasse III in	IV in	Vorsitzender der Klasse III Landrath in	Klasse IV Landrath in
Adelnau	Ostrowo	Adelnau	Ostrowo	Adelnau
Birnbaum	Birnbaum	Birnbaum	Birnbaum	Birnbaum
Bomst	Wollstein	Wollstein	Wollstein	Wollstein
Fraustadt	Wollstein	Fraustadt	Wollstein	Fraustadt
Gostyn	Rawitsch	Gostyn	Rawitsch	Gostyn
Grätz	Grätz	Grätz	Grätz	Grätz
Jarotschin	Pleschen	Jarotschin	Pleschen	Jarotschin
Kempen	Kempen	Kempen	Kempen	Kempen
Koschmin	Krotoschin	Koschmin	Krotoschin	Koschmin
Kosten	Kosten	Kosten	Kosten	Kosten
Krotoschin	Krotoschin	Krotoschin	Krotoschin	Krotoschin
Lissa i. P.	Lissa	Lissa	Lissa	Lissa
Meseritz	Meseritz	Meseritz	Meseritz	Meseritz
Neutomischel	Grätz	Neutomischel	Grätz	Neutomischel
Obornik	Obornik	Obornik	Obornik	Obornik
Ostrowo	Ostrowo	Ostrowo	Ostrowo	Ostrowo
Pleschen	Pleschen	Pleschen	Pleschen	Pleschen
Posen-Ost	Posen	Posen	Posen Ost	Posen-Ost
Posen-West	Posen	Posen	Posen Ost	Posen-West
Rawitsch	Rawitsch	Rawitsch	Rawitsch	Rawitsch
Samter	Samter	Samter	Samter	Samter
Schildberg	Kempen	Schildberg	Kempen	Schildberg
Schmiegel	Wollstein	Schmiegel	Wollstein	Schmiegel
Schrimm	Kosten	Schrimm	Kosten	Schrimm
Schroda	Schroda	Schroda	Schroda	Schroda
Schwerin a. W.	Birnbaum	Schwerin a. W.	Birnbaum	Schwerin a. W.
Wreschen	Wreschen	Wreschen	Wreschen	Wreschen
Posen Stadt	Posen	Posen	Polizei-Präsident in Posen.	

Sitz des Steuerausschusses der Klassen I und II in Posen.
Vorsitzender der Klasse I Regierungsrath Dr. Machatius.
„   „   „ II   „   Daum.

1. Einkommensteuer-Veranlagungskommissionen.
Reg.-Bez. Posen.

Adelnau: Dr. Heimann LdR Vorj; Thesing StSupern.
Birnbaum: Dr. von Willich LdR Vorj; Scheil StSupern.
Bomst: Dr. Hayessen RegAss Vorj; Klatt StSupern.
Fraustadt: Alsen LdR Vorj; Weber StSekr.
Gostyn: Dr. Lucke LdR Vorj; Tritscher StSupern.
Grätz: Boltze LdR Vorj; Doering StSekr.

Jarotschin: **Engelbrecht** LdR Vorf; **Urbschat** StSupern.
Kempen: **Geh RegR von Scheele** LdR Vorf; **Erdmann** StSetr.
Koschmin: Dr. **Witte** LdR Vorf; **Maerker** StSetr.
Kosten: **Behrnauer** LdR Vorf; **Loeffler** StSetr.
Krotoschin: **Hahn** LdR Vorf; **Naatz** StSetr.
Lissa i. P.: **von Rosenstiel** LdR Vorf; **Wyszynski** StSetr.
Meseritz: **Blomeyer** LdR Vorf; **Breter** StSupern.
Neutomischel: **von Daniels** LdR Vorf; **Lange** StSetr.
Obornik: **von Klitzing** LdR Vorf; **Hinz** StSetr.
Ostrowo: **Frhr. von Scheele** RegAss Vorf; **Rüdenburg** StSetr.
Pleschen: **von Eichmann** RegAss Vorf; **Hayn** StSetr.
Posen-Ost: **Steimer** LdR Vorf; **Schwandt** StSetr.
Posen-West: **Rasch** LdR Vorf; **Rieger** StSetr.
Posen Stadtkreis: **von Hellmann** PolPräs Vorf; **Parthey** RegAss Vertreter;
    Kynal, Steiger, Anders StSekretäre; **Zieske, Lange** StSupern.
Rawitsch: **Frhr. von Schack** LdR Vorf; **Bluschke** StSetr.
Samter: **Namm** LdR Vorf; **Graumann** StSetr.
Schildberg: **von Doemming** GehRegR LdR Vorf; **Vater** StSupern.
Schmiegel: **Brinkman** LdR Vorf; **Schiebusch** StSetr.
Schrimm: **Kirchhoff** LdR Vorf; **Hoheisel** StSetr.
Schroda: Dr. **Rose** LdR Vorf; **Hirt** StSupern.
Schwerin a. W.: **von Brandis** Kammerherr LdR Vorf.
Wreschen: **Frhr. von Massenbach** RegAss Vorf; **Neyman** StSetr.

Reg.-Bez. Bromberg.

Bromberg Stadtkreis: **Knobloch** Erster Bgrmstr Vorf.
Bromberg Landkreis: **von Eisenhart-Rothe** LdR Vorf; **Klawitter** StSetr.
Czarnikau: **von Bethe** LdR Vorf; **Klatt** StSetr.
Filehne: Dr. **Buresch** LdR Vorf; **Alshuth** StSetr.
Gnesen: **Coeler** LdR Vorf; **Krause** StSetr.
Inowrazlaw: **Lucke** LdR Vorf; **Hinz, Schulz** StSekretäre.
Kolmar i. P.: **von Schwichow** Kammerherr LdR Vorf; **Helm, Focke** StSekretäre.
Mogilno: **Conze** LdR; **Tetzlaff** kommiff StSetr.
Schubin: **Graf von Rittberg** LdR Vorf; **Müller** StSetr.
Strelno: **Kritzler** LdR Vorf; **Prütz** StSetr.
Wirsitz: **Graf von Wartensleben** LdR Vorf; **Bormann** StSetr.
Witkowo: **von Zawadzky** LdR Vorf; **Gulweida** MilAnw.
Wongrowitz: Dr. **Schreiber** LdR Vorf; **Finneisen** StSetr.
Znin: **von Peistel** LdR Vorf; **Behmer** StSetr.

2. Katasterämter und -Kontroleure.
Reg.-Bez. Posen.

Adelnau: **Büttner** KatKontroleur.
Birnbaum: **Hoffmann I** StJnsp.
Fraustadt: **Paersch** StJnsp.
Gostyn: **Neumann** KatKontroleur.
Grätz: **Schäfer** KatKontroleur.
Jarotschin: **Senff** KatKontroleur.
Kempen: **Fenske** KatKontroleur.
Kosten: **Hoffmann II** KatKontroleur.
Krotoschin: **Mündel** StJnsp RA4.
Lissa i. P.: **Schulz** StJnsp.
Meseritz: **Friedrich** StJnsp.
Neutomischel: **Krüger** StJnsp.
Obornik: **Yerffn** KatKontroleur.

Ostrowo: **Schiffler** KatKontroleur.
Pleschen: **Picard** KatKontroleur.
Posen: **Scharffenorth** StJnsp EisKrz2
    RA4.
Rawitsch: **Moldenhauer** StJnsp.
Samter: **Caftner** KatKontroleur.
Schildberg: **Göring** KatKontroleur.
Schrimm: **Friebe** KatKontroleur.
Schroda: **Voigt** KatKontroleur.
Schwerin a. W.: **Becker** KatKontroleur.
Wollstein: **Buffe** StJnspektor.
Wreschen: **Wehn** KatKontroleur.

Reg.-Bez. Bromberg.

Bromberg (Landkreis): **Borchardt** StInsp Kdm70/71 LD2.
Bromberg (Stadtkreis u. ein Theil des Landkreises): **Becker** StInsp.
Czarnikau: **Rück.**
Filehne: **Zemke** StInsp.
Gnesen u. Witkowo: **Bollmann** KatKontr.
Inowrazlaw: **Oskierski** StInsp.
Kolmar i. P.: **Köllner** StInsp.

Schneidemühl (Kr Kolmar i. P.): **Orland** KatKontroleur LD3.
Mogilno: **Albath** KatKontroleur.
Schubin: **v. Grimsinski** KatKontroleur.
Strelno: **Schreiber** StInsp.
Wirsitz: **Tag** KatKontroleur.
Wongrowitz: **Bruckisch** KatKontroleur.
Znin: **Knitter** StInsp.

3. Kreiskassen und Kgl. Rentmeister.

Reg.-Bez. Posen.

Birnbaum: **Krug.**
Wollstein (Bomst): **Rinschen.**
Fraustadt: **Buchholtz.**
Gostyn: **Behrmann.**
Jarotschin: **Violet.**
Kempen: **Schultz** RechnR.
Koschmin: **Zeidler** Kr4 EisKrz2.
Kosten: **Schroeder.**
Krotoschin: **Poffart** RechnR.
Meseritz: **Raschke.**
Neutomischel: **Schendel** RechnR Kdm70/71 RA4.

Obornik: **Spornberger** Kdm70 71.
Ostrowo: **Piesinski** Kr4.
Pleschen: **Krtente.**
Posen: **Lehmann** RechnR.
Rawitsch: **Spornberger** RechnR RA4.
Samter: **Müller** EisKrz2.
Schildberg: **Landgraf.**
Schmiegel: **Lange.**
Schrimm: **Senftleben.**
Schroda: **Gebbert.**
Schwerin a. W.: **Tiete.**
Wreschen: **Wegener** Kdm70/71.

Reg.-Bez. Bromberg.

Bromberg (Stadt= u. LKr): **Ramnitz.**
Czarnikau: **Breetsch** Kdm70 71 D2 LD2.
Filehne: **Hesse** KdmStCB.
Gnesen u. Witkowo: **Schulz** EisKrz2 Kdm70/71 D3.
Inowrazlaw: **Koeppen.**
Kolmar i. P.: **Schwartze.**

Mogilno: **Eckhardt.**
Schubin: **Kirchhoff** D3.
Strelno: **Schreiber** StInsp.
Wirsitz: **Weste.**
Wongrowitz: **Giese** RechnR RA4.
Znin: **Menner.**

s. Staatsdomänen.

Reg.-Bez. Posen.

Albrechtshof: **Riehoff** DP.
Altenhof: **Sarrazin** AR.
Althöfchen: **Hecker** AR.
Altkloster: **Bail** AR.
Augustenhof: **Giffhorn** DP.
Vollwitz: **Keibel** DP.
Deutschhof: **Paul** ObAM.
Forbach: **Schwartzkopff** ObAM.
Glasberg: **Pietsch** DP.
Grabitz: **Grünthal** Wwe. AR.
Grimsleben: **Rosenthal** AR.
Großdorf bei Birnbaum: **Schmidt'sche Erben.**
Güldenau u. Halberg: **von Sänger** AR.
Hammer: **Busse** ObAM.
Joachimsfeld: **Rodatz.**

Kaisershof: **Stich** ObAM.
Krossingen: **Jeske.**
Kulm: **Dr. Bold** ObAM u. **Boldt** LDR a. D.
Mühlingen: **Schleusener.**
Nochau: **Kinder'sche Erben.**
Paradies: **Fuß** ObAM.
Röhrfeld: **Klug** ObAM.
Seebrück: **Weißkopf** ObAM.
Strumin: **Hoberg** ObAM.
Trebisheim: **Pulit** ObAM.
Unterwalden: **Fechner** DP.
Wanglau: **Burghardt** ObAM.
Widzim: **Dann'sche Erben.**
Zirke: **Kgl. Landgestüt-Verwaltung.**

Reg.-Bez. Bromberg.

Flottwell m. Wydoemühl, Kr Wirsitz: Kgl
 Remontedepot-Administr. in Wirsitz.
Gonsawa m. Bergen, Kr Znin: **Hecht**
 ObAM.
Hohenberg m. Rosenhof, Kr Wirsitz: Jacobs
 AR RA4 LD2 Kdm63,'64 u. 70/71.
Jaegerndorf m. Gadow, Kr Mogilno:
 Matthes ObAM.
Juditten, Kr Gnesen: **Otto** DomänenP.
Julienfelde m. Carlshof, Kr Wirsitz: **Raft**
 ObAM LD2.
Gr.-Morin m. Neudorf, Kr Jnowrazlaw:
 von Kunkel ObAM.
Nekla, Kr Bromberg: **Schultz** DomänenP.
Neuhausen, Kr Wongrowitz: Wittwe des
 AR Rosenfeld, Margarethe **Rosenfeld.**
Nischwitz m. Milchhof, Kr Jnowrazlaw:
 Seer ObAM LD1.
Oschütz, Kr Wongrowitz: **Petzel** OAM.
Paulsdorf, Kr Gnesen: **von Gerlach**
 ObAM LD2.

Podstolitz, Kr Kolmar i. P.: Erben des
 verstorb. AR Schwarzenberger, Bevoll-
 mächtigter **Schwarzenberger** Administr.
Rattay, Kr Kolmar i. P.: **Schwarzen-**
 berger ObAM.
Schönfelde, Kr Gnesen: **Meyer** DomänenP.
Seehausen, Kr Wongrowitz: **Marquardt**
 ObAM EisKrz2 Kdm70/71 LD2.
Waldau m. Busch, Mühlgrund, Nastrentun
 u. Blumenberg, Kr Strelno: **Wahn-**
 schaffe AR auf Rg Rottmannshagen,
 Kr Demmin, RA4 LD2 Kdm70/71
 am 26./2. cr. gestorben. Wittwe ist
 Universalerbin. Bevollm. **Jürgens**
 Administr.
Vorwerke Wirsitz, Karlsweiler u. Wiesenau,
 Kr Wirsitz: RemontedepotVerw in Wirsitz.
Zolondowo m. Beerenberg, Kr Bromberg:
 Schuckert ObAM Dm51.

t. Forstinspektionsbezirke, Oberförstereien und Forstkassen.

Besondere Abkürzungen: F = Forst, Förster, FAss = Forstassessor, FAufs = Forstaufseher, FB = Forst-
inspektionsbezirk, Fh = Forsthaus, FKRend = Forstkassenrendant, FM = Forstmeister, FSekr = Forstsekretär,
HF = Hilfsförster, HJ = Hilfsjäger, Hgmstr = Hegemeister, OF = Oberförster(ei), RevF = Revierförster,
Wldw = Waldwärter.

Regierungsbezirk Posen.

1. FB Posen-Wollstein (Staatswald): 7 Oberförstereien mit 34883 ha. Werter
   Reg- u. FR (s. Reg. zu Posen). Derselbe ist zugleich Revisor
   der Gemeinde- und Anstaltswaldungen in den Kreisen Adelnau, Bomst,
   Fraustadt, Kosten, Gostyn, Krotoschin, Meseritz (südlicher Theil), Schildberg,
   Schrimm, Schwerin a. W. (westlicher Theil), Posen Ost (südlicher Theil), Lissa.
   a. OF Grenzheide 3358 ha: **Nauhut** OF. — Schutzbezirke: Wygoda:
      Gerschel F; Grenzheide: **Sacher** F; Kalischerheide: **Herzog** F;
      Bischofsheide: **Witte** F; **Schneeweiß, Hülsenbeck, Rothe, Hampe, Pohl**
      FAufs; **Gärtner** HF (FSekr).
      FKRend: **Landgraf** Rentmstr in Schildberg.
   b. OF Wanda 3750 ha: **Henke** OF in Przedborow bei Mixstadt. — Schutz-
      bezirke: Tannenberg: **Schwingel** F; Wanda: **Rüdiger** F; Marien-
      thal: **Piskorsz** F; Charlottenhütte: **Sommer** F; **Klar, Fischer,**
      Grun, Spaeth FAufs; **Nixdorf** HF (FSekr).
      FKRend: **Landgraf** Rentmstr in Schildberg.
   OF Mauche 7982 ha: **Barth** FM RA4 EisKrz2. — Schutzbezirke: Oelpoche:
      Sauer IF; Heiligensee: **Jänisch** F; Josefsthal: **Glaubig** F; Mauche:
      Thom F; Rödershorst: **Wildt** F; Schwenten: **Fechner** RevF
      (für Hopfenbruch, Kiebel, Schwenten, Ruden); Ruden: **Friedrich** F in
      Schwenten; Kiebel: **Müller** F; Hopfenbruch: **Machatsch** F; **Machatsch,**
      Molch, Schultz, Liebich, Korbsch, Bothe FAufs; **Kayser** FAufs und
      Sekr; **Stochay** HJ.
      FKRend: **Rinschen** Rentmstr in Wollstein.
   OF Ludwigsberg 4218 ha: **Liptow** OF. — Schutzbezirke: Vordamm:
      Malende F; Lohhecken: **Hoffmann** RevF (für Vordamm, Lohhecken,
      Herrenwalde); Herrenwalde: **Paul** FAufs (interim. Wldw.); Landsort:
      Schmidt F; Pilzen: **Joppich** F; Waldecke: **Herodes** F; Seeberg:

Mintlaff F; Unterberg: **Langhans** F; Brand: **Krause** F; Louisen=
hain: **Slominski** FAufs (interim. Wldw.); **Kolbe, Schach, Wittstock,
Heruschka, Kreutzinger** (FSekr) FAufs; **Schmidt** HF.
FKRend: **Delica** in Moschin.

OF Buchwerder 4208 ha: **Packenius** OF. — Schutzbezirke: Hammer:
Wandel F; Bolewitz: **Beer** F; Theerofen: **Pabel** F; Lehmkuhl:
Fuhrmann F; Buchwerder: **Kieslich** F; Seelhorst: **Hellwig** F;
Kaposty, Fuhrmann, Baumann, Gerlach, Galisch (FSekr) FAufs.
FKRend: RechnR **Schendel** Rentmstr in Neutomischel.

OF Grätz 4364 ha: **Scherz** OF. — Schutzbezirke: Eschenwalde: **Sauer II** F;
Kutschkau: **Mickley** F; Altenhof: **Behling** F; Schindelmühl:
Kuntze F; Kalau: **Hunger** F; Schierzig: **Hoffmann** F; **Olbrich** (FSekr),
Dziarnowski, Hoffmann I FAufs.
FKRend: **Naschke** Rentmstr in Meseritz.

OF Schwerin a. W. 7003 ha: **Olberg** FM RettMed; **Kamlah** FAss, Assist
d. FM. — Schutzbezirke: Rosenthal: **Jedicke** RevF (für Rosenthal, Rokitten,
Poppe); Rokitten: **Seiffert** F; Poppe: **Mambour** F; Blesen:
Mambour F; Althöschen: **Polke** F; Neukrug: **Jaretzki** F; Trebisch:
Dolling F; Wildtränke: **v. Adlersfeld** F in Trebischdorf; **Smolibocki,
Kirsch, Wolter** (FSekr), **Lembier** FAufs.
FKRend: **Tiete** Rentmstr in Schwerin a. W.

2. FB Posen=Posen (Staatswald): 2 Oberförstereien mit 9550 ha unter
spezieller Aufsicht des OFM **Frese** (s. Reg. Posen). Derselbe ist zugleich
Revisor der Gemeinde= und Anstaltsforsten in den Kreisen Jarotschin, Obornik,
Pleschen, Posen=West und Ost (nördlicher Theil) Schroda, Wreschen.

OF Grünheide 5492 ha: **Kirchner** OF. — Schutzbezirke: Schimmelwald:
Dwilling F; Kirchen: **Remmy** F; Eichenau: **Schulz** F; Theerbude:
Heinrich F; Schwanau: **Greulich** F; Streitort: **Klinkert** FAufs (interim.
Wldw.); Seehorst: **Pohl** RevF AllgEhr (für Seehorst und Krummflieiß);
Krummfließ: **Körner** F; Lokotsch, Vogelgesang, Seipold FAufs; **Gräser**
(FSekr), **Radusch** HF.
FKRend: **Grabley** in Mur.=Goslin EisKrz2.

OF Eckstelle 4058 ha: **Richert** FM RA4 EisKrz2 MilEhr2 MecklMilVKrz;
Kottmeier FAss, Assist d. FM. — Schutzbezirke: Briesen: **Gräble** F;
Neukrug: **Zempel** F; Reiherlug: **Lösche** F; Buchwald: **Kühn** F;
Waldkranz: **Freund** F; Warthewald: **Haesler** F; Erlenhain:
Gerlach F; **Hübel** FAufs; **Drutkowski** HF (FSekr).
FKRend: **Grabley** in Mur.=Goslin EisKrz2.

3. FB Posen=Birnbaum (Staatswald): 7 Oberförstereien mit 40 977 ha.
Schwieger Reg= u. FR (s. Reg. zu Posen). Derselbe ist zugleich Revisor der
Gemeinde= und Anstaltswaldungen in den Kreisen Birnbaum, Meseritz (nördl.
Theil), Obornik, Posen (Stadtwald), Posen Ost (Chotgnica), Samter, Schwerin a. W.
(östl. Theil).

OF Obornik 4354 ha: **Simon** OF. — Schutzbezirke: Saubucht: **Fränzel** F;
Eichquast: **Paul** F; Mitteninne: **Krug** F SächsErnHVMed; Trommel=
ort: **Schmidt** F; Linden: **Bochdam** F; **Loyak, Häusler, Speer** (FSekr)
FAufs.
FKRend: **Spornberger** Rentmstr in Obornik.

OF Hartigsheide 4035 ha: **Schuppius** FM in Heidchen b. Voruschin. —
Schutzbezirke: Mühlchen: **Raatz** F; Tepperfurth: **Fintz** Hgmstr AllgEhr;
Langenfurth: **Radecker** F; Birkenfurth: **Lukaschyk** F; Heidchen:
Quäsching FAufs (interim. Wldw), **Kahn** FAufs; **Koszielski, Liebich**
(FSekr) HF.
FKRend: **Spornberger** Rentmstr in Obornik.

OF Wronke 6561 ha: **Sellheim** OF in Radolnik b. Wronke. — Schutzbezirke:
Haidchen: **Görsch** F; Smolniza: F vacat; Zamoscht: **Weinberg** F;
Schützenwinkel: **Herrberg** F; Hegenwald: **Sommerfeld** F; Eichberg:
Paschen F; Jagolitz: **Schober** F; **Fintz, Hoffmann II** FAufs (FSekr).
FKRend: **Radtke** in Zirke.

OF Hundeshagen 6736 ha: **v. Wurmb** OF in Bucharzewo b. Zirke. — Schutz-
bezirke: Choino: **Woydt** F; Pfaffenberg: **Kiau** F in Choino Mühle;
Theerofen: **Liefe** F; Schostaki: **Brennecke** F; Stierwald: **Lüer** F;
Lichwin: **Teusler** F; Stier FAuff; Schlicht HF (FSekr).

    FKRend: **Radtke** in Zirke.

OF Zirke 6916 ha: **Engelmann** FM, zugleich Verwalter der Kiefernsamen-
darre in Ziegelei b. Zirke. — Schutzbezirke: Döbelwald: **v. Oelffen** F;
Berg: **Schulze** F; Ziegelei: **Demmin** F; Kukuksmühle: **Kunert** RevF
(für Ziegelei, Kukuksmühle, Reiserhorst und Wasserblotte); Reiserhorst:
Littau F; Tränke: **Schmidt** F; Wasserblotte: **Pruß** F; Lütjenkrug:
Urban F; Fabian, Wozniak, Hansch, Wolle (FSekr), Land, Langhans
FAuff.

    FKRend: **Radtke** in Zirke.

OF Birnbaum 5792 ha: **Fischer** FM in Vorheide b. Birnbaum. — Schutzbezirke: Radewald: **Nöring** F; Mitteninne: **Elsner** Wldw; Thier-
garten: **Klawiter** F; Steinhübel: **Wegehaupt** F; Driwzen:
Hoferichter F; Radusch: **Sinke** F; Eulenberg: **Ehm** F; Krüger (FSekr),
Prätorius FAuff; Hentschel HF.

    FKRend: **Krug** Rentmstr in Birnbaum.

OF Waize 6583 ha: **Ménard** OF in Klein-Krebbel b. Waize. — Schutzbezirke: Schlangenlug: **Stein** F; Rotheheide: **Netzdorff** F; Hoff-
nung: **Hoff** F; Kranzinbruch: **Erner** F; Wilhelminenhof: **Rein-
wald** F; Ziegelei: **Liepelt** F; Kiau, Kindler (FSekr) FAuff.

    FKRend: **Krug** Rentmstr in Birnbaum.

Außerdem: Staatswaldungen im Besitz der Königlichen Ansiedelungs-Kommiffion für die Provinzen Westpreußen und Pofen.

Kreis Bomst.

Tuchorze 800 ha: **Tittel** F zu Fh Friedrichshorst.

Kreis Gostyn

Czelufin 75 ha: **Obal** PrivF in Fh Czelufin.

Kreis Kempen.

Mroczen 790 ha: FSchutzbeamte: **Bernhard** in Suchogorki; **Baranowski, Dufcha**
in Wesola.

Kreis Krotofchin.

Sosniza: 50 ha.

Kreis Liffa.

Deutfch-Wilke 616 ha: FVerw **Holzer** F zu Fh Schmidtchen. — Schutzbezirke:
Deutfch-Wilke: **Marks** FAuff; Gr. Krautfch u. Schmidtchen: **Bartofch**
Wldw in Schmidtchen. — FKRend: **Arnold** GutsVerw, Leutnant a. D.
in Wolfskirch.

Kreis Samter.

Radzyner Forft, 129 ha.

Kreis Schroda.

Dominowo und Orzefchkowo 144 ha: **Szczepanski** Wldw in Orzefchkowo.

Staatswaldungen im Besitze der Königlichen Klosterkammer zu Hannover.

Kreis Fraustadt.

Forsten zu Ilgen 797 ha: FVerw: **v. Düring** Kgl OF zu Margoninsdorf. —
Schutzbezirk: Kaltvorwerk: **Lapke** F; **Mattner** FGeldererheber in Ilgen.

Regierungsbezirk Bromberg.
Forst=Inspektionsbezirke.

1. Bromberg=Bromberg: Graf **von Bethusy=Huc** OFM (Mitdirigent der Ab=
theilung III der Reg) in Bromberg; OF: Glinke, Jagdschütz u. Kiefernsamen=
darre zu Glinke.
2. Bromberg=Jnowrazlaw: **Koyen** Reg= u. FR in Bromberg; OF: Bartelsee,
Miran, Schirpitz, Argenau, Wodek, Kirschgrund, Schulitz, Korschin, Tauben=
walde u. Kiefernsamendarre zu Schirpitz.
3. Bromberg=Schneidemühl: **Schuster** Reg= u. FR in Bromberg; OF: Stefans=
walde, Wtelno, Stronnau, Rosengrund, Selgenau, Durowo, Podanin, Schön=
lanke, Nakel u. Kiefernsamendarre zu Richlich.

Ober=Förstereien.

Glinke: **Roeckner** FM D3 ErKrz66 in Glinke, P: Kl.=Bartelsee; zugleich Verw der
Kiefernsamendarre in Glinke.
Jagdschütz: **Schulz** FM in Bromberg.
Bartelsee: **Nickelmann** FM in Bromberg.
Miran: **Heym** OF Kr4 RussStan3 in Miran, P: Strelno.
Schirpitz: **Janßon** OF in Schirpitz; zugleich Verw der Kiefernsamendarre zu Schirpitz.
Argenau: **Schartow** FM in Argenau.
Wodek: **Bohl** OF in Wodek, P: Gr.=Wodek.
Kirschgrund: **Quandt** OF in Eichenau, P: Gr.=Neudorf.
Schulitz: **Sander** OF in Schulitz.
Korschin: **Redlich** OF TürkOsm4 in Korschin, P: Skorzencin.
Taubenwalde: **Stechow** OF in Taubenwalde, P: Goscheschin.
Stefanswalde: **Mirtsch** ObF LD2 in Stefanswalde, P: Bartschin.
Wtelno: **Engels** FM EisKrz2 Kdm66 u. 70/71 LD2 in Wtelno, P: Trischin.
Stronnau: **Rehfeldt** OF in Crone a. Br.
Rosengrund: **Baehr** OF LD2 in Rosengrund, P: Crone a. Br.
Selgenau: **Seefeldt** FM EisKrz2 Kdm70/71 MilEhr2RA4 in Selgenau, P: Schönfeld.
Durowo: **Fintelmann** FM D2 in Durowo, P: Wongrowitz.
Podanin: **Schaffrinski** FM Kdm70/71 LD2 in Podanin, P: Kolmar i. P.
Schönlanke: **von Graevenitz** OF in Schönlanke Forsthaus, P: Schönlanke; zugleich
Verw der Kiefernsamendarre zu Richlich.
Nakel: **Schultze** OF in Nakel.

Forstkassen.

Bromberg: **Maschke** FKRend RechnR EisKrz2 Kdm70/71 ErKrz66 D2; OF: Glinke,
Jagdschütz, Bartelsee, Wtelno, Nakel u. die Kiefernsamendarre zu Glinke.
Argenau: **Gauerke** FKRend D3; OF: Schirpitz, Argenau, Wodek, Kirschgrund,
Schulitz u. die Kiefernsamendarre zu Schirpitz.
Tremessen: **Ponath** FKRend D3; OF: Korschin, Taubenwalde, Stefanswalde.
Schneidemühl: **Schön** FKRend ErKrz66 Kdm70/71 D2; OF: Selgenau, Podanin
Schönlanke u. die Kiefernsamendarre zu Richlich.
Strelno: **Hoppenrath** FKVerw Lt a. D. KrzAllgEhr AllgEhr D1 Kdm66 u. 70/71;
OF: Miran.
Crone a. Br.: **Haacke** Bgrmstr; OF: Stronnau, Rosengrund.
Wongrowitz: **Giese** Rentmstr, RechnR; OF: Durowo.

Privat=, Gemeinde= und Anstaltsforsten.
a. Größere Privatwaldungen.
Regierungsbezirk Posen.
Kreis Adelnau.
**Forsten Sr. Durchlaucht des Fürsten Maria Lamoral von Thurn
und Taxis in Regensburg** (7015 ha).

Generalbevollmächtigter: **May** KammerDir in Krotoschin. FKasse ist mit
der fürstl. Rentkammer in Krotoschin verbunden.

Revierverwaltung Gliśnica: Placht fürſtl FAſſ in Gliśnica; Niebel in Paulshof, Klein in Gliśnica, FGehülſen. — Swieca: Rychlik RevF in Swieca, Kobicke F in Georgenſtein, Buggraf FGeh in Swieca. — Lontocin: Richter RevF in Wilhelminenruh, Kopf FGehilfe ebendaſ. — Smoſchewo: Schulz F in Sophienau, Dierig FGeh ebendaſ.

Forſten Sr. Durchlaucht des Fürſten Ferdinand Radziwill
in Antonin (4362 ha).

Generalbevollmächtigter: v. Zakrzewski Rgbeſ in Czachorn, FVerw: Sandtner fürſtl. FM in Przngodzice; Keßner FMRend in Przngodzice.

Reviere Antoniew: Liebich Hgmſtr in Antonin. — Krzyzaki: Fiebig Hgmſtr in Krzyzaki. — Szmata; Klieſch F. — Gr.-Gorzyce: Eberſtein Hgmſtr in Faſanerie. — Piez=gorny: Michalak F in Przngodzice.

Kreis Birnbaum.

Forſten der GrafBlankenſee-Firceks'ſchen Erben zu Altgörtzig Gut (203 ha).

Bevollmächtigter Gutsverwalter: Mathews-Altgörtzig; Puſt F in Starki Vorw.

Forſten des Rittergutsbeſ. Karl Frhr. von Maſſenbach,
Generallandſchaftsrath auf Bialokoſch.
Buchwald F in Bialokoſch.

Forſten des Rittergutsbeſ. Max Zürcher auf Chalin (130 ha).

Forſten des Rittergutsbeſ. Grafen Hektor Kwilecki, päpſtlicher
Kammerherr auf Kwiltſch (883 ha).

Forſtverwalter: Schulz Kgl FAſſ in Orzeſchkowo. — Schutzbezirke: Dombrowo: Kaczmarek F in Kwiltſch. — Kwiltſch: Lapa F. — Orzeſchkowo: Kozuf F. — Lutomek: Kosciusko Waldw. — Lubecki Forſt= u. Gutsrendant in Kwiltſch.

Forſten des Königl. Landraths, Rittergutsbeſ. Kammerjunker
Dr. Kurt von Willich auf Gorzyn (260 ha).

Forſtverwalter: Wenrich F in Gorzyn; Pohl Forſt= und Gutsrendant in Gorzyn.

Forſten des Rittergutsbeſitzers Otto Rodatz auf Gr. Lenſchetz (115 ha).

Forſtverwalter: Fleiſcher Gärtner in Gr. Lenſchetz.

Forſten des Rittergutsbeſ. und Landſchaftsraths Heinrich Stobwaſſer
auf Gr. Luttom (143 ha).

Forſtverwalter: Klinge F in Gr. Luttom.

Forſten der Rittergutsbeſ. Alexandra Keibel auf Gr. Münche (294 ha).

Forſtverwalter: Pechnatz F in Gr. Münche.

Forſten des Rittergutsbeſ. Heinrich Petzel in Poſen,
Izdebno Gut (160 ha).
Müller F in Izdebno.

Forſten des Rittergutsbeſ. Hugo von Unruh auf Kl.=Münche (722 ha).
Nöhring F in Tutſchempe.

Forſten des Rittergutsbeſ. Napoleon von Rutkowski in Poſen,
Lawica Gut (200 ha).
Waſchak F in Lawica.

Forſten des Rittergutsbeſ. Ernſt Bardt auf Luboſch (678 ha).

Forſtverwalter und Rendant: Blum in Luboſch. — Schutzbezirke: Luboſch: Bobke F; Niemierſchewo: Ruſſak F in Luboſch.

Forſten des Rittergutsbeſ. Kaſimir v. Stablewski
auf Moſchiejewo Gut (250 ha).
Szczepczynski F in Moſchiejewo.

Forſten des Rittergutsbeſ. Wilhelm v. Kalkreuth auf Muchocin
(354 ha).
Göring F in Muchocin.

Forsten der Rittergutsbef. Sophie v. Reiche auf Rozbitek (1251 ha).
Schutzbezirke: Rozbitek: Buchwald F; Heidchen: Herrmann F.

Forsten des Rittergutsbef. Gustav v. Seidlitz auf Schrodke (278 ha).
Wolf F in Erlengrund.

Forsten des Rittergutsbef. Kgl. Oberamtmann Paul Luß
auf Wituchowo (200 ha).
Busse F in Kopanino.

Kreis Bomst.

Forsten des Rittergutsbef. Kgl. Regierungsrath Daum in Posen
auf Chorzemin (321 ha).
Kühne FAuff in Chorzemin.

Forsten des Rittergutsbef. Daum auf Kielpin (200 ha).
Rausch FAuff in Kielpin.

Forsten des Rittergutsbef. Graf Mycielski auf Komorowo (482 ha).
Revier Komorowo: Tomiak FAuff zu Fh Mlynskow-Hld. — Revier Tloki:
Bakat.

Forsten des Rittergutsbef. Dr. Lehfeldt auf Lehfelde (376 ha).
Jurke F in Lehfelde.

Forsten des Rittergutsbef. von Wentzel auf Belenzin (500 ha).
Demmin F zu Fh Belenzin.

Forsten der von Swinarski'schen Erben auf Obra (570 ha).
Rzenny F zu Fh Waldhof.

Forsten der Frau von Hesse-Hessenburg-Berlin zu Wroniawy (400 ha).
Uckermann F zu Fh Wroniawy.

Forsten des Rittergutsbef. Graf Mielzynski auf Köbnitz (700 ha).
Wolff F zu Fh Nowina.

Forsten des Rittergutsbef. Kiehn zu Zaleste (Bez. Bromberg)
zu Großdorf (1000 ha).
Schutzbezirke Großdorf mit Kleindorf und Luze: Garwon F in Kleindorf;
Wonchabno: Zitza F; Dzwina: Wurl F.

Forsten des Rittergutsbef. Robrecht-Berlin zu Bomst (275 ha).
Rau RevF zu Fh Laske, Großmann HF.

Forsten der Graf Mielzynski'schen Erben zu Alt-Dombrowo (1422 ha).
Oberförster: Theurich in Alt-Dombrowo.
Schutzbezirke: Dombrowo: Swinarek FAuff; Lonkie: Lukaschewicz FAuff;
Goscieschyn: Kuczyk FAuff; Stradyn: Weiß FAuff; Blocko:
Trawynski FAuff.

Kreis Fraustadt.

Forsten der Frau Rittergutsbef. Gilka-Bötzow auf Schwusen,
Kreis Glogau, zu Attendorf (160 ha).
Müller F in Schwusen.

Forsten des Rittergutsbef. Hörich auf Bargen (145 ha).

Forsten des Rittergutsbef. Wolff auf Mittel-Alt-Driebitz (190 ha).
Fromhold RevF.

Forsten des Rittergutsbef. Schubert auf Nieder-Alt-Driebitz (106 ha).

Forsten des Rittergutsbef. Lürman auf Geyersdorf (105 ha).
Paul F in Geyersdorf.

Forsten der Geschwister Gilka-Bokow in Schwusen zu Nieder-Heyersdorf
(124 ha).
Adam Woluff zu Fh Kabel.

Forsten Sr. Hoheit des regierenden Herzogs Friedrich von Anhalt
zu Luschwitz (3619 ha).
Bevollmächtigter; Herzogliche Hofkammer in Dessau. **Specht** Herzogl. FM u.
Rend in Luschwitz AnhAlbrLöw2 Oesterr FrzJos3; Assistent: **Irmer** Herzogl.
FAss in Luschwitz.
Schutzbezirke: Friedrichsthal: **Noering** F AnhHsMed; Neu - Anhalt:
Laue F AnhHsMed; Jeseritz: **Kubser** RevF; Kahlo: **Sowa** RevF
in Papiermühle. Hilfsschutzbeamte: **Hippe** u. **Ahlfeld** HF, **Kunze** Haide-
läufer, **Bodach** Waldarbeiter in Luschwitz.

Forsten des Rittergutsbes., Kgl. Kammerherrn von Zoltowski
auf Czacz, Kr. Schmiegel, zu Nicheln u. Deutsch-Jeseritz (210 ha).
Forstverwalter: **Muszynski** Adm in Nicheln.

Forsten des Rittergutsbes. Major a. D. Freiherrn von Scherr-Thoß
auf Ober-Röhrsdorf (556 ha).
Marder F in Ober-Röhrsdorf, **Nowrot** Waldwärter in Halbmond.

Forsten des Rittergutsbes. Caspar auf Weigmannsdorf (200 ha).

Kreis Gostyn.

Forsten des Grafen Raczynski-Krakau zu Jezewo bei Borek (400 ha).
Bevollmächtigter: **Markiewicz** FJnsp in Borek.
Forstverwalter: **Debicki** ObF u. Rend in Orliniec, **Dudzynski** F in Jawory.

Forsten des Geh. Kommerzienraths Adolf von Hansemann-Berlin
(1185 ha).
Bevollmächtigter: Dr. **Ferdinand v. Hansemann** in Chocieszewice.
Oberförster: **Fricke** in Siedlec.
Schutzbezirke: Siedlec: **Meyer** F in Ludwinowo; Babkowitz: **Michalik**
F in Clencin, **Ernst** Fasanenjäger in Babkowitz; v. **Hasenkamp** GutsRend in
Pempowo.

Forsten des Rittergutsbes. Felix v. Kurnatowski in Dusin
bei Gostyn (150 ha).
Juskowiak F in Pozegowo-Vorw.

Forsten der Rittergutsbes. Franziska v. Potworowska
in Gola (225 ha).
Kusz F in Alt-Gostyn.

Forsten des Rittergutsbes. Gustav v. Potworowski in Kossowo
(190 ha).
Potrawiak F in Kossowo.

Forsten der Rittergutsbes. Gräfin Dorothea Mycielski
in Smogorzewo (252 ha).
Maczkowski F in Hyacintowo.

Forsten I. des Kommerzienraths Woller in Dlonie,

Forsten II. des Grafen Zieten in Smolitz zu Czeluscin (356 ha).
Forstverwalter: **Karschner** PrivF zu Fh Raschewy.
Schutzbezirke: Smolitz: **Kuczynski** Wldw; Krzekotowice: **Nawrot** Wldw.

Forsten des Rittergutsbes. Johann v. Zoltowski in Czacz,
Kr. Schmiegel, auf Dom. Drzewce (320 ha). **Skiburski** F in Fh Drzewce.

Forsten des Rittergutsbes. Johann v. Mycielski-Wydawy
auf Jänisch u. Wydawy-Gut (155 ha).
Szoltiewicz F in Fh Jänisch.

Forsten des Landesökonomieraths Hermann Kennemann-Klenka
auf Karzec-Gut (226 ha).
Bevollmächtigter: Werk GütDir in Publischki; Mayer F in Fh Karzec.

Forsten des Rittergutsbes. Prinzen Sigismund Czartoryski-Rokossowo zu Rokossowo, Dzientschin, Sarbinowo, Surkowo (972 ha).
Lukomski-Rokossowo ObF u. Rend. — Schutzbezirke: Rokossowo: Czyzak F; Dzientschin: Dechnik F; Sarbinowo u. Szurkowo: Nowaczyk F, Nawrocik FAufs.

Kreis Grätz.

Forsten des Rittergutsbes. Boleslaus v. Potocki in Bendlewo
auf Gut Wojnowice mit Lagwy u. Szewce mit Kozlowo-Vorwerk u. Dakowy mokre. (820 ha).
Bevollmächtigter: Sokolowski in Dakowy mokre; PrivObF Wierzejewski in Kozlowo.
Schutzbezirke: Wojnowice: Buszkiewicz Wldw; Kozlowo: Drong Wldw; Lagwy: Grzeskowiak Wldw; Dakowy mokre: Gmerek Wldw; Uscien-cice: Trawa Wldw. — FAufsRend Leporowski in Dakowy mokre.

Forsten der Rittergutsbes. Florentine v. Kenszycka in Blociszewo
auf Gut Gnin (942 ha).
Privat-Oberförster u. Rendant: Goetz in Gnin.
Schutzbezirke: Narozník: Brodzinski FAufs; Gnin I: Sterczynski FAufs; Gnin II: Sliwinski FAufs.

Forsten des Rittergutsbes. Robert Heyder in Schloß Grätz
auf Lasuwko (2987 ha).
Privat-Oberförster: Zakrzewski in Lasuwko; Rendant: Meyer FAufs in Lasuwko.
Schutzbezirke: Weißhauland: Meyer FAufs in Lasuwko; Sworzyce: Bethlenhagen FAuf; Tiergarten: Hoffmann FAufs in Gnin: Slocin: Schneider FAufs; Eichenhorst: Fürst FAufs.

Kreis Jarotschin.

Forsten des Fürsten Hugo von Radolin auf Jarotschin (1940 ha).
Denecke ObF in Boguslaw SächsAlbr.

Forsten der Frau Marie Fischer in Gora (1340 ha).
Nackwitz ObF in Gora.

Forsten der Frau Elisabeth v. Gorzenska-Ostrorog u. Zbigniew v. Gorzenski-Ostrorog in Tarce (1282 ha).
Schütz ObF in Tarce.

Kreis Kempen.

Forsten der Gräfin v. Kreska in Grembanin (100 ha).
Zawada FSchutzbeamter in Justynka.

Forsten des Rittergutsbes. Remy auf Kochlow (105 ha).
Chowanski FSchutzbeamter in Turze-Vorw.

Forsten des Rittergutsbes. von Loesch auf Laski (1129 ha).
Heinisch F in ObF Laski, Galler in Laski u. Orlik in Smardze FSchutzbeamte.

Forsten des Rittergutsbes. von Hulewicz auf Mielencin (322 ha).
Przybysz FSchutzbeamter in Emilienhof.

Forsten des Rittergutsbes. von Göbel auf Mikorzyn (135 ha).
Goryczka FSchutzbeamter in Mikorzyn.

Forsten des Rittergutsbes. von Wężyk auf Myjomice (636 ha).
Piątek FSchutzbeamter in Myjomice.

Forsten Sr. Kgl. Hoheit des Prinzen Heinrich von Preußen.
(1222 ha).

Bevollmächtigter: Kontreadmiral Frhr. von Seckendorff Exc in Kiel.
Forstrevier Opatow u. Swiba I: Behrens Kgl. RevF u. Rend in Dobry=
gosc. — Schutzbezirke: für A: Lipski I Wldw in Sichlahof; für B: Lipski II
Waldw in Frankpol, Gebhardt FAuff in Wilhelmshof für das ganze Revier.

Forsten der Rittergutsbes. Zobel-Pomiany (125 ha).
Bevollmächtigter: Pflzmann Rentier in Pomiany; Bech F in Pomiany.

Forsten der Gräfin Szembek und Sohn Alexander Graf Szembek
in Siemianice auf Forst Siemianice und Rakow (450 ha).

Bevollmächtigter: von Czochron GüterDir in Siemianice.
Revierförster: Kabza in Marianka siem., Rechnungsführer Kokocinski in Sie=
mianice. — Schutzbezirke: Marianka: Krzyżostaniak FAuff in Josefowka;
Rakow: Blach Wldw.

Forsten des Grafen Alexander Szembek-Slupia (167 ha).
Bevollmächtigter: Dr. Sobiech in Slupia. — Polinski F in Slupia.

Forsten des Rittergutsbes. Wacław von Szoldrski in Torzeniec
(375 ha).

Derfert F in Torzeniec.

Kreis Koschmin.

Forsten des Rittergutsbes. Anton Edler von Graeve in Carlshof
Skokowko, Trzecianow (404 ha).

Schutzbezirke: Stawiszyn: Blaszczyk u. Lawniczak Wldw; Skokowko:
Prymka Wldw.

Forsten des Prinzen Hermann zu Stolberg-Wernigerode in Radenz
auf Radenz mit Mycielin, Dembowitz, Goreczki, Bulakow, Kaczagorka
u. Dobrapomoc (1630 ha).

Bevollmächtigter: Buchacker in Radenz.
Oberförster: Voigt in Mittenwalde.
Forstaufseher: Scheuermann in Radenz für Radenz u. Mycielin; Muthmann F
in Potarzyce für Dembowitz u. Goreczki; DomänR Buchacker Rend in Radenz
für Bulakow u. Kaczagorka; Wagner FAuff in Mittenwalde für Dobrapomoc;
Bayer F in Mittenwalde.

Forsten des PrinzenHeinrich von Schönburg-Waldenburg in Potsdam
auf Szelejewo (350 ha).

Bevollmächtigter u. Forstverwalter: Hübner in Szelejewo. — Strecker Rend
in Szelejewo; Witte F in Antonin.

Forsten des Rittergutsbes. Eduard Tillgner in Pogorzela
auf Lilienhain (300 ha).

Pyka F in Lilienhain=Forsthaus; Rend: Boethher in Pogorzela.

**Forsten der Rittergutsbes. Franz von Chelkowski'schen Erben
in Starygrod** auf Lipowiec, Rzemichow u. Kuflinow (525 ha).
von Węzyk Rend in Starygrod; Gościniak Wldw in Rzemichow für Lipowiec
u. Rzemichow, Filipiak Wldw in Kuflinow für Kuflinow.

Forsten der Kommerzienrath Auerbach'schen Erben in Posen
zu Obra (175 ha).

Kreis Kosten.

Forsten des Rittergutsbes. Sigismund von Chlapowski
auf Turew u. Rombin (735 ha).
Brelinski F zu Fh Turew; Ciesielski Wldw in Turew; Val. u. Nep. Jarczynski
u. Kania Wldw in Rombin.

**Forsten des Majoratsherrn u. Rittergutsbes. Grafen Hektor Kwilecki
auf Kwiltsch,** Kreis Birnbaum, zu Groß-Srocko u. Krzan (643 ha).
Bevollmächtigter: von Bogdanski in Kwiltsch; Malinowski ObF zu Kwiltsch.
— Schutzbezirke: Bieczyn: Glinecki F; Groß-Srocko: Jezierski Wldw,
Krzan: Marciniak Wldw.

**Forsten des Rittergutsbes. Grafen Stephan von Żółtowski
auf Gluchowo** zu Drozdzyce, Sierniki, Jarogniewice (454 ha).
F u. Rend: Szostag zu Drozdzyce. — Schutzbezirke: Drozdzyce: Gromada Wldw
zu Zadory; Sierniki: Baczyk Wldw; Jarogniewice: Szymanski Wldw.

**Forsten des Rittergutsbes. Dr. von Chlapowo-Chlapowski
auf Bonikowo** zu Bonikowo u. Kurzagora (255 ha).
Generalbevollmächtigter: von Poninski GüterDir zu Kurzagora; Chruszczynski
Wldw zu Bonikowo, Kmieciak Wldw zu Kurzagora.

Forsten der Rittergutsbes. Frau von Bieganska auf Cykowo
zu Sepno II (149 ha).
Tomaszewski Wldw zu Sepno II.

Forsten des Rittergutsbes. Joseph von Taczanowski
auf Choryn (173 ha).
Izydorski Wldw zu Fh Katarzynowko.

Forsten des Rittergutsbes. Stanislaus Dzierzykraj von Morawski
auf Jurkowo (200 ha).
Kowalski Wldw zu Jurkowo.

Forsten des Rittergutsbes. Kasimir von Chlapowski
auf Kopaszewo (175 ha).
Koronowski Wldw zu Kopaszewo.

Forsten des Erbgroßherzogs Wilhelm Ernst von Sachsen-Weimar
zu Racot (821 ha).
Bevollmächtigter: Kleine DomänDir zu Racot RA4 grSächsFalk1. — Oberförster: Rost zu Racot grSächsFalk2. — Schutzbezirke: Racot: Krämer
F zu Fh Racot; Witkowki: Klemke F zu Fh Luboch u. Ludwiczak F
zu Betkowo; Wyskoc: Hildebrandt F zu Spitkowki.

Forsten des Rittergutsbes. Heinrich von Chlapowski
auf Czerwonawies (Rothdorf) (402 ha).
Zerbin F in Czerwonawies (Rothdorf).

**Forsten des Rittergutsbes. Adolph Freiherrn von Langermann-
Erlenkamp** auf Lubin (118 ha).
Krehl Wldw in Lubin.

Kreis Krotoschin.

Forsten des Fürsten Albert von Thurn und Taxis (5982 ha).
Forstamtsbezirk Krotoschin.

Bevollmächtigter: die fürstliche Domänenkammer in Regensburg.
Forstamtsvorstand: Fischer ObF. in Krotoschin-Schloß. — Hilfsarbeiter: Artl
FAss, Fleckner FGeh. — Die Forstkasse ist verbunden mit der fürstlichen
Rentkammer in Krotoschin-Schloß.
Reviere: Korytnica: Rasbach ObF in Theresienlust, Scheinert HF in Hochwald u.
Richter FGeh in Theresienlust; Blankensee: Marterer RevF in Kalr
Alexander-Ruh.
Förstereien: Hellefeld: Schiavonetti RevF im Friedr. Wilh-Hain; Smoszew:
Schulz Verw und Dierig FGeh in Sophienau, Kr. Adelnau.

Forsten Ihrer Durchlaucht Frau Prinzessin Heinrich XIII. Reuß
(1752 ha).
Bevollmächtigter: Sauermann ObF in Baschkow, welcher gleichzeitig Rendant
u. Forstverwalter ist.
Schutzbezirke: Lilla: Hennig F; Baschkow: Heite F; Helenopol: Schade
Förster.

Forsten der Rittergutsbesitzer Alexander Cäsar und Julius Wilke
auf Konarzewo (250 ha).
Forstverwalter: Thomas ObJnsp u. Rend in Konarzewo; Tokarski F daselbst.

Forsten des Rittergutsbesitzers Joseph von Czarnecki
in Neuwelt u. Koryta (625 ha).
Prause RevF in Koryta, Sliwinski PrivF in Neuwelt, Zborowski Wldw in Koryta.

Kreis Lissa i. P.

Forsten des Geh. Kommerzienraths von Hansemann-Berlin
in Antonshof u. Alt-Laube (1420 ha).
Generalbevollmächtigter: von Bismark in Antonshof.
Schutzbezirke: Laube: Michalik RevF; Lissa: Müller F in Laßwitz.

Forsten des Rittergutsbesitzers u. Landesökonomieraths Ed. Müller auf Gurzno u. Rittergutsbesitzers Max Müller auf Bojanitz (224 ha).
Verwalter: Mischke Jäger in Bojanitz, Uzar Wldläufer in Bojanitz.

Forsten des Rittergutsbesitzers u. Landesökonomieraths Ed. Müller auf Gurzno in Garzyn (175 ha).
Verwalter: Stecher F in Gurzno.

Forsten des Grafen von Mielzynski auf Pawlowitz
zu Kankel, Pawlowitz u. Robczysko (1406 ha).
Bevollmächtigter: Dörffer GüterVerw in Pawlowitz.
Oberförster: Lewandowski in Fh Haidekrug; Deichsel Rend in Pawlowitz.
Schutzbezirke: I: Domagalski F; II: Salinski FBeamter; III: Handulski
FBeamter; IV: Gnalinski FAuff Brettschneidemühle; Nowak F für Schutzbez.
Pawlowitz, Rozwalka FAuff in Fh Robczysko für Schutzbez. Robczysko.

Forsten des Rittergutsbes. Kgl. Kammerherrn Dzierzykraj von Morawski auf Lubonia (120 ha).
Nagel Wldw in Fh Tadenski.

Forsten des Rittergutsbesitzers Ignatz Dzierzykraj von Morawski
auf Oporowo (260 ha).
Strozak F in Fh Nadolnik.

Forsten des Fürsten von Hohenlohe-Oehringen, Herzog von Ujest und Slawentzitz in Priebisch (226 ha).
Forstverwalter: Riedel in Schloß Ujest. — Rend: Moritz Wirthschafts-Insp in Priebisch.

Forsten des Fürsten von Sulkowski auf Schloß Reisen
Gutsfeldmark Reisen u. Dambitsch (2378 ha).
Forstverwalter: Chytrams ObF in Dambitsch Fh.
Schutzbezirke: Kloda: Kroll F in Alte Fasanerie bei Reisen; Neuwelt: Deck F in Chausseehaus Dambitsch; Tharlang: Inczynski F; Dambitsch: Spurlacz F in Reisen; Reisen: Umlauf FasanenF in Neue Fasanerie.

Forsten des Majoratsbesitzers Baron von Leesen auf Retschke (154 ha).
Forstverwaltung: Hoffmann Gärtner u. F; Fischer Rend in Retschke.

Forsten des Kgl. Kammerjunkers von Heydebrand und der Lasa auf Schloß Storchnest
zu Storchnest u. Swierczyn (772 ha).
Forstverwalter: Hoffmann F in Fh Laune für Revier Laune u. Trebchen; Jähner F in Fh Grätz für Revier Grätz und Swierczyn.

Forsten des Majoratsbesitzers Freiherrn von Leesen auf Treben
zu Treben u. Petersdorf (350 ha).
Herfurth F in Petersdorf u. Handke F in Treben.

Kreis Meseritz.
Forsten des Gutsbesitzers Materne in Sorge (212 ha).
Fenske pens. PrivF.

Forsten des Rittergutsbesitzers Erich von Tiedemann auf Kranz
zu Kranz u. Braunsendorf (234 ha).
Ploetz F in Kranz.

Forsten des Rittergutsbesitzers von Zakrzewski auf Kuschten
zu Kuschten u. Chlastawe (310 ha).
Kwäsching F in Grünthal AllgEhr.

Forsten des Rittergutsbesitzers Lunck in Weidenvorwerk (750 ha).
Schulz F in Ernestinowo.

Forsten des Grafen zu Dohna auf Hiller-Gärtringen (1176 ha).
Sauer F in Waldecke u. Hoffmann F in Annahof.

Forsten des Rittergutsbesitzers von Haza-Radlitz in Lewitz (425 ha).
Behr F in Lewitz.

Forsten des Gutsbesitzers Hochne in Lindenstadt zu Zielomischel (110 ha).

Forsten des Rittergutsbesitzers Hans von Gersdorff
auf Bauchwitz (1550 ha).
Forstverwalter: Obst F in Bauchwitz AllgEhr; Kruschel F in Seevorwerk, Wende Jäger, Länger FLehrl. in Bauchwitz.

Forsten der Freiin von Schwarzenau zu Großdammer (883 ha).
Bevollmächtigter: von Kalckreuth Rgbes in Stensch; Stürz FAuff in Groß-dammer.

Forsten der Rittergutsbesitzerin Philippine von Jychlinska
zu Lagowitz (391 ha).
Riffel Förster in Lagowitz.

6*

Forsten der Rittergutsbesitzerin Ida von Jychlinska zu Panwitz (402 ha).

Forsten des Landeshauptmanns von Dziembowski in Posen
zu Bobelwitz (729 ha).
Kruse PrivF in Bobelwitz.

Forsten der Rittergutsbesitzerin Marianna Büttner-Grunzig (450 ha).
Hauschild PrivF in Grunzig.

Forsten des Rittergutsbes. A. von Kalkreuth in Kurzig
zu Kurzig u. Weißensee (1078 ha).
Stumpf PrivObF in Weißensee EisKrz2 RettMed, Müller u. Schulz PrivF in Weißensee.

Forsten des Rittergutsbes. Kgl. Kammerherrn L. von Kalckreuth
in Obergörzig zu Obergörzig u. Samst (873 ha).
Stumpf PrivObF in Weißensee, Kube PrivF in Glembuch AllgEhr, Jährling HJ in Obergörzig.

Forsten des Rittergutsbes. Stefan von Dziembowski
auf Schloß Meseritz (264 ha).
Klame PrivF in Winitze.

Forsten des Rittergutsbes. Breest in Pieske (275 ha).
Zimmermann PrivF in Pieske.

Forsten des Rittergutsbes. Rodatz in Politzig (300 ha).
Graber PrivF in Politzig.

Forsten des Rittergutsbes. Ratzmann in Schierzig (255 ha).
Kliemann PrivF in Schierzig.

Forsten des Rittergutsbes. Opitz in Lomnitz (3740 ha).
Privat=Oberförster: Frenzel in Glashütte.
Schutzbezirke: Lomnitz: Thamke u. Zehe FAuff; Deutschhöhe: Reimann FAuff; Lentschen: Grobys FAuff; Mischke: Nowak u. Schitzlak FAuff.

Forsten des Fideikommißbesitzers Fischer-Gora zu Tirschtiegel (2350 ha).
Bevollmächtigter: Wittchen Buchhalter in Schloß Tirschtiegel.
Schutzbezirke: Jablonka: Horst PrivF; Königsberg: Reimann PrivF; Waldvorwerk: Fenske PrivF; Weißlug: Loewe PrivF; Rybojadel: Dahlke PrivF; Ziegelscheune: Strempel Wldw; Annamühle: Sohrweide PrivF; Scharne: Müller PrivF.

Forsten des Rittergutsbes. Ferdinand von Klitzing auf Schloß Neudorf bei Bentschen mit Stefanowo u. Pierzyn (1136 ha).
Forstverwalter: Parpart in Stefanowo; Müller Rend in Schloß Neudorf.
Schutzbezirke: Stefanowo: Herbold RevF; Pierzyn: Stürzebecher RevF in Edmundshof; Neudorf u. Nandel: Tobys RevF in Schloß Neudorf.

Kreis Neutomischel.

Forsten des Majoratsbesitzers Major Willy von Hardt
zu Wonsowo (981 ha).
Bevollmächtigter: Schmidt GüterDir; Emig RevF. — Schutzbezirke: Wydory: Kandulski F; Wonsowo: Hirsch F; Chraplewo: Nischalke F.

Forsten des Rittergutsbes. Thaddäus v. Sczaniecki zu Michorzewko (172 ha).
Zimny FSchutzbeamter in Michorzewko.

Forsten des Rittergutsbes. Stanislaus v. Łącki zu Pakoslaw (200 ha).
Migawa FSchutzbeamter in Pakoslaw.

Forsten des Rittergutsbes. Franz Köppen in Charlottenburg zu Linde (264 ha).
Forstverwalter: **Dobrowolski** Insp u. Rend; **Skiba** F in Linde=Gut.

Forsten d. Rittergutsbes. v. Łącki in Lipnica zu Schloß Neustadt b. P. (1250 ha).
Oberförster u. Rendant: **Grus** in Grudna; Forstschutzbeamte: **Kokocinski** in Grudna, **Kurkiewicz** in Komorowo u. **Kara** in Wengielno.

Forsten der Frau Rittergutsbes. von Łącka, geb. Gräfin Mielzynska in Pakoslaw zu Zembowo=Gut (510 ha).
Buchwald F in Zembowo.

Forsten des Rittergutsbes. F. H. Beyme zu Bukowiec, Jastrzembnik u. Porazyn (2590 ha).
Oberförster u. Rendant: **Wendt** in Eichenhorst.
Schutzbezirke: Bukowiec I: **Kliemann** F in Eichagora; Bukowiec II: **Zähler** F in Eichenhorst; Porazyn: **Zibail** u. P. **Weiske** Förster; Jastrzembnik I: **Becker** F; Jastrzembnik II: **A. Weiske** F.

Forsten der von Poncet'schen Erben zu Alttomischel=Gut (1366 ha).
Bevollmächtigter: **Franz v. Poncet** Rgbes auf Alttomischel.
Oberförster u. Rendant: **Frobel** in Alttomischel.
Schutzbezirke: Ochobica: **Weber** F in Glinau; Witomischel: **Buchwald** F; Mischke: **Schiller** F in Scherlanke.

Forsten des Gutsbesitzers Kurt Schwartzkopff zu Gut Rose (428 ha).
Szulczewski F in Rose.

Kreis Obornik.

Forsten des Domänen-Fideikommisses des herzoglichen Hauses Sachsen-Altenburg zu Altenburg (Forstrevier Hutta pusta 1150 ha).
Revierverwalter u. Rendant: **Franke** in Hutta pusta; **Dombrowski** F in Rakownia.

Forsten des Rittergutsbes. v. Nathusius-Uchorowo (459 ha).
Muszak Wldw in Schimankowo.

Forsten des Rittergutsbes. v. Turno auf Objezierze zu Kischewko (500 ha).
Wieszczezynski FAuss in Kischewko.

Forsten des Rittergutsbes. und Rittmstr. a. D. Briesen in Ludom (820 ha).
Kleeberg F. im Fh Ludom, **Ellert** F u. Torfmstr in Bagna.

Forsten des Rittergutsbes. v. Martini auf Łukowo zu Lukowo u. Ziernik (125 ha).

Forsten des Rittmstr. a. D. Jouanne auf Schloß Santomischel zu Roschnow (150 ha).
Forstverwalter: **Hempel** Administrator in Roschnowo EisKrz2; **Noak** FAuss in Marschewitz.

Forsten des Grafen Sigismund von Raczynski in Bregenz i. d. Schweiz. Majoratsherrschaft Obersitzko 5444 ha (davon zum Kr Obornik gehörig 3198 ha, zum Kr Samter der Rest).
Generalbevollmächtigter: **von Turno** Rgbes in Slopanowo.
Forstverwalter: **Dreger** in Grünberg. — Schutzbezirke: Podlesie: **Sieske** F; Stobnica: **Joachim I** F; Holländer I: **Joachim II** F in Papiermühle; Holländer II: **Joachim III** F in Papiermühle; Sycyn: **Zeisler** FAuss; Niemietschkowo: **Krüger** FAuss in Warthekrug.
FKRend: **Dolling** FSekr in Grünberg.

Kreis Ostrowo.

Forsten Sr. Durchlaucht des Fürsten Ferdinand Radziwill-Berlin zu Antonin, Klady, Piecgorny, Wturek mit dem Waldtheil Menschütz (3821 ha).
Generalbevollmächtigter: **von Zakrzewski** Rgpächter in Czachory.
Forstverwalter: **Sandtner** Fürstl FM in Gr.-Przygodzice-Gut; **Keßner** Rend in Gr.-Przygodzice.
Schutzbezirke: Antonin: **Liebich** Hgmstr; Klady: **Stefanski** F; Piecgorny: **Michalak** F; Konkollewo: **Herzog** F.

Forsten der Gräfin Szembek in Gr.-Wysocko-Gut (250 ha).
Forst- u. Gutsverwalter: **Bogacki** in Gr.-Wysocko; **Blaszczyk** Wldw in Smardow-Hld.

Forsten des Grafen Szembek in Alt-Parczew (100 ha).
Forst- u. Gutsverwalter: **Hanslik** in Alt-Parczew; **Zielezinski** F in Alt-Parczew

Kreis Pleschen.

Forsten des Majoratsherrn v. Taczanowski zu Taczanow mit Sowina, Bogwidz und Grodzisko (5250 ha).
Oberförster u. Rendant: **Magdzinski** in Taczanow.
Schutzbezirke: Taczanow: **Magdzinski** OF; Bogwitz: **Kubiak** Wldw; Sowina: **Meisnerowicz** Wldw; Revier Grodzisko: **Schulz** F.

Forsten des Rittergutsbes. Jouanne in Malinie zu Zawidowitz u. Czarnuschka (1550 ha). — **Otto** F.

Forsten der Gräfin v. Sokolnicka zu Ciesle (844 ha).
Kostujak Wldw.

Forsten des Rittergutsbes. v. Skoroszewski in Tursko (750 ha).
Wlodarczyk Wldw.

Forsten des Majoratsherrn Alexander v. Stiegler zu Sobotka (459 ha).
Semper F im Fh Sobotka; **Reimann** Rend im Fh Sobotka.

Forsten des Bevollmächtigten Marian Szuman zu Goluchow (250 ha).
Kubaszewski F in Fh Goluchow.

Forsten des Rittergutsbes. Vinzent v. Niemojowski zu Jedlec (250 ha).

Forsten des Rittergutsbes. Hermann Becker zu Grudzielec (175 ha).
Jeszunek F in Fh Marienau.

Forsten des Rittergutsbes. Joseph v. Morawski zu Kotowiecko (105 ha).

Forsten des Rittergutsbes. Kasimir v. Lipski zu Górzno (100 ha).
Prywerek F in Fh Janny.

Kreis Posen-Ost.

Forsten der Fürstin Hedwig Czartoryska, geb. Gräfin Dzieduszycka zu Babki u. Gluschin (608 ha).
Kauß OF in Babki.

Forsten des Dr. Szuldrzynski in Bolechowo (402 ha).
Rendant: **Ciechonski** BrennereiVerw in Bolechowo.
Schutzbezirke: Bolechowo: **Kazmierczak** Wldw in Treskowo-Fh; Prämnitz: **Nowak** Wldwärter.

Forsten des Gutsbesitzers Kurt Gumprecht in Kicin bei Glowno (175 ha).

Forſten des Rittergutsbeſ. Joſeph v. Mycielski in Kobylepole
zu Kobylepole mit Splawie u. Szczepankowo (326 ha).
Metler F in Kobylepole

Forſten der Landbank in Berlin zu Moraſko (535 ha).
Forſtverwalter u. Rendant: Spinola GutsAdm in Moraſko; Zerbin F in Moraſko.

Forſten des Rittergutsbeſ. Rittmſtr. a. D. Otto v. Treskow
zu Owinſk (881 ha).
Forſtverwalter u. Rendant: Goltz F in Annaberg bei Owinſk.
Schutzbezirke: Owinſk: Koſmowſki Wldw; Kicin: Pruſzewſki Wldw in
Mienkowko; Heinrichsfelde: Wieczorek Wldw.

Forſten des Grafen Chriſtoph v. Cieſzkowski in Wierzenica (378 ha).
Forſtverwalter u. Rendant: Mizerſki in Wierzenica.

·Forſten des Majors a. D. Hugo v. Treskow auf Wierzonka (900 ha).
Forſtverwalter: Gramowſki in Ludwigshöhe bei Owinſk; Grotjochann Rend
zu Wierzonka.
Schutzbezirke: Wierzonka: Gerlach FaſJäg in Wierzonka; Maruſzka und
Brandkrug: Grzyl FAuff in Ludwigshöhe.

Kreis Poſen-Weſt.

Forſten des Rittersgutsbeſ. Joſeph v. Potocki zu Bendlewo (756 ha).
Bevollmächtigter u. Rendant: Scholz; Slominſki FVerw in Bendlewo.
Schutzbezirke: Zamyslowo: Manczak FGeh; Niwki: Wiśniewſki in Klein-
Srocko; Wronczyner Wald: Majewſki in Kl.-Srocko; Boleslawice:
Szuminſki; Alt-Bendlewo: Grzybowski.

Forſten des Rittergutsbeſ. u. Landſchaftsraths v. Tempelhoff
in Dombrowka (403 ha).
Simrodt RevF in Fh Dombrowka.

Forſten der Frau Kammerpräſident v. Hantelmann in Baborowko
zu Marienberg (168 ha).
Gutsverwalter u. Forſtkaſſen-Rendant: Kulicke.
Schutzbezirke: Marienberg: Loges F; Trzcielino: Nowak F.

Forſten des Rittergutsbeſ. Baarth in Modrze (175 ha).
Kolatczek F in Fh Modrze.

Forſten der Fürſtin Czartoryska, geb. Gräfin Dzieduſzycka
zu Pelkinie (Galizien) in Konarzewo mit Palendzie, Podlozyny u. Wiry (1258 ha).
Generalbevollmächtigter: Kauß ObF in Babki.
Forſtverwalter: Adamczewſki in Konarzewo.
Schutzbezirke: Palendzie: Stanislaus Brukwicki; Podlozyny: Kabſa; Wiry:
Muſzynſki; Kątnik I: Jezierny; Kątnik II: Bronislaus Brukwicki.
FKRend: Karczewſki in Babki.

Forſten des Rittergutsbeſ. H. v. Tiedemann auf Seeheim zu Seeheim
und Trzcielino (200 ha).
Buchwald F in Slupia u. Nowak F in Trzcielino.

Forſten Sr. Hoheit d. Prinzen Bernh. Heinrich von Sachſen-Weimar
zu Stenſchewo (716 ha).
Bevollmächtigter: Kleine Dir in Racot, Kr Koſten.
Forſtverwalter: Hellenſchmidt; Linke Rend in Chmielnik.
Schutzbezirke: Borowy: Strozewſki in Tomice; Witobel: Trautwein in
Witobel; Dembno u. Chmielnik: Reeſe in Dembno.

Forsten des Rittergutsbes. v. Treskow zu Strykowo (120 ha).
Manthey FVerw in Eichkrug.

Forsten der Gräfin Zamoyska zu Trzebaw (857 ha).
Bevollmächtigter: Dr. Celichowski in Kurnik.
Forstverwalter u. Rendant: Tloczyński in Gorka-Vorw.
Schutzbezirke: Trzebaw: Wielicki; Lodz: M. Matuszewski; Gorka: Wład.
Matuszewski.

Kreis Rawitsch.

Forsten des Rittergutsbes. Lieutenant Horst v. Falkenhayn
zu Bärsdorf (169 ha).
Jakubowski Wldw in Bärsdorf.

Forsten des Grafen Johann Czarnecki in Golejewko (417 ha).
Oberförster: Kreutzinger in Krasnolipka.
Schutzbezirke: Podborow Drugi: Stoluda F; Lonkta: Stan. Kabza F in
Skrzyptowo; Streitfurth: Lorenz Kabza F in Fh Streitfurth, Holdt Jäg in
Fh Krasnolipka.

Forsten des Rittergutsbes. Majors a. D. Hugo v. Langendorff
in Kawitsch (308 ha).
Taube RevF im Fh Kawitsch, Vogel Wldw in Kawitsch.

Forsten der Frau Albertine Homberg, geb. v. Reimann in Eupen
zu Konarzewo (137 ha).
Ramsch Wldw.

Forsten des Rittergutsbes. Michael v. Sczaniecki auf Nawra bei Thorn
zu Laszczyn (499 ha).
Forstverwalter: Władisłaus von Sczaniecki Leut. d. R. in Laszczyn; Lies
Wldw in Fh Stanisławowo.

Forsten des Rittergutsbes. Grafen Johann Grudzinski auf Osiek (310 ha).
Przybysz Wldw in Zaorle u. Zajonczek Wldw in Osiek.

Forsten des Grafen Czarnecki in Pakosław (419 ha).
Schulz RevF in Fh Halin.

Forsten des Rittergutsbes. Oberleutnant d. R. Wilhelm Schade
in Sarne (169 ha).
Pfeiffer Wldw in Vorw. Follusch.

Forsten des Rittergutsbes. Prinzen Zdzislaus Czartoryski
in Stelec (203 ha).
Janiak Wldw in Zygmuntowo.

Forsten des Rittergutsbes. Lambert v. Budziszewski in Sowiny (158 ha).
Sawarzynski Wldw in Sowiny.

Forsten der Epner'schen Erben zu Stasin (150 ha).
Erbrich F in Stasin.

Forsten des Fürsten Adam Czartoryski in Wielkibór (755 ha).
Schutzbezirke: Zaborowo: Hubert Wldw; Szymonki: Szalczynski Wldwärter.

Kreis Samter.

Forsten der Rittergutsbes. Barbara Gräfin Kwilecka auf Dobrojewo
zu Groß-Gay (200 ha).
Oberförster: Nektorowski zu Klemensowo.
Schutzbezirke: Stramnica: Drozdowski Wldw; Sierpowko: Stelmaszyk
Wldw. — Brzezinski Rend in Groß-Gay.

Forſten des Rittergutsbeſ. Wladislaus v. Gaſtorowski zu Mlodaſko (900 ha).
Bevollmächtigter: **Bernecker** GüterDir in Mlodaſko.
Forſtverwalter: **von Glębocki** zu Roſchki Fh; **Bilich** Rend in Mlodaſko.
Schußbezirke: Bythin: **Duhr** u. **Laret** Wldw in Mlodaſko Fh; Mlodaſko: **Morawſki** Wldw; Miedzki: **Maciejewſki** Wldw in Mlodaſko Fh.

Forſten des Frhrn. von Maſſenbach auf Schloß Pinne (230 ha).
Verwalter: **Buchwald** F in Fh Dombrowo; Rend: **Hausmann** ObInſp in Pinne-Gut; **Wilde** FAuſſ in Fh Rudki-Hld.

Forſten des Reg.-Präſ. a. D. Frhrn. v. Maſſenbach auf Konin (320 ha).
Ortlieb F in Konin Fh; Rend: **Gieſe** ObInſp in Konin.

Forſten des Grafen Hektor Kwilecki auf Kwiltſch zu Pſarſkie (215 ha).
Adminiſtrator: **von Glębocki** in Pſarſkie; Rend: **von Stabrowſki** in Pſarſkie.
Schußbezirke: Pſarſkie: **Kazmierczak** F in Neu-Bielawy; Koninko: **Malicki** F in Pſarſkie.

Forſten des Bankdirektors Warzynski in Potsdam zu Zajontſchkowo (200 ha).
Adminiſtrator: **Kubiak** in Zajontſchkowo als Verw u. Rend.

Forſten des Rittergutsbeſ. Konrad Iffland in Nojewo (180 ha).
Specht F in Fh Dombrowo.

Forſten des Majoratsherrn Grafen Sigismund Raczynski zu Grünberg bei Oberſißko (4445 ha).
Bevollmächtigter: **von Turno** in Kopanowo.
Oberförſter: **Dreger** in Grünberg.
Rendant: **Jarnatowſki** Gräfl. Rentmeiſter in Oberſißko.
Schußbezirke: Grünberg: **Tomala I** F; Pietrowo: **Fechner II** F in Fh Anna-berg; Chraplewo: **Fechner I** F; Nuſchke: **Perſki** FAuſſ in Athanaſienthal; Krzmin: **Tomala II** FHAuſſ in Fh Bugaj; Niemieczkowo: **Krüger** FAuſſ; Sycyn: **Zeißler I** F; Podleſie: **Sieſke** F; Stobnica: **Joachim II** F; Holländer I: **Joachim I** F in Papiermühle; Holländer II: **Joachim III** FAuſſ in Papiermühle; **Dolling** FSekr in Grünberg; **Zeißler II** HJäg in Oberſißko.

Forſten der Gräfin Barbara Kwilecka auf Dobrojewo (1034 ha).
Bevollmächtigter: **Szyſter** in Roſſalewo; **Nektorowſki** ObF u. Rendant in Klemenſowo.
Schußbezirke: Klemenſowo: **Mozolewſki** HJäg; Dobrojewo: **Gendera** F; Bielejewo: **Nowicki** F; Stefanowo: **Freitag** F.

Forſten des Majoratsherrn Thaddäus von Twardowski auf Kobylnik (916 ha).
Friedrich F in Mendziſko.

Forſten des Rittergutsbeſ. Theodor von Mankowski auf Rudki (340 ha).
Verwalter: **Roſt** fürſtl. ObF in Racot bei Koſten; Rend: **Janiſſewſki** GutsVerw in Rudki; **Kaczmarek** Wldw in Szczyy.

Forſten des Rittergutsbeſ. Grafen Mieczyslaus Kwilecki auf Oporowo zu Zapuſt (692 ha).
Verwalter: **Gajke** ObF in Zapuſt bei Scharfenort.
Schußbezirke: Mlyniſto: **Budniak** Wldw; Zapuſt: **Krus** Wldw; Willonek: **Natajczak** Wldw.

Forſten des Rittergutsbeſ. Ludwig v. Mycielski auf Galowo zu Oſtroleſie (183 ha).
Sikorſki Wldw in Oſtroleſie.

Forsten des Rittergutsbes. Edmund v. Zoltowski auf Myszkowo
zu Konsinowo (198 ha).

Forsten des Rittergutsbes. Bronislaus v. Gąsiorowski auf Bythin
zu Chlewisk (105 ha).
Generalbevollmächtigter: Vernecker in Mlodasko; Krystofiak Wldw in Chlewisk.

Forsten Sr. Hoheit des Herzogs von Sachsen-Koburg-Gotha
zu Brodzijzewo (133 ha).
Bevollmächtigter: Erdmann DomR in Brodzijzewo; Taranczewski FAuff in Kazmierz;
ferner zu Kazmierz (442 ha). Bevollm. Rgtspächterin Marie Fehlan in Neudorf
bei Kazmierz, Taranczewski FAuff in Kazmierz.

Forsten d. Rittergutsbes. Konstantia v. Korzbok-Łącka in Lipnica (452 ha).
Kurkiewicz Wldw in Lipnica.

Forsten Sr. Hoheit des Herzogs Ernst von Sachsen-Altenburg
zu Ottorowo (802 ha).
Bleichroth RevF in Ottorowo Fh; Bahlpahl Rend in Ottorowo. — Schutzbezirke:
Ottorowo: Bleichroth RevF; Kuzle: Schweiß FAuff; Mielno: Dąbrowski
Wldw.

Forsten Sr. Königlichen Hoheit des Fürsten Leopold von Hohenzollern-
Sigmaringen zu Antonswald 3160 ha).
Forstverwalter: Scheidemandel fürstl. ObF in Mokrz; Helle Rend zu Rothwendig
gEhrMed.
Schutzbezirke: Tomaszewo: Haß F; Weinberg: Schubert F.

Forsten des Rittergutsbes. Eduard v. Kurnatowski auf Biezdrowo
zu Lubowo (150 ha).
Zielinski F in Langenlug.

Forsten des Rittergutsbes. Stanislaus v. Kurnatowski auf Pozarowo
zu Lubowo (800 ha).
Schutzbezirke: Lubowo: Randzik F; Pozarowo-Grabowka: Flack HilfsJäg
zu Pozarowo.

Forsten Sr. Durchlaucht des Fürsten von Pleß zu Theerkeute (1791 ha).
Fürstl. Oberförster: Blankenburg in Theerkeute.
Schutzbezirke: Bielawy: Glaczynski F; Retschin: Schulz F; Freywald Rend
in Theerkeute.

Forsten des Majoratsbesitzers Grafen Zbigniew v. Weşierski-Kwilecki
in Wroblewo (1571 ha).
Schutzbezirke: Samita: Bzdawka F; Zbigniewo: Ranecki F in Pakawie;
Obra: Bąkowski F in Pakawie; Jozefowo: Pilczka F.

Kreis Schmiegel.

Forsten des Rittergutsbes. Oekonomieraths Arthur Förster
in Boguschin (200 ha).
Hoffmann F.

Forsten des Rittergutsbes. Geh. Medizinal-Raths Prof. Dr. Förster
in Breslau zu Bronikowo (298 ha).
Müller F zu Fh Bronikowo als FVerw u. FSchutzbeamter.

Forsten des Kgl. Kammerherrn und Rittergutsbes. v. Zoltowski
auf Czacz (724 ha).
Privat-Oberförster u. Rendant: Borczynski in Rensko.
Schutzbezirke: Prentkowice: Adamczewski PrivF; Karschnitz u. Ksienginki: PrivF Walewski in Ksienginki; Rensko: PrivF Szostag.

Forsten des Rittergutsbes. Desiderius v. Chlapowski in Breslau
zu Gozdzichowo (214 ha).
Bevollmächtigter: von Chlapowski Leut. a. D. GutsAdm u. Rend in Gozdzichowo.
— Mierzejewski F in Puszczykowo=Vorw.

Forsten der Rittergutsbes. Florentine v. Keßycka auf Blocischewo
zu Karczewo u. Gr.=Lenka (223 ha).
Bevollmächtigter: Lipkow Kgl. ObF in Ludwigsberg.
Privat=Oberförster u. Rendant: Götz in Gnin, Kr Grätz.
Schutzbezirke: Karczewo: Pacholek F; Gr.=Lenka: Piszczalka F.

Forsten des Rittergutsbes. Hilarius v. Lakowicki zu Machcin, Boschkowo.
u. Dluzyn (167 ha).
Gutsverwalter u. Rendant: Stamm in Machcin; Pawlaczyk F zu Vojzkowo Fh

Forsten des Rittergutsbes. Alexander Caesar in Murkwitz
zu Murkwitz, Katarzynki, Trzebidza u. Podschmiegel (168 ha).
Schutzbezirke: Katarzynki u. Podschmiegel: Pawlaczyk; Trzebidza: Adam=
czewski.

**Forsten des Prinzen Biron von Curland Freier Standesherr auf
Groß-Wartenberg** zu Nitsche (1549 ha).
Oberförster u. Rendant: Schwabe in Nitsche; Joly FSekr in Nitsche.
Schutzbezirke: Nitsche: Pohl RevF; Robaczyn: Püschel RevF; Blotnik:
Rodewald RevF; Neugut: Adamczewski FAuff.

Forsten des Rittergutsbes. Grafen Johann Potworowski Lieut. a. D.
auf Parzenczewo (417 ha).
Verwalter u. Rendant: Myssak Priv. ObF zu FhKotusch.
Schutzbezirke: Revier I: Dolata in Fh Kotusch; Revier II: Glinka in Kotusch=
Dorf; Parzenczewo: Sliwinski.

Forsten des Rittergutsbes. Grafen Johann Czarnecki auf Schloß Golejewko
zu Poln.=Wilke (100 ha).
Prause F u. Rendant.

Forsten des Rittergutsbes. Grafen Maximilian v. Potworowski
auf Prochy (124 ha).
Verwalter u. Rendant: Ciesielski in Prochy; Myssak F in Prochy.

Forsten des Rittergutsbes. Grafen Marcell Czarnecki auf Rakwitz
lebenslänglicher Nutznießer Graf Stanislaus Czarnecki auf Sieckowko (172 ha).
Privat=Oberförster u. Rendant: Franz Brychcy zu Fh Sieckowko; Boleslaus
Brychcy Schutzbeamter zu Sieckowko.

**Forsten des Rittergutsbes. Oberleutn. d. L.-K. Stefan v. Czarnecki
in Sieckowo** zu Sieckowo=Gut u. Ziemin=Vorw. (766 ha).
Privat=Oberförster u. Rendant: Kozyrowski in Fh Sieckowo.
Schutzbezirke: Weinberg: Jasinski; Ziemin: Ciechocki.

Forsten der Rittergutsbes. Josepha v. Skarzynska in Suckel
u. Sokolowo (165 ha).
Verwalter u. Rendant: Bujakiewicz zu Suckel; Zalewski FBeamter.

Forsten des Rittergutsbes. Dr. Johann v. Zoltowski auf Ujazd
zu Ujazd u. Klein=Lenka (206 ha).
Bevollmächtigter: Gradzielewski Güterdirektor in Ujazd.
Privat=Oberförster: Borczynski in Rensko; Gasiorowski Rend in Ujazd.
Schutzbezirke: Ujazd: Dudek RevF u. Fasanenzüchter; Kl.=Lenka: Walewski F.

Forsten des Rittergutsbef. Erich Schultz auf Wielichowo (169 ha).
Pomorski FVerw u. Rend in Wielichowo.

Kreis Schrimm.

Forsten des Grafen Wladislaus Zamojski in Zakopane in Galizien
zu Kurnik (Schloß) (3851 ha).
Bevollmächtigter: Dr. Celichowski in Kurnik.
Oberförster: **von Janowski** in Kurnik.
Schutzbezirke: Bielawy u. Blazejewo; Wutkiewicz, Mikstaski u. Stanißewski;
Czmon I u. II: Anton Sosnowski, Olejnik u. Bekas; Czolowo: Szymkowiak;
Drapalka: Ignatz Sosnowski, Joseph Sosnowski u. Piaseczi; Mieczewo:
Pawlak; Zwolno: Lesinski u. Nawrot; Zwierzyniec: Krol. Rendant:
Rakowski in Kurnik.

Forsten der Gräfin Hedwig Zamojska zu Gondek (132 ha).
Oberförster: von Janowski in Kurnik; Klabezki GutsVerw zu Gondek.

Forsten der Fürstin Hedwig Czartoryska in Pelkinie (Galizien)
zu Szczytnik (624 ha).
Bevollmächtigter: Krauß in Babki, gleichzeitig FVerw.
Schutzbezirke: Steindorf: Zielinski; Daschewice: Jezierny; Karczewski
Rend in Babki.

Forsten des Grafen v. Zoltowski auf Godurowo, Kr Gostyn,
zu Orliniec (860 ha).
Oberförster u. Rendant: Dębicki in Orliniec.
Schutzbezirk: Orliniec: Kowalski in Lipowka, Marciniek in Olszyna, Dąbrowski
in Orliniec, Krupa in Orliniec.

Forsten des Rittergutsbef. v. Mankowski in Brodnica (286.ha).
Zielinski FSchutzbeamter zu Brodnica=Hld.

Forsten des Rittergutsbef. Lehmann-Nitsche in Nitsche (250 ha).
Weiß FSchutzbeamter in Konstantinowo.

Forsten des Rittergutsbef. Grafen Eduard v. Raczynski
zu Rogalin (300 ha).
Bevollmächtigter: Szubert in Rogalin.
Schutzbezirke: Rogalin: Jankowski; Podlesie: Ratajczak.

**Forsten der Rittergutsbef. Boguslawa v. Taczanowska
geb. v. Chlapowska** in Sowiniec (930 ha).
Bevollmächtigter: Preibiß in Budzyn. Oberförster: Koralewski in Sowiniec. — Schutzbezirke: Sowiniec: Joseph
Sliwinski; Pozegowo: Jakob Sliwinski.

Forsten der Rittergutsbef. v. Keßzycka in Blocißewo (316 ha).

Forsten des Rittergutsbef. v. Skrzydlewski in Mechlin (1077 ha).
Oberförster: Piotrowski in Teßin.
Schutzbezirke: Grobelka: Wychtowski; Dombrowo: Litmanowski; Mechlin:
Schmak.

Forsten des Rittergutsbef. Pieper zu Przylepki (100 ha).

Forsten des Rittergutsbef. v. Karsnicki zu Emchen (379 ha).

Forsten des Rittergutsbef. Güterbock in Wlosciejewki (300 ha).

Forsten d. Rittergutsbef. u. Landesökonomieraths Kennemann-Klenka
zu Xionsek (100 ha).

Kreis Schroda.

Forsten der Gräfin Hedwig v. Zamojska in Paris zu Babin (138 ha).
Bevollmächtigter: Dr. Celichowski zu Bnin; Szymanski F in Podgaj.

Forsten des Rittergutsbef. Grafen Adam Grudzinski auf Brodowo (269 ha).
Szydlowski PrivF in Brodowo.

Forsten des Rittergutsbef. Heinrich v. Mankowski auf Winnagora
zu Bronislaw (334 ha).
Bujakiewicz PrivF in Bronislaw.

Forsten des Rittergutsbef. Grafen Johann Grudzinski
auf Ostek Kr Rawitsch, zu Drzonsgowo (175 ha).
Zajaczek F in Drzonsgowo.

Forsten des Rittergutsbef. u. Landesökonomieraths Herm. Kennemann
auf Klenka zu Eschwalde (459 ha).
Klopsch Wldw in Eschwalde.

Forsten des Rittergutsbef. Rittmstr. a. D. Grafen Bninski
zu Gultowy (125 ha).
Tomaszewski Wldw in Gultowy.

Forsten des Rittmeisters a. D. Max Jouanne auf Kl.=Jeziory
zu Groß=Jeziory (263 ha).
Forstverwallter: Höflich zu Klein=Jeziory; Schade F zu Groß=Jeziory; Hildebrand Rend zu Kl.=Jeziory.

Forsten der Frau Hedwig Jouanne geb. Kennemann zu Klein=Jeziory
(674 ha).
Forstverwalter: Höflich zu Kl.=Jeziory; Hildebrand Rend zu Kl.=Jeziory;
Thimm F zu Kl.=Jeziory u. Knoll F zu Maydany.

Forsten der Erben des Grafen Joseph Mielzynski auf Iwno (750 ha)
Oberförster: Skoraczewski in Bagatelka bei Miloslaw.
Schutzbezirke: Russa: Wolowski F in Iwno; Chorzalki: Blazej F in Iwno;
Zbierkowo: Kucharczak F in Iwno; Mazurkiewicz Rend in Iwno.

Forsten des Rittergutsbef. Kgl. Kammerherrn Th. v. Zoltowski
in Nekla (1000 ha).
Oberförster: Adamczewski in Rajmundowo Fh; Maserak, Kozlowski u. Przybyl
F in Nekla.

Forsten des Rittergutsbef. Stanislaus v. Stablewski auf Slachcin
zu Nietrzanow (288 ha).
Torzynski Wldw in Nietrzanow.

Forsten des Gutsbef. Kasimir v. Niegolewski zu Polwica (121 ha).
Florkowski F zu Luboniec Fh.

Forsten des Rittergutsbef. Grafen Anton Potulicki zu Siedlec (100 ha).
Nowak F in Siedlec.

Forsten der Kgl. Hofkammer in Charlottenburg zu Targowagorka
mit Tischdorf (651 ha).
Bevollmächtigter: Perkowski Adm in Targowagorka Kr4; Schulze FAufs in
Amilkarowo.

Forsten des Rittergutsbef. Grafen v. Radolin Oberleut à la suite
der Armee in Berlin zu Tulce (115 ha).
Oberförster: Deneke in Jarotschin; Chalupka F in Tulce.

Forsten des Rittergutsbef. Heinrich v. Mankowski in Winnagora (114 ha).
Tresto Wldw in Winnagora.

Forsten des Fürsten Witold Czartoryski in Paris zu Wyslawice (100 ha).
Kornobis F in Wyslawice (Janowo).

Kreis Schwerin a. W.

**Forsten des Rittergutsbef. Kgl. Kammerherrn u. Landraths
Georg v. Brandis** zu Neuhaus (1900 ha).
Schutzbezirke: Neuhaus: Wucknitz FAuff; Jablonka: Theuerkauf F.

Forsten des Kgl. Gestütsdirektors u. Rittmstr. a. D. Arnold Schlüter
in Gudwallen, Kr Darkehmen i. Ostpr. zu Schweinert (5457 ha).
Oberförster u. Rendant: Grapenthin in Keilchensee bei Lipke.
Schutzbezirke: Seewitz: Seliger F; Schweinert: Schröder F.

Forsten der Lehmann'schen Erben zu Gollmütz u. Rhyn (170 ha).
Bevollmächtigter: Schmidt GutsVerw in Gollmütz.

Forsten der Pflug'schen Erben zu Hermsdorf u. Lauske (1057 ha).
Bevollmächtigter: Gubalke RgVerw in Lauske; Klame F in Goldenschiff und
Lojat F in Neulauske.

Forsten des Rittergutsbef. Merckel in Liebuch (414 ha).
Klame F in Liebuch.

Forsten des Rittergutsbef. u. Landraths Dr. Kurt v. Willich-Gorzyn
in Birnbaum zu Neugörzig (437 ha).
Verwalter: Zerbst in Neugörzig; Rutsch F in Neugörzig.

Forsten des Hauptmanns Karl v. Jacobi in Berlin zu Goray (800 ha).
Verwalter: Stumpf in Goray Kr4 EisKrz2; Kühn F.

Forsten des Regierungs-Assessors Dr. Rospatt in Frankfurt a. O.
zu Prittisch (480 ha).
Forstverwalter: Rieth Insp in Prittisch; Böhme F in Prittisch.

Forsten des Rittergutsbef. Albert Liebich in Striche (250 ha).
Schmidt F in Striche.

Forsten des Rittergutsbef. Willy Nicaeus in Wiersebaum (390 ha).
Lohr F in Wiersebaum.

Forsten des Hauptmanns a. D. von Meyerinck in Kiewitz (209 ha).
Hornemann F zu Kiewitz.

Kreis Schildberg.

**Forsten der Frhrn. Richard von Buddenbrock'schen Erben
auf Ossau,** Kr Gr.-Wartenberg, zu Dombrowo (409 ha).
General=Bevollmächtigter: Raffak ObInsp u. Rend zu Ossau.
Schutzbezirke: Niesken: Gawlik RevF; Dombrowo: Schütz Wldw.

Forsten des Rittergutsbef. Karl Königk in Ligota (236 ha).
Molka F in Ligota.

Forsten des Rentiers Hermann Bein in Berlin zu Parzynow (150 ha).
Morawski Wldw in Parzynow.

Forsten des Gutsbesitzers Hirsch Friedländer in Berlin zu Dobra (348 ha).
Spieler F in Dobra.

Forsten des Kaufmanns A. Gerstmann in Santomischel
zu Krolewskie (125 ha).

**Forsten des Rittergutsbes. Adolph von Wenzyk auf Mijomice
und des Dr. Anton von Grabski auf Rojow**
zu Rojow (853 ha) u. Sklarka myśln (793 ha).
Wolny Wldw in Rojow u. Glinka F in Sklarka myśln.

Kreis Wreschen.

Forsten des Majoratsherrn G. von Kramsta auf Frankenthal i. Schl.
zu Czeszewo (1833 ha).
General=Bevollmächtigter: von Schlichting=Czeszewo ObF u. Deichhauptmann.
Schutzbezirke: Chlebowo: Gabriel F in Fh Mikuszewo; Czeszewo: Poelchen
F; Warthewald: Jünemann F; Kalusa HJäg in Szczodrzejewo.

**Forsten des Rittergutsbes. Grafen von Poninski
auf Schloß Wreschen** zu Eichwald u. Marzelewo (1261 ha).
Oberförster: Czypicki in Marzelewo; Skoraczewski Rend in Wreschen.
Schutzbezirke: I: Nubach Wldw in Marzelewo; II: Osinski Wldw in Slomowko;
III Stachowiak Wldw in Slomowo, Dronia FasMstr in Eichwald.

**Forsten des Rittergutsbes. Joseph von Koscielski
auf Schloß Miloslaw** (2139 ha).
Bevollmächtigter: Skoraczewski ObF u. Verw in Bagatelka; Byczynski Rend
zu Bugaj.
Schutzbezirke: Kozubiec: Lamek FAuss; Moscisko: Szalaty FAuss; Biale
piontkowo: Furmaniak FAuss in Stoki; Brzeczka: Czyzak FAufseher;
Gorzyce: Jakubowski FAuss; Bazantarnia: Blaszak FAuss; Biale=
Piontkowo borek: Dziubalski FAuss in Miloslaw.

Forsten des Rittergutsbes. von Hulewicz in Mlodzisjewice
zu Parnszewo (100 ha).
Smykala Wldläufer.

Forsten des Rittergutsbes. Treppmacher in Wulfa (100 ha).
Sobczak Wldläufer in Wulfa.

Reg.=Bez. Bromberg.

Forsten der Gräfin Aniela von Potulicka auf Potulice
in Potulice (Kr Bromberg) 1955,157 ha.

Forsten der Frau von Bethmann-Hollweg, geb. Gräfin Arnim
in Runowo (Kr Wirsitz) 2500 ha.

**Forsten der Gräfin Louise von der Schulenburg, geb. Freiin von
Sobeck auf Schloß Filehne**
in Filehne 11 000 ha.

Herrschaft Kruszewo
in Kruszewo (Kr Czarnikau) 2500 ha.

b. Gemeinde= und Anstalts=Forsten.

Gemeindeforsten.

Reg.=Bez. Posen.

Kr Adelnau: Forsten der Stadtgemeinde Sulmierzyce 563 ha, Liebig städt.
Hegemstr in Fh Sulmierzyce.
Kr Bomst: Forsten der Stadtgemeinde Bomst 287 ha, Scholz F in Fh Wald=
vorwerk. — Forsten der Gemeinde Dt.=Jodien 25 ha.

Kr Koschmin: Forsten der Stadtgemeinde Koschmin 50 ha, **Tomczak** Wldbeläufer in Weißhof·

Kr Krotoschin: Forsten der Stadtgemeinde Krotoschin 417 ha, **Müller** F in Fh Krotoschin; **Pelz** Wldw in Wldwh in Krotoschin.

Kr Meseritz: Forsten der Stadtgemeinde Bentschen 49 ha, **Piotrowski** Wldbeläufer in Kawczynski. — Forsten der Betscher Bürger im Stadtbezirk Betsche 363 ha, **Gloede** StF in Fh Chlopse.

Kr Obornik: Forsten der Stadtgemeinde Obornik 84 ha, **Klopsch** Wldw in Obornik. — Forsten der Waldgenossenschaft Stobnica=Hauland 15 ha, FVerw **Treger** OF in Grünberg b. Obersitzko.

Kr Schildberg: Forsten der Stadtgemeinde Schildberg 369 ha, **Rode, Kuzaj** Stadtförster. — Forsten der Stadtgemeinde Mixstadt 642 ha, **Gastauer** StF.

Kr Schwerin: Forsten der Stadtgemeinde Schwerin a. W. 1842 ha, FVerw **Olberg** FM Rittm a. D. in Schwerin a. W. Schutzbezirke: I: **Nagel**, II: **Abraham**, III: **Bihl** Stadtförster.

Reg.-Bez. Bromberg.

Schulitz (Kr Bromberg): Stadtwald 660 ha.

Gnesen: Stadtwald 503 ha.

Schneidemühl (Kr Kolmar i. P.): Stadtwald 3473 ha.

Kolmar i. P.: Stadtwald 115 ha.

Czarnikau: Stadtwald 39 ha.

Dochanow (Kr Znin): Gemeindewald 23 ha.

Freundsthal (Kr Kolmar i. P.): Gemeindewald 5 ha.

Prossekel (Kr Filehne): Gemeindewald 8 ha.

Kl.=Dreusen (Kr Filehne): Gemeindewald 16 ha.

Neuteich (Kr Filehne): Gemeindewald 2 ha.

Rosko (Kr Filehne): Gemeindewald 0,8 ha.

Kruczhauland (Kr Czarnikau): Gemeindewald 2 ha.

Slabomierz (Kr Znin): Gemeinschaftliche Holzung 42 ha.

Anstaltsforsten.

Reg.-Bez. Posen.

Kr Birnbaum: Forsten der kath. Kirchengemeinde Biezdrowo (Kr Samter), Nutz= nießer ist der Inhaber der Pfarrstelle, Dekan **Jaskulski** in Biezdrowo, 93,10 ha, **Tobis** Wldw in Klein=Lenschetz.

Kr Bomst: Forsten der Snowadzki'schen Stiftung 33 ha. Verwaltet durch ein Kuratorium, bestehend aus dem Bürgermstr, dem Ortsgeistlichen u. dem Kämm.

Kr Fraustadt: Forsten des Stifts Neuzelle 659 ha, **Barth** FM in Mauche; Schutz= bezirk Weine: **Kort** F in Waldheim.

Kr Gostyn: Forsten der kath. Pfarrkirche in Punitz (jetzt Propst Dr. **Respadek**) 118 ha, **Glabs** Wldw in Smilowo. — Forsten des unter staatl. Verwaltung stehenden Vermögens der aufgelösten Philippiner=Kongregation zu Gostyn, 1110 ha (die Forst liegt zum Theil im Kreise Schrimm). Staatskommissarius: **Hassenpflug** ObRegR in Posen; FVerw: **Moritz** ObF in Kloster Glogowko b. Gostyn. Schutzbezirke: Blazejewo (Kr Schrimm): **Gerlach** F in Wygoda; Bodzewko: **Galecki** F in Organki; Drzentschewo: **Schlossarek** FGehilse in Kloster Glogowko.

Kr Koschmin: Forsten der kath. Kirchengemeinde Koschmin 25 ha.

Kr Meseritz: Forsten der kath. Kirchengemeinde Betsche 30 ha.

Kr Obornik: Forsten der Kloster Berge'schen Stiftung zu Welna (vertreten durch das Provinzial=Schulkollegium zu Magdeburg) 900 ha. FVerw: **Richert** FM in Eckstelle; **Peschel** F in Welna; **Pirscher** Rend ObAM in Welna.

Kr Posen=Ost: Forsten der kath. Pfarrgemeinde Chojnica 150 ha, **Michalak** F in Chojnica.

Kr Schmiegel: Forsten der Pfarrgemeinde Alt=Bialcz 11. ha. — Forsten der Pfarrgemeinde Radomitz 40 ha.

Kr Schrimm: Forsten der aufgelösten Philipiner=Kongregation in Gostyn (s. die Angaben beim Kreise Gostyn).

Reg.-Bez. Bromberg.

Fordon (Kr Bromberg): Pfarrwald 430 ha.
Wieszki (Kr Schubin): Pfarrwald 297 ha.
Schulitz (Kr Bromberg): Pfarrwald 20 ha.
Mogilno [Baba]: Pfarrwald 119 ha.
Byschewo (Kr Bromberg): Pfarrwald 28 ha.
Koscielec (Kr Schubin): Pfarrwald 306 ha.
Znin [Chomionza]: Pfarrwald 149 ha.
Slupy [Gombie] (Kr Schubin): Pfarrwald 353 ha.
Lechlin (Kr Wongrowitz): Pfarrwald 3 ha.
Usch (Kr Kolmar i. P.): Pfarrwald 15 ha.
Gr.-Drensen (Kr Filehne): Pfarrwald 30 ha.
Gr.-Kotten (Kr Filehne): Pfarrwald 45 ha.
Grünfier (Kr Filehne): Pfarrwald 13 ha.
Schneidemühlchen (Kr Filehne): Pfarrwald 40 ha.
Byscherwo (Kr Bromberg): Kirchenwald 179 ha.
Kl.-Densen (Kr Filehne): Kirchenwald 1,5 ha.
Gr.-Kotten (Kr Filehne): Kirchenwald 3 ha.
Grünfier (Kr Filehne): Kirchenwald 2 ha.
Uschhauland (Kr Kolmar i. P.): Schulwald 36 ha.
Gembitz (Kr Kolmar i. P.): Schulwald 2 ha.
Theerofen (Kr Czarnikau): Schulwald 4 ha.
Grünfier (Kr Filehne): Schulwald 2 ha
Buchwerder (Kr Czarnikau): Kirchenwald 0,4 ha.
Kreuzhauland (Kr Czarnikau): Kirchenwald 0,5 ha.

---

7. Königliche Direktion der Rentenbank zu Posen.

Direktorium: Dir: v. Siegroth RegR, 2. Mitgl.: Ganse RegAss, 3. Mitgl.: Zack ProvRentmstr.
Kasse: Böttger Rend.
Buchhalterei: Matthias Buchhalter.
Sekretariat: Preuß, Standow, Jansly, Mosler, Wollny, Hantel Sekretäre. — Kretschmer, Hoffmann BurDiätare, Opitz CivSupern.
Kanzlei: Ganske KDiät, Streit Kanzlei- u. Kassendiener.

8. Königliches Staatsarchiv.

Schloßberg Nr. 4, I. Etage.
Für die Benutzung zugänglich wochentäglich 9—2 Uhr.

Vorstand: ArchivDir: Dr. Prümers ArchivR, Schloßberg 4 RA4; Archivare: Dr. Warschauer, Bäckerstr. 12, Dr. Paczkowski, Dr. Kupke; ArchivAssist: Dr. Schottmüller, Bergstr. 12b.

9. Besondere zum Ressort des Ober-Präsidenten gehörige Angelegenheiten.

a. Die Landes-Meliorations-Angelegenheiten der Provinz.

Meliorationsbauämter.

Bromberg: Evers MelBauInsp, Fiedler RegBaumstr, Hartmann Wiesenbaumstr, Suchalski diät. Wiesenbaumstr, Bender Wiesenbautechniker.
Posen: Nestor Reg- u. GehBauR RA4 LuxEich, Müller Wiesenbaumstr, Vaberg diät. Wiesenbaumstr, Beyer Wiesenbautechniker.

Handbuch der Provinz Posen.

b. Die Ueberwachung der Maßregeln gegen Verbreitung der Reblaus.

Vergl. Reichsgefetz vom 3. Juli 1883, betreffend die Abwehr und Unterdrückung der Reblauskrankheit [R.-G.-Bl. S. 149] und Kaiferl. Verordnung vom 4. Juli 1883, betreffend das Verbot der Ein- und Ausfuhr von Pflanzen und fonftigen Gegenständen des Wein- und Gartenbaues [R.-G.-Bl. S. 153].

Auf Grund des § 4 Abf. 1 des vorangeführten Reichsgefetzes ift laut Bekanntmachung des Reichskanzlers vom 4. Januar 1887 unter Aufhebung der früheren diesfälligen Bekanntmachungen [R.-A.-Bl. 1887 S. 2 u. 3 für den Reg.-Bez. Pofen] der Weinbaubezirk Koften, umfaffend die Kreife Bomft, Grätz, Koften, Meferitz, Neutomifchel und Schmiegel, gebildet.

Als Sachverftändiger fungirt:

Prof. Dr. Ranke ObL der Landwirthfchaftsfchule zu Samter.

c. Die Kranken-Heilanftalt der grauen Schweftern zu Pofen.

Vorfteherin u. Oberin:　Schwefter Mathilde Suminska.

d. Frhr. von Kottwitz'fcher milder Stiftungsfonds.

(Aus den Zinfen des Stiftungskapitals werden Zufchüffe an beftehende Waifen- und Rettungshäufer, fowie an Krankenhäufer in Anlehnung an die Zwecke des Johanniter-Ordens bewilligt.)

e. Stroedel'fche Stiftung.

Aus den Zinfen des Vermögens der Stiftung werden an arme, unverheirathet gebliebene, mindeftens 40 Jahre alte, unbefcholtene, eheliche Töchter verftorbener preußifcher Zivilbeamten jährliche Unterftützungen gegeben. Die Töchter der nur zu mechanifchen Verrichtungen angeftellten Unterbeamten dürfen nicht berückfichtigt werden.

Vorzüglich find zu berückfichtigen folche, den Bedingungen des Abfatzes 1 ent-fprechenden Perfonen, welche ihre Abftammung von dem Kommerzien- und Admiralitäts-rath Stroedel in Pillau oder von dem zu Königsberg i. Pr. verftorbenen Kriegs-und Domänenrath Kurella nachweifen können.

Fehlt es an folchen, alsdann follen vorzüglich berückfichtigt werden die Töchter folcher Zivilbeamten, welche in der Stadt oder Provinz Pofen längere Zeit ein Amt im unmittelbaren Staatsdienft oder im Kommunaldienft der Städte Pofen oder Bromberg bekleidet haben.

Erft wenn es auch an folchen fehlt, follen die Töchter folcher Zivilbeamten, welche in einer anderen Provinz des preußifchen Staates ein Amt im unmittelbaren Staatsdienft bekleidet haben, berückfichtigt werden.

Das Kuratorium befteht aus:
1. dem jedesmaligen Ober-Präfidenten der Provinz Pofen: z. Zt. Se. Exz. Dr. v. Bitter;
2. dem jedesmaligen Oberbürgermeifter der Stadt Pofen: z. Zt. Witting;
3. dem jedesmaligen General-Superintendenten der Provinz Pofen: z. Zt. D. Hefekiel.

f. Graf Thaddäus von Garczynski'fches Hofpital.

Aufgenommen in die Anftalt werden Perfonen, welche chriftlichen Glaubens, über 40 Jahre alt und ganz oder theilweife erwerbsunfähig find, den befferen Ständen angehören, fich eines unbefcholtenen Rufes erfreuen und wenigftens in den letzten 10 Jahren, oder während des größten Theils ihres Lebens innerhalb der Provinz ihren Wohnfitz gehabt haben, ohne Unterfchied des Gefchlechts, der Konfeffion und der Nationalität.

Auch die Aufnahme von Eheleuten, welche den vorgedachten Erforderniffen entfprechen, ift geftattet.

Die Aufnahme findet ftatt auf Befchluß des Kuratoriums, und zwar entweder in Folge Einkaufs oder auf Grund der Verleihung einer Freiftelle.

Der Einkauf gefchieht mittelft Zahlung einer baaren Geldfumme.

Freiftellen in der Anftalt können an unbemittelte Perfonen verliehen werden.

Vorzugsweise werden berückſichtigt die hinterbliebenen Verwandten des Stifters und zwar zunächſt nach der Nähe des Verwandtſchaftsgrades, ſodann nach dem Maaße ihrer Bedürftigkeit und Würdigkeit.

Die Hoſpitaliten erhalten in ihrer Wohnung freie Heizung, Beleuchtung, Medikamente und ärztliche Behandlung.

Statut vom $\frac{26.\ \text{Oktober}}{11.\ \text{Dezember}}$ 1876.

Die Leitung der Stiftung iſt einem Kuratorium anvertraut, welches beſteht aus:
1. dem jedesmaligen Ober-Präſidenten der Provinz Poſen als Vorſitzenden: z. Zt. Se. Exz. Dr. **von Bitter;**
2. dem jedesmaligen Erſten Bürgermeiſter der Stadt Poſen: z. Zt. **Witting,** Ober-Bürgermeiſter;
3. dem jedesmaligen Polizeidirektor von Poſen: z. Zt. **von Hellmann,** Polizeipräſident;
4. dem jedesmaligen Vorſitzenden des Provinziallandtages der Provinz Poſen: z. Zt. Se. Exz. Frhr. **von Wilamowitz-Möllendorff;**
5. einem Rittergutsbeſitzer der Provinz Poſen, welcher von den übrigen Mitgliedern des Kuratoriums auf Lebenszeit berufen wird: fehlt z. Zt.

Die Anſtalt befindet ſich: Poſen O 5, Kronprinzenſtraße 86.

Anſtalts-Vorſt: **von Loeben** RA4.

---

10. Provinzialverband der Provinz Poſen.

I. Provinziallandtag.

Geſetz wegen Anordung der Provinzialſtände für (das Großherzogthum) die Provinz Poſen vom 27. März 1824 (GS S. 141).

Königlicher Kommiſſarius: Se. Exc. Dr. **von Bitter** ObPräſ.

Provinziallandtags-Marſchall: Se. Exc. Frhr. **von Wilamowitz-Möllendorff** auf Markowitz WirklGehR ObPräſ a. D. u. Kammerherr (ſ. WirklGehRäthe).

Stellvertreter: **von Żółtowſki** Kammerherr u. Rgbeſ auf Netla.

Mitglieder.

I. Regierungsbezirk Poſen.

a. aus dem Großgrundbeſitze.

Fürſt **von Thurn und Taxis** wegen des Fürſtenthums Krotoſchin.

Anton Fürſt **Sulkowſki,** Ordinat von Reiſen, wegen ſeines Familien-Majorats Reiſen.

Ferdinand Fürſt **Radziwill** auf Schloß Antonin wegen der Grafſchaft Przygodzice.

Wahlkreis: Adelnau u. Oſtrowo: **v. Lipſki** Rgbeſ auf Lewkow.

Birnbaum u. Schwerin a. W.: Frhr. **v. Maſſenbach** Rgbeſ auf Bialokoſch, Kr Birnbaum, u. GenLandſchR in Poſen.

Bomſt u. Meſeritz: **Breeſt** Rgbeſ auf Picske.

Grätz, Obornik u. Neutomiſchel: **v. Martini** Rgbeſ auf Lukowo, Kr Obornik.

Frauſtadt u. Liſſa i. P.: **Caſpar** Rgbeſ auf Weigmannsdorf, Kr Frauſtadt.

Koſten u. Schmiegel: Dr. **v. Starzynſki** Rgbeſ auf Splawie, Kr Schmiegel.

Goſtyn u. Rawitſch: Fehlt z. Zt.

Krotoſchin u. Koſchmin: Edler **v. Graeve** Rgbeſ auf Carlshof.

Pleſchen u. Jarotſchin: **Kennemann** LdsDetR auf Klenta, Kr Jarotſchin.

Poſen-Oſt u. Weſt: Dr. **Baarth** Rgbeſ, LdR z. D. in Schöneberg b. Berlin.

Samter: **v. Lubienſki** Rgbeſ auf Kiaczyn.

Schildberg u. Kempen: **v. Scheele** LdR, Geh RegR u. Rgbeſ in Kempen.

Schrimm: **Graßmann** Rgbeſ auf Koninko.

Schroda: **v. Żółtowſki** Rgbeſ auf Netla.

Wreſchen: **v. Koſcielſki** Rgbeſ auf Miloslaw.

b. aus den Städten.

Wahlkreis: Posen Stadt: **Jaeckel** Kfm, **Kantorowicz** KommerzR, StdtR.
Fraustadt Stadt: **Grosman** Kfm u. Rathsherr.
Lissa i. P. Stadt: **Jakubowski** Kfm u. StdtR.
Meseritz Stadt: **Matthias** Buchdruckereibes u. Stadtverordneten-Vorst.
Rawitsch Stadt: **Schmidt** Brauereibes u. Beigeord.
In den Kreisen Obornik, Samter, Posen-Ost u. West, Grätz u. Neutomischel:
    Berger Maurer= u. Zimmermstr in Samter.
In den Kreisen Pleschen, Schrimm, Schroda, Wreschen u. Jarotschin:
    Bogulinski Vorwerksbes in Schroda.
In den Kreisen Krotoschin, Adelnau, Schildberg, Koschmin, Kempen
    u. Ostrowo: **Koeppel** Maurer= u. Zimmermstr in Krotoschin.
In den Kreisen Fraustadt, Kosten, Rawitsch, Lissa i. P., Schmiegel u. Gostyn:
    Maetze sen. PrivBaumstr in Bojanowo, Kr Rawitsch.
In den Kreisen Birnbaum, Bomst, Meseritz u. Schwerin a. W.: **Jaekel** Kfm
    in Wollstein.

c. aus den Landgemeinden.

Adelnau, Krotoschin, Schildberg, Ostrowo, Koschmin u. Kempen: **Placzek**
    Wirth in Grembow b. Koschmin.
Birnbaum, Bomst, Meseritz u. Schwerin a. W.: **Hoene** Eigenth. in Lindenstadt
    Kr Birnbaum.
Fraustadt, Kosten, Gostyn, Lissa i. P., Schmiegel u. Rawitsch: **Hoffmann**
    Freigutsbes in Jeziora, Kr Rawitsch.
Obornik, Posen-Ost u. West, Samter, Grätz u. Neutomischel: **Höfer** Gbes
    in Ciesle, Kr. Obornik.
Schrimm, Schroda, Pleschen, Wreschen u. Jarotschin: **Lobermeyer** Mühlenbes
    in Rokutow, Kr. Pleschen.

II. Regierungsbezirk Bromberg.

a. aus dem Großgrundbesitz.

Wahlkreis: Bromberg, Mogilno und ein Theil von Znin: Dr. **Wolff**
    Rgbes auf Gorki, Kr Strelno und LdR z. D.
Czarnikau, Kolmar i. P. u. Filehne: Graf **v. Königsmarck** LdR a. D. u. Rgbes
    auf Ober-Lesnitz, Kr Kolmar i. P.
Gnesen u. Witkowo: Dr. **v. Chelmicki** Rgbes auf Zydowo, Kr Witkowo.
Inowrazlaw u. Strelno: **Hugo** Frhr. **v. Wilamowitz-Möllendorff** ObPräs a. D.,
    WirklGehR u. Majoratsbes auf Markowitz.
Schubin u. ein Theil von Znin: **Poll** Rgbes auf Gr. Samoklensk.
Wirsitz: Graf **v. der Goltz** Fideikommißbes auf Czaycze.
Wongrowitz u. ein Theil von Znin: **Martini** Rgbes auf Idasheim, Kr Wongrowitz.

b. aus den Städten.

Bromberg Stadt: **Dietz** Kfm u. StdtR.
Gnesen Stadt: **Boeder** StdtR u. KreissparkassenRend.
In den Kreisen Bromberg, Schubin, Wirsitz u. Städte Znin und Gonsawa
    vom Kreise Znin: **Bärwald** Kfm in Nakel.
In den Kreisen Czarnikau, Kolmar i. P., Wongrowitz, Filehne u. Stadt
    Janowitz, Kreis Znin: **Arndt** Kgl LotterieEinn in Schneidemühl.
In den Kreisen Gnesen, Inowrazlaw, Mogilno, Witkowo, Strelno u.
    Stadt Rogowo, Kreis Znin: **Levy** KommerzR, FabrBes in Inowrazlaw.

c. aus den Landgemeinden.

Bromberg, Schubin, Wirsitz u. ein Theil von Znin: **Schultz** Gutsbes
    in Karolewo, Kr Bromberg.

Czarnikau, Kolmar i. P., Wongrowitz, Filehne u. ein Theil von Znin:
   Ritter Freischulzengutsbef in Stieglitz.
Gnesen, Jnowrazlaw, Mogilno, Strelno, Witkowo u. ein Theil von Znin:
   Kunckel Gbef, OekR in Krenzoly, Kr Jnowrazlaw.

II. Provinzialausschuß.

Vergleiche Allerhöchste Verordnung vom 5. November 1889 zur Ausführung der Bestimmungen in Artikel V A Nr. 4 des Gesetzes vom 19. Mai 1889, betreffend die allgemeine Landesverwaltung und die Zuständigkeit der Verwaltungsgerichts-Behörden in der Provinz Posen (GS. S. 177). Nach demselben besteht der Provinzialausschuß außer dem Landeshauptmann aus 9 Mitgliedern und 9 Stellvertretern.
Vorsitzender: Freiherr von Massenbach GenLdschR u. Rgbef auf Bialokosch) RA4 Kr3 EisKrz2.
Stellvertreter: von Zółtowski Kammerherr u. Rgbef auf Nekla.

Mitglieder:

Uecker Rentier in Posen,
von Zółtowski Kammerherr u. Rgbef auf Nekla,
Freiherr von Massenbach GenLdschR u. Rgbf auf Bialokosch,
Baron von Chlapowski Rgbef auf Szołdry) Kr3 PäpstlPKomKrz2,
von Modlibowski LdschR u. Rgbef auf Gerlachowo,
Kantorowicz Adolf·KommerzR u. StdtR in Posen Kr4,
Dietz Kfm u. StdtR in Bromberg RA4 Kr4,
Kunckell OekR u. Rgbef in Krenzoly RA4,
1 Mitglied fehlt z. Zt.

Stellvertreter:

Boeder StdtR in Gnesen,
Dr. von Chelmicki Rgbef auf Zydowo RA4,
Hoene Gbef in Lindenstadt,
Dr. von Jackowski Rgbef auf Poma= rzanowice,
von Morawski Rgbef auf Jurkowo,
Manthey GemVorst u. Gbef zu Schweinert Hld. Kr4,
Maetze Maurer= u. Zimmermstr in Bojanowo,
Duhme StdtR in Wongrowitz Kr4,
Dr. Cieslewicz Arzt in Strelno.

Außerdem von Amtswegen: der Landeshauptmann bezw. dessen Stellvertreter.

III. Beamte des Provinzial=Verbandes.

Vergleiche Allerhöchste Verordnung vom 5. November 1889 (GS. S. 177), worin unter Anderem im § 27 festgesetzt ist, daß dem Landesdirektor zwei obere Beamte mit berathender Stimme zuzuordnen sind, von denen der eine zum Richteramte oder zum höheren Verwaltungsdienst (Landes-Rath) der andere zu den höheren Staatsämtern im Baufache (Landes-Baurath) befähigt sein muß. — Der Allerhöchste Erlaß vom 10. Dezember 1889 genehmigt, daß der jedesmalige Landesdirektor der Provinz Posen die Be= zeichnung „Landeshauptmann" führt. — Nach statutarischer Anordnung vom 14. November 1889, bestätigt durch Allerhöchsten Erlaß vom 11. Dezember desselben Jahres können dem Landeshauptmann bei eintretendem Bedürfniß noch zwei weitere obere Beamte (Landes=Räthe), nach statutarischer Anordnung vom 17. März 1891, bestätigt durch Allerhöchsten Erlaß vom 13. Mai 1891 noch ein fünfter oberer Beamter, nach statutarischer Anordnung vom 6. März 1893, bestätigt durch Allerhöchsten Erlaß vom 10. April 1893 zwei weitere obere Beamte (Landes=Räthe), nach statutarischer Anordnung vom 1. März 1895, bestätigt durch Allerhöchsten Erlaß vom 17. April 1895 ein weiterer — achter — oberer Beamter (Landes=Rath) und — nach statutarischer Anordnung vom 2. März 1901 — deren Bestätigung noch nicht erfolgt ist — ein weiterer — neunter — oberer Beamter (Landes=Rath) mit berathender Stimme zugeordnet werden.
(Dienstordnung betreffend die besonderen dienstlichen Verhältnisse der provinzialständischen Beamten der Provinz Posen vom $\frac{2.\ \text{Oktober}}{6.\ \text{November}}$ 1890 und Nachtrag vom $\frac{18.\ \text{März}}{6.\ \text{September}}$ 1898).

Landeshauptmann mit dem Range der Räthe II. Kl: Dr. **von Dziembowski**, M des Herrenh., Rgbef auf Bobelwitz RA3Schl LD2 JohRechtsr.
Stellvertreter: Nötel LD2. LdsR LD2.
Obere Beamte: Wolff LdsBauR GehBauR RA4; **Kalkowski** LdsR LD1 (f. V LdsVerflAnst); **Stochr** LdsR LD2 (f. V LdsVerflAnst); Dr. **Ruttke** LdsR (mit der Führung der Direktor=Geschäfte der Pos. Prov. = Feuersoz. beauftragt f. VI); **Wolff** LdsR; **Göritz** LdsR (f. V LdsVerflAnst).
Hülfsarbeiter: Breithaupt, Dr. **Nebe**, **Arnold** GAffeff.
Außerdem in der Landeshauptverwaltung beschäftigt: **Hente** LdsBauJnsp.
Im Dienste der Provinz beschäftigt: **Reichardt** RegBaumstr (Neubau der Provinzial=Jdioten=Anstalt in Kosten), **Kübler** RegBaumstr (Neubau der 4. Provinzial=Irrenanstalt bei Meseritz).

Bureaubeamte: **Knapp** Kdm70/71; **Bloy** Kdm70/71NC; **Bloch, Bürgel, Loos, Schlender, Blind, Schirm, Hedtke, Boehr, Schober, Buffe, Giernat, Neumann, Seidenstücker, Schulze, Stiller, Fätke, Heinrich I, Kiock, Kachuh, Gudat, Diekmann I,** LdsSekretäre.

   Frakanzani, Schwager, Bohrer, Engwer, Schirrholz, Schmidt I, Schörling, Holling, Diekmann II, Pelz, Bureau=Diätare.

   Popp, Buchwalsky, Jskraut, Stern, Holck, Keste, Paute CivSupernumerare.

   Heinrich II, Schmidt II, Barkow, Bertholz Mil.=Anwärter.

Kaffenbeamte: Landeshauptkaffe: **Laschke** Rend RechnR RA4; **Gaertner** OBuchh; **Klar** Kaff.

   Henke ErKrz66 Kdm70/71; **Smolinski, Hanisch, Kliemchen, Herrmann, Ullrich,** Buchh.

   Knauerhase, Bertholz, KaffDiät.·

Technische Hülfsarbeiter: **Groß, Paeschke,** BauTechn.

Kanzleibeamte: **Morenga, Liehr, Sickert,** KDiät.

Untere Beamte: **Senftleben** Botenmftr Kdm70/71; **Fuhrmann** Kaffenbote SächsAllgEhr; **Klein** Hausw Kdm70/71.

IV. Reffort.

1. Direktion der Provinzial-Hülfskaffe.

Statut vom 11. Juli 1888 (GS. S. 260), 1. Nachtrag vom 15. März 1899 (Beilage zum Posener und Bromberger Amtsblatt Nr. 15) und Allerhöchste Verordnung vom 5. November 1889 (GS. S. 177) § 33.

Vorsitzender: der Landeshauptmann.

Stellvertretender Vorsitzender und Syndikus (ord. Mitglied): **Nötel** 1. LdsR (f. vorher).

Stellvertreter des Syndikus: Dr. **Rebe** GAffeff (f. vorher).

a) Vom Provinziallandtage erwählte

Mitglieder:	Stellvertreter:
von **Morawski** Rgbef auf Jurkowo (f. Prov.=Ausfch.),	von **Zöltowski** Rgbef auf Kadzewo,
Kantorowicz KommerzR u. StdtR in Posen (f. Prov.=Ausfch.),	von **Heydebrand** u. d. Lasa Kammerj. Rgbef auf Storchnest,
von **Guenther** LandschR Rgbef auf Grzybno,	**Ritter** Gbef in Nakel
Jakubowski Stdtv in Liffa i. P.	**Schultz** Gbef in Karolewo.

b) Ernannte Mitglieder:

von **Oppen** RegAffeff.

2. Die Landeskultur=Rentenbank für die Provinz Posen in Posen.

Vergleiche Statut derfelben vom 17. Juni 1885 (Posener Amtsblatt S. 361, Bromberger Amtsblatt S. 365). Die Verwaltnng der Landeskultur-Rentenbank wird von der Direktion der Provinzial-Hülfskaffe für die Provinz Posen geführt.

3. Provinzial=Irrenanstalten.

a) in Owinsk.

Eingerichtet für 700 Kranke. — Reglement vom $\frac{5.\ März}{27.\ Juni}$ 1895 und Nachtrag vom $\frac{2.\ März}{29.\ Juni}$ 1897 (Posener Amtsblatt 1897 S. 311).

Aerzte: Dr. **Werner** Dir u. 1. Arzt, Dr. **Teichert** OArzt 2. Arzt, Dr. **Winckler** 3. Arzt, Dr. **Christoph** 1. AffiftArzt, **Sturmhöfel** 2. AffiftArzt.

Bureaubeamte: **Rauschke** OekVerw, **Kamke** Rendant, **Herold** BurDiät.

Unterbeamte: **Groeger** Hausvater AllgEhr, **Menke** Gärtner, **Czygan** 1. OWärter, **Krispin** 2. OWärter, **Byczynski, Panowicz, Kaifer, Sroka, Pawlak** etatsm. Wärter, **Leschhorn** 1. OWärterin, **Szrejbrowska** 2. OWärterin, **Karaskiewicz** etatsm. Wärterin, **Dolata** Meier.

b) in Dziekanka.

Eingerichtet für 650 Kranke. — Reglement vom $\frac{5.\ \text{März}}{27.\ \text{Juni}}$ 1895 und Nachtrag vom $\frac{2.\ \text{März}}{29.\ \text{Juni}}$ 1897 (Posener Amtsblatt 1897 S. 313, Bromberger Amtsblatt 1897 S. 393).

Aerzte: Dr. **Kayser** SanR Kdm 70/71 Dir u. 1. Arzt, Dr. **Freiherr von Blomberg** OArzt u. 2. Arzt, Dr. **Wickel** komm. 3. Arzt, Dr. **Pawel** AssistArzt.
Bureaubeamte: **Drews** Rend, **Jungfer** OekVerw, **Hancke** AnstaltsSekr.
Unterbeamte: **Jahnke** OWärter, **Griepentrog** 1. OWärterin, **Toefflinger** 2. OWärterin.

c) Provinzial-Irren- und Idioten-Anstalt in Kosten.

Eingerichtet für 700 Insassen, darunter 200 Idioten. Für die Provinzial-Irren-Pflegeanstalt Kosten ist das Reglement vom 7., 27. März 1893 (Posener Amtsblatt 1893 S. 190, Bromberger Amtsblatt 1893 S. 220) erlassen. Das Reglement für die am 1. Oktober 1899 eröffnete Idiotenanstalt steht noch aus.

Aerzte: Dr. **Dluhosch** Dir u. 1. Arzt, Dr. **Halleur** OArzt u. 2. Arzt, Dr. **Havemann** 1. AssistArzt, Dr. **Lehmann** 2. AssistArzt.
Lehrer: **Scheffler.**
Bureaubeamte: **Jsensee** AnstaltsSekr (OekVerw), **Klimpel** Rend, **Scherwentke** BurDiät.
Unterbeamte: **Teichert** Hausvater, **Waurich**, **Eichler** OWärter, **Dettlaff**, **Englerdt** OWärterin, **Beyer** Kindergärtnerin, **Salata** Aufseher.

4. Provinzial-Taubstummen-Anstalten.

a) zu Posen.

Reglement vom $\frac{20.\ \text{April}}{25.\ \text{Mai}}$ 1874 (Posener Amtsblatt S. 257, Bromberger Amtsblatt S. 265 und Zentralblatt für Unterrichts-Verw. S. 264) und Nachtrag vom 2. Juni 1888 (Posener Amtsblatt 1888 S. 262, Bromberger Amtsblatt 1888 S. 222).

Direktor: **Radomski** SchulR mit dem Range der Räthe IV. Kl.
1. Lehrer: **Wroblewski.**
Ordentliche Lehrer: **Klimaszewski**, **Schreiber**, **Makowski**, **Klarowicz**, **Suchowiak**, **Janaszek**, **Bochynski**, **Froelich**, **Szyszka**, **Lange**, **Jankowski**, **Linte**, **Retzlaff**, **Matheus.**
Ordentliche Lehrerin: Frl. **Reymann.**
Hülfslehrer: **Fischbach**, **Schoen**, **Veil.**
Hausvater und Kassenführer: **Szymanski** Kdm 70/71 D1 AllgEhr.
Anstaltsdiener: **Feld.**
Aufseher und Handwerksmeister: **Deutsch.**
Hausmutter: **Deutsch.**
Krankenpflegerin: **Janicka.**

b) zu Schneidemühl.

Reglement vom 3. April 1872 (Posener Amtsblatt S. 129, Bromberger Amtsblatt S. 112) und Nachtrag vom 2. Juni 1888 (Posener Amtsblatt S. 262, Bromberger Amtsblatt S. 222).

Direktor: **Schmalz.**
Ordentliche Lehrer: **General**, **Marszalek**, **Zindler**, **Schröder**, **Kroll**, **Nordmann**, **Schmidt**, **Menner**, **Androwski**, **Podolski**, **Eisermann.**
Hausvater und Kassenführer: **Ehrhardt.**
Anstaltsdiener: **Krause.**
Aufseher und Handwerksmeister: **Remus.**
Hausmutter: **Roßdeutscher.**

c) zu Bromberg.

Für diese Anstalt ist das Reglement der Anstalt in Schneidemühl (b) maßgebend.

Direktor und 1. Lehrer: **Nordmann.**
Ordentliche Lehrer: **Kloß**, **Biedermann**, **Berndt**, **Lieke**, **Grimm**, **Fleig.**
Hülfslehrer: **Schroeter.**
Hülfslehrerin: Frl. **Grabe.**

5. Provinzial-Blindenanstalt in Bromberg.

Reglement vom 18. Februar 1873 (Posener Amtsblatt S. 65, Bromberger Amtsblatt S. 53).

Direktor und 1. Lehrer: Wittig Kr4.
Ordentliche Lehrer: Hausner, Fleig, Krause, Niepel.
Ordentliche Lehrerin: Frl. Braun.
Rendant: Rünger.
Hausvater: Kaehler.
Werkmeister: Rzymkowski, Eiff, Richter.
Handarbeitslehrerin: Frl. Kistenmacher.
Anstaltsdiener: Löhrke.
Aufseher: Kaminski.
Aufseherin: Otto.

6. Provinzial-Hebammen-Lehranstalt in Posen.

Reglement vom 12. November 1875 (Posener Amtsblatt 1876 S. 35, Bromberger Amtsblatt 1876 S. 63) und Nachtrag vom 31. Juli 1885 (Posener Amtsblatt 1885 S. 243, Bromberger Amtsblatt S. 261). Ein neues Reglement ist in Vorbereitung.

Direktor und 1. Lehrer: Dr. Toporski MedR.
2. Lehrer: Dr. Andersch.
3. Lehrer: Dr. Hampel.
Oberhebamme: Duhs.

7. Niedere landwirthschaftliche Lehranstalten.

a) Provinzial-Gärtner-Lehranstalt in Koschmin.

Reglement vom 22. Januar 1876 (Posener Amtsblatt 1876 S. 82, Bromberger Amtsblatt 1876 S. 81).

Vorsteher: Grabbe (probeweise).

b) Landwirthschaftliche Winterschule in Fraustadt.
Statut vom 13. März 1891.

Vorsteher: Seidenschwanz LandwL.

c) Landwirthschaftliche Winterschule in Inowrazlaw.
Statut vom 13. März 1895.

Vorsteher: Kirscht LandwL.

d) Provinzial-Wiesenbauschule in Bromberg.

Statut vom 5. März 1895 (Posener Amtsblatt 1895 S. 373, Bromberger Amtsblatt 1895 S. 274).

Vorsteher: Zirkel KulturT (probeweise).

8. Abwehr und Unterdrückung von Viehseuchen.

Vergleiche Reglement zum § 16 des Preußischen Gesetzes vom 12. März 1881, betreffend die Ausführung des Reichsgesetzes über die Abwehr und Unterdrückung von Viehseuchen vom 27. Februar 1883 (Posener Amtsblatt S. 77, Bromberger Amtsblatt S. 85).

9. Landarmen- und Korrigendenwesen.

Der für die Provinz Posen bestehende Landarmenverband umfaßt die Regierungsbezirke Posen und Bromberg. Die Verwaltung desselben mit Einschluß des vormaligen Arbeits- und Landarmenhauses zu Kosten ist mit dem 1. Januar 1872 auf den Provinzialverband übergegangen. Die Verwaltung wird nach Maßgabe der Allerhöchsten Verordnung vom 5. November 1889 (GS. S. 177) von dem Provinzial-Ausschusse und dem Landesdirektor geführt. Das Arbeits- und Landarmenhaus zu Kosten ist mit dem 31. März 1893 aufgelöst worden.

a) Arbeits- und Landarmenhaus in Bojanowo.

Eingerichtet für 450 Insassen. (Reglement vom 7. 27. März 1893 Posener Amtsblatt 1893 S. 190, Bromberger Amtsblatt 1893. S. 221).

Vorsteher: Schultze.
Rendant: Hirthe.
Sekretäre: Graewe, Günther.

Oberaufseher und Hausvater: **Kirsch.**
Aufseher: **Klapprodt** ErKrz66 Kdm70/71, **Paetzold** LD2 Kdm70/71 RAMed, **Hanke** Kdm70/71, **Frąckowiak** Kdm70/71, **Roerenberg** Kdm70/71, **Ihm, Dyhring, Kowalewski.**

b) Arbeits- und Landarmenhaus in Fraustadt.

Eingerichtet für 130 Insassen. (Reglement vom 7. 27. März 1893, Posener Amtsblatt 1893 S. 191, Bromberger Amtsblatt 1893 S. 222).

Direktor: **Bieler** LD2.
Sekretär: **Wolff.**
Oberaufseherin: **Rabdatz.**
Aufseherinnen: **Poppe, Wenzel.**

c) Landarmenhaus in Schrimm.

Eingerichtet für 380 Insassen. (Reglement vom $\frac{7. \text{März}}{24. \text{Mai}}$ 1893, Posener Amtsblatt 1893 S. 233, Bromberger Amtsblatt 1893 S. 289).

Vorsteher: (fehlt.)
Bureau- und Kassen-Diätar: **Matter.**
Hausvater: **Nowaczyk.**
Aufseher: **Funke.**
Aufseherin: **von Kierska.**

10. Fürsorgeerziehungswesen.

Die Unterbringung verwahrloster Kinder erfolgt in Ausführung des Gesetzes über die Fürsorgeerziehung Minderjähriger vom 2. Juli 1900 (GS. S. 264).
Die ministerielle Bestätigung des Reglements zur Ausführung des Gesetzes steht noch aus.

a) Provinzial-Erziehungs-Anstalt in Schubin.

Eingerichtet für 200 Zöglinge katholischer Konfession.
Die ministerielle Bestätigung des Reglements steht noch aus.

Vorsteher und 1. Lehrer: **Kauder.**
Lehrer: **Lietz, Rademacher, Koschel.**
Hausvater und Kassenführer: **Schneider.**
Aufseher: **Sansalla, Thiedemann, Gabor, Kaminski, Kwiotek, Moscynski.**
Hausmutter: **Liebner.**

b) Provinzial-Erziehungs-Anstalt Zerkwitz.

Eingerichtet für 100 Zöglinge evangelischer Konfession.
Die ministerielle Bestätigung des Reglements steht noch aus.

Vorsteher und 1. Lehrer: **Masurek.**
Lehrer: **Kroll, Ueberschär.**
Aufseher: **Brathe, Schweinberger, Hinderlich.**
Hausmutter: **Goy.**

11. Wittwen- und Waisen-Kasse für die Gemeinde-Beamten in der Provinz Posen.

Reglement vom $\frac{18. \text{März}}{6. \text{Juni}}$ 1898 (Posener Amtsblatt 1898 S. 323, Bromberger Amtsblatt 1898 S. 358).

12. a) Provinzialmuseum und Landesbibliothek.

Vorsteher: Dr. **Schwartz** Lds-Bibliothekar.
Wissenschaftlicher Assistent: Dr. **Minde-Pouet.**
Wissenschaftlicher Hülfsarbeiter: Dr. **Jaeschke.**
Bureau-Diätar: **Wiele.**
Pförtner: **Zingel.**

b) Provinzial-Konservator.

Dr. Schwartz LdsBibliothekar (s. vorher).

13. Provinzial-Kommission zur Erforschung und zum Schutze der Denkmäler der Provinz Posen.

Die Provinzial-Kommission besteht aus dem Vorsitzenden des Provinzialausschusses, ferner dem Landes-hauptmann oder dessen Stellvertreter von Amtswegen, und aus 8 von dem Provinzialausschusse auf 6 Jahre gewählten Mitgliedern. Dieser Kommission tritt der Provinzial-Konservator mit berathender Stimme hinzu.

Vorsitzender: Frhr. von Massenbach, GenLdsdchsR u. Rgbes auf Bialokosch (s. ProvAussch).

Mitglieder: Dr. Prümers StArchivar ArchivR zu Posen (s. StArchive), Dr. Likowski Weihbischof zu Posen, Skladny GehReg- u. SchulR zu Posen, Oberlehrer Dr. Friebe RealgDir zu Posen, Jaffé (Moritz) Kfm u.GerAssess a. D. zu Posen, Dr. Schmidt zu Bromberg, Moritz Reg u. BauR zu Bromberg.

Stellvertreter: Dr. Warschauer Archivar zu Posen, Wanjura Dompropst zu Posen, Pelz Reg- u. BauR zu Posen, von Zablocki Rgbes auf Osiek, Kleinwächter Superintend zu Posen, Dr. Rummler Prof zu Posen, Grosmann Kfm u. RHerr zu Fraustadt, Dr. Lewinski JustR RAnw zu Posen.

14. Posensche landwirthschaftliche Berufsgenossenschaft.

Vergleiche Reichsgesetz betreffend die Unfall- und Krankenversicherung der in land- und forstwirthschaftlichen Betrieben beschäftigten Personen vom 5. Mai 1886. und vom 30. Juni 1900. — Preußisches Gesetz vom 20. Mai 1887, betreffend die Abgrenzung und Organisation der Berufsgenossenschaften auf Grund des § 119 des Reichsgesetzes über die Unfall- und Krankenversicherung der in land- und forstwirthschaftlichen Betrieben beschäftigten Personen vom 5. Mai 1886. — Statut für die Posensche landwirthschaftliche Berufsgenossenschaft vom 20. Dezember 1887/25. Januar 1888 (Posener Amtsblatt 1888 S. 108, Bromberger Amtsblatt 1888 Sonderbeilage zu Nr. 13) und Nachtrag vom 19. Oktober/13. November 1898 (Posener Amtsblatt 1898 Sonderbeilage zu Nr. 49, Bromberger Amtsblatt 1898 Sonderbeilage zu Nr. 49).

Genossenschafts-Vorstand: Der Provinzialausschuß.

Sektions-Vorstände: Die Kreis- und Stadt-Ausschüsse.

15. Bau-Unfall-Versicherung

der bei den Regiebauten des Provinzial-Verbandes der Provinz Posen beschäftigten Personen.

Bau-Unfallversicherungsgesetz vom 30. Juni 1900. Reichs-Gesetz-Blatt Nr. 29 S. 573 ff und 698 ff).

Ausführungsbehörde: Der Landeshauptmann.

16. Chaussee- und Wegebau-Verwaltung.

Das unterm 27. Dezember 1875 (GS. 1876 S. 23) erlassene Regulativ für die Provinzialständische Kommission für den Chaussee- und Wegebau bleibt nur insofern in Kraft, als dasselbe nicht durch die Allerhöchste Verordnung vom 5. November 1889 (GS. S. 177) außer Kraft getreten ist.

Es sind vorhanden 12 Landesbauinspektionen.

a) Landesbauinspektion Posen-Ost

für die Kreise Posen-Ost, Wreschen, Schroda u. einen Theil des Stadt-kreises Posen.

Beamte: Mascheret LdsBauJnsp BauR in Posen EisKrz2 LD1 Kdm70/71, Kunst BauSekr in Posen.

Chaussee-Oberaufseher: Schmidt II in Nadolnik Kdm70/71, Kliemann in Eschwalde EisKrz2 ErKrz66 Kdm70/71.

Chausseeaufseher: Zinke in Glowno Hld, Kramaschke in Zwno, Boß in Skrzynki Kdm70/71, Hartding in Zasutowo, Scholz in Gr. Guttowy, Panten in Santomischel, Martens in Promno, Wernite in Gozdowo.

Brückenwärter: Knaak in Lubrze.

b) Landesbauinspektion Posen-West

für die Kreise Posen=West, Samter, Neutomischel, Grätz u. einen Theil
des Stadtkreises Posen.

Beamte: **Schoenborn,** LdsBauJnsp in Posen, **Scharf** BauSekr in Posen.
Chaussee=Oberaufseher: **Kleinert** in Wintary Kdm70/71, **Breitenfeld** in Pinne.
Chausseeaufseher: **Streit** in Posen (St. Lazarus) Kdm70/71, **Koch II** in Stenschewo,
    Sperling in Syskowo DüppStKrz66 ErKrz66 Kdm70/71, **Geißler** in Opalenitza
    Kdm70/71, **Richter II** in Kazmierz, **Ziebell** in Neutomischel, **Rothstock** in Lipnica
    Kdm70/71, **Gettler** in Großdorf b. Buk Kdm70/71, **Kaßner** in Obersitzko, **Heldt**
    in Ludowo, **Mattner** in Wronke, **Dahlko** in Strykowo.
Brückenwärter: **Schaefer** in Obersitzko, **Strauch** in Wronke.

c) Landesbauinspektion in Kosten

für die Kreise Kosten, Schmiegel, Schrimm.

Beamte: **von der Osten=Sacken** LdsBauJnsp, **Bembnowski** BauSekr.
Chaussee=Oberaufseher: **Steinke** in Racot, **Vogel** in Schrimm EisKrz2 AllgEhr
    ErKrz67 Kdm70/71.
Chausseeaufseher: **Mielke, Wilhelm** in Schmiegel, **Hansch** in Poln.=Wilke, **Grützmacher**
    in Kowalewo, **Carl** in Jerka ErKrz66 Kdm70/71, **Hadrys** in Czempin, **Glander**
    in Xions (probew.), **Berthold** in Schrimm EisKrz2 Kdm70/71, **Bathke**
    in Ziomek Kdm70/71.
Brückenwärter: **Menzel** in Schrimm.

d) Landesbauinspektion in Meseritz

für die Kreise Birnbaum, Schwerin, Bomst, Meseritz.

Beamte: **Bartsch** LdsbauJnsp, **Vogel** BauSekr.
Chaussee=Oberaufseher: **Leifeld** in Großdorf EisKrz2 ErKrz66 Kdm70/71, **Engel**
    in Wollstein.
Chausseeaufseher: **Grandke** in Alt=Widzim EisKrz2 ErKrz66 Kdm70/71, **Gasse**
    in Schwerin a. W., **Wenzlaff** in Rakwitz Kdm70/71, **Nachuth** in Neudorf=Karge,
    Krüger in Mechnatsch, **Müller** in Schwerin a. W. Kdm70/71, **Neumann I** in
    Zirke Kdm70/71, **Löhlau** in Lehfelde, **Liebs** in Dürrlettel Kdm70/71, **Holze**
    in Wierzebaum AllgEhr, **Mundt** in Gr.=Chrzypsko, **Neumann II** in Politzig,
    Thiel in Meseritz, **Seydell** in Jablone, **Koether** in Tirschtiegel EisKrz2
    MilEhr2 AllgEhr ErKrz66 Kdm70/71.

e) Landesbauinspektion in Lissa

für die Kreise Fraustadt, Lissa, Rawitsch, Gostyn.

Beamte: **John** LdsBauJnsp BauR EisKrz2 LD2 Kdm70/71, **Humbroich** BauSekr.
Chaussee=Oberaufseher: **Raffel** in Bodzewo AllgEhr Kdm70/71, **Butze** in Lissa
    AllgEhr DüppStKrz64 ErKrz66.
Chausseeaufseher: **Handke** in Dombrowka, **Reimann** in Dusin, **Smieja** in Przyborowo,
    Kunde in Dlonie, **Heinrich** in Sarne, **Lange** in Pempowo, **Bamberg** in
    Rawitsch, **John** in Gostyn AllgEhr, **Prell** in Heyersdorf Kdm70/71, **Ewert**
    in Garzyn Kdm70/71, **Burzynski,** in Lissa, **Koch I** in Dtsch=Jeserix, **Kretschmer**
    in Kaltvorwerk, **Linhardt** in Storchnest, **Hentschel** in Dzientschin.

f) Landesbauinspektion in Krotoschin

für die Kreise Pleschen, Jarotschin, Krotoschin, Koschmin.

Beamte: **Schiller** LdsBauJnsp, **von Borzym** BauSekr.
Chaussee=Oberaufseher: **Köpsell** in Krotoschin.
Chausseeaufseher: **Thieß** in Sobotka, **Knispel** in Pleschen AllgEhr ErKrz66K
    Kdm70 71/NC, **Kiewitt** in Woryta EisKrz2 AllgEhr ErKrz66 Kdm70/71,
    Grünwald in Klenka, **Elsner** in Maythal, **Heldt** in Borek, **Schubert** in
    Jarotschin, **Aßmann** in Wyganowo, **Müller** in Pogorzela, **Reinke** in Koschmin,
    Zirke in Krotoschin, **Loeck** in Pleschen, **Hinz** in Dobrzyca, **Reichelt** in Tunniday.

g) Landesbauinspektion in Ostrowo

für die Kreise Adelnau, Ostrowo, Schildberg, Kempen.

Beamte: **Hoffmann** LdsBauJnsp BauR, **Klintzsch** BauSekr.

Chaussee-Oberaufseher: **Marcks** in Szczygliczka, **Wendland** iu Olschowa.

Chausseeaufseher: **Nüske** in Pruslin AllgEhr Kdm70/71, **Kaminski** in Wygoda, **Richter** I in Lamti AllgEhr Kdm70/71, **Wolf** in Antonin, **Sokolowski** in Baranow, **Borowski** in Adelnau, **Albrecht** in Adelnau, **Kreis** in Schildberg, **Kwiatkowski** in Czekanow, **Wojczyk** in Laski.

h) Landesbauinspektion in Bromberg

für die Kreise Bromberg, Jnowrazlaw, Stadtkreis Bromberg.

Beamte: **Ziemski** LdsBauJnsp, **Platzek** BauSekr.

Chaussee-Oberaufseher: **Seidel** in Crone a. Br., **Werner** in Jnowrazlaw.

Chausseeaufseher: **Pieper** in Monkowarst, **Uecker** in Jägerhof, **Gräber** in Gr.-Bartelsee AllgEhr ErKrz66 Kdm70/71, **Düring** in Myslencinek AllgEhr ErKrz66 Kdm70/71, **Koch** III in Stryschek, **Ehmke** in Dybow, **Lenz** in Rohrbeck, **Stiller** in Jnowrazlaw, **Lehnberg** in Argenau, **Tornow** in Jnowrazlaw.

i) Landesbauinspektion in Gnesen

für die Kreise Gnesen, Witkowo, Mogilno, Strelno.

Beamte: **Cranz** LdsBauJnsp BauR, **Fischer** BauSekr.

Chaussee-Oberaufseher: **Schmidt** I in Gnesen EhrKrz66 Kdm70/71, **Herrmann** in Mogilno.

Chausseeaufseher: **Liebelt** in Montwy EisKrz2 DüppStKrz64 ErKrz64 ErKrz66 Kmd70/71, **Ludwig** in Rogowo, **Frank** in Witkowo, **Mademann** in Welnau Kdm70/71, **Ballowitz** in Braciszewo Kdm70/71, **Becker** II in Tremessen, **Haake** in Kaisersfelde, **Knopf** in Strelno (probeweise), **Görlitz** in Kruschwitz, **Koerner** in Kruschwitz, **Maihak** in Myslontkowo.

k) Landesbauinspektion in Rogasen

für die Kreise Obornik, Wongrowitz, Znin.

Beamte: **Vogt** LdsBauJnsp, **Lück** BauSekr.

Chaussee-Oberaufseher: **Lukowski** in Kaliska, **Becker** I in Obornik Kdm70/71.

Chausseeaufseher: **Schuchardt** in Studziniez, **Block** in Damaslaw, **Kuhne** in Dombrowo, **Klütze** in Stolencin Kdm70/71, **Kleemann** in Laziska AllgEhr ErKrz66 Kdm70/71, **Schröder** in Schokken, **Busse** II in Polajewo MilEhr2 AllgEhr ErKrz66 Kdm70/71, **Kunkel** in Gosciejewo, **Matzel** in Obornik, **Krause** in Podgorzyn.

Brückenwärter: **Egner** in Obornik.

l) Landesbauinspektion in Schneidemühl

für die Kreise Kolmar, Czarnikau, Filehne.

Beamte: **Semler** LdsBauJnsp, **Wagner** BauSekr.

Chaussee-Oberaufseher: **Opitz** in Schneidemühl Kdm70/71, **Bloedorn** in Bellevue EisKrz2 AllgEhr Kdm70/71.

Chausseeaufseher: **Wellniak** in Grabau EisKrz2 Kdm70/71, **Hoffmann** in Usch, **Weyer** in Budsin, **Bitthien** in Lubasz AllgEhr, **Kohn** in Schönlanke, **Kranz** in Filehne, **Goetz** in Margonin Kdm70/71, **Wasserzieher** in Weissenhöhe.

m) Landesbauinspektion in Nakel

für die Kreise Wirsitz, Schubin.

Beamter: **Pollatz** LdsBauJnsp, **Babst** BauSekr.

Chaussee-Oberaufseher: **Reitzke** in Neuwelt.

Chausseeaufseher: **Warmbier** in Friedrichsgrün, **Neumann** III in Krotoschin bei Bartschin, **Brehmer** in Labischin, **Schroeder** in Schottland Kdm70/71, **Schnick** in Nakel ErKrz66 Kdm70/71, **Arnold** in Netzthal, **Paehlke** in Klarashöhe, **Krause** in Rattay, **Ernst** in Exin.

17. Betriebs=Krankenkasse für die provinzialständische Chaussee=Verwaltung der Provinz Posen.

Statut vom $\frac{17.\ \text{Oftober}}{23.\ \text{Dezember}}$ 1892 auf Grund des Krankenversicherungsgesetzes vom
15. Juni 1883 (Reichs=Gesetzblatt S. 73 ff.).
10. April 1892 (Reichs=Gesetzblatt S. 379 ff.).

Vorstands=Vorsitzender: Noetel 1. LdsR (s. Landeshauptverw.).
Stellvertreter: Breithaupt GAssess (s. Landeshauptverw.).
Außerdem besteht der Vorstand aus 3 von der Generalversammlung gewählten Kassen=Mitgliedern.

18. Provinzial=Bureau für den Bau von Kleinbahnen zu Posen.
Vorsteher: von Beyer Kgl EisBau= u. BetrInsp a. D.

V. Landes=Versicherungsanstalt in Posen.
(Invalidenversicherungsgesetz vom 13. Juli 1899).
Satzungen für die Landes=Versicherungs=Anstalt vom $\frac{18.}{30.}$ Dezember 1899.

a) Provinzialständische Beamte.
Vorsitzender des Vorstandes: Dr. von Dziembowski LdsHptm.
Vertreter im Vorsitz: Stoehr LdsR LD2.
Sonstige obere Beamte: Kalkowski LdsR, Göritz LdsR (Vorstands=Mitglied) (s. III. Beamte des Prov.=Verbandes „Obere Beamte").
Bureaubeamte: Stiller, Rosenau, Heider, Hildebrandt, Neumann, Siegmund I, Maaß, Weimann, König, Sellge, Michaelis, Schneider, Bunzel, Schwiethal, Jaeger, Netzlaff, Krüger, Norkus, Schulz, Weithe Landessekretäre.
Troelenberg, Vorhauer, Kuske, Ludwig I, Wille, Zdziarski, Spiller, Hantke SächsAllgEhr, Kusch, Vetter, Hill, Waury, Klamke, Köhler, Dussa, Freytag, Kitschmann, Jung I, Hoering, Jung II, Wandelt BurDiätare.
Kanzleibeamte: Gliesche, Dega, Bendix, Rohner, Gausche, Minkwitz, Behrens Kanzlei=Diätare.
Untere Beamte: Schiersch Bote.

b) Anstalts=Beamte.
Revisoren der Kartenabtheilung: Ziegler, Sasse I.
Civil=Supernumerare: Wegner, Sommer.
Registratur=Hülfsarbeiter: Engel.
Hülfsregistratoren: Jordan, Goldschmidt, Laskowski, Langner, Dreßler I, Lemme, Abraham, Ludwig II, Kluge, Frenzel I, Giese, Westphal, Bulakowski.
Hülfsarbeiter der Kartenabtheilung: Mützell, Krieger, Lange, Kosmalski, Sasse II, Siegmund II, Mitschke, Neumann II, Dreßler II, Biech, Meißner, Petruschke.
Ständige Controlbeamte: Tuszewski Kdm70/71, Engel, Löscher EisKrz2 Kdm70/71, Juncker, Sander EisKrz2 Kdm70/71, Walkowski, Heck, Müller, Meier LD2 Kdm70/71, Liman, Rudelius, Illner, Schuster, Temme, Winkler, von Srebrnicki.

VI. Posensche Provinzial=Feuer=Sozietät.
Neue Satzungen vom 8. Juni 1892 — (Staats=Anzeiger vom 28. Juni 1892 I. Beilage; Posener Amts=blatt Nr. 249, Bromberger Amtsblatt S. 301) und Nachtrag vom $\frac{27.\ \text{März}}{5.\ \text{Juni}}$ 1899 — (Posener Amtsblatt 1899 S. 304, Bromberger Amtsblatt 1899 S. 291.)
Organe der Sozietät: a) der Provinziallandtag; b) der Provinzialausschuß; c) der Landeshauptmann; d) die Feuersozietäts=Kommission; e) der Direktor der Sozietät.
Direktor (komm): Dr. Nuttke LdsR } (s. III. Beamte des Prov.=Verb. „Obere
Stellvertreter: Noetel Erster LdsR } Beamte").

A. Provinzialständische Beamte.

Inspektoren: **Braunert, Malchert.**
Bureaubeamte: **Demke, Grunwald, Fischbach, Rathgen, Heinze, Klamm** Landes=
Sekretäre; **Bogacki, Zaedow** techn Sekretäre; **Stamm, Neumann, Alberti,
Preibisch, Werner, Siegmund** BurDiätare; **Werner, Kaps, Reichelt, Flechtner,
Türke, Fuhrmann** I u. II, **Klemm, Lindner, Schön, Lehmann, Vollmer,
Mindykowski, Preßler** BurHülfsarbeiter.

B. Feuer=Sozietäts=Beamte.

Inspektoren: **Roth** LD2 Kdm66 u. 70/71, **Hoffmann** Kdm70/71.
Bureaubeamte: **Konasky** Sekr; **Sachse** Kanzl; **Weiche** techn Hülfsarb. LD2
Kdm66 u. 70/71.
Als Direktoren der Kreis=Feuersozietäten fungiren in den Landkreisen die
Landräthe, in den Stadtkreisen die Ersten Bürgermeister.

VII. Posensche Feuerwehr=Unfallkasse.

(Statut vom 19. Januar 1895. Genehmigt vom Ministerium des Innern 30. Mai 1895.)

Der Verwaltungsrath der Kasse besteht aus dem Direktor der Provinzial=
Feuersozietät bezw. seinem Stellvertreter als Vorsitzenden und vier Mitgliedern, welche
mit einer gleichen Anzahl von Stellvertretern aus der Zahl der Vertreter der zur
Kasse beigetretenen Kommunalverbände bezw. Mitglieder der Feuerwehren auf die
Dauer von drei Jahren gewählt werden.
Zwei Mitglieder bezw. Stellvertreter werden vom Provinzialausschuß, zwei
von den Provinzialversammlungen (Feuerwehrtagen) des Posenschen Provinzial
Feuerwehrverbandes gewählt.

II. Kreditinstitute.

Königliche Direktion der Posener Landschaft.

Wilhelmsplatz Nr. 15.

A. Mitglieder der Königlichen Direktion der Posener Landschaft.

GenerallandschaftsDir: **v. Staudy** Major a. D., M d. AuskComm f. Westpr.
u. Posen, M d. Deutschen Reichst u. Preuß AH RA2Eich EisKrz2 LD1 Dkm 64
ErKrz 66 Kdm 70/71 RKM2 RussStan2.
Syndikus: **Klose** GenLandschR u. GehRR, Stellv d. Dir in Abwesenheits= u.
Behinderungsfällen, RA3Schl Kr2 m. d. Zahl 50.
Stellv Syndikus: **Ausner** GenLdschR, Oberleutnant a. D. RA4 LD1 Kdm70/71.
Generallandschaftsräthe: Freiherr **v. Massenbach** Rgbes, M d. ProvLandtages u.
d. ProvAussch Leutn a. D., RA4 Kr3 EisKrz2 ErKr 66 Kdm 70/71, **Kaulisch**
Oberleutn d. R. LD2, Landschaftsrath **v. Zychlinski** (komm).
Kassen= und Büreaubeamte: **David** Rendant, **Jantke** Kalkul ErKrz 66 Kdm 70/71
LD2 D3, **Donath** Sekr ErKrz66 Kdm70/71 D3, **Winiecki** ObBuchh, **Klau**
Kalkul Kdm70/71 LD2 D3, **Schmiechen** Buchh ErKrz66 EisKrz2 Kdm 70/71,
Alias Kalkul, **Stolzmann** Buchh ErKrz66 Kdm70/71 D1 AllgEhr, **Hahn** Kass,
Beßler Registr, **Neugebauer, Fiering** Buchh D3, **Schrader** Kalkul D3, **Weiß,
Peglau** Sekr, **Zippel** Assist, **Loeßler** Kalkul D3, **Großer** Assist, **Stolzenberg** Kalkul,
Junge D3, **Raschke** Assistenten, **Theuer** Registraturgehilfe, **Wendland** Assist.
Kanzleibeamte: **Mediger** KVorst, **Kneifel** Kassenschreiber, **Wittiger, Steffan** Kdm
70/71 D2 Kanzlisten.
Diätare und Hilfsarbeiter: **Peschke** LD2 ErMed48, **Schröter, Lindner, Knetsch**
D3, **Schneider** Diätare, **Schoepke, Krause, Pyszkowski, Krüger** Hilfsarb.

Unterbeamte: **Krause** Kassenbote ErKrz66 Kdm70/71 LD2 AllgEhr, **Buszkiewicz,** **Pawlowski** Kdm70/71 LD2 BurDiener, **Pfennig** Portier, **Borrmann** Hauswart und Wächter.

B. Beamte der Posener landschaftlichen Bank.
Lindenstraße Nr. 1.

Schwidtal Dir u. 1. Vorstandsb, **Streim** Subdir u. 2. Vorstandsb, 1 Buchh u. stellv. Vorstandsb z. Zt. unbesetzt, **Große** Kass, **Procop** Buchh, **Poesler, Rinsch** **Worbs, Zientkiewicz** Diätare, **Milkowski** Bankbote.

Provinzial=Landschafts=Direktion in Bromberg.

Landschaftsdirektor: **Franke** Rgbes auf Gondes b. Klahrheim RA4 EisKrz2.
Landschaftsräthe: (f. d. Kreis Konitz): **Wilberg** Rgbes auf Pantau RA4, (für den Kr. Bromberg): **Kunckell** OekR u. Rgbes auf Krenzoln b. Güldenhof, (f. d. Kr. Jnowrazlaw): **v. Busse** Rgbes auf Latkowo b. Jnowrazlaw.
Landschaftsdeputirten: (für den Kr. Jnowrazlaw): **v. Borck** Rgbes auf Dombrowka, **Hinsch** Rgbes auf Lachmirowitz, **Voeltzkow** Rgbes auf Dziennitz bei Jnowrazlaw; (f. d. Kr. Bromberg): **Rahm** Rgbes auf Woynowo b. Wilhelmsort, **Kauffmann** Rgbes auf Hedwigshorst; (f. d. Kr. Konitz): **Germann** Rgbes auf Tucholka b. Tuchel, Frhr. **v. d. Goltz** Rgbes auf Pagdanzig b. Prechlau, **v. Wolszlegier** Rgbes auf Schönfeld b. Konitz, **Rasmus** Rgbes auf Zawadda (Hasenau) b. Brachlin.
Syndikus: **Hantelmann** JustR u. GehRegR RA4.
Kassen= u. Bureaubeamte: **Winkler** Rentmstr, **Eckardt** Buchh, **Riechert** Sekr, **Jahnke** Bote.

Provinzial=Landschafts=Direktion in Schneidemühl.

Landschaftsdirektor: **Goerl** Rgbes auf Quiram b. Rosenfelde RA3Schl Kr3.
Landschaftsräthe: (f. d. Kr. Kammin): **v. Bothe** Rgbes auf Zahn b. Zempelburg; (f. d. Kr. Dt.=Krone): **Günther** Rgbes auf Hammer b. Schönlanke.
Landschaftsdeputirte: (f. d. Kr. Kammin): **Beck** Rgbes auf Rohrbeck bei Krone a. Br., **v. Müllern** Rgbes auf Zempelkowo; (f. d. Kr. Dt.=Krone): **Butschke** Rgbes auf Rose, **Schroeder** Rgbes auf Stranz.
Syndikus: **Mudrack** AGerR LD2.
Kassen= u. Bureaubeamte: **Rademacher** Rentmstr, **Schüler** Sekr, **Brucker** Bote.

II. Königliche Ansiedelungs=Kommission für Westpreußen und Posen in Posen.

Dienstgebäude: Mühlenstraße 12 und Naumannstraßenecke.
Dienststunden: Vorm. 8—1 Uhr, Nachm. 3—6 Uhr.

Präsident: Dr. **von Wittenburg** (m. d. Range d. Räthe 2. Kl) Kr2St RA2Eich EisKrz2w Joh BadZährLKommKrz2Eich.
Mitglieder: Se. Exc. Dr. **v. Bitter** OPräs d. Provinz Posen, Stellv. d. Präs im Vorsitz, Se. Exc. D Dr. Dr. Dr. **v. Goßler** Staatsminister OPräs der Provinz Westpreußen SchwA m. Kette RAGKrzEich u. Kr StGKomth HohenzH rKrzMed2 JohRechtsr BadZährL BraunschwHHeinrLöwGKrz Jap GKrzVS RussWA SächsFalkGrKrz WürttKrGKrz, **von Bischoffshausen** Wirkl GehORegR, Unterstaatssekretär im Ministerium des Innern, als Kommissar des Ministers des Innern RA2Eich LippEhrKrz1 WaldV1, Se. Exc. Dr. **Kügler** WirklGehR Dir im Ministerium der geistlichen 2c. Angelegenheiten, als Kom=

missar des Ministers der geistlichen 2c. Angelegenheiten RA2 Eich u. St
rKrzMed2, **von Rheinbaben** GehORegR vortr. R im Staatsministerium, als
Kommissar des Präs des Staatsministeriums RA Eich LD1 JohRechtsr
AnhAlbrBärKomm2 OestEisKr3, **Sachs** GehORegR vortr. R im Ministerium
für Landw 2c. als Kommissar des Ministers für Landw, Domänen und Forsten
RA Eich, **Foerster** GehFinanzR, vortr. R im Finanzministerium, als Kommissar
des Finanzministers, RA4 LD2, **von Baumbach-Amönau** GenKommissPräs
zu Bromberg RA3Schl SchwarzbEhrKrz2, **von Staudy** GenLandschDir zu Posen,
Kennemann LdsOekR Rgbes auf Klenka Kr Jarotschin RA2 Kr2, **Wehle**
GenLandschDir Rgbes auf Blugowo Kr Flatow RA3Schl Kr3, **von Kries**
Rgbes auf Smarzewo Kr Marienwerder RA4, **Wendorff** OekR Rgbes in Zdziechowo
bei Gnesen RA4.

Obere Beamte: **Humperdinck** ORegR LD2, **Horn** RegR, **Krey** Reg= und BauR,
    Ganse, Kette RegAssessoren, **Wittschier** OekR RA4, **Fischer** BauInsp, **von
    Unger, Dr. Großmann, von Both** RegAssessoren, **Pabst** RegBaumstr, Dr. **Loesener,
    von Lucke,** Dr. **Jung** RegAssessoren, **Osterroht** GerAss, **Brause** ForstAss (mit
    forst= und kulturtechn. Arbeiten beschäftigt), **Schönberg** landw Sachverständiger
    LdschR EisKrz Kr4Schw RA4 LD1 **Wieczyński** landw Sachverständiger Rgbes
    GSEHRittKrz1.

Bureaubeamte: **Thiel** BurVorst RechnR, **Stahn** Sekr und SpezialkassenRend,
    **Theise, Wurm, Brust, Rakowski, Noack, Rodner, Becker, Bergner, Leutsch,
    Kallinowski, Gohle, Tetzlaff, Huth, Pilaski, Schmidt, Maeuer, Pohl, Geisler,
    Liepsch, Just, Bothe, Mihatsch, Peschel, Zollfeldt, Schiller, Janke, Lippstreu,
    Rüthnick, Opitz, Bennewitz, Wollenweber, Müller** Sekretäre, **Rahnenführer,
    Pohlke, Tilgner, Lelleit, Herkenrath, Schöneich, Dziegielewski, Vogel, Lemke,
    Klisch, Marquart, Schorstein, Müller, Klein** BurDiätare, **Reich** techn Bur=
    Diätar, **Potschka, Fellmann, Grenzau** Hilfsarbeiter (Militäranwärter), **Juntke,
    Walter, Franke, Knoll, Wilcke, Langner, Hentschel, Theise, Blech, Meyer,
    Erbt, Modrow, Schiebusch, Baum** CivSupernumerare.

Kanzleibeamte: **Blasig** KInsp, **Topf, Janke, Paul, Möglich, Methner, Kohlhoff,
    Flegel, Bieberstein, Rehder** Kanzlisten, **Seibert** KDiät, **Mohaupt** Hilfsarbeiter,
    Frl. **Schaunsland, Neumann, Mohaupt** Hilfsarbeiterinnen (Stenographistinnen).

Landmesser: **Lemmen, Sommer** LD1 OLandmesser, **Ulmitz, Schmidt I, Riechert,
    Schenk, Dorien, Fischer, Bothe, Freude, Kahl I, Ewermann, Ertel, Renisch**
    LD2, **Jackowski, Englisch, Faust, Schmidt II, Kahl II, Titze, Knischewski
    Frommholz, Ziegler, Gehrke, Jagemann** Landmesser.

Zeichner und Rechner: **Stalpe, Friedrich, Schnigge, Dullin, Winderlich, Kube,
    Meuer, Schneider, Barton, Korcz, Boetzel I** Zeichner, **Schmidt, Kaluza,
    Krause I** Hilfszeichner, **Hruby, Krause II, Günther, Bötzel II, Sauermann,
    Thometzki, Strogalski, Knobel, Jordan I, Jordan II, Tietze** Rechengehilfen.

Techniker: **Thurow, Rehbein, Donath, Kowalski, Zychlinski, Neumann, Reichelt,
    Rothe, Reimann, Wollenberg** Techniker.

Boten: **Braune** Botenmeister, **Fengler, Feibig, Seydel** Boten, **Müller** Hilfsbote.
    Außerdem: **Kreutz** Steindrucker, **Walter** Buchbinder.

III. Geiſtliche Behörden, Kirchen und Religionsgeſellſchaften.

A. Evangeliſche Kirche.

Königl. Konſiſtorium.

A. Direktorium.

Konſiſtorial=Präſident: **Balan** RA4 LD1.
General=Superintendent: D **Heſekiel** RA2Eich u. Kr KomthKrzHohenzH.

B. Mitglieder.

D **Reichard** ObKonſR RA3Schl Kr3.
Albertz KonſR Senior der Unitätsgemeinden in der Provinz Poſen.
Kolepke MilObPf RA4.
Rentwig, Dr. **Richter,** KonſAſſeſſ.

C. Beamte.

Hille KanzleiR RA4 EisKr2, **Hirſchfelder, Adam** D3, **Graumann** KonſSekr D3, **Hannes** KonſBurDiät D3, **Klütz** KonſCivSupern, **Kaiſer** KonſKSekr Kr4, **Panten** KonſKDiät D3, **Borkowſki** KonſKDiener D3, **Schrader** KonſHKDiener D3.

Provinzial-Synodalvorſtand.

Präſes: D **Polte** GehRegu.ProvSchulR in Poſen RA3Schl Kr2 ARittHohenzH;
Mitglieder: a) geiſtliche: 1. Lic.th. **Saran** Sup in Bromberg, 2. **Zehn** Sup der Diözeſe
Poſen I; b) weltliche: 1. **v. Tiedemann** Rgbeſ auf Seeheim bei Buk RA3Schl
Kr4Schw EisKrz2 Joh, 2. vakat.
Stellvertreter: a) geiſtliche: 1. **Hildt** Sup in Inowrazlaw, 2. vakat, b) weltliche:
1. **Graf v. Schlieffen** Rgbeſ auf Wioſka Mér Kr2 EisKr2, 2. **Heidrich** GymnDir
in Nakel RA4.

Prüfungs-Kommiſſion für die Kandidaten des evangeliſchen Pfarramts in Poſen.

Vorſitzender: D **Heſekiel** GenSup.
Mitglieder: D **Reichard** ObKonſR, **Albertz** KonſR, **Kolepke** MilObPf, D **Kawerau**
KonſR, OrdProf der ev. Theologie an der Univerſität Breslau SächsErnH
KomthKrz2 RA4;

Außerdem die von der Provinzial=Synode abgeordneten Mitglieder:
D **Polte** GehReg u. ProvSchulR, Lic. th. **Saran** Sup in Bromberg, **Zehn**
Sup der Diözeſe Poſen I.

Poſenſche Abgeordnete zur Generalſynode.

A) Abgeordnete: D **Reichard** ObKonſR in Poſen, Lic. th. **Saran** Sup in
Bromberg, **Zehn** Sup der Diözeſe Poſen I, D **Polte** GehReg u. ProvSchulR
in Poſen, **von Born=Fallois** Rgbeſ auf Sienno bei Klahrheim RA4 EisKr2,
v. Tiedemann Rgbeſ auf Seeheim bei Buk, **Balan** KonſPräſ in Poſen, Dr. **Borgius**
KonſR u. I. Pf an der Dom=Kirche in Königsberg i. Pr. RA3Schl, **Hildt** Sup
in Inowrazlaw;
B) Stellvertreter: **Böttcher** Sup in Neutomiſchel, **Reyländer** Sup in Bocho bei
Jüterbog, **Lierſe** Sup in Wollſtein, **Leuchtenberger** GehRegR, GymnDir
in Köln, Dr. **Lewald,** ORegR in Breslau LD2, Dr. **Jonas** GymnDir
in Krotoſchin, **Müller** Sup in Meſeritz, **Heidrich** GymnDir in Nakel RA4.

Diözesen und Superintendenten.
A. Regierungsbezirk Posen.

Birnbaum: **Radtke** ObPf RA4, 9 Pfarrgem, 10 Geistl.
Bojanowo: (f. Krotoschin), 8 Pfarrgem, 13 Geistl.
Fraustadt: **Müller** in Heyersdorf, 8 Pfarrgem, 10 Geistl.
Karge: **Böttcher** in Neutomischel RA4 EhrKrz3LippH, 11 Pfarrgem, 11 Geistl.
Krotoschin: **Füllkrug**, P prim. zugleich einstweilen für die Diözese Bojanowo RA4
     ARittHohenzH, 8 Pfarrgem, 7 Geistl.
Lissa: **Linke** RA4, 12 Pfarrgem, 13 Geistl.
Meseritz: **Müller** ObPf RA4, 11 Pfarrgem, 10 Geistl.
Obornik: **Specht** ObPf RittKrz2SachsErnH, 7 Pfarrgem, 7 Geistl.
Posen I: **Zehn** ObPf RA4 ARittHohenzH, 15 Pfarrgem, 16 Geistl.
Posen II: **Albertz** KonsR (f. KonsR.), 5 Pfarrgem, 7 Geistl.
Samter: **Renovanz** in Pinne, 9 Pfarrgem, 10 Geistl.
Schildberg: **Harhausen** in Ostrowo RA4, 14 Pfarrgem, 15 Geistl.
Schrimm: **Raddatz** in Pleschen RA4, 12 Pfarrgem, 11 Geistl.
Wollstein: **Lierse** ObPf RA4, 12 Pfarrgem, 13 Geistl.

B. Regierungsbezirk Bromberg.

Bromberg: Lic. th. **Saran** RA3 Kr3 Kr4w EisKr2w, 13 Pfarrgem, 22 Geistl.
Czarnikau: **Harhausen**, 14 Pfarrgem, 10 Geistl.
Filehne: **Beyer**, 14 Pfarrgem, 10 Geistl.
Gnesen: **Kaulbach** RA4 ARittHohenzH, 15 Pfarrgem, 17 Geistl.
Inowrazlaw: **Hildt** RA4, 12 Pfarrgem, 14 Geistl.
Kolmar i. P.: vakat, 14 Pfarrgem, 13 Geistl.
Lobsens: **Schönfeld** in Weißenhöhe RA4 ARittHohenzH, 20 Pfarrgem, 21 Geistl.
Mogilno: vakat, 9 Pfarrgem, 9 Geistl.
Schubin: **Schulz** in Wongrowitz RA4, 12 Pfarrgem, 13 Geistl.

Verzeichniß der Parochieen und Pastoren.

Abkürzungen: F.-G. für Filialgemeinde. M.-G. für Muttergemeinde. Pfr.-V. für Pfarrverwefer. Hlfspr. für Hülfsprediger. Pr.-V. für Provinzial-Vikar. Rgb. für Regierungsbezirk. B. M.-G. für Vereinigte Mutter-Gemeinde.

Regierungsbezirk Posen.
Diözese Birnbaum.

Birnbaum: Sup **Radtke** ObPf, **Fischer** Diak.
Lewitz-Hauland: **Matschky** P.
Milostowo: **Pfeifer** P.
Neustadt b. Pinne: **Schulze** P.
Prittisch: **Kotterba** P.
Radusch: **Vogel** P.
Schweinert: **Radke** P.
Waize (Rgb. Posen): **Worm** P. (M.-G. Groß-Krebbel.)
Zirke: **Vogt** P.

Diözese Bojanowo:

Bojanowo: **Engelmann** I. P, **Leibrandt** II. P.
Görchen: **Volke** P.
Jutroschin: **Jakobielski** P.
Kröben: **Werner** P.
Punitz: vakat.
Rawitsch: **Dupke** I. Pf RA4, **Jähnke** II. Pf, **Lierse** Hlfspr, **Benner** Pf an der
     Strafanstalt.
Sandberg-Gostyn: **Päschke** P, **Krüger** Pr.-V., (wohnhaft in Dolzig).
Sarne: **Buchholz** P.

Diözese Fraustadt.

Driebitz: **Sattler** P.
Fraustadt-Altstadt: **Engelmann** I. P, **Gürtler** II. P.
„   Neustadt: **Braune** P.
Heyersdorf: **Sup Müller** (s. Superint.).
Luschwitz: **Möller** P.
Ober-Pritschen: **Gebauer** P.
Schlichtingsheim: **Ueberfeld** I. P RA4, **Teichert** II. P.
Ulbersdorf: **Dutz** P.

Diözese Karge.

Bentschen: Lic. **Füllkrug** P.
Bomst: **Schiersand** P EhrKrz3LipH.
Chlastawe: **Berthold** P. (F.-G. Rogsen).
Friedenhorst: **Illgner** P RA4 EhrKrz3 LipH.
Karge: **Jakobielski** ObPf RA4, **Langholz** II. Pf.
Kopnitz: **Otto** P.
Kranz: **Renner** P (F.-G. Brausendorf).
Neutomischel: **Sup Böttcher** (s. Superint.), **Weidemann** Hlfspr.
Tirschtiegel: **Raclow** P.

Diözese Krotoschin.

Dobrzyca: **Kriele** P (V. M.-G. Deutsch-Koschmin-Hld.).
Kobylin: **Baumgart** P RA4 (M.-G. Groß-Salesche).
Koschmin: **Arlt** P.
Krotoschin: **Sup Füllkrug** (zugleich auftragsweise für die Diözese Bojanowo) und I. P (s. Superint.), **Benade** II. P.
Pogorzela: **Bernstein** P.
Zduny: **Henschel** P.

Diözese Lissa i. P.

Alt-Boyen: **Degner** P.
Feuerstein: **Scheel** P.
Kosten: **Aft** P.
Kotusch: **Grützmacher** P.
Lissa (Kreuzkirche): **Sup Linke** I. Pf, **Smend** II. Pf.
Lubin: **Schneider** P.
Racot: **Hirschfelder** SchloßPr SächsGoldM RittKrz2ghSächsFalk.
Reisen: **Kaulbach** P.
Schmiegel: **Kaufnicht** P.
Storchnest: **Taube** P RA4.
Wolfskirch: Dr. **Rang** P.
Zaborowo: **Rohrbach** P.

Diözese Meseritz.

Bauchwitz: **Klitzsch** P (F.-G. Dürrlettel).
Betsche: **Braune** P.
Brätz: **Christ** P.
Meseritz: **Sup Müller** ObPf (s. Superint.), Diakonus vakat.
Pieske: **Blieske** P (M.-G. Kurzig).
Politzig: Lic. **Baumann** P.
Schwerin a. W.: **Busse** ObPf, **Siebert** Diakonus.
Weißensee: **Pahncke** P (F.-G. Obergörzig).

Diözese Obornik.

Gramsdorf: **Gerstmann** P (M.-G. Ritschenwalde).
Mur.-Goslin: **Rückert** P.
Obornik: **Sup Specht** I. Pf (s. Superint.), **Roeder** II. Pf.
Polajewo: Dr. **Perdelwitz** P.
Rogasen: **Wagler** I. Pf, **Schneider** II. Pf (M.-G. Kaisersaue).

Diözese Posen I.

Bnin: **Rückert** P.
Czempin: **Mollmann** P.
Kostschin: **Schwenzer** P.
Kroßno: **Erbguth** P.
Nekla=Hauland: **Roeper** P (F.=G. Braunsdorf).
Posen: (St. Pauli=Kirche): GenSup D **Hesekiel** (f. Konsist.), D **Reichard** ObKonsR
    I. Pf (f. Konsist.), **Loycke** II. Pf, **Ilse** III. Pf (M.=G. Posen=Wilda). —
    (Diak.=Kranken=Anst.): **Kühn** P, **Onnasch** Hlfspr.
Posen: (Kreuzkirche): Sup **Zehn** ObPf (f. Superint.), **Greulich** II. Pf, **Oito**
    Hlfspr (M.=G. Zakrzewo).
Posen: (Lukaskirche): **Büchner** P, **Herzka** Hlfspr.
Pudewitz: **Schröter** P.
Schroda: **Pickert** P RA4.
Schwersenz: **Heyse** P.
Stenschewo: **Schieck** Schloßprediger.
Wreschen: **Jüterbock** P, **Heinrich** Hilfspr (M.=G. Wilhelmsau).

Diözese Posen II. (Unitätsgemeinden):

Laßwitz: **Hippler** P.
Lissa i. P.: (Johanniskirche): **Bickerich** I. P, **Kiehl** II. P.
Orzeschkowo: **Pflegel** P.
Posen: (Petrikirche): **Albertz** ConsR u. Senior der Unitätsgemeinden, **Steffani** Diak.
Waschke: **Fricke** P.

Diözese Samter.

Duschnik: **Bötticher** P.
Neubrück: **Krause** P.
Obersitzko: **Guthmann** P.
Peterawe: **Herrmann** P.
Pinne: **Renovanz** SupP (f. Superint.), **Kruming** Hlfspr (M.=G. Neuthal).
Rokietnica: **Kleindorff** P.
Samter: **Wichert** P.
Wronke: **Beuster** P, **Goetze** P ZentralGef.

Diözese Schildberg.

Adelnau: **Timm** I. Pf, **Wiele** II. Pf (Sulmierzyce).
Grabow (Rgb. Posen): **Loida** P.
Kempen (Rgb. Posen): **Than** Sup a. D. I. Pf RA4, **Land** II Pf (F.=G. Pod=
    samtsche.)
Kobylagora: **Klawitter** P.
Laski: **Mowitz** P (M.=G. Opatow).
Latowitz: **Gertz** P.
Ostrowo (Rgb. Posen): Sup **Harhausen** (f. Superint.) I. P, **Schmidt** II. P, Lic.
    Dr. **Wotschke** Diözesan=Vikar, **Kluge** P.=V. (M.=G. Raschkow).
Schildberg (Rgb. Posen): **Rhode** P, **Schneider** Hlfspr.
Schwarzwald (Rgb. Posen): **Klause** P.
Strzyzew: **Gottschalk** P.

Diözese Schrimm.

Borek: **Esche** P (M.=G. Lowenitz).
Breitenfeld: **Krüger** P.
Jarotschin: Vakat.
Miloslaw: **Angermann** P.
Neustadt a. W.: **Meyer** P, **Beyer** Hlfspr (F.=G. Zerkow).
Pleschen: Sup **Radbatz** (f. Superint.).
Santomischel: **Krieger** P.
Schrimm: **Zeuschner** P.
Sobotka (Rgb. Posen): **Jost** P.
Xions: **Krebs** P RA4.

Diözese Wollstein.

Altkloster: Sänger P.
Buk: Than P.
Grätz: Mathias P.
Hammer=Boruy: Bochat P.
Jablone: Flatau P.
Konkolewo=Hauland: Anders P.
Kuschlin: Tauk P.
Opalenitza: Oelze P.
Rakwitz (Rgb. Posen): Witte P.
Rothenburg a. d. Obra (Rgb. Posen): Berg P.
Schwenten: Hegemann P.
Wollstein: Sup Lierse I. Pf (f. Superint.), Drechsler II. Pf.

Regierungsbezirk Bromberg.

Bromberg: Sup Lic. Saran I. Pf (f. Superint.), v. Zychlinski II. Pf RA4 MilEhr2, Händler III. Pf, Stämmler IV. Pf, Aßmann V. Pf, Pfefferkorn Hlfspr in Bromberg, Rutz Hlfspr in Schwedenhöhe, Lohwasser Hlfspr in Kl.=Bartelsee, Bötticher Hlfspr in Prinzenthal.
Ciele: Hahn P.
Crone a. Br.: Osterburg P.
Jordon: Fuß P.
Lochowo: Knapp P.
Monkowarsk: Hermann P, Wähner Hlfspr in Gogolin (M.=G. Gogolin).
Osielsk: Kroschel P.
Otteraue=Langenau: Winkler P.
Schleusenau: Kriele P, Hildt Hlfspr.
Schulitz: Greulich P.
Sienno: Lohwasser P.
Wilhelmsort: Lindenblatt P.

Diözese Czarnikau.

Behle: Angermann P (M.=G. Lemnitz, Radolin).
Czarnikau: Sup Harhausen I. Pf, Falkenhahn II. Pf (M.=G. Althütte).
Gembitz: Schwerdtfeger P (M.=G. Gembitz=Hld, Fitzerie).
Romanshof: Schmidt P.
Runau: Krüger P (M.=G. Putzig, Putzig=Hld).
Schönlanke: Altmann I. Pf, Henke II. Pf (F.=G. Niekosken, Neudorf, Floth).
Stahkowo: Dr. Latrille P.
Stieglitz: Scherk P (F.=G. Carolina, Gornitz).

Diözese Filehne.

Altsorge: Gerhardt P, Favre Pr.=V. in Schneidemühlchen.
Groß=Drensen: Glang P (M.=G. Kl.=Drensen, Hansfelde).
Eichberg: Müller P (F.=G. Glaßhütte, Selchowhammer, Selchow).
Filehne: Sup Beyer, Grossert Diak (F.=G. Ehrbardorf).
Grünfier: Kritzinger P (M.=G. Ascherbude, Neuhöfen; F.=G. Marienbusch=Jägers=
    burg).
Gr.=Kotten: Werner P (F.=G. Follstein).
Kreuz: Gregor P, Buchholz Pf.=V. (M.=G. Gr. Lubs, F.=G. Kl. Lubs, Drage=Lukatz).

Diözese Gnesen.

Bismarcksfelde: Brach P (F.=G. Jaroschau).
Gnesen: Sup Kaulbach I. Pf (f. Superint.), Stahr II. Pf RA4, Schmidtke Hlfspr.
Gr. Golle: Kruska P RA4.
Jannowitz: Gutsche P.
Kletzko: Geske P.

Lettberg: **Nieländer** Pr.-V.
Libau: **Schmolke** P.
Revier: **Janke** P.
Rogowo (Rgb. Bromberg): **Rogall** P, **Grunwald** Hlfspr.
Schokken: **Klämbt** P.
Schwarzenau (Rgb. Bromberg): **Salzwedel** P RA4.
Stralkowo (Rgb. Posen): **Bäcker** P.
Welnau: **Pechner** P.
Witkowo: **Frischbier** P (F.-G. Powidz).

Diözese Inowrazlaw.

Argenau: **Majewski** P.
Elsendorf: **Kuß** P.
Grünkirch: **Schannewitzki** P.
Inowrazlaw: Sup **Hildt** I. Pf (s. Superint.), **Gropler** II. Pf, **Otto** Hlfspr,
      Staepel Pr.-V. in Güldenhof.
Kruschwitz: **Weckwerth** P.
Luisenfelde: **Gellert** P, **Melke** Pr.-V. in Freytagsheim (F.-G. Ostwehr).
Montwy: **Reisel** P.
Kl. Morin: **Friedland** P.
Gr. Neudorf (Rgb. Bromberg): **Lochmann** P.
Pakosch: **Fiebig** P.

Diözese Kolmar i. P.

Brobben: **Schack** P.
Budsin: **Paech** P.
Gollantsch: **Richter** P.
Jankendorf: **Riedel** P.
Kolmar i. P.: vakat, **Herrmann** II. Pf, **Hirschfelder** Hlfspr (F.-G. Strosewo-
      Hauland.)
Margonin: **Klar** P (M.-G. Radwonke).
Schneidemühl: Sup **Schammer** I. Pf, **Schröter** II. Pf, **Starke** III. Pf (M.-G.
      Dziembowo, F.-G. Motylewo, Stoewen).
Usch: **Hennig** P (M.-G. Usch-Hauland, Kahlstädt).
Zachasberg: **Lehmann** P.

Diözese Lobsens.

Brostowo: **Weckwarth** P in Friedheim (M.-G. Friedheim).
Kl. Dreidorf: **Lorenz** P (F.-G. Güntergost, Saxaren).
Grabau: **Falk** P.
Lindenwald: **Schenk** P.
Lindenwerder: **Will** P.
Lobsens: **Krüger** P.
Mrotschen: **Lassahn** P.
Nakel: **Benzlaff** I. Pf RA4, **Pape** II. Pf, **Stolpe** Pr.-V.
Runowo: **Starke** P (F.-G. Rosmin).
Sadke (Rgb. Bromberg): **Schönfeldt** P, **Fischer** Pr.-V. in Debenke (M.-G. Debenke,
      Herrmannsdorf).
Samotschin: **Dietrich** P, **Cleve** Hlfspr.
Ratschin: **Bondzio** P.
Weißenhöhe: Sup **Schönfeld** (s. Superint.), **Reinert** Pr.-V.
Wirsitz: **Wätzmann** P.
Netzthal: **Lux** Pr.-V.
Wissek: **Schulz** P.

Diözese Mogilno.

Großsee: **Salzwedel** P.
Josefowo: **Schmidt** P.
Kaisersfelde: **Ufer** P.
Kwiecischewo: **Spude** P.

Mogilno: vakat.
Rosenau: **Conrad** P.
Schidlowitz: **Gramse** P.
Strelno: **Meister** P.
Tremessen: **Jäckel** P.

Diözese Schubin.

Bartschin: **Student** P.
Exin: **Fuß** P.
Kowalewko: **Dräger** P.
Labischin: **Fischer** P.
Buschkau: **Sellentin** P.
Gr. Mirkowitz: **Siegesmund** P.
Neukirchen: **Schubert** P.
Rynarzewo: **Nebenhäuser** P.
Schubin: **Krüger** P.
Wongrowitz: **Sup Schulz** (f. Superint.), **Mertner** I. Pr.=V.
Herrnkirch: **Hesekiel** P.
Znin: **Berndt** P.

Militärgeistliche.

Posen: **Kolepke** MilObPf (f. Konsist.), **v. Bergh** DivisionsPf.
Bromberg: Dr. **Uhlig** DivisionsPf.
Gnesen: **Gerwin** DivisionsPf.
Jnowrazlaw: **Barleben** DivisionsPf.

B. Katholische Kirche.

Erzbischof von Gnesen und Posen: Se. Erzbischöfliche Gnaden Dr. theol. **Florian von Stablewski**, geborener Legat, Päpstl. Thron=Assistent u. römischer Graf RittJohJer Kr2St.

Erzdiözese Posen.

Weihbischof in Posen: Se. Bischöfliche Hochwürden Dr. theol. **Likowski** Bischof von Aureopolis.

Domkapitel Posen.

Dompropst: Dr. theol. **Wanjura** Prälat, Apost. Protonotar, OrdinR, ProsynRichter, Vors. des Kurat. des Knaben=Konvikts, Komm. der Genoss. der Mägde Mariä RA3Schl Kr2.

Domdechant: Weihbischof Dr. theol. **Likowski**, Bischof von Aureopolis, Prälat Vizepräs. des Ordin., GenVikar u. Offizial, ProsynExamin., Mitgl. der Wiss. Akademie in Krakau.

Domherren: **Dombek** Groß=Pönitentiar; Dr. theol. **Jedzink** Päpstl. Hausprälat, Regens des Priester=Sem., ProsynExam.; **Pedzinski** Dekan von Posen; Dr. Lic. theol. **Szoldrski** Päpstl GehKämm., KonsR, ProsynRichter u. Exam., Sekr des Domkapitels; **Krepeč** KonsR u. Prokurator des Domkapitels; **Schauff** Ordinar u. KonsR, ProsynRichter u. Exam; Dr. **Meszczynski** Päpstl. Haus= prälat, Kaplan des JohMalt OestEisKr2 OestFrzJos2; **Tetzlaff** KonsR RA4 Kdm70/71.

Ehren=Domherren: **Friske** Päpstl. Hausprälat, ProsynRichter u. Exam, Offizial und Dek des Dek Dt.=Krone, Propst in Zippnow; **v. Poninski** Päpstl. Haus= prälat, Dek des Dek Jnowrazlaw, Propst in Koscielec RA4; **Krygier** Dekan des Dek Schrimm, Pf in Siemowo; **Samberger** ProsynRichter, Dekan des Dek Nakel, GeistlR u. Propst in Nakel.

Niedere Geistlichkeit: Pönitentiare u. Domprediger: **Michalski** Verweser der Dompfarrei; **Okoniewski** Lehrer der poln. Sprache am Priester=Seminar. — Kollegium der Vikare: **Nawrocki** VizeDek u. Vizekustos, **Poprawski** Präcentor und GesLehrer am PriesterSem, Lic. theol. **Minskowski, Tomaszewski** Kaplan des Weihbischofs. — Hauskaplan Sr. Erzbisch. Gnaden: **Lukomski** GehSekr, Lehrer der Ceremonien im PriesterSem.

Diözesan-Behörden.

Ordinariat: Vors: Se. Erzbischöfliche Gnaden; Stellv. Vors: **Likowski** Weih= bischof; I. Rath: Prälat **Wanjura** Dompropst; II. Rath: **Echaust** Domherr. Bureau: **Nawrocki** Dir, **Lukomski** GehSekr, **Woydt** Sekretär.

Erzbischöfliches General=Konsistorium: GenVikar u. Offizial: **Likowski** Weih= bischof; I. Rath **Szoldrski**, II. Rath **Echaust**, III. Rath **Krepeć** Domherren; IV. Rath **Kotecki** Propst an der Johanniskirche zu Posen; V. Rath **Tetzlaff** Domherr; Vertheidiger für Ehesachen u. Fiskal: **Warminski** Päpstl. Haus= Prälat, Prof am PriesterSem; Syndikus u. KonsR: Dr. **Mizerski**; Rend: **Rucinski**; I. Kalkulator: **Woydt**, OrdinSekr; II. Kalkulator: **Okoniewski** Pönitentiar; KDir u. Exped.: Dr. theol. **Trapczynski**; Registr: **Koltermann**; RegistrAss: **Bartosiewicz**; I. Kanzlist: **Dutkiewicz** Resid.; II. Kanzlist: **Ryffert**; III. Kanzlist: **Rozanski**; Bote: **Lopinski**.

Prosynodal=Richter: Dr. theol. **Wanjura**, Apost. Protonotar, Präl u. Dom= propst, Dr. **v. Szoldrski** Lic. theol., Päpstl. GehKämm u. Domherr, **Echaust** Domherr, **Friske** Päpstl. Hausprälat, Ehrendomherr, Offizial des Dekanats Dt.=Krone, Dr. theol. **Jazdzewski**, Päpstl. Hausprälat, Propst in Schroda, Lic. theol. **Jaskulski** Päpstl. GehKämm, Dekan u. Pf in Biezdrowo, **Kulesza**, Päpstl. GehKämm, Dekan u. Propst in Miloslaw, **Kotecki**, KonsR u. Propst an der Johanniskirche zu Posen, **Gimzicki** GeistlR, Dekan u. Propst in Wie= lichowo, **Olynski** GeistlR, Dekan u. Propst in Koschmin, **Pagowski** Dek u. Pf in Wyszanow, **Arendt** Propst in Filehne.

Prosynodal=Examinatoren: Dr. theol. **Likowski** Weihbischof, Dr. theol. **Jedzink** Päpstl. Hausprälat, Domherr, Regens d. PriesterSem, **Szoldrski** (s. oben), **Echaust** (s. oben), **Friske** (s. oben), **Warminski** Päpstl. Hausprälat, Prof am PriesterSem, **v. Jazdzewski** (s. oben), **Jaskulski** (s. oben), **Klopsch** Prof am PriesterSem, **Szultz** em Prof u. Propst in Lubin, Dr. phil. **Lewicki** Päpstl. Hausprälat u. Propst a. d. St. Martinkirche in Posen, Dr. phil. **Hejnowski** GeistlR u. Pf in Domachowo.

Bücher=Zensoren: **Jedzink** (s. oben), **Echaust** (s. oben), **Friske** (s. oben), **Jaskulski** (s. oben), **Kotecki** (s. oben), **Kloske** GymnProf u. RelLehrer am MarienGymn zu Posen GeistlR, **Janicki** ObLehrer RelLehrer am MarienGymn zu Posen, **Gajowiecki** Propst in Kolmar i. P., **Stychel** Präl u. Propst a. d. Pfarrkirche zu Posen, **Mojzykiewicz** GeistlR u. Propst in Priement.

Diözesan-Anstalten.

Priester=Seminar: Aufsichtsräthe: Abgeordnete des Domkapitels: **Likowski** Weihbischof, **Wanjura** Dompropst. — Abgeordnete der Geistlichkeit: **Pedzinski** Domherr, **Kotecki** Propst (s. oben). — Professoren: Dr. theol. **Jedzink** Prof für Moraltheologie, Dr. theol. **Warminski** Päpstl HausPräl.Prof für Dogmatik u. Fundam.=Theologie, Dr. theol. u. phil. **Klopsch** Geistl. Rath Prof für Kirchen= geschichte u. kan. Recht, Dr. theol. **Hozakowski** Prof für Exegese. — Prokurator des Seminars: **Kosicki** GeistlR. — Alumnen. III. Kursus: **Dratwa, Grühn, Klemt, Krenz, Malecki, Mann, Matuszewski, Reiter, Steinmetz, Sniatala, Zwolski, Adamski, Dąbrowski, Dettloff, Domachowski, Drwęski, Exner, Fischbach, Freyer, Jagodzinski, Kalkstein=Oslowski, Krzesinski, Marchlewski, Pokorski, Pradzynski, Putz, Rosochowicz, Schmidt, Schulz, Włodarczyk, Wolniewicz.** — II. Kursus: **Barlit, Bielawski, Binder, Bucks, Budnicki, Chojnacki, Czyżak, Drygas, Duczmal, Dudzinski, Dzierzkiewicz, Formanowicz, Gieburowski, Glatzel, Gorski, Hundt, Jwinski, Kazmierski, Klarowicz, Kopydlowski, Kraska, Król, Kruszka, Kunze, Kutzner, Niedbal, Niedzwiedzinski, Anton**

Nowak, Stanisl. Nowak, Oranski, Perzynski, Remer, Seydlak, Sikora, Sroka, Strauch, Tobolski, Wilinski, Wojciechowski, Zielinski. — I. Kursus: Andrzejewski, Bauza, Beisert, Behnke, Bleske, Dubski, Fibak, Gierlacki, Gruszczynski, Jesse, Kalawski, Kaniewski, Kluge, Kowalczyk, Kowalski, Krüger, Kryzan, Ludwiczak, Martynski, Meißner, Mika, Mrugas, Niedzwiedzki, Noak, Olejniczak, Poczta, Posadzy, Pozorski, Raczkowski, Remlein, Rohbeck, Soltysinski, Stankowski, Strózewski, Swinarski, Szalkowski, Waniorek, Wende, Winger, Wisniewski, Zajączkowski.
Knaben-Konvikte (Erzbischöfliches): Vorst des Kuratoriums: Wanjura Präl und Dompropst; Vorst: Beyer ObLehrer u. RelLehrer am Berger-Gymn. — (Szoldrskisches): Leiter: Janicki Rel- u. ObLehrer am Marien-Gymn zu Posen·

Päpstliche Würdenträger:
Apostolischer Protonotar: Wanjura Prälat u. Dompropst in Posen·
Haus-Prälaten: Friske Ehrendomherr, Offiz. d. Dek Dt.-Krone u. Propst in Zippnow, Lukowski Priester d. Genossenschaft der Philippiner in Tarnow (Galizien), Jazdzewski Propst in Schroda, Meszczynski Domherr in Posen, Jedzink Domherr u. Regens d. PriesterSem in Posen, Warminski Prof am PriesterSem, Lewicki Propst an der St. Martinkirche in Posen.
Päpstliche Kammerherren: Szoldrski Domherr in Posen, Kulesza Dek u. Propst in Miloslaw, Jaskulski Dek b. Dek Neustadt b. Pinne Pf in Biezdrowo.
Ehren-Kapläne: Enn Propst in Betsche, Wilczewski Propst in Samter.

Dekanate und Pfarreien.
Dekanat Posen.
Dekan: Pedzinski Domherr.

Stadt Posen (Dompfarrei): Verweser Michalski (s. oben Pönitentiare), Succursal-kirchen Margarethenkirche auf der Schrodka, Marienkirche, Kapelle im Priester-Seminar, St. Annen-Kapelle auf der Zagorze. — Kollegiat-Stift- u. Pfarr-kirche ad St. Mariam Magdalenam (Stifts-Kapitel): I. Prälat Stychel Propst, II. Dr. theol. Hozakowski Dekan Prof am PriesterSem; Kanonici: I. Kom. Przybylski, II. Kom. der Prälat u. Propst Stychel; Mansionare u. Vikare: I. Mayer, II. Gierlowski, III. Lipowicz; Jesus-Kapelle auf der Judenstraße: Kaplan vakat; Resident Dutkiewicz Kanzlist beim Erzbischöfl. General-Konj. — Pfarrkirche ad St. Adalbertum (St. Adalbert-Pfarrkirche): Propst Laskowski em Dekan, Koscielski Mansf. u. Vikar; Succursalkirche ad St. Dominicum (Dominikanerkirche): I. Präbend. u. Verweser Klos DekSchriftführer, II. Präb. Zimmermann; Magdalenen-Kapelle in Winiary (Haus vom guten Hirten). — St. Martin-Pfarrkirche: Propst Dr. Lewicki Päpstl. HausPrälat, Prosyn-Examin u. II. DekBeisitzer, Wagner I. Vikar, Podkomorski II. Vikar, Paluchowski III. Vikar; Succursalkirche ad St. Antonium (Franziskaner-kirche): I. Präb. u. Verweser Späth; II. Präb. Klinke RelLehrer am Friedrich Wilhelm-Gymn; Bernhardinerkirche: Verweser Kloske GeistlR, GymnProf am Marien-Gymn; Klosterkirche bei der Krankenanstalt der barm-herzigen Schwestern: Kaplan Zalewski Dir des Erzdiözesan-Museums; Kapelle am St. Joseph-Stift; Kapelle am Königsplatz: Kaplan Dr. theol. Trampczynski em Geistl, Resident Jeske. — St. Johannis-Pfarrkirche: Propst Kotecki GeistlR, ProsynRichter HlGrab, I. DekBeisitzer Lic. Nowak Vikar; Succursalkirche St. Roch auf dem Städtchen; Succursalkirche bei der Prov-Taubstummen-Anstalt (früher Reformatenkirche).
Gluszyn: (inkorporirt der Pfarrkirche ad St. Mariam Magdalenam): Propst (s. Pfarrkirche zu Posen), Vikar Sobecki.
Posen-Jersitz: Propst Kolasinski GeistlR I. Vikar Rankowski, II. Vikar Sin-dzinski; Kapelle der grauen Schwestern.
Corpus Christi- (Karmeliter)-Pfarrkirche: Propst Kostencki, Vikar Gapczynski; Kapelle bei den Elisabetherinnen: Kaplan Rejewski em Geistl.
Divisions-Pfarrer in Posen: Michalowicz RelLehrer an der Luisenstiftung.

Dekanat Bentschen.
Dekan: **Schwab** Propst in Bomst.

Bentschen: Propst **Sobeski** I. DekBeisitzer; I. Manf u. Vikar **Panewicz**, II. Manf. u. Vikar **Donat**; F in Koebnitz: Vikar **Rosochowicz**; F in Lomnitz, Brandorf; Kapelle in Zakrzewo.

Bomst: Propst **Schwab** Dekan, Vikar **Bannhagel**.

Brätz: Unter Verw des Kommend. in Kutschkau.

Gr.=Dammer: Kommend. **Braun**.

Kiebel: Propst **Wisniewski**.

Kopnitz: Propst **Czarnecki**.

Dt.=Koschmin: Kommend. **Mosler** Pf in Oppelwitz Diöz Breslau.

Neu=Kramzig: Kommend **Kulaszewski**.

Kutschen: Pf **Reiche**.

Kutschkau: Kommend. **Donig**.

Obra: Pf **Bresinski** II. DekBeisitzer und =Bibliothekar.

Siedlec: Pf **Tolowinski**; Vikar **Chmarzynski**.

Tuchorze: Inkorp. der Pfarre in Siedlec; Vikar **Strzyzewski**.

Tirschtiegel: Kommend. **Fröhlich**.

Wollstein: Propst **Gladysz** DekSchr; Vikar **Rosenberg**.

Dekanat Betsche.
Dekan: **Garske** Pf in Rokitten.

Altenhof: Verw **Huebscher**; F in Lagowitz u. Wischen.

Blesen: Pf **Günther** DekSchr, Vikar **Giering**; F in Poppe, Althöfchen, Semmritz.

Betsche: Propst **Enn** Päpstl. Ehrenkaplan, Vikar **Kostrzewski**.

Falkenwalde: Pf **Manthey**; F in Neudorf u. Oscht.

Goray: Kommend. **Hemerling**.

Kalau: Pf **Reinke**; F in Hochwalde; Klosterkirche in Paradies: **Stelter** RelL am Lehrerseminar.

Meseritz: Propst **Radecki** II. DekBeisitzer, Vikar **Radolle** RelL am Gymn; F in Kainscht u. Georgsdorf.

Prittisch: Pf **Nowald**.

Rokitten: Pf **Garske** Dek, Vikar **Nieradzinski**; F in Gollmütz, Kalzig u. Schwirle.

Schwerin a. W.: Propst **Hannemann**.

Trebisch: Pf **Klaß** I. DekBeisitzer.

Dekanat Borek.
Dekan: **Obst**, Pf in Potarzyce.

Borek: Propst **Brandowski** II. DekBeisitzer, Vikar **Borkowski**; Kirche in Zdziesz.

Cerekwica: Pf **Beisert** DekSchr; Privatkapelle in Bruczkow: Kaplan Dr. theol. **Kozankiewicz**.

Chwalkowo: Pf **Zmura**.

Emchen: Pf **Jarosz**.

Gora: Kommend. **Walich**.

Jaratschewo: Pf **Andersz** em Dekan, I. DekBeisitzer.

Jezewo: Pf **Drews**.

Noskow: Pf **Rakowski**.

Panienka: Pf **Hubert**.

Potarzyce: Pf **Obst** Dekan.

Rusko: Pf **Sypniewski**.

Dekanat Buk.
Dekan: **Fligierski** Propst in Buk.

Buk: Propst **Fligierski** Dekan, I. Vikar **Haase**, II. Vikar **Stiller**; Kapelle in Niegolewo.

Ceradz koscielny: Pf **Ptaszynski**.

Komornik: Pf **Gladysz**.

Konarzewo: Pf Niezielinski em Dekan, Dek=Schr, Vikar Piotrowski.
Lussowo: Pf Gonski.
Lodz: Pf Cichowicz.
Modrze: Propst Krakowski, Vikar Stankiewicz.
Moschin: Propst Robowski.
Nieprufzewo: Pf Jordan I. DekBeisitzer; Kapelle in Wienckowice.
Skorzewo: Kommendar Kowalski.
Slupia: Pf Jankiewicz.
Stenschewo: Propst Suchowiak.
Tarnowo: Kommend. Gabryel em Dekan.
Tomice: Pf Peinke.
Wiry: Pf Seichter.

Dekanat Czarnikau.
Dekan: Szaal GeistlR, Propst in Czarnikau.

Behle: Pf Winke.
Budsin: Kommend. Klimecki.
Czarnikau: Propst Szaal GeistlR, Dekan; I. Manf. u. Vikar Flach, II. Manf. u. Vikar Fuhrmann; Kapelle in Gembitz.
Filehne: Propst Arendt ProsynRichter, Vikar Dratwa.
Kolmar i. P.: Propst Gajowiecki I. DekBeisitzer, Vikar Rogalinski.
Lubasch: Propst Skapski DekSchr, Vikar Kitzmann.
Margonin: Propst Lurc, Vikar vakat.
Rosko: Kommend. Spychalski.
Schneidemühl: Propst Stock GeistlR, JubPriester, RelLehrer am Gymnasium I. Vikar Platz, II. Vikar Deutsch; F in Krummfließ: Vikar Goebel; F in Springberg; F in Hasenberg; F in Gr.=Wittenberg.
Schneidemühlchen: Pf Gronkowski II. DekBeisitzer.
Schönlanke: Propst Lenz.
Usch: Propst Renkawitz, Vikar Schwaba.

Dekanat Fraustadt.
Dekan: Nietzig Pf in Brenno.

Alt=Kloster: Kommend. Lic. theol. Krzesinski PäpstlHlGrab; Vikar Kliche; F in Fehlen.
Brenno: Pf Nietzig Dekan.
Fraustadt: Propst Lic. theol. Lüdtke DekSchr RelLehrer am Gymn und MilPf RA4 Vikar Beyer; F in Ob=Pritschen.
Geyersdorf: Unter Verw des Propstes in Fraustadt.
Jlgen: Pf Klemt; F in Kalt=Vorwerk.
Kursdorf: Kommend. Schroeder Apostol Missionar II. DekBeisitzer; F in Hinzendorf.
Lache: Kommend. Wienke.
Gr=Lissen: Pf Loga; F in Tillendorf.
Röhrsdorf: Unter Verw des Kommend. in Zedlitz.
Schussenze: Pf Kempfer Senior I. DekBeisitzer RA4.
Zedlitz: Kommend. Wittig.

Dekanat Grätz.
Dekan: Gimzicki GeistlR, ProsynRichter u. Propst in Wielichowo.

Bukowiec: Pf Gajowiecki, Vikar Goncerzewicz.
Dakowy mokre: Verw Grosty.
Gnin: Pf Mierzynski; F in Jablone.
Goscieczyn: Pf Kazmierski.
Granowo: Propst Czechowski Apost. Missionar, Dir der Missionen in beiden Diözesen.

Grätz (R.=B. Posen): Propst Alejski DekBeisitzer, I. Manſ. u. Vikar Krupski, II. Manſ. u. Vikar Neumann.
Groß=Lenka: Pf Lewicki.
Kaminiec: Pf Krzyżanowski DekSchr.
Konojad: Pf Berkowski.
Michorzewo: Pf Żmidzinski.
Opalenitza: Propst Gustowski DekBeisitzer, Vikar Dużynski.
Parzenczewo: Pf Zielinski.
Prochy: Pf Zientkiewicz Senior, DekBeisitzer.
Ptaszkowo: Pf Kozielski; Succursalkirche in Woznik.
Rakwitz: Pf Lic. phil. u. theol. Gregor.
Ruchocice: Pf Bartſch.
Wielichowo: Propst Gimzicki GeiſtlR, ProſynRichter, Dekan, Vikar Maciaszek.
Zielencin: Unter Verwaltung des Pf in Ruchocice.

Dekanat Jutroſchin.
Dekan: Waścinski Propſt in Pempowo.

Dubin: Propst Niedbal.
Golejewko: Propst Zakrzewski; F in Gründorf: Vikar Sucharski.
Görchen: Propst Chruſtowicz; Succursalkirche in Goruszki: Verw Dybol Reſid, JubPriester, Stawowy, Gorkiewicz, Grobelny Reſid, Brüder Ornas, Oſtrowicki, Sobota, Jankowiak.
Jutroſchin: Propst Riedel em Dek, I. DekBeisitzer.
Kolatſchkowice: Kommend. Hulewicz.
Konary: Pf Dalbor II. DekBeisitzer.
Niepart: Propst Szudarek, Vikar Rakowski.
Pakoslaw: Pf Dolny GeiſtlR.
Pempowo: Propst Waścinski Dekan, Reſid. Kopeć.
Skoraszewice: Unter Verw des Kommend. in Kolatſchkowice.
Slupia: Pf Kędzierski.
Smolitz: Pf Nowakowski DekSchr.
Sobialkowo: Pf Rosochowicz.
Szkaradowo: Pf Schulz, Vikar Hoffmann.

Dekanat Kempen.
Dekan: Pągowski ProſynRichter, Pf in Wyszanow.

Baranow: Kommend. Dziubek; Kapelle in Grembanin.
Donaborow: Pf vakat, unter Verw des Kommendars in Slupia.
Doruchow: Pf Szczepanski II. DekBeisitzer; Kapelle in Bobrownik.
Kempen: Propst Jurek RelLehrer am Progymn.
Myjomice: Kommend. Jonas; F in Kierzno.
Olszowa: Pf Kujawski; Kapelle in Podjamtſche; Kapelle in Swiba I.
Opatow: Pf Sierakowski I. DekBeisitzer, Vikar Kowalik.
Siemianice: Kommend. Klementowski.
Slupia: Kommend. Lange.
Strenze: Pf Szworz; F in Laski; Kapelle in Wodziczno.
Wyszanow: Pf Pągowski ProſynRichter u. Dekan.

Dekanat Koſten.
Dekan: Kucharzewicz Pf in Bialtſch.

Bialtſch: Pf Kucharzewicz Dek RA4.
Blociszewo: Pf Rózanski DekSchr.
Bonikowo: Kommend. Palkowski.
Choryn: Unter Verw des Pf in Wyskoc.
Czacz: Propst Wiśniewski DekBeisitzer.
Czempin: Propst vakat, unter Verw des Pf in Bialtſch, Substitut=Vikar Siuda.

Gluchowo: Pf **Osierzynski** DekBibliothekar.
Golembin: Unter Verw des Pf in Wyskoc.
Gryzyn: Pf **Knast** Senior u. DekBeisitzer.
Kosten: Propst Dr. theol. **Surzynski**, I. Mans. u. Vitar **Koczwara**, II. Mans. und
    Vikar **Klos**; Succursal= (hl. Geist=) Kirche: Resid. **Stachowski**;· Jesuskapelle
    Präb **Roenspieß**; Kapelle bei der Idiotenanstalt: Kaplan u. Präb **Roenspieß**.
Nitsche: Pf **Dytiert**.
Oborzysk: Pf **Heinricht**.
Poln.=Wilke: Pf **Kosmider**, Vikar **Nabbatz**.
Rombin: Kommend. **Cichowski**.
Woynitz: Pf **Bartsch**.
Wyskoc: Pf **Szafranek**, Vikar **Siminski**; Kapelle in Turew.

Dekanat Kostschin.
Dekan: **Dambek** GeistlR u. Propst in Schwersenz.

Giecz: Pf **Manicki**.
Grodzisko: Pf **Jaensch**.
Gultowy: Pf **Dydynski** II. DekBeisitzer.
Iwno: Kommend. **Smulski**.
Kleschewo: Unter Verw des Pf in Siekierki, Vitar **Meyer**.
Kostschin: Propst **Walterbach** I. DekBeisitzer.
Nekla: Kommend. **Zółtowski**.
Opatowko: Unter Verw des Pf in Giecz.
Siedlec: Pf **Borys**.
Siekierki: Pf **Urban**, Vikar (s. Kleschewo).
Scheringen: Pf **Fórmanowicz**.
Schwersenz: Propst **Dambek** GeistlR, Dekan.
Targowa Gorta: Pf **Staskiewicz**, Vitar **Morawski**.
Usarzewo: Kommend. **Mazurkiewicz**.

Dekanat Koschmin.
Dekan: **Olynski** GeistlR, ProsynRichter u. Propst in Koschmin.

Adelnau: Propst **Grosty**, I. Vikar **Malczewski**, II. Vikar. **Niewitecki**; Kapelle in Gorka.
Benice: Substitut=Vikar **Kozlowicz**.
Dobrzyca: Propst **Nizinski**.
Jaikow zalesny: Pf **Rejewski**.
Koschmin: Propst **Olynski** GeistlR, ProsynRichter u. Dek, Vikar **Radonski**.
Lutogniewo: Pf **Wróblewski** II. DekBeisitzer.
Mokronos: Pf **Adamczewski** DekSchr; Kapelle in Serafinow.
Ostrowo: Propst **Smigielski**, I. Vikar **Nowacki**, II. Vikar **Nawrowski**, RelLehrer
    am Gymn **Głębocki**.
Pogorzela: Propst **Wyrzykowski** DekBibliothekar, DekSenior, Vikar **Liebetanz**.
Pogrzybow: Pf **Chmielewski**.
Radenz: Pf **Konopinski**.
Raschkow: Propst **Laskowski**.
Rozdrazewo: Kommend. **Bronisz**, Vitar **Prokop**.
Starygrod: Verw **Bernhard**.
Walkow: Pf **Bielewicz** pens. RelLehrer am MarienGymn zu Posen, I. DekBeisitzer.
Wielowies: Kommend. **Czerwinski**.
Wysocko: Kommend. **Linke**.

Dekanat Kröben.
Dekan: **Drwęski** GeistlR u. Pf in Pawlowitz.

Bärsdorf: Pf vakat, unter Verwaltung des Dekans; Verw **Krawiecki**; Kapelle
    im Gefängniß in Bojanowo: Kaplan der vorbenannte Verw.
Kröben: Inkorporirt dem Erzbisch. Stuhle; Adm **Dufzynski**, Vitar **Negowski**;
    F in Chwalkowo.

Laſzczyn: Pf **Granatowicz** II. DekBeiſitzer.
Oporowo: Pf **Kinowski** DekSchr.
Pawlowitz: Pf **Drwęski** GeiſtlR Det, Vikar **Kemnitz.**
Punitz: Propſt Dr. jur. **Reſpądek** JubPrieſter, Adm u. I. Manſ. **Snowacki**, II. Manſ.
u. Vikar **Wawrzyniak**, Altariſt **Schniggenberg**; Kapelle in Lubonia; Kapelle
in Rokoſſowo.
Rawitſch: Kommend. **Dams, Meißner** Kaplan an der Strafanſtalt, **Jüttner** Rel=
Lehrer am LehrerSem u. Gymn.
Reiſen: Komend. **Zwickert**, Vikar **Habricht**; F in Dambitſch.
Sarne: Propſt **Spychalski.**
Seide: Pf **Zingler** I. DekBeiſitzer; St. Anna=Altarie.
Sakern: Pf **Miskiewicz.**

Dekanat Dt=Krone.

Dekan: **Friske** Päpſtl Haus=Prälat Ehrendomherr Offizial ProſynRichter u. Examin,
Propſt in Zippnow.

Jaſtrow: Propſt **Fengler** DekBibliothekar.
Dt.=Krone: Propſt **Gutzmer**; Vikar **Niewitecki**; RelLehrer am Gymn **Henke**; F in
Breitenſtein, Klausdorf u. Quiram.
Lebehnke: Pf **Rehbronn**; Kapelle in Zechendorf.
Marzdorf: Pf **Gerth**; F in Brunk und Lubsdorf.
Mellentin: Pf **Thielemann**; F in Ruſchendorf, Strahlenberg und Stübbe.
Kl.=Nakel: Pf **Steinke**; Vikar **Greckſch**; F in Dyck, Harmelsdorf, Preußendorf und
Stranz.
Roſe: Kommend. **Stelter**; F in Arnsfelde u. Riege.
Schloppe: Propſt **Friske**; F in Niekosken u. Eichſier.
Schrotz: Propſt **Falkenberg**, Vikar **Gramſe**; F in Roſenfelde.
Tempelberg: Propſt **Wenzel.**
Tütz (RegBez Marienwerder): Propſt **Bork**; Vikar **Roenſpies**; F in Knakendorf,
Marthe, Mehlgaſt und Schulzendorf.
Zippnow: Propſt **Friske** Päpſtl Haus=Prälat Ehrendomherr, ProſynRichter u. Examin,
Dekan u. Offizial, Vikar **Ewert**; F in Brieſenitz, Jagdhaus, Dodertage, Klawitters=
dorf, Rederitz, Freudenfier u. Stabitz.

Dekanat Liſſa i. P.

Dekan: **Wiesner** GeiſtlR u. Propſt in Schwetzkau.

Alt=Laube: Pf **Krüger.**
Bargen: Verw **Roepke**; F in Nicheln.
Bukwitz: Pf **Turkowski** I. DekBeiſitzer.
Dluzyn: Pf **Rybicki.**
Gollmitz: Pf **Frieske.**
Kl.=Kreutſch: Pf **Jaenſch** II. DekBeiſitzer.
Liſſa i. P.: Propſt Lic. theol. **Taſch**, Vikar **Ciżmowski.**
Luſchwitz: Pf **Szartowicz.**
Schwetzkau: Propſt **Wiesner** GeiſtlR u. Dekan, Vikar **Matzanke.**
Dt.=Wilke: Pf vakat.

Dekanat Miloslaw.

Dekan: **Kuleſza** Päpſtl. GehKämm, ProſynRichter u. Propſt in Miloslaw.

Bardo: Unter Verw des Propſtes in Miloslaw.
Biechowo: Pf Lic. theol. **Jaſinski** DekSchr, Vikar **Garske.**
Bieganowo: Pf **Bialkowski** II. DekBeiſitzer.
Czeſzewo: Pf **Kowalski** I. DekBeiſitzer.
Gozdowo: Pf **Raczkowski.**
Grabowo: Kommend. **Kirſcht.**
Kaczanowo: Unter Verw des Pf in Gozdowo.

Kolaczkowo: Pf **Grajnert.**
Miloslaw: Probst **Kusesza** Dek (s. oben).
Sokolnik: Pf **Jalofzynski** DekBibliothekar.
Winnagora: Pf **Poturalski.**
Wszemborz: Unter Verw des Pf in Kolatschkowo.
Zieliniec: Unter Verw des Pf in Bieganowo.

Dekanat Neustadt a. W.

Dekan: **Podlewski** Pf in Wilkowyja.

Brzostkow: Pf **Wnuk**; F in Lgow unter Verw des Pf in Brzostkow.
Cilcz: Unter Verw des Pf in Wilkowyja.
Dembno: Propst **Kempinski** II. DekBeisitzer.
Gogolewo: Unter Verw des Kommendars in Kolnitschki.
Golina: Verw **Tobola.**
Jarotschin: Propst **Niklewski** I. DekBesitzer.
Kolnitschki: Kommend. **Gerntke.**
Lutynia: Kommend. **Rymarkiewicz** Pf in Kotlin (Diözese Gnesen).
Miesschkow: Pf **Gibasiewicz** DekSchr; Kaplan: der vorgenannte Pfarrer.
Neustadt a. W.: Propst **Müller.**
Pogorzelice: Kommend. **Dulinski.**
Radlin: Kommend. **Golski.**
Siedlemin: Pf **Gibasiewicz.**
Slawoszew: Pf **Rakowicz.**
Wilkowyja: Pf **Podlewski** Dek.
Witaszyce: Kommend. **Mizgalski.**
Wlosciejewki: Unter Verw des Propstes in Xions.
Xions: Propst **Wiśniewski.**
Zerkow: Propst **Wendland.**

Dekanat Neustadt bei Pinne.

Dekan: Lic. theol. **Jaskulski** Päpstl. GehKämm, ProsynRichter u. Exam und Pf in Biezdrowo.

Biezdrowo: Pf Lic. theol. **Jaskulski** (s. oben), Vikar **Bratkowski**; Kapelle in Neubrück; Kapelle in Wroblewo: Kaplan der vorbenannte Vikar.
Birnbaum: Pf vakat, Verw **Hohmann.**
Brody: Kommend. **Smietana.**
Bythin: Kommend. **Bartsch.**
Groß-Chrzypsko: Pf **Ruszkiewicz.**
Duschnik: Pf **Michalski.**
Kähme: Propst **Kamienski** RA4.
Kwiltsch: Pf **Laudowicz**; Altarie: Kommend. der vorbenannte Pfarrer.
Lewitz: Unter Verw des Dekans, SubstVikar **Jablonski.**
Lubosch: Pf **Cieślinski.**
Groß-Lutom: Pf **Krzyżanski.**
Neustadt bei Pinne: Propst **Schneider** DekSchr, I. Vikar **Sramkiewicz**, II. Vikar **Laskowski.**
Ottorowo: Pf **Meißner.**
Pinne: Propst **Walenski** I. DekBeisitzer JubPr, Vikar **Miśkiewicz.**
Psarskie und Zajontschkowo: Pf **Pieniażkiewicz.**
Scharfenort: Propst Dr. jur. **Sypniewski**, PrivKapelle in Dobrojewo: Resid. **Jeanin.**
Wierzebaum: Kommend. **Rydlewski.**
Wiltschin: Kommend. Lic. theol. **Radziejewski.**
Wronke: Propst **Szramtowski** II. Dek-Beisitzer, Vikar **Kozierowski**; Kapelle in der Strafanstalt: Kaplan **Lutowski.**
Witomischel: Pf **Styczynski**; Kapelle in Neutomischel.
Zirke: Propst **Hennig.**

Dekanat Obornik.

Dekan: **Gitzler** Pf in Objezierze.

Borujchin: Pf **Ziętkiewicz.**
Cerekwica: Pf **Niedbał.**
Chojnica: Pf **Hertmanowski.**
Kazmierz: Propst **Szubczynski.**
Kiekrz: Kommend. **Nymarowicz**; Kapelle in Chyby.
Ludom: Propst **Wysocki.**
Lukowo: Unter Verw des Pf in Roznowo.
Objezierze: Pf **Gitzler** Dekan; Kapellen in Ociefzyn, Lutin u. Lititto.
Obornik u. Kischewo: Propst **Heitze.**
Obersitzko: Propst **Marchwicki.**
Polajewo: Propst **George** II. DekBeisitzer, Vikar **Lifiecki.**
Radzim=Maniewo: Unter Verw des Pf in Objezierze.
Roznowo: Pf **Fligier.**
Ritschenwalde: Pf **Jaraczewski** DekSchr; Kapelle in Wischin: Kaplan der vor=
         genannte Pf.
Slopanowo: Unter Verw des Propstes in Obersitzko.
Sobota: Kommend. **Baraniecki.**
Samter: Propst **Wilczewski** Päpstl. Ehrenkaplan, Ehrenbürger von Samter, I. Manf.
         u. Vikar **Kryzan** RelL an der Landw. Schule u. Kaplan beim GerGefängniß,
         II. Manf. u. Vikar **Koznik.**
Zydowo: Unter Verw des Pf in Sobota.

Dekanat Rogasen.

Dekan: **Kloniecki** Pf in Owinsk.

Bialenzyn: Kommend **Pałkowski.**
Chludowo: Incorp. der Pfarre in Owinsk.
Kicin: Pf **Studniarski** II. DekBeisitzer.
Lang=Goslin: Kommend. **Lorenz**; F in Lopuchowo.
Lechlin: Kommend. **Lopaczewski.**
Murowana=Goslin: Kommend. **Bocian.**
Owinsk: Pf **Kloniecki** Dekan; Kapelle in der Irren=Anstalt: Resid. **Rawicz.**
Parkowo und Slomowo: Pf **Mędlewski** DekSchr; F in Welna.
Potulice: Pf **Slominski.**
Brufiec: Unter Verw des Kommend. in Rogasen.
Rogasen: Ständ Kommend. **Jaskulski**; Vikar **Zygarlowski** RelLehrer am Gymn.
Schocken: Propst **Grodzki** JubilarPr I. DekBeisitzer; Resid. **Leichert**; F in
         Budfischewo.
Wierzenica: Unter Verw des Pf in Kicin.

Dekanat Schildberg.

Probekan: **Zawidzki** Pf in Rogaszyce.

Bukownica: Verw **Rosochowicz.**
Chlewo: Unter Verw des Verwalters in Bukownica.
Grabow: Propst vakat, Verw **Wasowicz.**
Kobylagora: Kommend. **Lorecki**; F in Myslniew.
Kochlow: Unter Verw des Pf in Rogaszyce.
Kotlow: Propst **Jurek**, Vikar **Ruszczynski**; F in Chynow; PrivKapelle in
         Antonin: Kaplan **Kleber.**
Mikorzyn: Pf **Weiß.**
Mixstadt: Pf **Zarzycki** DekSchr.
Parzynow: Kommend. **Mindak.**
Przedborow: Unter Verw des Pf in Mixstadt.
Rogaszyce: Pf **Zawidzki** Probekan.
Schildberg: Propst **Perlinski**, Vikar **Hubert**; F in Borek; Kapelle in Olfzyna;
         F in Siedlikow, F in Rojow.

Dekanat Schmiegel.

Dekan: Leszczynski GeistlR u. Propst in Storchnest.

Alt=Boyen: Verw **Meißner.**
Bronikowo: Pf **Engler** II. DekBeisitzer.
Bucz: Kommend. **Wnętkowski.**
Golembitz: Pf vakat, Substit=Vikar **Maciejewski.**
Gorka duchowna: Pf **Krótti.**
Kankel: Kommend. **Kowalik** DekBibliothekar.
Murke: Kommend. **Rademacher.**
Priement: Propst **Mojzykiewicz** GeistlR; Vikar **Jadomski;** Kapelle in Starkowo.
Radomitz: Pf vakat.
Retschke: Unter Verw des Vorst der Demeriten=Anstalt in Storchnest.
Rothdorf: Pf **Hejnowicz** I. DekBeisitzer; Kapelle in Jurkowo.
Schmiegel: Propst **Potrykowski.**
Storchnest: Propst **Leszczynski;** GeistlR Dek; Demeriten=Anstalt: Vorst **Szpręga.**

Dekanat Schrimm.

Dekan: **Krygier** Ehrendomherr Pf in Siemowo.

Brodnica: Pf **Galdynski** I. DekBeisitzer, Vikar **Jozewicz;** Kapellen in Szoldry und
  Manieczki.
Datewo: Pf **Nalentz.**
Dolzig : Propst **Olszewski,** Vikar **Malinski;** Kapelle in Blażejewo.
Domachowo: Pf Dr. **Hejnowski** GeistlR ProsynExam.
Gostyn: Commend. **Jackowski,** Vikar **Kilinski;** Klosterkirche in Glogowko; Kpl
  Gantkowski em Dekan.
Alt=Gostyn: Propst Dr. theol. **Sobkowski;** Kapelle in Gola.
Kriewen: Propst **Jagodzinski** II. DekBeisitzer; Kapelle in Kopaszewo.
Kunowo: Pf **Jezierski.**
Lubin: Propst em Prof Dr. theol. **Szulz** ProsynExam, Vikar **Majewski.**
Morka: Pf **Marchwicki,** Verw **Laskowski.**
Schrimm: Probst **Drożdżynski;** I. Manj. u. Vikar **Cichowski** RelLehrer am Gymn,
  II. Manj. u. Vikar **Miskiewicz,** III. Manj. u. Vikar **Kubski.**
Siemowo: **Krygier** Ehrendomherr, Dekan.
Gr=Strzelce: Kommend. **Wlazlo,** Vikar **Sledzinski,** Kapelle in Szelejewo; Konvent
  der barmherzigen Brüder in Marysin: Wagier Prior, **Pietrzyba** Subprior;
  Brüder: **Klose, Marquilan, Kucharczyk, Lepiarczyk, Bijara, Jdziorek,
  Olearczyk, Peczynski, Mikolajewski, Krzysteczko, Lewinski, Szpot;** Residirende
  Geistl: **Raatz** em, **Dolny** em, **Zynka** em, **Hertmanowski.**
Swierczyn: Pf **Swiderski.**
Wieszczyczyn: Kommend. **Nowicki.**
Zabno: Kommend. Lic. theol. **Preis;** F in Jaszkowo.

Dekanat Schroda.

Dekan: **Antoniewicz** GeistlR Propst in Bnin.

Bnin: Propst **Antoniewicz** GeistlR Dekan, Vikar **Serbecki.**
Koschuty: Unter Verw des Pf in Snieciska.
Kurnik: Propst **Rybicki.**
Krerowo: Pf **Turkowski.**
Monschnik: Pf **Rochalski;** F in Bagrowo.
Mondre: Pf **Adamczewski.**
Murzynowo kirchl: Inkorp. der Pfarre zu Schroda, III. Manj. u. Vikar **Raade.**
Nietrzanowo: Pf **Swidzinski.**
Nogalinek: Pf vakat; unter Verw des Dekan in Bnin, Substit=Vikar **Kapsa;** Kapelle
  in Rogalin.
Schroda: Propst Dr. theol. **von Jazdzewski** Päpstl Haus=Prälat ProsynRichter u.
  Examin; I. Manj. u. Vikar **Rupinski,** II. Manj. u. Vikar **Zborowski.**

130 Geistliche Behörden, Kirchen und Religionsgesellschaften.

Snieciska: Pf Dr. med. Marszewski.
Solec: Pf Grabowski.
Splawie: Pf Wituski.
Santomischel: Propst Rejzner I. DekBeisitzer.
Tulce: Pf Labędzki II. DekBeisitzer.

Geistliche ohne Amt:

Dolny em in Marysin, Hertmanowski in Marysin, Kegel em in Krotoschin, Raatz em
in Marysin, Nejewski em in Posen, Stachowski em in Kosten, Stasiewski em
in Posen, Dr. theol. Trąmpczynski em in Posen, Zyrta em in Marysin.

Außerhalb der Diözese halten sich auf:

Lic. theol. Chwaliszewski PäpstlHlGrab Kanon. von der Basilica in Jerusalem,
Dobrowolski Priester der Genossenschaft der Philippiner in München, Duttkiewicz
DivisPf in Breslau, Gajewski em in Galizien, Likowski studirt Theologie in
Breslau, Sterer studirt Philosophie in Münster, Trzcinski studirt Theologie
in Freiburg, Viola DivisPf in Neisse, Würz-Berlin.

Priester der Genossenschaft der Philippiner in Tarnow (Galizien):
Krolikowski, Dr. Lukowski Päpstl Haus-Prälat, Preibisz, Sydow.

Weibliche Religions-Genossenschaften.

I. Vincentinerinnen.

Posen: Im Krankenhaus der Barmherzigen Schwestern am
Bernhardiner-Platz: Kpl Zalewski; Suminska Oberin, Wronka
Assist, Ostrowska, Alexandrowicz, Puciata, Guska, Zimmermann,
Mazurowska, Annuth, Borucka, Tretowska, Zemalkowska, Nuszkowska,
Różanska, Dombrowska, Gackowska, Nowacka, Redygier, Edler, Kromolicka,
Weisert, Baran, Chmielecka, Grzęda, Lesinska, Jankowska, Ziętak, Czapska
Schwestern. — Im St Joseph-Stift: Luszczewska Oberin, Zaremba,
Krolikowska, Schwenzfeier, Kosinska, Gorkiewicz, Jankowska, Grochowska,
Staskiewicz, Matuszewska, Goscimska, Urbanska, Zawadzka Schwestern. —
In der Augenklinik des Dr. Wicherkiewicz: Trawinska Oberin,
Wohlgemut, Domachowska, Malecka Schwestern. — Im Waisenhaus auf
der Schrodka: Heese Oberin, Chodzinska, Chmielecka, Czarnowska,
Walich, Flizikowska Schwestern. — Im Pr-Sem: Prądzynska Oberin,
Berchiet, Pokrywka, Kasprowicz Schwestern.
In Gostyn: Rogowska Oberin, Pilaczynska, Poplawska, Ziętak, Jankowska
Szulczewska Schwestern.
In Kurnik: Polska Oberin, Lipinska, Czerwinska, Chmielewska Schwestern.
In Kosten: Pruszak Oberin, Hermann, Rolazek, Guzowska, Hoffmann, Kieslikowska,
Krajewska Schwestern.
In Puritz: Corvinus Oberin, Ekert, Suchoswiat, Chyba Schwestern.
In Schroda: Przytarska Oberin, Turkowska, Markowska, Drzewiecka, Labroska,
Krygier Schwestern.
In Wollstein: Klajner Oberin, Czapka, Kwasniewska, Mrozkowiak, Schwartz,
Hoppe Schwestern.

II. Elisabethinerinnen.

Posen (Auf der Wiesenstraße): Kpl Rejewski em; Kurator Krępeć Domherr;
Lindner Oberin, Kuczera, Judaszewska, Korcz, Szafryna, Ostrowska, Idziorek,
Ropinska, Bogacz, Bura, Wojciechowska, Zielezinska, Rozkosz, Czajka,
Olkiewicz, Plewczynska, Wisniewska, Osinska, Luczak, Waniorek, Hachula,
Fligier, Szydlowska Schwestern. — (Auf der Zagorze): Kurator
Lic. theol. Miaskowski; Tuzyna Oberin, Panek, Nowak, Lirsch, Jankowska,
Firin, Grzesko Schwestern. — (In Jersitz): Kurator Krępeć Domherr,
Sodolska Oberin, Kretek, Kolczyk, Mulkowska, Osiecka, Szeliga Schwestern.

In Fraustadt: **Hoffmann** Oberin, **Höflich, Lorenz, Klose, Grabellus, Scheß** Schwestern.
In Grätz: **Kwiotek** Oberin, **Lamaszewska** Schwester.
In Jarotschin: **Socha** Oberin, **Cieśliczak, Szulakiewicz, Skibicka** Schwestern.
In Koschmin: **Alexander** Oberin, **Dwulecka, Senftleben, Glauer, Kitkowska** Schwestern.
In Dt.-Krone: **Hoffmann** Oberin, **Sage, Borek, Schoepe, Tiffert** Schwestern.
In Lissa i. P.: **Klose** Oberin, **Wilde, Welzel, Junker, Soltysiak, Regulska, Seschik, Sawitzka** Schwestern.
In Nietrzanowo: **Mizia** Oberin, **Wiśniewska, Waligóra** Schwestern.
In Ostrowo (im Waisenhause): Oberin vakat, **Lewandowska, Walkowiak, Piechowiak, Judaszewska, Rakowska, Brzózka, Jankowska** Schwestern. — (Im Krankenhause): **Höflich** Oberin, **Lehmann, Heda, Wieruszewska** Schwestern.
In Rawitsch: **Simon** Oberin, **Zibiś, Wilczek, Smoda, Kapitza, Barkowska, Przeździnk** Schwestern.
In Schrimm: **Mułkowska** Oberin, **Cichowska, Pietrzykowska, Firek** Schwestern. — (Im Krankenhause): **Sztuka** Oberin, **Koszutska, Walendowska** Schwestern.
In Storchnest: **Biela** Oberin, **Papkala** Schwester.
In Tütz: **Langanki** Oberin, **Klige, Reich, Lange, Cicha, Sękowska, Behrend** Schwestern.
In Zirke: **Dwulecka** Oberin, **Domagała, Remeth, Woś** Schwestern.

III. Borromäerinnen.

In Kempen: **Hannig** Oberin, **Wittek, Kuflok, Bialas, Scholz** Schwestern.
In Meseritz: **Bugiel** Oberin, **Gründel, Loffert** Schwestern.
In Rokitten: **Schmidt** Oberin, **Jrmer, Gralla, Rogoß, Swoboda, Krupska, Gralka, Klemke, Schimke, Gernoth, Krauß, Dobot, Mikulla, Zielinska, Kautner, Janiszewska, Bartsch** Schwestern.

IV. Mägde Mariä.

Kommissar der Genossenschaft: **Wanjura** Prälat und Dompropst.

In Borek: **Bienkowska** Oberin, **Tylinska, Szwabinska** Schwestern.
In Golembin: **Adamik** Oberin, **Wejsta, Porożenska** Schwestern.
In Jaszkowo (Par. Zabno): **Szkudlapska** Oberin, **Najuch, Dawid, Mencel, Helak, Piechnik** Schwestern.
In Lubasch: **Jagiella** Oberin, **Książkiewicz, Nalewaja** Schwestern.
In Rothdorf: **Sworowska** Oberin, **Halas** Schwester.
In Samter: **Maslek** Oberin, **Pels, Poniedzialek, Lewandowska, Kufwiß, Parchatta, Lukowiak, Brzyka, Klemke, Jankowska, Kozlowska, Klosowska** Schwestern.
In Santomichel: **Konst. Jaskulska** Oberin, **J. Jaskulska, Kath. Jaskulska, Peche** Schwestern.
In Turew: **Najda** Oberin, **Gielnik** Schwester.

Erzdiözese Gnesen.

Weihbischof in Gnesen: Se. Bischöfliche Hochwürden **Andrzejewicz** Titular-Bischof von Philomele.

Domkapitel Gnesen.

Dompropst: Lic. theol. **Dorszewski** Jubilar-Priester, Prälat, Apost. Protonotar, Vors. der PrüfungsKomm für Organisten.
Domherren: **Andrzejewicz** Titular-Bischof von Philomele, Weihbischof, ProsynRichter u. Examinat; **Kwiatkowski** Offizial, Pf der Dompfarrei, KonsR, M des Aufsichts-Raths des PrSem, M des Kurator. des Knaben-Konvikts RA4; **Simon** Päpstl. Haus-Prälat, AufsichtsR des PrSem, Vors des Kurator. des Knaben-Konvikts Kr3; Dr. theol. **Dziedzinski** GenVikar, Groß-Pönit., KonsR, ProsynRichter u. Examinat, M des AufsichtsR des PrSem; Dr. **Graf Pomian-Lubienski** Päpstl. Haus-Prälat, Dekan u. Pf an der hl. Kreuzkirche in Lodz, Erzdiözese Warschau Kapitels-Kaplan an der Kathedrale zu Gnesen; **Raatz** Sekr, Archivar und Prokurator, Pönit., ProsynExaminat.

9*

Niedere Geistlichkeit: Kollegium der Pönitentiare: Raatz Prokur, Examinat der Organisten; Dr. **Dalbor** SemProf. — Kollegium der Vikare: **Kielczewski** Bizekust, Prokur, Verweser der Dompfarrei, **Gutsche** Praecent, **Klein** Examinat der Organisten. — Domprediger: die obigen Vikare. — Kollegium der Mansionare: **Raatz** I. Pönit, **Dalbor** II. Pönit, **Kielczewski** I. Vit, **Gutsch** II. Vit. — Kollegium der Psalteristen: die vorstehenden Vikare und Mansionare. — Kollegiat-Kirche St. Georg in Gnesen. Vorst: das Metropolitan-Kapitel. Kommendar-Canonici: **Raatz** I. Pönit. (s. ob.), Dr. theol. **Goczkowski** Regens des PrSem, Dr. **Dalbor** SemProf. — Kollegium der Vikare an der Kollegiat-Kirche: die obigen Mansionare.

Diözesan-Behörden.

Erzbischöfliches General-Konsistorium: **Dziedzinski** GenVikar, **Kwiatkowski** Offizial, **Spors** KonsilR Domherr; **Stefanski** Pf in der Lorenz-Kirche, KonsR, **Klepaczewski** KonsR, Synd u. Justit, Dr. **Dalbor** SemProf, Vertheidiger in Ehesachen, Fiskal, **Raatz** KalkulatAssist, **Stryjakowski** KDir u. Registr, **Berger** Kalkulator, **Litowski** Rendant **Budzinski** I. Kanzlist, **Powidzki** II. Kanzlist, **Smodlibowski** III. Kanzlist, **Garniec** Bote.

Prosynodal-Richter: **Andrzejewicz** Weihbischof, Dr. theol. **Dziedzinski** GenVikar, **Simon** Domherr, Päpstl. Haus-Prälat, **Poninski** Päpstl. Haus-Prälat, Ehren-Domherr, Dekan u. Propst in Koscielec, **Samberger** Ehren-Domherr, Dekan, GeistlR Propst in Nakel, Dr. **Wartenberg** Kanon an der Kollegiat-Kirche zu Kruschwitz, Dekan, Pf in Kamieniec, **Stryjakowski** Dekan, Pf in Lopienno, **Schaust** Kanon an der Kollegiat-Kirche zu Kruschwitz, Dekan, Pf in Ryszewko, **Goebel** Prälat, Propst an der Kollegiat-Kirche zu Kruschwitz, Dr. theol. **Goczkowski** Päpstl. Haus-Prälat, Regens des PrSem, Dr. theol. **Warminski** Pf in Jakschitz.

Prosynodal-Examinatoren: **Andrzejewicz** Weihbischof, Dr. theol. **Dziedzinski** GenVikar, **Simon** Domherr (s. oben), Dr. theol. **Goczkowski** Regens des PrSem, **Wartenberg** (s. oben), **Rozewnik** GeistlR, Dekan, Pf in Witkowo, Dr. phil. u. theol. **Opielinski**, ständiger Vikar in Exin, **Ussorowski** Pf an der St. Mich.-Kirche, **Raatz** I. Pönit, Lic. theol. **Witek** Pf in Lengowo-Tarnowo, **Stryjakowski** Propst in Labischin.

Bücher-Zensoren: **Andrzejewicz** Weihbischof, Dr. theol. **Dziedzinski** (s. oben), Dr. **Wartenberg** (s. oben), **Rudal** Propst in Pudewitz, **Stagraczynski** Pf in Schadlowitz, **Bronkanski** Pf in Neuheim, **Marchwinski** Propst in Tremessen, **Kopernik** Propst in Wongrowitz.

Diözesan-Anstalten.

Priester-Seminar. AufsichtsR: Vom Erzbischof ernannt: **Simon** Domherr. — Abgeordnete des Metropolitan-Kapitels: **Kwiatkowski** Domherr, Offizial, **Dziedzinski** Domherr, GenVikar. — Abgeordnete der Gnesener Geistlichkeit: **Ussorowski** Pf an der St. Michael-Kirche. — Professoren: Dr. theol. **Goczkowski** Päpstl. GehKämm, ProsynRichter u. Examinat, Regens, Bibliothekar, M des Kurator des Knaben-Konvikts, Kommend Kanon an der St. Georgs-Kirche, **Zychlinski** Bizeregens, Dr. **Dalbor** Prof, Kommend Kanon an der St. Georgs-Kirche, II. Pönit, Vertheid. für Ehesachen u. Fiskal. — Interim. SemProkurator: **Klein** Vikar an der Dompfarrei. — Interim. Gesanglehrer: **Podlaszewski**. — Alumnen: Diakone: **Blazejewski, Hemmerling, Jurek**; Subdiakon: **Ziolkowski**. — Kleriker: **Bozuchowski, Ludwiczak, Andrzejewski, Czechowski, Dykier, Labujewski, Skowronski**.

Erzbischöfliches Knaben-Konvikt: Vors des Kuratoriums: **Simon** Domherr (s. oben), Präfekt: **Weimann** Religionslehrer am Gymn, 39 Gymnasiasten.

Päpstliche Würdenträger:

Apostolischer Protonotar: Lic. theol. **Dorszewski** Prälat Dompropst (s. oben).

Haus-Prälaten: **Simon** Domherr, **Poninski** Ehrendomherr (s. unten).

Päpstliche Kammerherren: **Wolinski** Propst in Strelno rc. (s. unten), Dr. theol. **Goczkowski** Regens des PrSem (s. oben), **Stryjakowski** Propst in Labischin.

Päpstliche Ehren-Kammerherren: **Wawrzyniak** Propst in Mogilno.

Dekanate und Pfarreien.

Dekanat St. Trinitatis zu Gnesen.

Dekan: Rożewnik ProsynExamin, GeistlR, Pf in Witkowo.

Stadt Gnesen (Dompfarrei): Pf Kwiatkowski Domherr (s. oben), Kielczewski Vikar, Vizekust. — Dreifaltigkeits-Kirche: Piotrowicz Propst, Adamski I. Vikar, Smorawski II. Vikar. — Succursalkirche (Franziskanerkirche): Weimann RelLehrer am Gymn, MilPf, Präf des KnKonv; St. Johanneskirche, Kreuzkirche, Peter- u. Paulkirche. — St. Lorenz-Pfarrkirche u. F in Gurowo: Stefanski Pf, GeistlR, III. DekBeisitzer. — Irren-Anstalt zu Dziekanka Kaplan Ufforowski Pf an der St. Mich.-Kirche.

Kirchen-Dambrowka: Kommend. Zoch.
Dziekanowice: Pf Jaskowski.
Grzybowo: Pf vak., verwaltet von dem Pfarrer in Marzenin.
Jarschomkowo: Pf Fiebig.
Imielno: Kommend. Nowakowski II. DekBeisitzer.
Kendzierzyn: Pf Rösler DekSchr.
Lidan: Pfarrverweser Krajewski.
Marzenin: Pf Nawrocki.
Niechanowo: Pf Mierzejewski.
Pawlowo: Pf Weydmann.
Pudewitz: Propst Ridal I. DekBeisitzer, em Dek, Vikar Niemir.
Schwarzenau: Pf Vak.
Slawno: Pf Galecki.
Waliszewo: (inkorporirt der Kirche zu Dziekanowice).
Welnau: Pf vakat unter Verwaltung des Kommend. in Kirchen-Dombrowka.
Węglewo: Pf vakat, unter Verw des Kommend. in Imielno.
Witkowo: Pf Rożewnik Dekan rc. wie oben.
Wronczyn: Kommend. Krzeszkiewicz.
Wreschen: Propst Łabędzki; Vikar Laskowski.
Zydowo: Unter Verw des Pf zu Niechanowo.

Dekanat St. Peter u. Paul zu Gnesen.

Dekan: Stryjakowski ProsynRichter, Pf in Lopienno.

Dembnica: Kommend. Schubert.
Falkenau: Pf Jany.
Jabkowo: F von Raczkowo.
Janowitz: Pf Sypniewski GeistlR, DekSchr.
Kaminiec: Inkorporirt der Kirche in Kletzko.
Kletzko: Propst Piotrowski II. DekBeisitzer.
Koldromb: Pf vakat, unter Verw des Pf in Janowitz, Substit. Vikar Nowakowski. — Skorki: F von Koldromb.
Kirchen-Lagiewnik: Unter Verw des Pf in Slawno.
Lopienno: Pf Stryjakowski Dekan, ProsynRichter.
Mietschisko: Pf Sikorski DekBeisitzer.
Modliszewko: Unter Verw des Pf in Falkenau.
Podlesie: Pf vakat, Substitut. Vikar des Dekans Kandulski.
Pomarzany: Pf vakat, unter Verw des Dekans.
Kirchen-Popowo: Pf Framski Vizedekan, JubPr RA4.
Raczkowo: Pf vakat, unter Verw des Dekans, Substit. Vikar Förster.

Dekanat St. Michael zu Gnesen.

Dekan: Dr. Wartenberg Kan. der Kollegiat-Kirche in Kruschwitz, ProsynRichter u. Exam., Pf in Kamieniec.

Duschno: Pf Wadzynski II. DekBeisitzer.
Gembitz: Kommend. Klarowicz.
Gnesen (St. Michaels-Kirche): Pf Ufforowski ProsynExam, M des Kurator des KnKonv; em Resid Maryański.

Kamieniec: Pf **Wartenberg** Dekat, wie obei.
Kruchowo: Vakat, uiter Verw des Pfarrers in Duichno.
Kwieciszewo: Pf **Ertman** I. DekVeisitzer, em Dekan.
Linowiec: Uiter Verw des Adm in Orchowo.
Orchowo: Verw **Skoracki**.
Ostrowite: Pf **Kruszka** DekSchr.
Strzyzewo: Kommend. **Kaczmarek**.
Szydlowo: Uiter Verw des Pf in Wilatowen.
Tremessen: Propst **Marchwinski** RelLehrer am Progymn, Vikar **Tyrakowski**.
Wilatowen: Pf **Sobiesinski**.

Dekanat Argenau.
Dekan: Pf **Roga** in Ostrowo b. Wierzchoslawitz.

Argenau: Verw **Koczwara**.
Bratto: Uiter Verw des Pf in Groß=Morin.
Brudnia: Pf **Ciesielski** DekSchr.
Chlewisk: Pf **Jezierski** II. DekVeisitzer.
Góra: Pf **Rólski**.
Neu=Grabia: Pf vakat, Verweser **Wojciechowski**.
Groß=Morin: Pf **Glabisz** Lic. theol., em Dekan; Vikar **Kaminski**.
Ostrowo b. Wierzchoslawitz: Pf **Roga** Detan.
Parchanie: Pf **Kozielski** I. DekVeisitzer.
Pieranie: Kommend. **Szadzinski**.
Plonkowo: Vakat; **Urbanowicz** Subst. Vikar des Dekans.
Podgorz: Kommend. **Wyrzykowski**.
Schulitz: Kommend. **Napierala** Kdm70/71.
Schadlowitz: Pf **Stagraczynski**.

Dekanat Bromberg.
Dekan: Pf **Bielski** in Monkowarsk.

Bromberg: Propst **Markwart** GeistlR, RelLehrer am RealGymn; **Paradowski** Präb.
     an der Succursalkirche St. Ignatz, RelLehrer am Gymn; I. Vikar **Jagalski**, II. Vikar
     Jarosz, III. Vikar **Nitkewicz**, MilPf **Schittly**, em Resid **Kielczynski**.
Lindenwald: Kommend. **Stefaniak**.
Gr. Lonsk: Kommend. **Burkert**.
Monkowarsk: Pf **Bielski** Dekan.
Neuheim (Strelau): Pf **Bronkanski** II. DekVeisitzer.
Slesin: Pf **Gryglewicz** DekSchr.
Samsieczno: F von Slesin, PrivKapelle in Potulice; Kpl **Fierek**.
Königlich Wierzchucin: Pf **Motylewski** I. DekVeisitzer.

Dekanat Exin.
Dekan: **Sobeski** Propst in Slupy.

Brzyskorzystew: Pf **Kucharski** DekSchr.
Chojna: Kommend. **Witkowski**.
Chomentowo: Verwalter **Budziak**.
Exin: Dr. theol. u. phil. **Opielinski**, ständiger Vikar, ProsynExamin; I. Vikar **Górski**,
     II. Vikar vakat, **Kretschmer** RelLehrer am LehrerSem.
Gollantsch: Pf **Lesnik**.
Jaktorowo: Pf **Kuroch**.
Rynarzewo: Pf **Górski** II. DekVeisitzer.
Groß=Samoklensk: Verwalter **Slubicki**.
Slupy: Propst **Sobeski** Dekan.
Smogulec: Pf **Kempski**.
Szaradowo: Pf **Hoffmann** I. DekVeisitzer.
Schubin: Propst **Soltysinski** GeistlR; Vikar **Mittelstaedt**.

Dekanat Inowrazlaw.

Dekan: **Poninski** Päpstl Haus-Prälat, Ehren-Domherr, ProsynRichter, Propst in Koscielec.

Jaschitz: Dr. theol. **Warminski** ProsynRichter RA4 Kr3 Kdm70/71.

Inowrazlaw: Propst **Laudih** GeistlR, DefSchr; I. Bikar **Kurzawski** RelLehrer am Gymn; II. Bikar u. MilPf **Kordzinski**; III. Bikar **Kowalski**.

Kaisertreu: Pf vakat, unter Verw des Pf in Tuczno.

Koscielec: Propst **Poninski** Dekan RA4 (s. oben).

Lissewo: Pf **Suszczynski**.

Liszkowo: Pf **Jastrzebski**.

Labischin: Propst **Stryjakowski** GehKämm des Papstes ProsynExaminator; Kapelle in Lubostron.

Orlowo: Pf **Barcikowski** II. DefBeisitzer.

Penchowo: Pf vakat, unter Verw des Pf in Lissewo.

Tuczno: Pf **Labendzinski** I. DefBeisitzer.

Dekanat Krotoschin.

Dekan: **Dandelski** Propst in Kobylin.

Baschkow: Pf **Sliwinski** I. DefBeisitzer.

Kobierno: Pf **Jaworski**.

Kobylin: Propst **Dandelski** Dekan. .

Krotoschin: Propst Lic. theol. **Wojciechowski**, Kammerherr von St. Loretto; Bikar **Zalewski**; Krug Präbendar, MilPf u. RelLehrer an der Mädchenschule; emer. Resident Kegel.

Sulmierzyce: Propst **Staniszewski**; St. Annen-Altarie: Kommend. Dr. theol. **Gieburowski**. — Chwaliszewo: F von Sulmierzyce.

Wyganow: Pf **Polczynski**.

Zduny: Propst Lic. theol. **Kozik** II. DefBeisitzer.

Dekanat Kruschwitz.

Dekan: **Wolinski** GehKämm des Papstes u. Propst in Strelno.

Chelmce: Kommend. **Spychalowicz**.

Hochkirch: Pf Kittel DefBeisitzer.

Koscieszki: Verw **Józewicz**.

Kruschwitz (Kollegiatkirche): Propst Prät. **Goebel** ProsynRichter; I. Kan. Warterberg Dekan u. Pf in Kamieniec; II. Kan. **Echaust** Pf in Rnszewko.

Ostrowo am Goplo: Pf **Pasztalski** DefSchr.

Ostrowo bei Strelno: Kommend. Lic. theol. **Langner**.

Piaski: Pf **Renskowski**.

Polanowitz: Kommend. **Fischbock**; Kapelle in Rechta.

Rzadkwin: Kommend. **Malak** Bizedekan.

Siedlimowo: Kommend. **Kolczewski**.

Groß-Slawsk: Pf **Kublinski**.

Strelno: Propst **Wolinski** Dekan (s. oben), I. Bikar **Kalkowski**.

Wojcin: Pf **Ullrich**.

Dekanat Lekno.

Dekan: **Szymanski** Pf in Dziewierzewo.

Czeszewo: Pf **Kuligowski** I. DefBeisitzer.

Dziewierzewo: Pf **Szymanski** Dekan.

Grylewo: Pf **Sitora** II. DefBeisitzer.

Kozielsko: Pf **Piszczyqlowa**. — Niemtschin: F von Kozielsko.

Lengowo-Tarnowo: Pf Lic. theol. **Witek** ProsynExam, DefSchr.

Lekno: Propst **Grzybowski**.

Panigrodz: Kommend. **Bembenek.**
Srebrnagora: Pf **Haupa.**
Wongrowitz: Propſt **Kopernik**; Vikar **Pomorski, Wießner** RelLehrer am Gymn.
Zon: Pf **Steffen.**

Dekanat Lobſens.
Dekan: **Gidaszewski** Pf in Mrotſchen.

Blugowo: Pf **Wyſocki** I. DekBeiſitzer.
Dreidorf: Pf **Ziętak**; Kapelle in Dembno.
Gromaden: Pf **Byczyński** II. DekBeiſitzer.
Lobſens: Propſt **Blümel.** Gorka (Succurſalkirche): Vikar **Górski.**
Mrotſchen: Pf **Gidaszewski** Dekan.
Runowo: Pf **Śmigielski** DekSekr.
Zabartowo: Pf **Tuchocki.**

Dekanat Nakel.
Dekan: **Samberger** Ehrendomherr, ProſynRichter, GeiſtlR, Propſt in Nakel.

Dembowo: Verw **Greinert.**
Friedheim: Pf vakat; Verw **Szukała.**
Glesno: Pf Dr. jur. **Strzybłewski.**
Kosztowo: Pf **Leßmer.** — Freymark: F von Kosztowo.
Morzewo: Pf **Klarowicz** DekSekr.
Nakel: Propſt **Samberger** (ſ. oben); Vikar **Kowalski** RelLehrer am Gymn.
Sadke: Pf **Lemież** II. DekBeiſitzer.
Schmilau: Pf **Prandke.**
Wirſitz: Pf vakat; Verweſer **Kammer;** Reſident **Staſiewski** emer. JubPr.
Wiſſek: Pf **Haß.**

Dekanat Olobok.
Dekan: **Michalak** Pf in Droszew.

Biskupice: Unter Verw des Kommend. in Lewkow.
Droszew: Pf **Michalak** Dekan.
Gorzno: F von Szczury.
Goſtyczyn: Pf **Noſolski** I. DekBeiſitzer.
Kucharki: Pf vakat; Verw **Schwartz.**
Kuchary: Unter Verw des Adm in Kucharki.
Lewkow: Kommend. **Lowiński.**
Ocionz: Pf **Hejmanowski.**
Olobok: Pf **Piotrowski.**
Roſſoſchütz: Pf **Wróblewski** II. DekBeiſitzer.
Skalmierzyce: Propſt **Włoszliewicz** DekSekr.
Skrzebow: Kommend. **Schnarbach.**
Sodotka: Pf Dr. theol. u. phil. **Wyczyński.**
Szczury: Pf **Sikorski.**

Dekanat Pleſchen.
Dekan: Lic. theol. **Taczanowski,** Propſt in Grodzisko.

Broniſchewitz: Pf **Merkel.**
Brzezie: Vakat, unter Verw des Pf in Broniſchewitz.
Czermin: Pf **Dziegiecki** Vizedekan.
Goluchow: Kommend. **Jeżewski.**
Grodzisko: Propſt Lic. theol. **Taczanowski** Dekan.
Jedlec: F von Tursk, Vikar vakat.
Karmin: Verw **Lewicki.**

Koryta: Pf Dr. phil. u. Lic. theol. **Thiel.**
Kotlin: Pf **Nymarkiewicz** emer. Dekan, Vikar **Białas.**
Kowalew: Verw **Schwarz.**
Kretkow: Verw **Gawłowicz.**
Kuczkow: Vakat, unter Verw des Pf in Sowina.
Lenartowitz: Pf **Zeidler** DekSchr.
Magnuszewice: Pf vakat, unter Verw des Pf in Kotlin.
Pleschen: Kommend. **Niesiołowski,** Vikar **Rożankiewicz.**
Rzegocin: Pf Dr. **Głowiński.**
Sośnica: Vakat, unter Verw des Adm in Kowalew.
Sowina: Pf **Jaskólski.**
Strzydzew: Kommend. **Klemt.**
Tursk: Pf **Maj** DekBibliothekar.
Twardow: Pf vakat, unter Verw des Kommend. **Mizgalski** in Witaszyce, Diözese
Posen.

Dekanat Powidz.
Dekan: **Janas,** Pf in Staw.

Brudzewo: Pf **Szypow** JubPr.
Graboszewo: Kommend. Dr. theol. **Wilkoński** DekSchr.
Mielkschin: Kommend. **Bogdański.**
Odrowonz: Unter Verw des Dekans in Witkowo.
Ostrowo bei Stralkowo: Pf **Gregorowicz.**
Powidz: Pf **Szudziński** II. DekBeisitzer.
Skarboszewo: Pf **Andersz** I. DekBeisitzer.
Staw: Pf **Janas** Dekan.
Stralkowo: Pf vakat; Substitutvikar **Nejczyk.**
Szemborowo: Pf vakat; Verw **Konarski.** — Otoschno: F von Szemborowo.

Dekanat Rogowo.
Dekan: **Echaust** Kan. der Kollegiatkirche in Kruschwitz, ProsynRichter, Pf in Ryszewko.

Cerekwica: Pf **Cybichowski** I. DekBeisitzer. .
Gorzyce: Pf **Walczak** DekSchr.
Goscieszyn: Pf **Grześkiewicz.**
Juncewo: Kommend. **Olejnik.**
Izdebno: Unter Verw des Kommend. in Rogowo.
Lubtsch: Kommend. **Czerwiński.**
Niestronno: Kommend. **Szymański** II. DekBeisitzer.
Palendzie: Pf **Jędraszkiewicz.**
Rogowo: Kommend. **Niedzielski.**
Ryszewko: Pf Bronisl. **Echaust** Dekan (s. oben).
Swiontkowo: Pf vakat; unter Verw des Pf in Brzyskorzystew.
Zerniki: Kommend. Kasimir **Echaust.**

Dekanat Znin.
Dekan: **Bobowski** Pf in Ludzisk.

Bartschin: Kommend. **Matyaszczyk.**
Chomionza: Pf vacat, unter Verw des Kommend. in Parlin.
Gonsawa: Pf **Niedbalski.**
Gora bei Znin: Pf **Sikorski.**
Ludzisk: Pf **Bobowski** Dekan.
Markowitz: Derselbe Pf wie in Ludzisk.
Mogilno: Propst **Wawrzyniak** GehKämm des Papstes; I. Vikar **Brodowski.**
Ostrowo bei Pakosch: Pf vakat, unter Verw des Pf in Trlong.
Pakosch: Propst **Chylewski.**
Parlin: Kommend. **Hechmann.**
Strzelce: Kommend. **Mielcarski.**

Schepanowo: Pf Januszewski DekSchr; F in Wucin.
Trlong: Pf Kowalewski.
Venetia: Pf Kałędkiewicz DekBeisitzer.
Znin: Präbendar Jasiński Verweser; Vikar Wierzbicki.

Geistliche ohne Amt:

Emeriten: Kegel in Krotoschin, Kiełczyński in Bromberg, Maryański in Gnesen, Stasiewski in Wirsitz, Wycisk in Dzickanka.

Außerhalb der Diözese halten sich auf:

Becker DivPf in Magdeburg, Świderski DivPf in Graudenz; Diak Noryśkiewicz u. Subdiak Taczak studiren Theologie in Münster.

Weibliche Religions-Genossenschaften.
Vincentinerinnen.

Bromberg: Schmidt Oberin, Warpakowska, Katke, Hoppe Schwestern.
Inowrazlaw: Philipp Oberin, Langner, Bilitewska, Dworzak, Cholewińska, Przysiecka, Sawallich, Miszewska Schwestern.
Wongrowitz: Wojcięga Oberin, Mikołajczak, Redicker, Gajkowska Schwestern.
Wreschen: Pruszak Oberin, Zabrocka, Katke Schwestern.
Zduny: Mellin Oberin, Rogaczewska, Klewicz, Klunder, Ziętak Schwestern.

Elisabethinerinnen.

In Gnesen: Kurator vakat, Chrząszcz Oberin, Daniel, Orłowicz, Kurek, Majchrzycka, Skrzypczak, Przybylska, Kruczkowska Schwestern.
In Bromberg: Dembowa Oberin, Smuda, Szymczak Schwestern.
In Krotoschin: D. Mulkowska Oberin, S. Mulkowska, Senftleben, Sroka Schwestern.
In Labischin: Nowak Oberin, Kostrzewa, Scholz, Witkowska Schwestern.
In Powidz: Kretek Oberin, Malecka, Gniot, Kuczkowska Schwestern.
In Strelno (Kreiskrankenhaus): Mulkowska Oberin, Grygier, Prokop Schwestern. Für ambulante Krankenpflege: Dwulecka Oberin, Molik Schwester; Kurator Woliński Propst in Strelno.
In Wirsitz: Montigler Oberin, Kielpinska, Hadzula, Hepner Schwestern.

Mägde Mariä.

In Gnesen: Chuda Oberin, Annuth, Wyduba, T. Maślek, Dwornik, Ph. Maślek, Brzykca, Kozłowska, Jackowska, Posieczka Schwestern.
In Schwarzenau: Ptaszynska Oberin, Szurman Schwester.
In Mieltschin: Maślek Oberin, Kaczmarek Schwester.
In Mogilno: Jaskulska Oberin, Krause, Lusiewicz Schwestern.
In Niechanowo: Stanisławska Oberin, Jagiella Schwester.

Die zur Diözese Culm gehörenden Pfarreien und geistlichen Stelleninhaber des Dekanats Fordon.

Dekan: Schmidt Pf in Fordon.

Byszewo: Pf Splonskowski.
Crone a. Br.: Pf Treder, Vikar Nawacki, Kur Lange (an der Kgl. Strafanstalt zu Crone a. Br.).
Dobrcz: Pf Wasielewski.
Fordon: Pf u. Dekan Schmidt, Vikar Sobiecki (zur anderweiten Vertretung einstweilen beurlaubt), Kur Litewski (an der Kgl. Strafanstalt zu Fordon).
Osielsk: Pf Schulz, Vikar Roenspieß.
Wtelno: Pf Niklewicz.
Wudzyn: Pf Langowski.
Zolendowo: Pf Malicki.

C. Evangelisch-lutherische Kirchen.

Pfarrbezirke.

Superintendentur Posen (Sup Kleinwächter).

Pfarrbezirk Posen Sup Kleinwächter.
„ Meseritz P Härtwig.
„ Neutomischel P Seidel.
„ Rogasen P J. Brauner.
„ Schwarzwald P Werner in Konstadt O.-S.

Superintendentur Thorn (Sup Rehm).

Pfarrbezirk Bromberg P F. Brauner.
„ Nakel P Th. Brauner.
„ Schneidemühl P Reymann.

D. Synagogen-Gemeinden.

1. In Posen.

Vorstand: Samuel **Schönlank** Kfm Vors, Julius **Salz** RAnw JR, Moritz **Victor** Kfm, Samuel **Silberberg** Priv, Wolf **Guttmann** Kfm, Mttglieder.
Repräsentanten-Vorsteher: **Herz** Kommerz- u. StdtR.
Rabbinat: Dr. Wolff **Feilchenfeld** Rabbiner, Ludwig **Krause**, Samuel **Silberberg** Rabbinats-Assessoren.

2. In der Provinz.

a) Regierungs-Bezirk Posen.

Adelnau: Vorst: **Jacobowitz**, ReprVorst: Gerson **Bromberger**.
Bentschen, Kr Meseritz: Vorst: **Krause** Kfm Kdm70/71 LD, ReprVorst: Meyer Joseph **Lewy** Kfm; Rabbinat: Meier **Freudenberger** Kultusbeamter.
Betsche, Kr Meseritz: Vorst: Jul. **Fleischer** Kfm.
Birnbaum: Vorst: **Brandt** Kfm u. Rgbej, ReprVorst: **Pohle** Kfm u. Fabrikbes., Rabbinat: **Falkenstein** Kantor u. Vorbeter (Pred).
Bojanowo, Kr Rawitsch: Vorst: Meier **Miodowski** Kfm, Rabbinat: Dr. **Theodor**.
Bomst: Vorst: **Halpert** Pferdehändler, ReprVorst: L. **Goldberg**.
Borek, Kr Koschmin: Vorst: **Wollmann** KämmKassRend, ReprVorst: **Bromberg** Hotelbesitzer.
Buk, Kr Grätz: Vorst: H. **Lewin**, ReprVorst: R. **Guttmann**, Rabbinat: **Gutwirth**.
Czempin, Kr Kosten: Vorst: **Rothholz** Kfm, ReprVorst: **Magnus** Kfm, Rabbinat: **Brummer**.
Dobrzyca, Kr Krotoschin: Vorst: **Markowicz** Kfm, Rabbinat: **Jacobsohn** Vorbeter.
Dolzig, Kr Schrimm: Vorst: **Lewin** Kfm.
Fraustadt: Vorst: **Kronheim** Rentier.
Gostyn: Vorst: **Levin** Kfm, ReprVorst: **Kantorowicz** Kfm, Rabbinat: **Cohn** Kantor u. Schächter.
Grabow, Kr Schildberg: Vorst: **Cohn** Kfm.
Grätz: Vorst: **Herzfeld** Kfm, ReprVorst: **Dosmar** Kfm, Rabbinat: Dr. **Silberberg** Rabbiner.
Jaratschewo, Kr Jarotschin: Vorst: **Ziegel** Kfm.
Jarotschin: Vorst: **Adler** Kfm, ReprVorst: **Graupe** Kfm, Rabbinat: **Bloch** Bezirksrabbiner.
Jutroschin, Kr Rawitsch: Vorst: **Neisser**, ReprVorst: **Rosenbaum**.
Kempen: Vorst: **Bloch** Kfm, ReprVorst: **Guttmann** Kfm, Rabbinat: Dr. **Münz** Rabbiner.
Kobylin, Kr Krotoschin: Vorst: **Neustadt**, ReprVorst: **Glücksmann**.
Koschmin: Vorst: **Horwitz** StdtÄelt u. Rentier, ReprVorst: **Kantorowicz** RAnw u. Notar, Rabbinat: Dr. **Heppner**.

Koſten: Vorſt: **Plonsk** Kfm, ReprVorſt: **Glaß** Kfm.
Koſtſchin, Kr Schroda: Vorſt: **Haaſe** Kfm.
Kriewen, Kr Koſten: Vorſt: **Goldſtein** Kfm, ReprVorſt: **Schlamm** Kfm.
Kröben, Kr Goſtyn: Vorſt: **Zucker.**
Krotoſchin: Vorſt: **Cohn** Kfm, Stellv: **Grünſpach** Kfm, ReprVorſt: **Auerbach**
    Rentier, Rabbinat: Dr. **Berger** Rabbiner.
Kurnik, Kr Schrimm: Vorſt: **Oelsner** Kfm, ReprVorſt: Dr. **Unger** prakt. Arzt.
Liſſa i. P.: Vorſt: **Biberfeld** Kfm, ReprVorſt: **Wolff** RAnw u. Notar, Rabbinat:
    Dr. **Bäck,** Dr. **Deutſch** Rabbiner.
Meſeritz: Vorſt: **Kupfer,** ReprVorſt: **Kadiſch,** Rabbinat: **Romm** Kantor.
Miloslaw, Kr Wreſchen: Vorſt: **Lewinski** Kfm, ReprVorſt: **Hirſch** Kfm.
Mixſtadt, Kr Schildberg: Vorſt: **Sternberg.**
Moſchin, Kr Schrimm: Vorſt: **Silberſtein** Kfm.
Mur.=Goslin, Kr Obornik: Vorſt: **Giballe** Kfm, Rabbinat: **Laſowski** KantorKand.
Neuſtadt bei Pinne, Kr Neutomiſchel: Vorſt: **Wolfſohn** Kfm, ReprVorſt: **Meyer**
    Kaufmann.
Neuſtadt a. W., Kr Jarotſchin: Vorſt u. ReprVorſt: **Heldt.**
Neutomiſchel: Vorſt: **Wittkowsky** Kfm, ReprVorſt: **Cohn** Kfm.
Oberſitzko, Kr Samter: Vorſt: **Czollack** Bäckermſtr, ReprVorſt: **Schlimmer,**
    Rabbinat: **Casper** Talm.
Obornik: Vorſt: **Tausk** Kfm, ReprVorſt: **Götz** Buchdruckereibeſ.
Oſtrowo: Vorſt: **Rothſtein** Kfm, ReprVorſt: **Voß** RAnw, Rabbinat: Dr. **Freund**
    Rabbiner.
Pinne, Kr Samter: Vorſt: **Borchardt** Kfm, ReprVorſt: **Szamatolski,** Rabbinat:
    Dr. **Lewin.**
Pleſchen: Vorſt: **Joachim** Rentier, ReprVorſt: **Strelitz** Kfm, Rabbinat: Dr. **Koenigs-**
    berger Rabbiner.
Pudewitz, Kr Poſen=Oſt: Vorſt: **Licht,** ReprVorſt: **Wreſchinski.**
Rakwitz, Kr Bomſt: Vorſt: **Oettinger** Ziegeleibeſ., ReprVorſt: **Wreſchner** Ziegelei=
    beſitzer, Rabbinat: **Nathan** Kultusbeamter (Kantor).
Raſchkow, Kr Adelnau: Vorſt: **Plotke** Kfm, Rabbinat: **Landon.**
Rawitſch: Vorſt: **Breslauer** RAnw u. Notar, ReprVorſt: **Roſenthal** Rentier.
    Rabbinat: Dr. **Cohn** Rabbiner.
Ritſchenwalde, Kr Obornik: Vorſt: **Spitzer,** ReprVorſt: **Jena.**
Rogaſen, Kr Obornik: Vorſt: **Kuttner** Kfm, ReprVorſt: **Hammerſchmidt** Kfm.
Samter: Vorſt Kauf, ReprVorſt: **Holländer,** Rabbinat: Dr. **Wreſchner.**
Sandberg, Kr Goſtyn: Vorſt: **Jacob.**
Santomiſchel, Kr Schroda: Vorſt: **Schrimmer.**
Sarne, Kr Rawitſch: Vorſt: **Schwerſenski** Kfm.
Schildberg: Vorſt: **Lewy,** ReprVorſt: **Schwarz,** Rabbinat: Dr. **Bamberger.**
Schmiegel: Vorſt: **Licht** Kfm, ReprVorſt: **Naumann** Kfm, Rabbinat: **Teller**
    Kantor.
Schrimm: Vorſt: **Latte** Kfm, ReprVorſt: **Hopp** Kfm, Rabbinat: Dr. **Bamberger.**
Schroda: Vorſt: **Baruch,** ReprVorſt: **Mendel,** Rabbinat: **Heimann.**
Schwerin a. W.: Vorſt: **Cohn** Rentier, ReprVorſt: **Boas** Rentier.
Schwerſenz, Kr Poſen=Oſt: Vorſt: **Leſſer** Kfm, ReprVorſt: **Kaatz** Kfm.
Stenſchewo, Kr Poſen=Weſt: Vorſt: **Warſchauer** Kfm.
Tirſchtiegel, Kr Meſeritz: Vorſt: **Zirker,** ReprVorſt: **Greiffenhagen,** Rabbinat
    Stern.
Unruhſtadt, Kr Bomſt: Vorſt: **Neuſtädter** Kfm, ReprVorſt: **Pach** Kfm, Rabbinat:
    Lewin Kultusbeamter u. Schächter.
Wollſtein, Kr Bomſt: Vorſt: **Wolfſohn** Buchdruckereibeſ., ReprVorſt: **Voß** Kfm.
Wreſchen: Vorſt: **Miodowski** Kfm, ReprVorſt: **Ehrenfried** Kaufmann, Rabbinat:
    Dr. **Lewin.**
Wronke, Kr Samter: Vorſt: **Markus,** Rabbinat: **Auerbach** Kultusbeamter.
Xions, Kr Schrimm: Vorſt: **Baruch** Kfm.
Zbuny, Kr Krotoſchin: Vorſt: Dr. **Jaffé** prakt. Arzt.
Zerkow, Kr Jarotſchin: Vorſt: **Schreyer** Kfm, ReprVorſt: **Scheps** Steuererheber.
Zirke, Kr Birnbaum: Vorſt: **Cohn,** ReprVorſt: **Prochownik,** Rabbinat: **Lewin** Kantor.

b) Regierungs-Bezirk Bromberg.

Bromberg, Kr Bromberg: Vorst: **Aronsohn** KommerzR u. StdtR, ReprVorst: **Peltasohn** LGR, Rabbinat: Dr. **Walter** Rabbiner.

Argenau, Kr Jnowrazlaw: Vorst: **Schrubski** Kfm, ReprVorst: **Alschwang** Kfm, Rabbinat: **Fleischmann** Kantor u. Schächter.

Bartschin, Kr Schubin: Vorst: **Lachmann.**

Budsin, Kr Kolmar i. P.: Vorst: **Wolfsfeld** Kfm, ReprVorst: **Wolfsfeld** Kfm, Rabbinat: **Rosenthal** Kantor.

Crone a. Br., Kr Bromberg: Vorst: **Cohn,** stellv Vorst: **Joseph,** ReprVorst: **Krakauer,** Rabbinat: **Kober** Vorbeter u. Schächter.

Czarnikau: Vorst: **Hirschberg** Kfm, ReprVorst: **Michelsohn** prakt. Arzt.

Exin, Kr Schubin: Vorst: **Seemann** Kfm, ReprVorst: **Leiser** Kfm.

Filehne: Vorst: Dr. **Fronzig** prakt. Arzt, ReprVorst: **Maaß,** Rabbinat: Dr. **Richter.**

Jordon, Kr Bromberg: Vorst: **Wolff,** ReprVorst: **Oser.**

Friedheim, Kr Wirsitz: Vorst: **Machol.**

Gembitz, Kr Mogilno: Vorst: **Schubiner** Kfm.

Gnesen: Vorst: **Gimkiewicz** Kfm, ReprVorst: Dr. **Wolff,** Rabbinat: Dr. **Jacobson** Rabbiner.

Gollantsch, Kr Wongrowitz: Vorst: **Glaß** Kfm.

Janowitz, Kr Znin: Vorst: **Schmul** Kfm, **Moses** Kfm, **Markus** Kfm, ReprVorst: **Slome** Kfm, Rabbinat: Dr. **Jacobsohn** Rabb in Gnesen, **Jospe** Kantor in Janowitz.

Jnowrazlaw: Vorst: **Kurtzig** StdtR a. D., ReprVorst: **Salomonsohn** Bankier, Rabbinat: Dr. **Kohn.**

Kletzko, Kr Gnesen: Vorst: **Toller** Schänker, ReprVorst: **Jalowitz** Rentner.

Kolmar i. P.: Vorst: **Simon** Kfm, ReprVorst: **Cohn** Rechtsanwalt.

Kruschwitz, Kr Strelno: Vorst: **Michaeli** Rentier.

Labischin, Kr Schubin: Vorst: **Aronsohn** Kfm, ReprVorst: **Goldstein** Kfm.

Lobsens, Kr Wirsitz: Vorst: **Pinkus,** ReprVorst: **Arndt.**

Margonin, Kr Kolmar i. P.: Vorst: **Schocken.**

Mietschisko, Kr Wongrowitz: Vorst: **Glaser.**

Mogilno: Vorst: **London** Fabrikbes Kr4, ReprVorst: **Alexander.**

Mrotschen, Kr Wirsitz: Vorst: **Casparius,** ReprVorst: **Katz,** Rabbinat: **Hirsch.**

Nakel (Netze), Kr Wirsitz: Vorst: **Baerwald** Kfm, ReprVorst: **Herrmann** Kfm, Rabbinat: Dr. **Perlitz** Rabbiner.

Pakosch, Kr Mogilno: Vorst: **Liebermann** Kfm, ReprVorst: **Seelig** Bäckermstr, Rabbinat: **Silberstein** Kantor u. Schächter.

Powidz, Kr Witkowo: Vorst: **Goldbaum.**

Rogowo, Kr Znin: Vorst: **Jacob** Kfm, Rabbinat: **Schlomm** Kantor u. Vorbeter.

Samotschin, Kr Kolmar i. P.: Vorst: **Levy,** ReprVorst: **Cohn.**

Schneidemühl, Kr Kolmar i. P.: Vorst: **Berliner** Bankier, ReprVorst: **Züllichauer, Asch, Schweriner, Sommerfeld, Baumann** Kaufleute, Rabbinat: **Braun** Rabbiner.

Schönlanke, Kr Czarnikau: Vorst: **Salinger,** ReprVorst: **Jacobsohn,** Rabbinat: **Waeldler,**

Schokken, Kr Wongrowitz: Vorst: **Markiewicz** Kfm, ReprVorst: **Dreier** Kfm.

Schubin: Vorst: **Markus** Kfm, ReprVorst: **Rynarzewski** Kfm.

Schulitz, Kr Bromberg: Vorst: **Friedländer.**

Schwarzenau, Kr Witkowo: Vorst: **Engelmann** Kfm, ReprVorst: **Ceszczynski.**

Strelno: Vorst: **Lesser** Kfm, ReprVorst: **Lippmann** Kfm, Rabbinat: **Rawitscher** Kultusbeamter.

Tremessen, Kr Mogilno: Vorst: **Zucker** Kfm, ReprVorst: **Warschauer** Rktuw und Notar.

Usch, Kr Kolmar i. P.: Vorst: **Rosendorff** Kfm.

Wirsitz: Vorst: **Schön** Kfm, ReprVorst: **Pelz** Kfm.

Wissek, Kr Wirsitz: Vorst: **Kirschstein** Kfm, ReprPräs: **Seelig** Kfm u. **Jacob** Kfm.

Witkowo: Vorst: **Lubinski** Kfm, ReprVorst: **Kozminski** Kfm.

Wongrowitz: Vorst: **Mode** Kfm, ReprVorst: **Freudenthal** Kfm.

Znin: Vorst: **Cohn,** ReprVorst: **Wolff.**

IV. Prüfungs=Kommissionen für Einjährig=Freiwillige.

In Posen: Vors: Dr. Haaselau RegR; ordentl. Mitglieder: Skladny GehReg u.
SchulR; Hildebrandt Major; Pohl Major; außerordentl. Mitglieder: Ernst
Prof; Glombik OL; Könnemann OL.
In Bromberg: Vors: Pohle RegR; ordentl. Mitglieder: Naumann Major; Pape
Hptm z. D. u. Bezirksoffizier; Dr. Waschow Reg= u. SchulR; außerordentl.
Mitglieder: Dr Görres Prof RealgOL; Kolbe RealgOL; Dr. Bocksch Prof
GymnOL.

V. Königliches hygienisches Institut zu Posen.

Direktor: Dr. Wernicke außerord. Prof der Hygiene BadZL3Eich GriechE3.
Beamte: Dr. Lubarsch pathol Anatom außerord. Prof der pathol Anatomie,
Dr. Jaeckle Nahrungsmittel=Chemiker, Dr. Günther Ass, Dr. Mayer VolAss
praktArzt, Pollack VolAss praktArzt, Kunzendorf Sekr D3, Vorwerk Diener,
Diedrich Pförtner, Marciniak Hülfsdiener.

VI. Bergrevier Görlitz und das Salzamt Inowrazlaw.

A. Bergrevier Görlitz.

Revierbeamter: von Rosenberg=Lipinsky BergR Joh.
Hülfsarbeiter: Prietze Bergass.
Revierbureauassistenten: Völks.

B. Salzamt Inowrazlaw.

Direktor: Ertel Salinendirektor.
Kassen= und Bureaubeamte: Faktor: Jansly Kassenrendant. — Schichtmeister:
Linke Produkten=Verw u. Salzsteuer=Einnehmer. Henke D3.
Betriebsbeamte: Harlandt Steiger, Bergold, Prüfer Siedemstr, Gohlke Werkmstr,
Gutsche Salzmagazin=Auff AllgEhr D2, Jüdes Amtsdiener D3, Goczkowski
Nachtwächter, Niebojewski Thorwächter.

VII. Königliche Aichungs=Inspektion der Provinz Posen.

Posen O., Luisenstraße 12.

Vorstand: Schütze Major a. D. RA4 DKrz.

Ressort:

A. Königliches Aichungsamt Posen.

Luisenstraße 12.

Vorstand: Schütze Major a. D. (s. vorsteh.), Erster Aichmeister: Meyer,
Vertreter des Vorstandes, Aichmeister: Kleinath, Rend: Bartsch, Kalku=
lator: Petermann, Hülfsarbeiter und Amtsdiener: Ibsch.

Das Königliche Aichungsamt, welches als Stempelzeichen über dem
gewundenen Band mit dem Buchstaben D. R. (Deutsches Reich) die Zahl 4
(Provinz Posen) und darunter die Zahl 1 führt, hat die Befugniß
zur Aichung von Längenmaaßen, Präzisionslängenmaaßen, Flüssigkeits=

maaßen, Fäſſern, Hohlmaaßen, Gewichten, Präziſionsgewichten, Goldmünzgewichten, Waagen für alle Belaſtungen, ſelbſtthätige Regiſtrirwaagen, Getreideporter und Gasmeſſer.

B. Gemeinde=Aichungsämter.

Dieſelben führen Stempelzeichen wie oben, nur befindet ſich an Stelle der Zahl 1 unter dem gewundenen Band die nachſtehende, dem Ortsnamen vorgeſetzte Zahl. Für die Gemeinde=Aichungsämter ſind die Befugniſſe ausdrücklich in jedem Falle feſtgeſtellt.

Abkürzungen: V = Vorſteher, A = Aichmeiſter, R = Rechnungsführer.

2. Bromberg: V: **Dietz** StadtR; A: **Clauß**; R: **Ulrich**. Längenmaaße, met. Flüſſigkeitsmaaße, Fäſſer über 160 l, Hohlmaaße, Gewichte, Waagen für alle Belaſtungen.

3. Birnbaum: V: **v. Kaffka** Bgrmſtr; A: **Wieſe**; R: **Reitter**. Längenmaße, met. Flüſſigkeitsmaaße, Fäſſer über 160 l, Hohlmaaße, Gewichte, Waagen.

4. Rawitſch: V: **Braun** StadtR; A: **Kryſtkowiak**; R: **Dartſch**. Längenmaaße, met. Flüſſigkeitsmaaße, Fäſſer, Hohlmaaße, Gewichte, Waagen.

5. Frauſtadt: V: **Großmann** Rathsherr; A: **Gutiche**; R: **Jaehn**. Längenmaaße, met. Flüſſigkeitsmaaße, Hohlmaaße, Gewichte, Waagen.

6. Liſſa: V: **Scheibel** Beigeordneter; A: **Weigt**; R: **Herbricht**. Längenmaße, met. Flüſſigkeitsmaaße, Fäſſer, Hohlmaße, Gewichte, Waagen für alle Belaſtungen.

7. Krotoſchin: V: **Sponnagel** Bgrmſtr; A: **Hoenſch**; R: **Flöter**. Längenmaaße, met. Flüſſigkeitsmaaße, Fäſſer, Hohlmaaße, Gewichte, Waagen.

8. Pleſchen: V: **Becker** Bgrmſtr; A: **Schmuhl**; R: **Muſchner**. Längenmaaße, met. Flüſſigkeitsmaaße, Fäſſer, Hohlmaaße, Gewichte, Waagen.

9. Schneidemühl: V: **Philipp** StadtR; A: **Starcke**; R: **Schoenrock**. Längenmaaße, met. Flüſſigkeitsmaaße, Fäſſer, Hohlmaaße, Gewichte, Waagen für alle Belaſtungen.

10. Schrimm: V: **Schorſtein** Bgrmſtr; A: **Kaebſch**; R: **Komendzinſki**. Längenmaaße, Flüſſigkeitsmaaße, Fäſſer über 160 l, Hohlmaße, Gewichte, Waagen.

11. Grätz: V: **Beutner** Bgrmſtr; A: **Trenka**; R: **Kabiſch**. Längenmaaße, met. Flüſſigkeitsmaaße, Fäſſer über 160 l, Gewichte, Waagen.

12. Filehne: V: **Schwedler** Bgrmſtr; A: **Anclaw**; R: **Roßbach**. Längenmaaße, Flüſſigkeitsmaaße, Gewichte, Waagen, Fäſſer.

13. Czarnikau: V: **Crohn** Rathsherr; A: **Steindorn**; R: **Schedler**. Längenmaaße, Flüſſigkeitsmaaße, Fäſſer, Gewichte, Waagen.

14. Koſten: V: **Stüwe** Bgrmſtr; A: **Boehmert**; R: **Wolf**. Met. Flüſſigkeitsmaaße, Gewichte, Waagen.

15. Schwerin a.W.: V: **Stargardt** Stadtv; A: **Gutheil**; R: **Schroeter**. Längenmaaße, Flüſſigkeitsmaaße, Gewichte, Waagen.

16. Gneſen: V: **Böder** StadtR; A: **John**; R: **Krauſe**. Längenmaaße, Flüſſigkeitsmaaße, Fäſſer, Gewichte, Waagen.

17. Goſtyn: V: **Bahl** KreisSekr; A: **Müller**; R: **Wolſki**. Längenmaaße, Flüſſigkeitsmaaße, Fäſſer, Gewichte, Waagen.

18. Inowrazlaw: V: **Kollath** 2. Bgrmſtr; A: **Wilda**; R: **Spitzer**. Längenmaaße, Flüſſigkeitsmaaße, Fäſſer, Gewichte, Waagen.

19. Oſtrowo: V: **Klein** KreisSekr; A: **Kaliſki**; R: **Fröhlich**. Längenmaaße, Flüſſigkeitsmaaße, Gewichte, Waagen.

20. Schröttersdorf bei Bromberg: V: **Bredtſchneider** Gem.=Vorſt.; A: **Clauß**; R: **Voigs**. Gewichte und Waagen.

21. Schmiegel: V: **Froſt** Bgrmſtr; A: **Hübner**; R: **Spinke**. Längenmaaße, Flüſſigkeitsmaaße, Gewichte, Waagen.

22. Wollſtein: V: **Matzel** Bgrmſtr; A: **Gutſche**; R: **Walter**. Längenmaaße, Flüſſigkeitsmaaße, Gewichte, Waagen.

VIII. Eisenbahnbehörden.

A. Königliche Eisenbahndirektion Posen.

Präsident: Roepell RA2Eich MilEhr2 LD2 RussAnn2.

Mitglieder: Dr. Schroeder ObRegR (Stellv. d. Präs.) RA3Schl, Haassengier Ob u. GehBauR (Stellv. d. Präs.) RA4 Kr3 EisKrz2 LD1 OffKrzSächsAlbr RussAnn3 OffKrzBelgLeop BulgCV3, Buchholtz GehBauR RA4, Treibich GehBauR RA4, Merseburger Reg u. BauR RA4, Danziger Reg= u. BauR, von Kienitz RegR, Brunn Reg= u. BauR, Halke RegR LD2, Wilhelm RegAssess LD2.

Hülfsarbeiter: Pursche, Pütter RegAssess, Häßler, Behrends EisBau= u. BetrInsp, Staehler RegBaumstr, Höppner z. Z. SektionsBaumstr in Kosten.

Rechnungsdirektor: Weiß RA4.

Centralbureau: Charton RechnR (Vorst) RA4 MilEhr2, Fidelmann, Humbert, Bache, Büttner I, Papendieck, Scheffler EisSekretäre, Schmalstich, Lange EisKrz2, Wiersbitzky, Oleski BetrSekretäre; Berthold, Stelzer BurAss; Schmidt, Gärtner, Liebach, Hoffmann BurDiätare.

Kanzlei: Behr KanzlSekr (KanzlVorst); Bachmann, Schaefer, Maaß, Pfeiffer EisKrz2, Jungbluth Kanzlisten 1. Kl.; Liehr, Barth, Kögel, Helmchen, Weymann, Kupfer, Gall, Kempfert Kanzlisten; List, Schönemann KanzlDiätare.

Rechnungsbureau: Weiß RechnDir (Vorst) RA4; Schmeißer EisSekretär (BurVorst); Haupt (RechnRev), Noeßke EisKrz2, Bellée, Volger EisKrz2, Tasse, Kunze, Girnt, Scheer, Stauf (RechnRev), Emil Schmidt, Oskar Büttner II, Krichler (RechnRev), Sprengel, Bienengräber, Paeschke, Parnitzky, Winkler v. Ketrzynski, Zachert EisSekretäre; Wünschmann (RechnRev) technEisSekr; Haubitzober, Neugebauer, Bitterhof, Frigge, Ottersohn, Below, Hartwig, Juff, Haenel, Hoefkt, Zeitz, Woite, Gehrke, Millitz, Berger, Wilkuer BetrSekretäre; Lilie BurAss; Hofmeister, Jenssen, Schieselbein, Reiche, Schöpe, Fleischer, Krämer BurDiätare.

Betriebsbureau: Meyer EisSekr (Vorst); Ertelt (BetrKontr), Klose, Schaefer, Dittmann, Hanow, Kober, Vercruysse, Lerche, Hassel, Young EisSekretäre; Striegau, Graf BetrKontr; Dörffer, Sturm, Köhler, Vollmann, Bohm, Zerbe BetrSekretäre; Röstel, Manzek BurDiätare; Stinner, Liebach, Walczak, Lademann, Fiedler Telegraphisten.

Verkehrsbureau: Knorr EisSekr (VerkKontr, Vorst.); Ziegler, Schöning, Eissing, Küchel, Liederwald, Dürre EisSekretäre; Pohley, Teuscher BetrSekretäre; Barth BurDiät.

Technisches Bureau: Klett EisSekr (Vorst); Borchard, Hermann, Leydel EisKrz2, Scholz, Busse, Schubert, v. Fragstein, Bublitz, Strauß, Zickwolff technEisSekretäre; Eltner, Schmöcker BetrSekretäre; Windmüller, Namm, Heinrich technBetriebssekretäre; Rudolph, Hayn, Peters, Eichberg, Schütz, Hübenthal, BurDiätare; Kretschmer, Lüttke technBurDiätare; Lorenz I, Lorenz II, Bischoff Zeichner 1. Kl.; Heuer, Gruner Zeichner; Kochs, Zerbe, Kligge, Suchetzky, Franke technBurAspiranten.

Eisenbahnhauptkasse: Neugebauer HauptkassRend; Rohnstock Hauptkasskass; Fichtner, Jendrzynski, Zeidler, Carqueville, Kluth EisSekretäre; Gröger, Scholz II, Hein, Borowicz, Gutzeit, Karwath EisKrz2, Weißbrodt, Hille, Mews BetrSekretäre; Draheim BurDiätar.

Betriebsinspektionen.

Frankfurt a. O. 2.: Stimm Reg= u. BauR (Vorst); Lindner BetrIng EisKrz2 Petzold EisSekr (1. BurBeamter); Schaefer, Sering, Grimm BetrSekretäre; Kautschke StDiät; Menz, Weltzer BahnmstrAspiranten; Zippel technBur Aspirant.

Glogau 2: Wegner Reg= u. BauR (Vorst); Winter BetrJng; Fiebach (1. Bur=
Beamter) EisKrz2, Hugo Schmidt EisSekretäre; Bahr, BetrSekr; Schmidt
StAff; Schneider technBurDiät, Haar BahnmstrAspirant.
Glogau 3. Biedermann Bau= u. BetrInsp. (Vorst); Kelbaß technEisSekr; Nick,
Obst EisSekretäre; Karl Scholz III, Bulian BetrSekretäre.
Guben: Weber EisDir (Vorst); Wehnert technEisSekr; Lotz BahnmstrAspirant;
Rau (1. BurBeamter), Krüger, Engelmann BetrSekretäre.
Krotoschin. Schulze Bau= u. BetrInsp(Vorst); Jansen (1. BurBeamter), Kretschmar
BetrSekretäre; Warnecke technBurDiätar; Lohmann BahnmstrAspirant.
Lissa i. P. 1: Flender Reg= u. BauR (Vorst); Eppenauer BetrJng; Gimler
EisSekr (1. BurBeamter); Jentsch EisKrz2, Marquart, Anlauf BetrSekretäre;
Meichow technEisSekr.
Lissa i. P. 2: Degner Bau= u. BetrInsp (Vorst); Paul EisSekr (1. BurBeamt);
Westhoff technEisSekr; Budach, Bahr BetrSekretäre.
Meseritz: von der Ohe Reg= u. BauR (Vorst); Scharre BetrJng; Ringleb
EisSekr (1. BurBeamter); Kühn, Guske BetrSekretäre.
Ostrowo: (Offen) (Vorst); Matthes BetrJng; Gesell BahnmstrAspirant; Voege
EisSekr (1. BurBeamter); Trenner, Jatow, Hecht BetrSekretäre.
Posen 2: Plate Reg= u. BauR (Vorst); Stallbaum technEisKontr; Krawutschke
EisSekr (1. BurBeamter); Etter, Stromsky, Brandt BetrSekretäre; Kunze
BurDiät; Nagengast Kanzlist; Mediger, Schild techn BurAspiranten; Humbert
BahnmstrAspirant.
Posen 3: Schwertner Bau= u. BetrInsp (Vorst) RittKrz2SachsErnH RittKrz
BulgCV; Wiest BetrJng; Renz (1. BurBeamter), Hippe, Barczynski,
Jampert BetrSekretäre.

Maschineninspektionen.

Guben: Klemann EisDir (Vorst) EisKrz2; Kranich, Schmidt BetrSekretäre.
Lissa i. P.: Blindow BauInsp (Vorst); Baum (1. BurBeamter), Kusche, August
Lehmann I BetrSekretäre.
Posen: Walter Reg= u. BauR (Vorst); Grun EisSekr (1. BurBeamter); Ihlen=
feld BetrSekretär.

Verkehrsinspektionen.

Guben: de Terra EisDir (Vorst) RettMedB; Zeist KassKontr; Balzer EisSekr
(1. BurBeamter); Pehlack BetrSekr; Wiese BurDiätar.
Lissa i. P.: Haage VerkInsp (Vorst); Janke KassKontr; Heinrich (1. BurBeamt),
Laskowski BetrSekretäre.
Posen: Hagen VerkInsp (Vorst) RA4 EisKrz2; Pusch KassKontr; Hielscher
EisSekr (1. BurBeamter); Chomse, Förster BurDiätare.

Telegrapheninspektion.

Posen: Schröder TelegrInsp (Vorst); Schubert BetrSekr; Koschmann TelegrMstr=
Diätar; Klotz TelegrMstrAsp.

Werkstätteninspektion.

Posen: Wüstnei BauInsp (Vorst); Turner BetrJng; Karpinski EisSekr (erster
BurBeamter); Kegel, Siebert, Suhle, Kiwadowitz, Krüger BetrSekretäre;
Menzel BurAff.

Neben=Werkstätte.

Glogau: Niemann BetrJng; Reiche BetrSekr.

Stationen (ausschl. Haltestellen und Haltepunkte).

Die Zusätze I, II, III hinter den Stationsnamen geben die Klasse des Bahnhofes an; verwaltet werden
die Stationen I. Kl. von Stationsvorstehern I. Kl., die Stationen II. Kl. von Stationsvorstehern II. Kl.,
die Stationen III. Kl. von Stationsverwaltern. — Die Telegraphenmeister unterstehen der Kgl. Tele-
grapheninspektion Posen, der Werkstättenvorsteher und die Betriebswerkmeister der Werkstätten= oder einer
Maschinen-Inspektion, desgleichen die Materialienverwalter (angedeutet durch Zusätze WJ, MJ u. s. w.
— Abkürzung: GütA = Güterabfertigung.

1. Stationen der Kgl. Eisenbahn-Betriebsinspektion 2 Frankfurt a. O.

Strecke Frankfurt a. O.—Opalenitza.

Frankfurt a. O.: Westphal Bahnmstr I. Kl., Bierwisch BahnmstrDiät.

Reppen I: Station: Ulrich StVorst I. Kl.; Benedix, Kochan, Heinrich Langer I, Karl Riedel II StAssistenten; Tappert StDiätar. — GütA: Erdmann GütExp; Herrmann StAss; Grigull Bahnmstr I. Kl.; Machoy Bahnmeister.

Schwiebus II: Station: Müller I StVorst II. Kl. EisKrz2; Forkert, Mirus, Czernitzky StAssistenten. — GütA: Züge GütExp; Schüler, Felmberg, Teichert StAssistenten; Schrader Bahnmstr; Nautmann BahnmstrAspirant.

Bentschen I: Station: Bengs StVorst I. Kl. Kr4; Beer, Burk, Otto Schröder I, Vogt StAssistenten; Hermann Homm StDiätar; Arlt Fahrkartenausgeber. — GütA: Wietschorke GütExp; Alias, Konietzny, Petzoldt StAssistenten; Reisland, StDiätar; Stöcker Bahnmstr I. Kl.; Wächter Bahnmstr; Compart BahnmstrAsp; Ruppert Betriebswerkmstr (MJ Guben); Katerbau TelegrMstr (titulirter TelegrJnsp); v. Wyßzynski RegBauf.

Neutomischel II: Haeseler StVorst 2. Kl.; August Kramm I StAssist; Hei, Henning StDiätare; Gramsch StAspirant; Windau BahnmstrDiätar.

2. Stationen der Kgl. Eisenbahn-Betriebsinspektion 2 Glogau.

Strecke Sagan—Lissa i. P.

Sagan: Kupfer Bahnmstr.

Sprottau II. Station: Woischke StVorst II. Kl.; Kniebel, Roloff, Scheibe StAssistenten. — GütA: Zawidzki GütExp; Bode, Sommer StAssistenten; Jaekel Bahnmstr.

Waltersdorf II: Schmidt II kommiss StVerw; Friedrich. Schulz II StAss; Voß StDiätar.

Quaritz III: Lindner StVerw; Leske StAssistent; Kanisch StAspirant; Wroblewski Bahnmstr.

Klopschen III.: Dierschke StVerw; Lepach StAss; Kaethner Bahnmstr.

Glogau I: Station: Keeb StVorst I. Kl.; Friedel, Eduard Hoffmann IV, Köhler, Kutzner, Läppchen, Lübs, Müller IV, Raatz StAssistenten. — StKasse: Hildebrandt StEinnehmer. — Fahrkartenausgabestelle: Hoffmann StEinnehmer; Forwerg, Hermann Langner II, Bernhard Ludwig II StAssistenten. — GütA: Kubessa GütExpVorst; Hoffmann EisKrz2, Kramer Güterexpedienten; Dessauer, Engwitz, Kretschmer, Milsch, Martin Schulz III, Stenger, Woitschützky StAssistenten; Schiedewitz StDiätar. — Eilgut= und Gepäck= Abfertigungsstelle: Schwarz GütExp; Paul Langner I, Scholz StAssistenten; Wendt Bahnmstr I. Kl.; Wahrenholz Bahnmstr; Münch BahnmstrDiät; Freitag TelegrMstr; Agten, Klose, Henke BetrWerkmstr (sämmtlich der MJ Lissa i. P. unterstellt); Wehnert MatVerw 2. Kl.

Driebitz III: Hilger StVerw; Kerker StAssistent.

Fraustadt II: Lauenstein StVorst II Kl; Hahn II, Marder StAssistenten. — GütA: Heintze GütExp EisKrz2; Heinrich, Stadczyk, Sommer StAssist; Barnickel Bahnmstr; Boltenhagen BahnmstrAspirant.

Wollstein II: Weiser StVorst 2 Kl EisKrz2; Dahlke, Steubeck, Fitzner StAssistenten; Ohlrau, Ritter Bahnmeister.

3. Stationen der Kgl. Eisenbahn-Betriebsinspektion 3 Glogau.

Strecke Glogau—Rothenburg a. O.—Reppen.

Beuthen a. O. III: Simon StVerw; Ebert AllgEhr, Siebert StAss; Weiß StDiät; Schumann Bahnmstr.

Neusalz a. O. II: Station: Kampmann StVorst II. Kl; Thauer, Wiesner StAssistenten; Kampmann Fahrkarten=Verkäuferin. — GütA: Nitschke, Lauterbach GütExp; Schulz I, Stanke, Uhrlandt, Uthemann StAssistenten; Röhl StDiät; Pumptow Bahnmstr.

Grünberg i. Schl. II: Station: **Bederke** StVorst II. Kl EisKrz2; **Baumert** MilEhr2, **Gaumert**, **Schröder** II StAssistenten. — Stationskasse, Fahrkarten=Ausgabe= u. Gepäck=Abfertigungsstelle: **Hantsche** StEinn EisKrz2; **Hantsche** diät Fahrkarten=Ausgeberin. — GütA: **Koch** GütExp; **Eichbaum**, **Jeschke**, **Karsch** EisKrz2, **Kintscher**, **August Koch** I, **Langhammer**, **Seemann**, **Stendel**, **Julius Wirth** II RettMedB StAssistenten; **Kranz** Bahnmstr; **Kuhlmann** BahnmstrDiät; **Schölzel** BetrWerkmstr (MJ Guben).

4. Stationen der Kgl. Eisenbahn-Betriebsinspektion Guben.

Strecke Guben—Bentschen—Meseritz.

Guben: **Schleifer** Bahnmstr; **Voigt** BetrWerkmstr (MJ Guben).

Crossen a. O. II: Station: **Franzke** StVorst II Kl EisKrz2; **Buder**, **Franke** StAssistenten. — GütA: **Hanitsch** GütExp; **Kuß** StAss; **Braatz** StDiät; **Klinke** Bahnmstr.

Rothenburg a. O. II: **Rohrlack** StVorst II. Kl; **Euen**, **Gertich**, **Matil**, **Wudke** StAssistenten; **Hofrichter** Bahnmstr (BJ Guben); **Dierske** Bahnmstr; **Schoenzel** BahnmstrAspirant.

Züllichau II: Station: **Klawitter** StVorst II. Kl; **Baedelt** EisKrz2, **Merkel**, **Nowakowski**, **Pfützner** EisKrz2 MilEhr2 StAssistenten. — GütA: **Höche** GütExp; **Hampel**, **Tonn**, **Wetzel** StAssistenten; **Kolodzinski** Bahnmstr; **Schwarz** BahnmstrAspirant.

Bomst III: **Stanislowsky** StVerw; **Giertz** StDiät; **Bengsch** StAspirant; **Kramer** Bahnmstr.

5. Stationen der Kgl. Eisenbahn-Betriebsinspektion Krotoschin.

Strecke Jarotschin—Oels.

Koschmin III: **Bartschat** StVerw; **Golz** StAss; **Bretting** StDiät; **Grunwald** Bahnmstr; **Marx** BahnmstrDiätar.

Krotoschin I: Station: **Schmidt** StVorst I. Kl; **Herberg**, **Sasse**, **Unger**, **Welz** StAssistenten. — Stationskasse: **Wienandt** StEinn; **Fiedler** StAssistenten. — GütA: **Lahl** GütExp; **Jacob**, **Reimer**, **Woszczyna** StAssistenten; **Brasse**, **Tilgner** Bahnmstr; **Lehmann** BahnmstrAsp; **Schliebs** TelegrMstr.

Zduny III: **Schönrock** StVerw; **Vorwerk** StAss; **Seidel** Bahnmstr.

Militsch III: **Heinzelmann** StVerw; **Baum**, **Kammelt** StAssistenten; **Lisnik** Bahnmstr.

Gr.=Graben=Festenberg III: **Pomm** StVerw; **Seick** StDiät; **Kerber** Bahnmstr.

Oels i. Schl.: **Reisch** Bahnmstr.

6. Stationen der Kgl. Eisenbahn-Betriebsinspektion 1 Lissa i. P.

Strecke Lissa i. P.—Posen.

Lissa i. P. I: Station: **Prieur** StVorst I. Kl; **Jache**, **Kopahnke**, **Ludwig** I, **Neumann** II, **Paul**, **Schedowe**, **Gottlieb Simon** II, **Thiel**, **Tschauner** StAssistenten; **Voerschel**, **Prahl** StDiät. — Stationskasse: **Fürst** StEinn. — Fahrkarten=ausgabe= und Gepäck=Abfertigungsstelle: **Schütz** GütExp; **Bodsch**, **Röhricht** StAssistenten; **Lerche** diätFahrkartenausgeberin. — GütA: **Karstedt**, **Sauer** GütExpedienten; **Annies**, **Bruschke**, **Feuer** EisKrz2, **Kurzidim**, **Mader**, **Schildkopf**, **Wackernagel**, **Oestreich** StAssistenten; **Hoffmann** Bahnmstr I. Kl EisKrz2 MilEhr2; **Welter** BahnmstrDiät; **John**, **Hofmann** TelegrMstr; **Baum** BetrWerkmstr; **Schulze** WerkmstrDiätar (MJ Lissa i. P.); **Wünsche** MaterVerw II. Kl. (MJ Lissa i. P.).

Alt=Boyen III: **Reimann** StVerw; **Alfred Schmidt** I, **Miskiewicz**, **Rißmann** StAssistenten; **Kupfer** StAspirant; **Gertig** Bahnmstr.

Kosten i. P. II: Station: **Tscharnke** StVorst II. Kl; **Schlecht**, **Stolpe** StAssistenten; **Mörsdorf** StDiät; GütA: **Krische** GütExp; **Müller** III, **Tuluweit** StAssistenten; **Thamke** Bahnmstr.

Czempin II: **Seliger** StVorst II. Kl EisKrz2; **Gabriel**, **Kramm** II, **Schaffert**, **Schneider** II StAssistenten; **Klementz** Bahnmstr.

Moschin III: **Köhler** StVerw; **Scholz**, **Wittenhagen** StAssistenten; **Dantz** Bahnmstr.

10*

Strecke Czempin—Schrimm.

Schrimm III: Kühnast Bahnverw (Bahnmstr); Rosin StAssistent.

Strecke Lissa i. P.—Jarotschin.

Gostyn III: Dolling StVerw; Dräger, Lux, Spädtke StAssistenten; Wolff Bahnmstr.
Borek III: Draber StVerw; Girbig Bahnmstr.

7. Stationen der Kgl. Eisenbahn-Betriebsinspektion 2 Lissa i. P.

Strecke Lissa i. P.—Obernigk.

Bojanowo II: Max Müller II StVorst II. Kl; Baltz, Linke, Paul Wirth I
StAssistenten; Guft StAspirant; Holz CivSupern; Breuker Bahnmstr.
Rawitsch II: Station: Krüger StVorst II. Kl; Hoffmann II, Liehr, Otte St-
Assistenten; Plan StAspirant. — Stationskasse: Maerker StEinn. — GütA:
Juntke GütExp EisKrz2; Bartsch, Müller II StAssistenten; Schmidt Bahnmstr.
Trachenberg II: Station: Lamprecht StVorst II. Kl; Bernert StAss; Schwandt
StDiät. — GütA: Schaffer GütExp; Schwarz StAss; Schulz Bahnmstr.
Gellendorf II: Kube StVorst II. Kl EisKrz2; Beggerow StAss; Krüger II
StDiät; Opitz Bahnmstr; Wenzel BahnmstrDiätar.

Strecke Bojanowo—Guhrau.

Guhrau II: Schroeter StVorst II. Kl; Winter StAss; Jaesche, StDiät; Kappel
EisenbahnPraktikant; Rowottny Bahnmstr.

Strecke Trachenberg—Herrnstadt.

Herrnstadt III.: Scheibel StVerw; Chrubasik, StAssistent; Baumgart
Bahnmstr.

Strecke Lissa i. P.—Krotoschin.

Punitz III: Hesse StVerw; Dittrich Bahnmstr.
Kröben III: Tluftek StVerw.
Kobylin III: Neumann I StVerw; Kube StAss; Michalka Bahnmstr.

8. Stationen der Kgl. Eisenbahn-Betriebsinspektion Meseritz.

Strecke Reppen—Meseritz—Rokietnice.

Drossen III: Piatkiewicz StVerw; Brose StDiät; Bok Bahnmstr.
Zielenzig III: Lange StVerw; Stenzel StAss; Kiesewetter Bahnmstr.
Meseritz II: Station: Thierack StVorst II. Kl; Hensel, Wende StAssistenten;
Schulz I StDiät. — GütA: Marsch GütExp; Kuschel Bahnmstr.; Danner
BetrWerkmstr; Zehlke TelegrMstr (TelegrInspektor).
Birnbaum III: Wehowsky StVerw; Suchmann StAss; Heinicke StDiät; Schmidt
Weichensteller I. Kl; Weigelt Bahnmstr.
Pinne III: Peters StVerw; Daeter, Wiesend StatAssistenten; Dreyer Bahnmstr.
Rokietnice: Winkler BahnmstrDiätar.

Strecke Meseritz—Landsberg a. W. (Brückenvorstadt).

Schwerin a. W. II: Englich StVorst II. Kl; Konys, Fitzke StAssistenten; Budy,
Cierpka Bahnmeister.

9. Stationen der Kgl. Eisenbahn-Betriebsinspektion Ostrowo.

Strecke Jarotschin—Kreuzburg.

Jarotschin I: Station: Herrmann StVorst I. Kl; Beier, Giller, Kirste, Krüger,
Moebuß, Moll, StAssistenten; Drabinski, Jenske StDiätare. — Stationskasse:
Scheunert StEinn; Winter StDiät. — GütA: Glogauer GütExp; Niefelt
StAss; Krebs Bahnmstr I. Kl; Gansal BahnmstrDiät; (BJ 3 Posen); Goy
BahnmstrAspirant; Simon BetrWerkmstr (MJ Posen).

Witaszyce III: **Obst** StVerw.

Pleschen II: **Barth** StVorst II. Kl; **Klopsch, Obst, Weber** StDiätare; **Lissel, Lüdicke** Bahnmstr.

Ostrowo I: Station: **Bienert** StVorst I. Kl; **Kramer, Lappan, Schneider III** StAssistenten; **Knöfler** StDiät. — Stationskasse: **Kretteck** StEinn; **Scholz,** StAss. — GütA: **Biener** GütExp; **Lawrentz, Lemke, Stiller** StAssistenten; **Krajczynski, Imkemeier** StDiätare; **Stege, Wedlich** Bahnmstr; **Petersen** BahnmstrAsp; **Claubitz** TelegrMstr (TelegrInsp); **Mielke** BetrWerkmstr. (MJ Posen).

Schildberg II: **Kroepelin** StVorst II. Kl; **Allert** StAss; **Jettke, Raabe** StDiätare; **Fitzel, Merkel** Bahnmstr.

Kempen Gb III: **Kröning** StVerw; **Bachmann, Schön** StAssistenten; **Klein** Bahnmstr.

Pitschen III: **Wuttke** StVerw; **Bengs, Peters** StAssistenten; **Winter II** StDiätar; **Lungershausen, Sperling** Bahnmeister.

10. Stationen der Kgl. Eisenbahn-Betriebsinspektion 2 Posen.

Strecke Opalenitza—Posen—Glowno.

Opalenitza II: **Weibel** StVorst II. Kl; **Gottschalk Garske, Ottersohn, Rau** StDiätare; **Krause** Bahnmeister.

Buk II: **Hillmer** StVorst II. Kl EisKrz2; **Richter II** StAss; **Hilbrich, Meurer, Winkler** StDiätare; **Roesch** Bahnmeister.

Posen I: Station: **Drieschner** StVorst I. Kl; **Bosse** StVorst II. Kl; **Conrad, Grau, Gülle, Hackenberg, Karl Hoffmann I** EisKrz2, **Hoffmann III, Karg, Klause, König, Kuhn, Langwitz, Mattibe** EisKrz2, **Sawatzki, Sieg, Ulfe, Urbanowicz, Wanke, Weidler, Wiedenhöft** StAssistenten; **Johannes Schulz II** StDiät. — Stationskasse: **Hübner** StationskassenRend; **Stenzel** StAss. — Fahrkartenausgabestelle: **Riechelmann** StEinn; **Berger, Flanse, Glätzner, Hubrich, Kadach, Pferner** StAssistenten; **Kempf** StDiät; **Markwirth** diätFahrkartenausgeberin. — Ausgabestelle für zusammenstellbare Fahrscheinhefte: **Kühn** StEinn EisKrz2; **Burkert** StAss; **Deckert** Fahrkartenausgeberin. — GepäckAbf: **Göldner** GütExp; **Ecke, Becker, Keller** StAssistenten; **Königstein** StDiät. — GütA: **v. Tschirnhaus** GütExpVorst; **Danielewski, Kapper, Kliche, Pusch, Zilles** GütExpedienten; **Demling, Flee, Friemann, Götze, Hahn I, Hartnick, Hedwig, Hentschel, Herms, Hirte, Hübsch, Hilbig, Reichelt, Jauer, Klimitz, Knötel, Krätzig, Kuntz, Laubner, Mende, Müller I, Pankow, Röhrich, Schulze** EisKrz1 u. 2, **Skobel, Sendler, Thiemann, Tschache, Tschanter, Wagner, Wasternack, Weinert, Wicke** StAssistenten; **Otterson, Siebenwirth, Schmidt** StDiätare. — Güterkasse: **Feist, Riedel** EisKrz2 GütExpedienten. — EilgutAbf: **Quetz** GütExp; **Howe, Hein, Lowke, Boß** StAssistenten; **Hübner** StAss; (Zugrevisor). **Duwe** WerkstVorst; **Beushausen, Widemeyer** BetrWerkmstr; **Mücke** Wagenwerkmstr (MJ Posen); **Ditzel, Koch, Martin, Meister, Zwick** BetrWerkmstr (WJ Posen); **Schulz, Trede** Bahnmstr 1. Kl; **Moerke** (BJ3 Posen), **Komitsch** (Oberbaumaterialienmagazin), **Sterniske** Bahnmstr; **Ronner** BahnmstrDiät; **Bahlke** BahnmstrAspirant; **Adler, Krebs** TelegrMstr; **Breutmann** (Betr MaterHauptmagazin), **Schröter** (Werkstättenmagazin) MaterVerw I. Kl; **Brückner, Springer** MaterVerw II. Kl; **Quaschinsky** (BetrMaterHauptmagazin) BurAssistenten.

Posen-Gerberdamm III: **Schneider I** StVerw; **Gummelt, Robert Riedel I,** StAssistenten; **Wegenke** StAspirant.

Glowno III: **Schumann** StVerw; **Röhrich** StDiät.

Strecke Opalenitza—Grätz.

Grätz II: **Gawantka** StVorst II. Kl.; **Bertram, Langer II, Schmidt II** StAssistenten.

Strecke Posen—Wreschen—Stralkowo.

Stralkowo III: **Gruszczynski** StVerw; **Seidel** StAssistent.

11. Stationen der Kgl. Eisenbahn-Betriebsinspektion 3 Posen.

Strecke Posen—Jarotschin.

Schroda II: Wiltsch StVorst II. Kl; Gutsche, Herbrig, Simon I, Trzeciok StAssistenten; Schmolke CivSupern; Jungfer Bahnmeister.
Falkstätt III: Wilschke StVerw; Dullin, Lausch StDiätare; Spröte Bahnmstr.

Strecke Posen—Pudewitz.

Pudewitz III: Meißner StVerw; Kuba RettMedB, Mase StDiätar;; Schorß EisPraktikant.

Strecke Jarotschin—Gnesen.

Zerkow III: Kraut StVerw; Hentschel, Heyer StDiätare.
Miloslaw III: Gottschalk StVerw; Kindermann StAss; Otto StDiät; Hentschel Bahnmeister.
Wreschen II: Station: Rudolph StVorst II. Kl; Haase, Weiß StAssistenten; Helm StDiätar. — GütA: Gerlach GütExp; Quade StDiät; Pfeiffer EisPraktikant; Dittmer (BJ2 Posen), Sabbarth Bahnmstr.
Gnesen: Piefke Bahnmeister.

Bahnmeister

sind außerdem noch stationirt auf den Haltestellen:

Baudach (BJ 3 Glogau)	Bahnmeister	Münchow,
Dürrlettel (BJ Guben)	„	Pott,
Gondek (BJ 3 Posen)	„	Durand,
Kobelnitz (BJ 3 Posen)	„	Breust,
Luschwitz (BJ 2 Glogau)	„	Weidlich,
Neu=Cunersdorf (BJ 2 Frankfurt a. O.)	„	Hiller,
Rädnitz (BJ 3 Glogau)	„	Ploß,
Schwersenz (BJ 2 Posen)	„	Vietze,
Sternberg (BJ 2 Frankfurt a. O.)	„	Rothe,
Stentsch (BJ 2 Frankfurt a. O.)	BahnmstrDiät	Liepe,
Tempel (BJ Meseritz)	Bahnmeister	Bünsow.

Alphabetische Uebersicht

der Stationen (ausschl. Haltestellen und Haltepunkte).

Die Ziffern bezeichnen die Betriebsinspektion.

Alt=Boyen	6	Gostyn	6	Miloslaw	11
Bentschen	1	Grätz	10	Moschin	6
Beuthen a. O.	3	Gr=Graben=Festenberg	5	Neusalz a. O.	3
Birnbaum	8	Grünberg i. Schl.	3	Neutomischel	1
Bojanowo	7	Guhrau	7	Opalenitza	10
Bomst	4	Herrnstadt	7	Ostrowo	9
Borek	6	Jarotschin	9	Pinne	8
Buk	10	Kempen Gb.	9	Pitschen	9
Crossen a. O.	4	Klopschen	2	Pleschen	9
Czempin	6	Kobylin	7	Posen	10
Driebitz	2	Koschmin	5	Posen=Gerberdamm	10
Drossen	8	Kosten i. P.	6	Pudewitz	11
Falkstätt	11	Kröben	7	Punitz	7
Fraustadt	2	Krotoschin	5	Quaritz	2
Gellendorf	7	Lissa i. P.	6	Rawitsch	7
Glogau	2	Meseritz	8	Reppen	1
Glowno	10	Mtilisch	5	Rothenburg a. O.	4

Schildberg	9	Stralkowo	10	Zduny	5
Schrimm	6	Trachenberg	7	Zerkow	11
Schroda	11	Waltersdorf	2	Zielenzig	8
Schwerin a. W.	8	Witaszyce	9	Züllichau	4
Schwiebus	1	Wollstein	2		
Sprottau	2	Wreschen	11		

B. Königliche Eisenbahndirektion in Bromberg.

Zum Verwaltungsbezirke gehören die im Betriebe befindlichen Bahnstrecken: Straußberg—Cüstrin—Cüstrin-Vorstadt—Landsberg a. W.—Kreuz—Schneidemühl—Bromberg—Thorn—Schönsee; Cüstrin-Vorstadt nach dem Warthefluß; Landsberg a. W.—Landsberg a. W.-Brückenvorstadt; Ludewiß—Thorn; Thorn—Culmsee; Mocker—Katharinenflur; Cüstrin—Frankfurt a. O.; Posen—Kreuz—Stargard i. B.; Bromberg—Culmsee—Schönsee; Schönsee—Straßburg i. Westpr.; Bromberg—Maximilianowo; Thorn—Otlotschin—Landesgrenze; Bromberg—Znin; Schulitz—Weichseluser; Posen—Schneidemühl—Neustettin; Schneidemühl—Callies; Callies—Arnswalde; Callies—Wulkow; Callies—Falkenberg i. Pomm.; Gnesen—Nakel—Konitz; Mogilno—Strelno; Jnowrazlaw—Bromberg; Jnowrazlaw—Kruschwitz; Montwy—Montwy-fluß; Draßigmühle—Rogasen; Rogasen—Jnowrazlaw—Goraj—Czarnikau = 1618,91 km (innerhalb der Direktionsgrenzen).

Sodann die im Bau begriffenen bezw. zum Bau vorbereiteten Eisenbahnstrecken: Falkenberg i. Pomm.—Gramenz = 65,4 km; Glowno (Posen)—Janowitz = 61,0 km).

Präsident: **Naumann** RA2Eich RA3Schl EisKrz2 LD1 BelgLeopOffKrz Dän Danebr3 NON3 OldVEhrKomthKrz SächsAlbrRittKrz1.

Mitglieder: **Foerster** Robert ORegR Vertr des Präs RA3Schl, **Jantzen** Ob u. Geh BauR Vertr des Präs RA4, **Landschütz** GehRegR RA4, **Rohrmann** RA4 RA3 RussStan2, **Pedell** RegR RA4 RussStan2, **Schlemm** GehBauR, **Simon** Reg u. BauR LD2, **Herzog** RegR, **Henneberg** RegR, Dr. **Mertens** EisDir, **Stambke** RegR, **Hoffenfelder** Reg u. BauR, **Busmann** Reg u. BauR.

Hilfsarbeiter: **Mackensen** EisDir (beurl) RA4 TürkOsm TürkMedsch2, **Gehrts** BauR EisBau u. BetrJnsp (beurlaubt) RA4 SmWE2b, **Krauß** EisBau u. BetrJnsp, **Sommer** RegBaumstr, **Oppermann** Otto RegBaumstr, **Wilbrand** RechnDir.

Zentral-Bureau: **Brandt** RechnR Vorst, **Klett** KR, **Olszewski, Schreiber, Hurtienne, Haesler, Sterke, Dük, Settekorn, Beckmann** EisSekretäre; **Schmidt, Nepp** BetrSekretäre; **Richter, Klimant, Kopplow** BurDiätare I. Kl.

Registratur I: **Niedel** EisSekr, **Bartnick** BurDiät.

Kanzlei: **Mumme** Kanzlist I. Kl KVorst, **Rubehn** KSekr, **Stübner, Malzahn, Paesler, Bergt** Kanzlisten I. Kl; **Bender, Schulz** EisKrz2, **Penz, Hayler** EisKrz2, **Krosta, Rathke, Haese, Dennerlein, Wittur, Kohn, Meißner, Burgmann, Jockisch, Gottschalk, May, Müller, Zigann, Friedrich, Kolander, Bentz** Kanzlisten; **Staats** KDiät.

Rechnungsbureau: **Meyer** RechnR BurVorst, **Brühl** EisSekr EisKrz2, **Rheindorff** RechnR RechnRevisor, **Noßwitz** EisSekr, **David** EisSekr EisKrz2, **Gehrke** RechnRevisor Kr4, **Bentz** RechnRevisor, **Völzke** EisSekr, **Sprenger, Kredler** RechnRevisoren, **Bußjäger** EisSekr, **Buchalski** RechnRevisor; **Schwendt, Weber, Noerenberg, Quitschau, Sieg I, Meyer, Schäfer, Lichtenstein** EisKrz2, **Broeske, Krips** EisKrz2 EisSekretäre; **Schüler, Paris, Rosenow, Voigt, Spors, Henselin, Wisbar, Zander, Latz, Rintelen, Schwerdtfeger, Schwarz II, Naumann, Choidowsky, Dieser, Büchsler, Jarob, Jetzki, Grohmann, Sattler, Priebe** BetrSekr; **Nelte I, Steiner, Witt, Sandes, Michling, Ohm** BurDiätare I. Kl; **Wolff,** BurAssist.

Drucksachenverwaltung: **Mattern** RechnR EisKrz2, **Kästner, Witt, Schwarz I, Rollenhagen, Gorn** BetrSekr; **Poltarczewski** BurAss, **Waßnick** BurDiät.

Registratur II: **Gensike** EisSekr, **Mertens, Giernat** BetrSekr, **Meifert** BurDiät.

Betriebsbureau: **Schneider** techn EisSekr Vorst RussStan3; **Stegemann, Neufert, Hörnke, Schattschneider, Schmidt, Baumgärtel, Müller** EisSekr; **Hauff, Grupps, Schröder II, Mertens I, Hecht, Paarmann, Stawitz** BetrSekr; **Ziem** BurAss; **Pietzke** StAss; **Schulz II** BurDiät, **Kutzner** Zeichn I. Kl, **Voraß** Zeichn.

Registratur III: **Fischer II** BetrSekr EisKrz2, **Hetze** BurAss, **Krantien** BurDiät.

Verkehrsbureau: **Fouquet** EisSekr Vorst, **Seiser** RechnR, **Wick, Spode, Mach, Engelhard, Grausch, Borowski, Fidi** EisSekr; **Oppermann** BetrSekr EisKrz2, **Holthoff** BetrSekr, **Runge, Pötzsch, Wilske** BurDiätare I. Kl, **Klinger** BurDiät.

Fundbureau: Densow EisSekr EisKrz2, Knüppel BetrSekr.

Technisches Bureau: Wolter techn EisSekr Vorst, Huckemann, Höltzermann, Lehmann, Mundt, Eichholz, Joesting, Kittelmann, Nößle, Nötzel, Göllner, Lange, Guhr, Ose techn EisSekretäre; Guttke StreckenZng, Becher, Gurra aufzetatsm. Landm, Schulze ZeichDiät, Mohr, Gecelli, Anbuhl, Mehlhose Landm; Hagelweide, Flach, Ebeling, Wegeli BauAss; Kubeja, Runge techn BurGeh; Wiesenberg I, Eckel, Martini, Urban, Haeling, Richter Eis Sekr; Hartmann, Wiesenberg II BetrSekr; Riese BurDiät I. Kl, Matthäus, Lockert, Karnowsky, Schulz Zeichn I. Kl, Gorgel Zeichn, Geck ZeichnDiät, Beier, Fuchs, Disch ZeichnGeh, Weinert techn BurGeh.

Verkehrs-Kontrole I: Kopplow RechnR Vorst, Kobus, Fiedler, Pfeiffer Eis Sekretäre; Zabel I, Hoffmann, Heß EisKrz2, Bandisch, Panthen, Sucker, Böttcher, Kämpf, Behling, Mallwitz, Kleinodt, Krahn, Kühn II, Reinecker, Linnemann, Warnicke, Appelt, Haase, Ulrich, Geister, Henning, Hilzebecher, Schumann, Weber, Sawitzki, Springer BetrSekretäre; Jorbahn BurDiät I. Kl. Säbisch BurAssist, Schulz I. BurDiät.

Verkehrs-Kontrole II: Kleinschmidt RechnR Vorst RA4, Schwarz I, Polkowski EisKrz2, Gildemeister EisKrz2, Kästner EisKrz2, Schulz, Winkelmann EisKrz2, Lensch, Odrian, Pioske, Papke, Beyer, Heinze EisSekretäre; Schmidtke I, Wilkewitz, Kopp, Haschke, Singer, Grützmacher, Großheim EisKrz2 RussGeorg5, Kielblock EisKrz2, Wolff I, Rohde I, Reimann, Schröder I, Köbke, Ribbeck, Troße, EisKrz2 MilEhr1, Gail, Richter II, Bräuer I, Schütze, Schulz I, Nödiger, Rogge, Braun I, Klinner, Wittstock, Hethey, Textor, Hutmacher, Pistorius, Dröschel, Holzlöhner, Lengwenus, Schulz II, Schreiber, Eggert, Link, Wille, Bolz, Berger, Rostek, Bleske, Schwartz, Müller, Neumann, Golz, Bernsee, Rüstau, Fisch, Leder, Brach, Schmidtke II, Düsterhöft, Brockob, Errelis, Wierutsch, Zippel, Balster, Lützow BetrSekretäre; Schulz, Hinz, Dobbert, Pohlenz, Drescher BurAssistenten; Hesse Kanzlist, Kummert, Fitzky, Bischoff, Rösel BurDiät.

Central-Abrechnungs-Bureau des Deutsch-Russischen Eisenbahn-Verbandes: Froboese EisSekr Vorst; Baese RechnR; Elsner, Huudsdörfer EisKrz2, Raffel, Herrmann, Kutzer EisSekretäre; Mausel EisKrz2, Thom EisKrz2, Heilenz, Sommerfeldt, Steinhardt, Brandt, Rieger, Rinke, Lüpke, Naatz, Jancke, Schauer, Wuthenau, Klein, Däter, Petschat BetrSekretäre; Kaddatz, Britt BurAssistenten; Frantz, Nelte II, Kutzner, Eggebrecht, Garski, Salomon BurDiätare I. Kl; Zein, Engelhardt BurDiätare.

Eisenbahn-Hauptkasse: Heidenreich RechnR HKassenRend; Netzlaff RechnR Kass; Riese RechnR; Komeraus, Voigt, Krienke, Nelte, Leu EisSekretäre; Braun II, Richter III, Nettel, Ahrens, Sedelmayr, Rietzschel, Gesch BetrSekretäre; Piehl, Jaster, Gaede BurDiätare I. Kl.

Betriebs-Kontroleure: von Neetzow, Schütz.

Betriebsinspektionen:

Bromberg 1: Kröber EisBauu.BetrInsp (Vorst) BrsL3b, Rietz, Ludwig II techn EisSekretäre, Timm II, Jeran BetrSekretäre, Brühl BurDiät I. Kl, Fitzner Bahnmstr.

Bromberg 2: Maley Reg u. BauR (Vorst), Valerius EisSekr, Havenstein BetrSekr, Blankenheim BurAssist, Fischer BurDiät I. Kl, Kranz Zeichner, Piechoroski techn BurDiät, Hartung BauAssist.

Inowrazlaw 1: Dietrich Reg u. BauR (Vorst), Busse EisSekr, Linke, Jonetz Betr Sekretäre, Dehnhardt, Müller techn BetrSekretäre.

Inowrazlaw 2: am Ende EisBauu.BetrInsp (Vorst). Finkeldey BetrSekr, Repp BurDiät I. Kl, Meyer tech BurDiät.

Nakel: Karl Weise EisBauu.BetrInsp (Vorstand), Wolff BurDiät I. Kl, Drawe Bahnmstr.

Posen 1: Karl Viereck EisBauu.BetrInsp (Vorst), Fischer I, Richter II, Conrad BetrSekretäre, Schäfer techn EisSekr.

Schneidemühl 1: Jeran EijBauu.BetrInjp (Vorst), **Engel, Rabe, Schliebener** EijSekretäre, **Rößiger** BetrIng, **Finjch** techn EijSekr, **Preul** Bahnmjtr, **Rauch** StatAjj.

Schneidemühl 2: **Freudenfeldt** Regu.BauR (Vorst), **Sieg II** EijSekr, **Bräuer II** BetrSekr, **Draheim** techn BetrSekr, **Krause** BurDiät 1. Kl, **Hundt** techn BurGeh.

Maschineninjpektionen:

Bromberg: **Voßköhler** EijDir (Vorst) RA4, **Wollermann** BetrSekr, **Stendtke** Bur Diät I. Kl, **Großjchupff** BetrIng, **Ringeltaube** techn BurAjpirant.

Schneidemühl 1: **Glimm** EijBauInjp (Vorst) BulgCV3 WirttFrRittKrz1, **Kühn I, Heijermann, Zech** BetrSekretäre, **Maujel** BurDiät I. Kl, **Krüger** techn Bur Diät, **Scheller** BetrIng, **Plicat, Gehrke** Werkmjtr, **Geburczyk** MaterialienVerw.

Schneidemühl 2: **Kohlhardt** EijBauInjp (Vorst), **Rau, Kühl** BetrSekr.

Verkehrsinjpektionen:

Bromberg: **Didjurgeit** EijVerkInjp (Vorst) EisKrz1 MilEhr2, **Lange** RechnR KajjKontroleur MilEhr2, **Stangen, Schütt** BetrSekretäre.

Schneidemühl: **Zabel** EijVerkInjp (Vorst), **Weigmann** KajjKontroleur, **Bretag, Medenus** BetrSekretäre.

Telegrapheninjpektion:

Bromberg: **Wirtz** EijDir (Vorst) RA4, **Kröning** EijSekr, **Hochgraef** TelegrMjtr.

Werkjtätteninjpektionen:

Bromberg a: **Eckardt** Regu.BauR (Vorst der WerkjtättenInjpektion a) **Büchmann** BetrIng, **Syring, Kayjer, Krauje** EijSekretäre, **Krüger, v. Niebecker** MilEhr2, **Nowack, Timm I, Krauje, Schallock, Wille, Matern, Triller-Grohnert, Herz, Rehbock** BetrSekretäre, **Witt** techn BurGeh, **Strelow** Bur Diät, **Greijer, Martens, Schulz, Kant, Reitzel, Schleuder** Werkmjtr, **Singer** MaterialienVerw I.Kl, **Krauje, Ruthenberg, Schwoedler, Lüttke** MaterialienVerw.

Bromberg b: **Lang** EijBauInjp (Vorst der WerkjtättenInjpektion b), **Schuchardt** BetrIng, **Brinkmann, Scholz, Pickel, Schwarz, Hoffmann** Werkmjtr.

Kleinbahn, Ostdeutjche Eijenbahn=Gejelljchaft.

Eigenthümerin: Ostdeutjche Eijenbahn=Gejelljchaft.

Sitz der Betriebsverwaltung: Königsberg i. Pr.

Betriebsleiter der Betriebsabtheilung Bromberg: Prokurijt: Ing **Scheuer-mann.**

Stationen:

1. Stationen der Kgl. Eijenbahn=Betriebsinjpektion 1 Schneidemühl.

Strecke: Kreuz—Schneidemühl.

Kreuz: **Kohn** StVorst I. Kl EisKrz2; **Dräger** GüterExp; **Ihn, Dahms, Zitz, Wittenberg, Gehrmann, Spatz, Autjutat** StAjjijtenten; **Arndt, Ehrlich, Baumann, Bieder** StatDiätare; **Wehmann** Bahnmjtr I. Kl; **Krauje, Bredthauer** Bahnmjtr; **Kendler** BahnmjtrDiät; **Fellmer** EisKrz2; **Zickerick, Leßmann, Rejchke II, Baer, Neumann II, Taeniges, Blaumann, Liepelt, Zeibig, Lehnert, Schwanke, Piontek, Kannitz, Jahn I. Publicatus** Lokomotivführer.

Filehne Nord: **Arnemann** StatVorst II. Kl; **Korth, Zarbock** StatAjjijtenten; **Stenzel** StatDiät; **Rogozinjki** Bahnmjtr.

Schönlanke: **Hiljcher** StatVorst II. Kl; **Schmidt, Kutzner, Lemke** StatAjjijtenten; **Krüger III** StatDiät; **Remus** Bahnmjtr.

Schneidemühl: Morgenstern StatVorst I. Kl EisKrz2 RA4; Seehaver Güt
ExpVorst; Schlagowski GütExp; Trilling StatEinn; Jagals, Krause II,
Gebler, Vasarke, Fenske, v Maciejowski, Goltz, Weichler, Lück, Fassauer,
Krone, Mittelstädt EisKrz2, Abendroth EisKrz2, Gemkow, Didzun, Palm,
Kittler, Hagedorn, Kulcke, Sieger, Jurkat StatAssistenten; Janke, Bartsch
StatDiät; Velke Bahnmstr I. Kl; Krieg, Emmel Bahnmstr; Pannicke, Marsiske
BahnmstrDiätare; Zuhnke BahnmstrAsp; Otto I, Stolzenburg BetrWerkmstr;
Sage, Schaaf, Stabenow, Kasischke, Bahr II, Heibel, Tesmer, Reimann,
Müller IV, Lipecki, Porsch, Plewe, Lüdke, Heister, Schulz IV, Schäler,
Riedel, Puhlmann, Böck, Raudel, Brückner, Buchwald, Bessrich, Schulze II,
Krafft, Heinrichs, Schramm, Lück, Franck, Odebrett, Weinhold, Gehrke,
Staats, Pfeiffer, Weiß III, Pritz, Plicat Lokomotivführer; Rohleder MatVerw
I. Kl, Diedrich MatVerw; Gercke AllgEhr, Frantz AllgEhr, Prüfer,
Schulz I, Götting, Lapatzki, Schimmel, Ruhnke, Müller I, Schwitalla, Reyher,
Jetschtat, Brosowski, Quade, Piachnow, Schuster Zugführer.

2. Stationen der Kgl. Eisenbahn-Betriebsinspektion 2 Schneidemühl.
Strecke: Schneidemühl—Rogasen.
Rogasen: Hautsche StatVorst II. Kl; Schrank StatAssist; Wysocki, Schulze Stat
Diät; Wruck Bahnmstr; Jäckel BahnmstrDiätar.
Kolmar i. P.: Fuchs StatVerw; Rohn, Bönke Bahnmeister.

3. Stationen der Kgl. Eisenbahn-Betriebsinspektin Nakel.
Strecke: Gnesen—Nakel.
Janowitz i. P.: Peterßen Bahnmeister.
Exin: Mooslehner StatVerw; Wittke Bahnmeister.

4. Stationen der Kgl. Eisenbahn-Betriebsinspektion 1 Bromberg.
Strecke: Schneidemühl—Bromberg.
Friedheim: Höppner Bahnmeister.
Weißenhöhe: Kohn StatVerw; Schultz StatDiätar.
Netzthal: Dymke StatVerw; Just Bahnmeister.
Nakel: Eckert StatVorst II. Kl; Witzke GütExp EisKrz2; Lück II, Demange,
Buchholz MilEhr2, Lehmann StatAssistenten; Frohmuth Bahnmstr I. Kl
AllgEhr Kr4, Krönke, Behrens Bahnmeister; Redel, Wogram, Hinz II,
Daehn, Justka Lokomotivführer; Rusch Zugführer.
Bromberg: Heßmann StatVorst I. Kl MilEhr2; Cieslinski GütExpVorst; Loepke
StatKassRend EisKrz2; Bluhm, Böttcher GütExpedienten; Tietz StatEinn;
Krüger II, Nicolai, Lange, Rotzoll, Gerneitis, Jeschke, Kaselow, Schreiber
EisKrz2, Gutt, Stendtke MilEhr2, Höhne, Strauch, Himstedt, Redmann,
Thiel, Bertermann, Hoffmann, Scheffler, Elff, Springesfeld, Lück I, Poewe,
Zakrzewski, Wernicke, Wienecke StatAssistenten; Wallies, Trilling II, Gehrke,
Höft, Lange, Schönefeldt StatDiätare; Blume, Loock Bahnmstr I. Kl, Moritz,
Montua, Schwarz, Ottlie Bahnmstr; Schmude, Steinberg, Reese Bahnmstr
Diätare; Breyer, Lohmann BetrWerkmstr; Tucholski, Hirthe, Dobrindt,
Bartelt, Kroner EisKrz2, Otto I, Stephan, Grewatta, Hinz I, Bischoff,
Hartwig, Kaulbach, Bolz, Voß I, Röder, Maletke, Hochmuth, Mittelstaedt, I,
Flemming, Gondry, Klett, Vaesler, Schauer, Schiffner, Raab, Warmke,
Kutscher, Heymann, Gohlke, Engler Lokomotivführer; Gelch MaterialienVerw
I. Kl, Grothe, Schimansky, Schulz MaterialienVerw; Hannemann AllgEhr,
Wirbel, Arndt I EisKrz2, Jasnow, Marganus, Schmelter, Spickermann,
Will, Schmidt, Schwiderski, Lorenz, Schulz III, Renz, Rottkewitz Zugführer.

5. Stationen der Kgl. Eisenbahn-Betriebsinspektion 2 Bromberg.
Strecke: Znin, Bromberg—Inowrazlaw, Bromberg—Thorn.
Schubin: Weiß Bahnmeister.
Jakschitz: Bleck StatVerw; Janke StatDiätar.
Güldenhof: Grunert Bahnmeister.
Fordon: Biermann Bahnmeister.

6. Stationen der Kgl. Eisenbahn-Betriebsinspektion 1 Thorn.
Strecke: Bromberg—Thorn.

Schulitz: Kretschmer StatVorst II. Kl; Eggert StatAssist; Blaese StatDiät; Fischer, Mahlstedt Bahnmeister.

7. Stationen der Kgl. Eisenbahn-Betriebsinspektion 1 Inowrazlaw.
Strecke: Thorn—Posen, Inowrazlaw—Kruschwitz, Mogilno—Strelno.

Argenau: Kreuz StatVerw; Thiele II StatDiät; Schwarz Bahnmstr; Rinder BahnmstrDiät.

Inowrazlaw: Lux StatVorst I. Kl; Caspari GütExp; Stark StatEinn; Totzke, Schwalgin, Münter, Rohse, Nicklaus, Wiederholdt, Dettweiler, Kaps I, Messer, Jahnke I, Seiffert, Rosinski, Bieber, Ziemer, Riedel, Stache StatAssistenten; Glater Bahnmstr I. Kl; Huffmann Bahnmstr; Drews, Achterberg BahnmstrDiät; Meyer BahnmstrAsp; Espenhahn BetrWerkmstr; Baum, Hüter, Raudig, Schink, Satz, Deutscher, Helmrich, Werthen, Schurig, Apfelbaum, Tobner I, Arndt I, Wenk II, Kuntsch, Lux, Kotzke, Poch, Votz II, Nochowicz, Horn, Schröder I, Bunsen, Redmann, Tobner II Lokomotivführer; Jankowski MatVerw; Thimm EisKrz2; Ritschke, Zeminz, Stowno, Wolff, Kunkel, Hauth, Serruneit, Neubauer Zugführer.

Amsee: Wahn StatVerw; Jandt StatAssist; Borchert StatDiätar.

Mogilno: Stubbe StatVorst II. Kl; Thiel II, Motzkus StatAssist; Leich Bahnmstr.

Tremessen: Bartsch II StatVerw; Minuth StatAssist; Schönhof StatDiät; Frömter Bahnmeister.

Gnesen: Repp StatVorst I. Kl EisKrz2 RussStan3; Luedtke GütExp; Hoppe StatEinn; Sprosse, Müller, Rottfewitz, Ruwe, Heldt I, Brach, Heldt II, Werner, Dörschner, Rodus, Hoppe I, Klonz, Meyer II, Henkel Stat Assistenten; Neumann I, StatDiät; Garbrecht Bahnmstr I. Kl; Hitzler Bahnmstr; Minuth MatVerw; Hein BetrWerkmstr; Salomon, Töpfer, Atzmann, Fuchs, Ladisch, Hintzpeter, Holstein, Hayn, Hantelmann, Marohn, Kriegel, Fisch, Vollandt, Stumpe EisKrz2, Radeloff, Bartz, Gonschior, Schulze III, Jaensch Lokomotivführer; Zimmermann, Metschieß, Pohl, Papke, Engelmeyer Zugführer.

Montwy: Müller StatVerw; Neuber StatAss.

Kruschwitz: Otto StatVerw; Tolle Bahnmstr.

Strelno: Wiehle StatVerwalter.

8. Stationen der Kgl. Eisenbahn-Betriebsinspektion 2 Inowrazlaw.
Strecke: Inowrazlaw—Elsenau—Rogasen.

Pakosch: von Kauffmann StatVerw; Beyer StatAssist; Fürstenberg Bahnmeister.

Znin: Forbrich StatVerw; Wendland StatAssist; Brosius Bahnmeister.

Elsenau: Jahnke StatVerw; Becker III StatAss; Kleist StatDiät; Müller Bahnmstr, Breyer, Thiedemann, Petrich Lokomotivführer.

Wongrowitz: Freymark StatVerw; Schubert StatAss; Lange Bahnmeister.

9. Stationen der Kgl. Eisenbahn-Betriebsinspektion 1 Posen.
Strecke: Posen—Rogasen, Posen—Kreuz, Kreuz—Rogasen mit Abzw. nach Czarnikau.

Obornik: Domscheit StatVerw; Erdmann StatAss; Wilhelm Bahnmstr.

Rokietnice: Schulz VI StatVerw; Schenk StatAss.

Samter: Bröse StatVorst II. Kl; Schüler GütExp; Gaffrey, Kuschke, Bletsch StatAssistenten; Szymanowski Bahnmeister.

Wronke: Malicke StatVorst II. Kl; Dehmelt StatAss; Göttel, Plewe, Jacob StatDiät; Kinne, Blümke Bahnmstr; Adam BahnmstrDiät; Woschke, Bunzel Lokomotivführer.

Ritschenwalde: Kittel Bahnmstr.

Posen: Schulz, Schultz I Bahnmstr; Behr, BahnmstrAsp; Büttner, Groß II, Eggers, Paul, Mache, Meier, Riesner, Henning, Kirschke, Untermann, Matut, Spott, Grüneberg, Groß I Kammler, Kneller, Wagner II, Mielke, Wichert I, Haenisch, Herrmann, Otto III, Harschkamp, Jentsch, Thom,

Schröder II, Klopsteg, Bretschneider, Wentzel, Beyer I, Reimann, Kraemer, Trende, Böttcher I, Donner Lokomotivführer; Lipß AllgEhr, Mundt, Kott, Hoffmann, Gradtke, Scholz, Kienow EisKrz2, Prietzel, Wendtland, Tornow, Fischer I, Frent, Rabe, Kuntnawitz, Gallert, Neumann II, Moßkau, Heier, Brauer, Mann Zugführer.

Nachweisung der vorhandenen Anschlußbahnen.

1. Montanbahnen.

Braunkohlengrube Tag bei Trebnitz. Jnowrazlawer Steinsalzbergwerk Klausaschacht Grube Vaterland.

2. Industriebahnen.

Kalkbrennerei Ohnesorge bei Trebnitz
Nordd.Kartoffelmehlfabrik b. Cüstrin, Vorst.
Stärkefabrik Scholten & Co. i. Landsberg
Pappfabrik Ullmann & Co., Alt=Carbe
Stärkefabrik Reitsema & Co., Kreuz
Stärkefabrik Köhlmann & Co., Schneide=
    mühl
Glasfabrik bei Gertraudenhütte
Zuckerfabrik Neu=Schönsee bei Schönsee
Spirituslagerhaus Sultan bei Mocker
Anschluß Sultan bei Mocker
Zuckerfabrik Culmsee
Ziegelei L. Lewin bei Rudack
Zuckerfabrik Unislaw
Zuckerfabrik Nakel
Pferdebahngleis Brüning bei Schulitz
Dampfsägewerk Lindau bei Schulitz
Zuckerfabrik Gnesen (Widau=Weiche)
Zuckerfabrik Gnesen in Gnesen
Stärkefabrik Tremessen
Zuckerfabrik Kujavien (Twierdzyn=Weiche)
Zuckerfabrik Kujavien bei Amsee
Zuckerfabrik Kujavien (Rübenauer Weiche)
Zuckerfabrik Union bei Amsee
Zuckerfabrik Union (Schadlowitz=Weiche)
Zuckerfabrik Wierzchoslawice
ZuckerfabrikPakosch(GeorgenburgerWeiche)
Gogolin=Goraszder Kalkwerke in Hans=
    dorf bei Pakosch
Kalkwerk Wapienno
Königl. Salzamt Jnowrazlaw
Zuckerfabrik Tuczno bei Jackschitz
Zuckerfabrik Tuczno (Rudolf=Weiche)
Zuckerfabrik Montwy in Szymborze
Sodafabrik Montwy
Zuckerfabrik Kruschwitz
Engelmann (Lewin) in Fordon
Ziegelei Dehnke in Amalienhof bei Strelno
Zuckerfabrik Znin

Zuckerfabrik Znin (Elisenhof=Weiche)
Zuckerfabrik Arnswalde
Zuckerfabrik Samter
Petzold & Co., Jnowrazlaw
Ladeplatz Michalski in Rehfelde
Wieler & Hartmann in Montwy
Bromberger Schleppschifffahrt in Karls=
    dorf
Porzellanfabrik Kolmar i.. P.
Molkerei=Genossenschaft Mrotschen
Anschlußgleis in Harmelsdorf der Aktien=
    Gesellschaft für Holzverwerthung und
    Imprägnirung in Berlin
Ziegeleibesitzer Gromzik=Jnowrazlaw
Anschlußgleis in Cüstrin=Vorstadt, Aktien=
    Gesellschaft für Holzverwerthung und
    Imprägnirung in Berlin
Annaburger Steingutfabrik, Kolmar i. P.
Windschild & Langelott in Weißfelde
Schwellentränkungsanstalt Rütger bei
    Wronke
Schwellentränkungsanstalt Rütger bei
    Schulitz
Wegener in Schulitz
Ziegeleibesitzer Schwerenz bei Argenau
Ziegeleibesitzer L. Lewin bei Papau
Gebrüder Müller in Jnowrazlaw
Aktien=Gesellschaft Pausch in Landsberg
    a. W.
Thorner Dampfmühle Gerson & Co.
Landw. Einkaufs= und Absatz=Verein
    Mogilno
Anschluß für Schlachthaus und Stärke=
    fabrik Thorn
Wapnoer Gypsbergwerke Bollmann & Co.
    in Wapno
Gebrüder Falckenberg in Cüstriner Vorst.
Schmalspurgleis Leny & Pieck in Schön=
    lanke.

3. Land= und forstwirthschaftliche Bahnen.

von Kalkstein=Pluskowens bei Culmsee
Anschluß der Kgl. Ansiedlungskommission
    bei Elsenau
Domäne Nischwitz bei Güldenhof
Schaeper in Altklücken bei Arnswalde
Körner in Stolenczyn bei Wapno

Dr. Bongard in Carlsburg bei Arnswalde
Grasemann in Wienslawitz
Endell Kierz
von Hantelmann=Baborowko
von Holtzendorf=Blumberg
von Bork=Dombrowko bei Mogilno.

4. Sonstige Bahnen.

Ladeplatz Engelmann-Vietz
Kiesgrube Ziesemann, Müncheberg
Artillerie-Ladeplatz Thorn
Weichseluferbahn Thorn Stadt
Fortifikation Thorn bei Mocker
von Alvensleben in Glauchau bei Culm
Kiesgrube Liebenthal bei Erpel
Städtischer Viehhof bei Bromberg nebst
    Abzweigung für Firma L. Kolwitz
Kiesbahn Tauer-Seyde

Ladegleis Kühne in Birkenau bei Tauer
Anschluß der Bart für Landwirthschaft
    und Industrie Kwilecki, Potocki & Co.
    in Posen
Kiesgrube Kirchberg
Kiesgrube Kirchberg
Kiesgrube Gertraudenhütte
Anschluß der Handelskammer Thorn
Kiesladegleis Klose bei Obornik

IX. Bezirkseisenbahnrath in Bromberg

für die Eisenbahndirektionsbezirke Bromberg, Danzig und Königsberg i. Pr.

(VII. Wahlperiode vom 1. Januar 1901 bis Ende Dezember 1903.)

Mitglieder und Stellvertreter.

Handelsstand. Aelteste der Kaufmannschaft in Berlin: M: Dr. Weigert StdtR in Berlin; St: Ravené KommerzR in Berlin. — Handelsk in Braunsberg: M: Carlson StdtR in Braunsberg; St: Braunfisch StdtR in Braunsberg. — Handelsk in Bromberg: M: Franke KommerzR in Bromberg; St: Aronsohn KommerzR in Bromberg. — Vorsteheramt der Kaufmannschaft in Danzig: M: Berg Kfm in Danzig; St: Unruh Kfm und Konsul in Danzig. — Aelteste der Kaufmannschaft in Elbing: M: Mitzlaff Konsul in Elbing; Tießen StdtR in Elbing. — Handelsk in Frankfurt a. O.: M: Bahr FabrBes in Landsberg a. W.; St: Quilitz Kfm in Landsberg a. W. — Handelsk in Graudenz: M: Ventzki FabrBes in Graudenz; St: Braun StdtR in Graudenz. — Handelsk in Insterburg: M: Blechschmidt SpinnereiDir in Insterburg; St: Eichelbaum Kfm in Insterburg. — Vorsteheramt der Kaufmannschaft in Königsberg i. Pr.: M: Teschendorf StdtR a. D. in Königsberg i. Pr.; St: Ostermeyer Kfm in Königsberg i. Pr. — Vorsteheramt der Kaufmannschaft in Memel: M: Müller Konsul in Memel; St: Alexander KommerzR in Memel. — Handelsk in Posen: Friedländer Kfm in Posen; St: Dr. Hampke Synd in Posen. — Handelsk in Stolp: M: Kauffmann MühlenBes in Stolp; St: Dr. Sievers Synd in Stolp. — Handelsk in Thorn: M: Dietrich Kfm in Thorn; Asch Kfm in Thorn. — Vorsteheramt der Kaufmannschaft in Tilsit: M: Thurau Kfm in Tilsit; St: Bruder FabrBes in Tilsit.

Industrie. Gewerblicher ZentralV für die Prov Ostpreußen in Königsberg i. Pr.: M: Sack Geh Reg= u GewR in Königsberg i. P.; St: Schmidt FabrBes in Königsberg i. Pr. — Verband ostdeutscher Industrieller in Danzig: M: Schrey RegR a. D. in Langfuhr; St: Goecke KommerzR in Montwy. — Ostpreußischer Zweigverband Deutscher Müller: M: v. Lukowitz Hptm a. D. in Mittelhufen bei Königsberg; St: Hantel MühlenBes. Hptm a. D. in Frauenburg. — Verband Deutscher Müller in Berlin: M: Schnackenburg MühlenBes in Schwetz; St: Scheller MühlenBes in Straschin-Prangschin. — V der deutschen Zuckerindustrie in Berlin: M: Reimann FabrBes in Berlin; St: Berendes Dir in Culmsee. — V Deutscher Spiritusfabrikanten in Berlin: M: v. Graß RgbBes in Klanin b. Putzig Wpr.; St: Schulze RgbBes in Schulzendorf b. Arnswalde.

Land- und Forstwirthschaft. LandwKammer für die Prov Westpreußen in Danzig: M: Aly OekR in Gr. Klonia, Holtz RgbBes in Parlin, Krech AmtsR in Althausen b. Culm, Steinmeyer OekR in Danzig; St: Hinze LdsHptm in Danzig, Schrewe RgbBes in Prangschin b. Straschin-Prangschin, Bamberg MajoratsB in Stradem b. Dt. Eylau, v. Rümker LandschR in Kokoschken b. Danzig. —

LandwKammer für die Prov Oſtpreußen in Königsberg i. Pr.: M: **Lous** Rgbeſ
in Klaukendorf, **v. Schulzen** Rgbeſ Major a. D. in Grabtten b. Tollack, Graf
v. Klinkowſtröm Rgbeſ in Korflack b. Gerdauen, **Büchler** Gbeſ in Kaukwethen
b. Argeninken, **Seydel** Rgbeſ in Chelchen b. Duneyken; St: **Lewed** Gbeſ in Legnitten
b. Pörſchken, **Mack** Rgbeſ in Althof=Ragnit, **v. Oertzen** Rgbeſ in Gr. Schmück=
walde, **Maul** LandſchR in Sprindt b. Inſterburg, **Hillmann** Gbeſ in Goldenau
b. Wiſchniewen. — LandwKammer für die Prov Poſen in Poſen: M: **v. Lubienski**
Rgbeſ in Kiączyn, Kr Samter, **Eberl** GenSekr in Poſen, **Leonhardt** Gbeſ
in Rucewko, Kr Inowrazlaw; St: **Mengel** Rgbeſ in Elſenau, **v. Klahr** LandſchR
in Klahrheim, **v. Unruh** Rgbeſ, Hptm a. D. in Kl. Münche, Kr Birnbaum. —
LandwKammer für die Prov Pommern in Stettin: **Fließbach** Rgbeſ in Chott=
ſchewte bei Zelaſen, **v. Braunſchweig** KammerH in Moltowo b. Gr. Jeſtin;
St: **Siebenbürger** Rgbeſ in Höckenberg b. Maldewin, **Steifenſand** Rgbeſ
in Schwuchow b. Lübzow. — LandwKammer für die Mark Brandenburg
in Berlin: M: **v. Klitzing** Rgbeſ in Charlottenhof b. Vietz; St: Dr. Frhr.
v. Canſtein Kgl LdsOekR in Berlin. — Preußiſcher FV in Königsberg i. Pr.:
M: **Boy** OFM in Königsberg; St: **Bock** Reg= u. FR in Königsberg. —
Deutſcher FiſchereiV in Berlin: M: **Meyer** RegR in Bromberg; St: **J. Fiſcher**
GenSekr in Berlin. — Deutſcher SeefiſchereiV in Berlin: M: Dr. **Herwig**
KloſterkammerPräſ in Hannover; St: **Cranz** Landrath in Memel.

X. Juſtizbehörden.
Oberlandesgericht zu Poſen.

OLGPräſident: Dr. **Gryczewski** RA2Eich.
Senatspräſidenten: **Hedemann** RA4 Kdm70/71, Dr. **Meißner** RA4, **Schmid** RA4
OLGRäthe: **Ulrici** GehJR RA4 LD1, Kdm66u70/71, **Hübner** RA4 EisKrz2
LD1 Kdm70/71, **Rufker** RA4 LD1, Dr. **Rohde** LD2 Kdm70/71, Dr. **Simon**
Kdm70/71, **Graefe** LD1Kdm70/71, **Kaſtan** Kdm70/71 LD2, **Matthaei, Martell,
Junge, Dyckerhoff** LD2, **Zaeſchmar** LD2 AnhAlbrBärRitt1 SachsErnHRittKrz2
SchwarzbEhrKrz2, **Rabbatz, Schmutter, Meinhard.**
Rechnungsreviſor: **Wollburg** RechnR RA4.
Juſtizhauptkaſſe: **Schild** RechnR Rend RA4; **Buſſe** RechnR Kaſſirer Kdm70/71;
Schulz KR; **Donig, Eke, Schneider** Buchhalter, **Wiesner** diätGSchrGeh.
Gerichtsſchreiberei: **Schmidt** KanzlR ObSekr RA4 Kr3(50); **Keichel, Koch,
Moſinski** D3, **Mogall, Horn, Seiler** D3, **Michaelis, Henſchel, Jacobeit,
Kußmann, Lehmann** GSchr.
Kanzlei: **Kohmann** KJnſp Kdm70/71 D3; **Reymann, Jhlenfeld** D3 Kanzliſten;.
Kumpies, KDiätar.
GDiener: **Kallas** Botenmſtr AllgEhr Kdm70/71 D2; **Goerlich** Kdm70/71 D3,
Dietrich D3, **Prüfer** D3, **Mierwald** Kdm70/71 Kaſtellan, **Schneider** HGT.

Oberſtaatsanwaltſchaft.

SOtAnw: **Uhde** RA3Schl; StAnw: **Conrad** StAnwR LD1; **Schumann** LD2.
Sekretariat: **Friedrich** KR ObSekr RA4 D3; **Scheidt** Sekr.
Kanzlei: **Leonhardt** Kanzliſt.
GDiener: **Strupat.**

Rechtsanwälte und Notare.

Orgler GehJR RA3Schl, **von Glembocki** JR Notar; Dr. **Aſch, Landsberg,**
Dr. **von Pomian-Dziembowski, Smoſchewer,** Dr. **Orgler** RAnwälte.

Anwaltskammer.

Orgler GehJR in Posen Vors; **Gäbel I** JR in Schneidemühl stellvertr. Vors; **von Glembocki** JR in Posen Schr; **Salomon** JR in Posen stellvertr Schr; **Sußmann** JR in Bromberg, **Hahn** JR in Wongrowitz, **Schulze** JR in Ostrowo, **Dr. Lewinski** JR in Posen, **Jahns** JR in Gnesen, **Motty** JR in Grätz, **Lehr** JR in Posen, **Salz** JR in Posen, **Wolfen** RAnw in Bromberg, **Dr. von Plucinski** RAnw in Lissa, **Dr Asch** RAnw in Posen Mitglieder.

Landgerichte.

1. Landgericht in Bromberg.

LGPräsident: **Rieck** RA4 LD1 ErKrz66 Kdm70/71.
LGDirektoren: **Schatz** GehJR RA4, **Albinus**, **Oehler**.
Landrichter: **von Münchow** RA4, **Kunad** EisKrz2 LD2 ErKrz66 Kdm70/71, **Vollmer**, **Peltasohn** LD2 Kdm70/71, **Hübner**, **Toeplitz** LGRäthe, **Schoenenberg** LD2, **Schultz**, **Wetzel** LD2.
Rechnungsrevisor: **Hohensee** RechnR.
Gerichtsschreiberei: **Wroblewski** KanzlR; **Neumann**, **Ehrhardt** GSchr; **Koschitzki** ObSekr; **Gaerber**, **Zibale**, **Ott** D3 etatsm. GSchrGehülfen; **Michalowski** diät. GSchrGeh.
Kanzlei: **Klitz** D2 ErKrz66 Kdm70/71, **Koenig** D3, **Arnold** LD2 Kanzlisten.
GDiener: **Boll** Erster AllgEhr D3 ErKrz66 Kdm70/71, **Borowski** ErKrz66, **Hoppe** D3 Kdm70/71, **Griehl**.

Staatsanwaltschaft.

Erster StAnw: **Bartsch** GehJR RA4 LD1 ErKrz66 Kdm70/71; StAnwälte: **Ronnenberg** StAnwR LD2, **Goedicke**, Dr. **Richardi** LD2, **Zaucke** LD2; **Kosse** AAnw D3 Kdm70/71.
Sekretariat: **Schreck** KR ObSekr; **Bock**, **Sohr** D3 Kdm70/71, **Gaenzer** Sekretäre; **Sawade** D2, **Filitz** D2 Assistenten.
Kanzlei: **Kunkel** Kanzlist ErKrz66; **Buchholz** KDiät D.
Gerichtsdiener: **Eisfeld** D3.
Gerichtsgefängniß: **Reschke** GefInsp ErKrz66 Kdm70/71 D2; **Herold** InspAss D2; **Wenzel** GefObAufseher D3; **Bartsch** D3, **Knisch**, **Flieger** GefAufseher, **Rast** GefAufseherin.

Amtsgerichte.

Bromberg. ARr: **Bekker** (Aufsichtsrichter) RA4, **Bandel** RA4, **Münzer** RA4, **Maeder**, **Janecke**, **Solbrig** LD2, **Frydrychowicz**, **Hensel** LD2, **Brachvogel** AGRäthe; **Gadow** Kr4 LD2, **Peterson** LD2, **Sasse** LD2. — Kasse: **Hampus** Kontroleur. — GSchr: **Born** Erster, **Kitschmann**, **Paetrow** LD2 D3 Kdm70/71, **Bock** LD2 Kdm66u70/71, **Schulz**, **Bielawski**, **Winke** D3 LD2, **Glander**, **Hoffmann** D3; **Kortenkamp**, **Scharfenberg** Kdm70/71, **Eichler** Kdm70/71, **Baier** D2 Kdm70/71, **Hischer** D3 etatsm. GSchrGehülfen; **Jentsch**, **Wünsche**, **Schön** diät. GSchrGehülfen; **Jacob** Kanzlist D3 LD2. — GVollz: **Hoffmeister** D3 LD2 Kdm70/71, **Platsch** D2 Kdm70/71, **Diminski** D3, **Hoffmann** D2 Kdm70/71, **Schroedter** D3, **Mauerräberger** D3, **Kdm70/71** D2 LD2, **Schaffstaedter** D2 AllgEhr. — GDiener: **Will** Kdm70/71, **Poesting** Kdm70/71, **Kannewischer** Kdm70/71, **Buchsteiner** Kdm70/71, **Vorecki** Kdm 70/71.
Crone a. Br. ARr: **Marquard**, Dr. **Foerste** (Aufsichtsrichter). — GSchr: **Schmidt** Erster, **Hillmer** LD2; **Diebow** etatsm. GSchrGeh; **Pawlicki** diät. GSchrGeh u. Dolmetscher. — GVollz: **Schoewe**. — GDiener: **Vorakiewicz** ErKrz66 Kdm70/71 **Resopp**.
Exin. ARr: **Vorwerg** AGR (Aufsichtsrichter), **Elsner**. — GSchr: **Merkel** Erster. **Berndt**, **Wisniewski**, etatsm. GSchrGeh; **Janke** D3. — GVollz: **Weidner** MilD3. — GDiener: **Munk** MilD3.

Jnowrazlaw. AMr: Pleßner, Zborowski, Schaefer, Holzmann, Kowalke, Lendel
(Aufsichtsrichter) AGRäthe, Pelkmann, Balhus, Kielhorn, Scheda. — Steyer
Rend, GSchr: KR von Jackowski ObSekr, Dommer, Rost (Kontroleur),
Gapczyński, Pratsch, Schulte, Kriebel, Effert, Ferber; Pfitzner AAnw; etatsm.
GSchrGehülfen: Ehlers D3, Hellweger D2 Kdm70/71, Jock D3, Schütz D3;
diät. GSchrGehülfe: Goebel, Kanzlist Krause D3. — GVollz: Hungerecker
D2 ErKrz66 Kdm70/71, Weichert D3, Greiser, Rabüge D3, Hilpert. —
GDiener: Gilsdorf MilEhr2 AllgEhr DüppKrz Kdm64 ErKrz66, Fiedler
Kdm70/71, Linbe D3, Reim LD2 Kdm70/71. — GefAufseher: Echaust,
Schumann D3.
Labischin. AMr: Krieger LD2 (Aufsichtsrichter), Moehr. — GSchr: Stange Erster,
Doogs D3; etatsm. GSchrGehülsen: Kwietniewski, Bitter. — GDiener:
Neumann D3. — GefAufseher: Meyer D3.
Schubin. AMr: Dr. Crone (Aufsichtsrichter), Klinke. — GSchr: Heinnold
Erster, Wegner, Leimkohl D3, Seiffert; diät. GSchrGeh: Beil. —
GVollz: Meiner hSächsD3 VKrzSächsErnH. — GDiener: Steinert. — Gef
Aufseher: Rabunz.
Strelno. AMr: Friedrich. — GSchr: Saß Erster, Januszewski, Weidlich; etatsm.
GSchrGeh: Schroeter. — GVollz: Jahnke. — GDiener u. Gefangenaufseher:
Draber, Kolwe.
Znin. AMr: Kummerfeld LD2 (Aufsichtsrichter), Arnold, Frohmuth, GSchr:
Georgi Erster, Gustowski, Bartz, Zantopf LD2; etatsm. GSchrGeh:
Koentopp D3: diät. GSchrGeh: Gnensch. — GVollz: Rarock D2 RussAnnMed,
Hanke. — GDiener: Fitzke Kdm70/71, Mann. — GefAufseher: Zell ErKrz66
Kdm70/71.

Rechtsanwälte und Notare.

Bromberg: Sußmann RA4, Halbe LD2 Kdm70/71, Posch LD2 Kdm70/71, Wolfen
JRäthe, Moczyński, Köppen LD2, Kunert LD2 RAnwälte u. Notare; Binkowski
LD2 Kdm70/71, Dr. Poeppel, Dr. Hailliant, Littauer, Fuchs, Baerwald,
Aronsohn, von Wierzbicki, Silberstein, Jacobsohn RAnwälte.
Crone a. Br. Thiel JR RAnw u. Notar (a. b. LG).
Exin: Loewy RAnw u. Notar.
Jnowrazlaw: Kleine RA2 ErKrz66 Kdm70/71 (nur b. LG), Miernicki LD2
Kdm70/71 JRäthe, Latte RAnwälte u. Notare; Galon, Panienski, Grünberg,
Poplawski RAnwälte.
Schubin: Heymann RAnw u. Notar.
Strelno: Kwiecinski RAnw u. Notar.
Znin: von Werthern JR RAnw u. Notar (a. b. LG), Robowski RAnw.

2. Landgericht in Gnesen.

LGPräsident: Lindenberg RA4 EisKrz2 LD1 Kdm70/71.
LGDirektoren: Gernoth GehJR RA4 Kdm70/71, Kah.
Landrichter: Kloer, Fischer LGRäthe, Wuthke, Zernecke LD2, Dr. Mantey,
Schmidt, Zedler.
Rechnungsrevisor: Nixdorff.
Gerichtsschreiberei: Trustädt ObSekr, Dymczynski, Zielinski GSchreiber und
Dolmetscher; Hagner, Sende etatsm. GSchrGeh; Reiniger diät. GSchrGeh.
Kanzlei: Orkanowo ErKrz66, Faustmann ErKrz66 Kdm70/71 D2 Kanzlisten.
GDiener: Krüger AllgEhr, Sieske D3 Erster und Kastellan.

Staatsanwaltschaft.

Erster StAnw: Langer; StAnwälte: Banning, Ploch LD2; GAssess: Franke
(ständiger Hülfsarbeiter); AAnw: Hoffmann.
Sekretariat: Freymark ObSekr; Frankowski Kdm70/71 Sekr; Henkel, Bänsch
Assistenten.

Gerichtsgefängniß: Goy GefInsp Kdm70/71NCBd D2; Ruhnau Kdm66 u. 70/71, Buschmann Kanzlisten; Unruh MilEhr2 EisKrz2 Kdm66 u. 70/71 GDiener; Bruchewicz, Richter, Neumann D3, Jdzinski ständiger HilfsGefAufseher; Pache GefAufseherin.

Amtsgerichte.

Gnesen: ARr: Giese (Aufsichtsrichter), Neumann, Janke LD2, Gartke. — Kasse: Brennmehl Rend, Rinke Kontroleur. — GSchr: Glowacki Dolmetscher, Bloch, Offig, Guthmann, Storz Erster, v. Gratkowski D3 Dolmetscher; Bibrowicz LD2 Kdm70/71 etatsm. GSchrGeh u. Dolm, Schulz diät GSchrGeh. — GVollz: Geisler Kdm70/71 D3, Gutsche Kdm70/71 D3, Niemann D3, Apelt D2. — GDiener: Mendoszewski LD2 ErKrz66 Kdm70/71, Miege EisKrz2 Kdm70/71 D1 Kastellan, Karabass.

Mogilno. ARr: Fritzsche AGR (Aufsichtsrichter), Jacoby. — GSchr: Haase LD2 Erster, Ratsch; Rutkowski etatsm. GSchrGehülsen. — GVollz: Schwarz Kdm70/71 D2, Flemming. — GDiener: Bulst D3. — GefAufseher: Karras D3.

Tremessen. ARr: Fischer (Aufsichtsrichter), Griese LD2. — GSchr: Stefanski Dolmetscher, Weppner Erster, Zacharias; Schüler diät. GSchrGeh. — GVollz: Vogel D3. — GDiener: Elsner. — GAufseher: Stürzebecher, Naschstädt.

Witkowo. ARr: Hilpert (Aufsichtsrichter), Gäbler. — GSchr: Thimm Erster, Barthel; Schulz D3 etatsm. GSchrGeh. — GVollz: Schreck D3. — GDiener: Reiter D1, Tonn D3 GefAufseher.

Wongrowitz. ARr: Eichner AGR (Aufsichtsrichter), Engelhard, Stubenrauch. — GSchr: Pawelecki Dolmetscher, Schirmer Erster, Biskupski Dolmetscher, Höft D3, Albrecht D3; Döring D3, Albuschkat D2 etatsm. GSchrGehülsen, Piechocii diät GSchrGeh. — GVollz: Werkmeister D3, Bielau. — GDiener: Marschall EisKrz2 Kdm66 u. 70/71, Fiebig Kdm66 u. 70/71 LD, Beihl Kdm66 u. 70/71 D3. — GefAufseher: Heidelauff Kdm64, 66 u. 71 D2.

Wreschen. ARr: Nack (Aufsichtsrichter), Schneidewind, Reinefarth. — GSchr: Utecht Erster, Wegner, Hlubek, Schönborn; Koziolek etatsm. GSchrGeh; Polski diät. GSchrGeh. — GVollz: Sielaff D2, Gratyki. — GDiener: Stock Kdm70/71 D2, Swedzinski Kdm70/71 D2. — GefAufseher: Stiller D3, Ruby D3.

Rechtsanwälte und Notare.

Gnesen. Jahns LD2 JR, Klossowski, Honig, Espe RAnwälte u. Notare, Karpinski, Dr. Marcuse, Türk, Schultz RAnwälte.

Mogilno. Tonn JR RAnw u. Notar.

Tremessen. Warschauer RAnw u. Notar.

Witkowo. v. Biernacki RAnw u. Notar.

Wongrowitz. Hahn JR (a. b. LG), Krüger, Stentschke RAnwälte u. Notare.

Wreschen. Thiel JR (a. b. LG), Peyser RAnwälte u. Notare.

3. Landgericht in Lissa i. P.

LGPräsident: Weise RA4.

LGDirektor: Schlüter LD1.

Landrichter: Beyer, Perez, Methner LD2 LGRäthe, Handtmann LD1 RettMed, Grebel LD2, Dr. Hackenthal.

Rechnungsrevisor: Leistico RechnR RA4(50).

Gerichtsschreiberei: Kaute ObSekr, Braun; Gewiese D3 LD2, Janusz etatsm. GSchrGehülsen; Puff diät. GSchrGeh.

Kanzlei: Schwenke Kdm66, Fabianek D2 Kanzlisten.

GDiener: Scheil AllgEhr Kdm70/71NC D3 Botenmstr Erster, Anderseck Kdm64 u. 66 AlsenKrz, Hellmich Kdm64, 66 u. 70/71NC D2, Deja D3.

Staatsanwaltſchaft.

Erſter StAnw: **Caſpar** Kdm70/71C LD2; StAnw: **Gallus**; GerAſſ Dr. **Junker**
ſtänd Hülfsarbeiter.
Sekretariat: **Lauſe** ObSekr; **Schmidt** Kdm70/71 D2 Sekr; **Kramaſchke** D2, **Burmeiſter**
D3 Aſſiſtenten; **Jahn** D3, **Jeske** D3 Kanzliſten.
Gerichtsgefängniß: **Wolski, Domek** GefAufſeher.

Amtsgerichte.

Bojanowo. ARr: **Bombe.** — GSchr: **Najgrakowski, Sternsdorff** LD2 Erſter. —
GVollz **Lehmann.** — GDiener: **Languer.**
Frauſtadt. ARr: **Geisler** LD2 (Aufſichtsrichter), **Seligo.** — GSchr: **Löbell** KR
Erſter, **Kaluſchke; Radbatz,** etatsm. GSchrGehülfen. — GefInſp: **Philipp.** —
GVollz **Stoll.** — GDiener: **Strecker.** — GefAufſeher: **Fleiſcher, Hollſtein,
Wilcek.**
Goſtyn. ARr: **Freytag** LD2 (Aufſichtsrichter), **Pätzold.** — GSchr: **Dopatka** Erſter,
Dabinski; Wrzeſinski D3, **Rudzki** etatsm. GSchrGehülfen. — GVollz: **Kösling**
D3. — GDiener: **Gräber.**
Jutroſchin. ARr: **Bruckner.** — GSchr: **Jeske, Kühnaſt** Erſter. — GVollz:
Perſigehl LD2. — **Schwarm** GDiener u. GefAufſeher Kdm70/71.
Koſten. ARr: **Folleher, Mirau, Düſterhoff.** — GSchr: **Morkowski, Semelke,
Sprotte, Helmchen, Klopſch** Erſter; **Binek, Londberg** D3 etatsmäßiger
GSchrGehülfen. **Cieslik** diätariſcher GSchrGeh. — GVollz: **Ulbig** D3, **Fritz**
Kdm70/71 D2. — GDiener: **Jacobi** D3, **Mlitzko** D3. — GefAufſeher: **Wienke,
Kampe** D3.
Liſſa. ARr: **Berger** Kdm70/71, **Hartmann, Lüdtke** (Aufſichtsrichter). — GSchr:
v. **Chmara, Preiß** Erſter, **Zibell, Maronski; Bleich** D3 etatsm. GSchrGeh;
Lemke diät. GSchrGeh. — GVollz: **Rehder** D2, **Reichenbach** D3. — GDiener:
Jändel D2 Kdm66 u. 70/71, **Anders** EisKrz2 D2 Kdm70/71.
Rawitſch. ARr: **Waldmann** LD2 (Aufſichtsrichter), **Lehmann, Pohlmann** LD2. —
GSchr: **Runge** Erſter, **Tyrankiewicz, Palczewski; Seiffert** Kdm70/71, **Bode**
Aſſiſtenten u. etatsm. GSchrGehülfen. — GVollz: **Grützmacher** Kdm70/71,
Hoffmann. — GDiener: **Grande** ErKrz66 Kdm70/71, **Kube.** — GefAufſeher:
Speer Kdm70/71.
Schmiegel. ARr: **Marſchall** (Aufſichtsrichter), **Hildebrandt.** — GSchr: **Eng** Erſter,
Mohaupt; Kopankiewicz etatsm. GSchrGeh. — GVollz: **Cillis** D3. — GDiener:
Lachmann Kdm66.

Rechtsanwälte und Notare.

Frauſtadt. **Fließ, Scheibel** RAnwälte u. Notare.
Goſtyn. Dr. **Sarrazin** RAnw u. Notar.
Koſten. **Mitſchke** LD2, **Pinner** RAnwälte u. Notare; **Meißner** RAnw LD2.
Liſſa. **Levyſohn, Nürnberg,** Dr. **von Plucinski, Schlüter,** E. **Wolff** RAnwälte u.
Notare; Dr. M. **Wolff, Roll** RAnwälte.
Rawitſch. **Breslauer, Glogowski** LD1, **Plehn** RAnwälte u. Notare.
Schmiegel. **Krochmann** LD2 RAnw u. Notar.

4. Landgericht in Meſeritz.

LGPräſident: **Chuchul** RA4 Kr4 rKrzMed2 u3 WaldV2 RussStan2.
LGDirektor: **Hildebrand** LD2.
Landrichter: **Radajewski** LGR, Dr. **Jäniſch, Oloff** LD2, Dr. **Badſtübner, Gedel,**
Dr. **Winter.**
Rechnungsreviſor: **Kuhn.**
Gerichtsſchreiberei: **Haack** ObSekr, **Sucker, Pawlowski; Hübner** diät. GSchrGeh.
Kanzlei: **Marx** Kanzliſt; **Thiedig** KDiät.
GDiener: **Malewicz** Kdm66, **Schieweck** Botenmſtr Erſter, **Arndt** MecklMilVKrz2,
Lösch D3 Kaſtellan.

Staatsanwaltſchaft.

Erſter StAnw: **Hoffmann**; StAnwälte: **Jantzon**, Dr. **Comte**.
Sekretariat: **Hilgenfeld** ObSekr; **Eichbaum, Gerneitiz, Odebrecht** D3 Aſſiſtenten.
Gerichtsgefängniß: **Böſenberg** GefInſp Kdm70/71NCBd HannovLangensMed;
Nowicki Kdm64, **Buſe, Wdowczyk** GefAufſeher; **Petzold** GefAufſeherin.
Kanzlei: **Finke, Liebetanz** Kdm70/71NC Kanzliſten;

Amtsgerichte.

Bentſchen. ARr: **Wollenhaupt** LippEhrKrz4 AGR (Aufſichtsrichter), **Petersſohn**
LD2. — GSchr: **Raſemann** Erſter (GKaſſenRend im Nebenamte), **Günther**
(GefInſp), **Zieske; Strobalki** etatsm. GSchrGeh u. Dolmetſcher. — GVollz:
Sacknietz D2. — GDiener: **Schmidt** GefAufſeher, **Seifert.**
Birnbaum. ARr: **Kinderling, Keibel, Landé** (Aufſichtsrichter). — GSchr: **Bloch**
ObSekr Erſter, **Froſt, Günther; Tobolski** D3 etatsm. GSchrGeh, **Stiebner** diät.
GSchrGeh. — GVollz: **Brenig.** — GDiener: **Kühn** Kdm70/71, **Grundmann**
ErKrz66 Kdm70/71. — GefAufſeher: **Klemt.**
Grätz. ARr: **Senff** (Aufſichtsrichter), **Citron** AGRäthe, **Steulmann, Rabbatz.**
— GSchr: **Schultz, Lehn, Bartſch** Erſter, **Lopinski, Wickert; Schwartz, Hartwig**
D3, **Meiſter** D3 etatsm. GSchrGehülfen. — GVollz: **Bohn, Beckmann.** —
GefAufſeher: **Pawlowski.**
Meſeritz. ARr: **Kratzenberg** (Aufſichtsrichter), **Styller** LD2. — GSchr: **Schwarz,
Bartz** Erſter, **Fechner** LD2. — GVollz: **Ogurkowski** Kdm66 u. 70/71 LD2. —
GDiener: **Ankiewicz** Kdm66.
Neutomiſchel. ARr: **von Grabski** AGR (Aufſichtsrichter), **Günther.** — GSchr:
Großkopff Erſter, **Schwarz, Sommer; Klumdies** etatsm. GSchrGeh. — GVollz:
Mautze D2 Kdm70/71. — GDiener: **Lachmann** Kdm70/71, **Kramm** D3.
Schwerin a. W. ARr: **Richter** AGR (Aufſichtsrichter), **Tismer** LD2. — GSchr:
Buſſe Erſter, **Czajkowski; Groß** EisKrz2wBd D3 LD2 ErKrz66 Kdm70/71. —
GVollz: **Bennert** D1. — GDiener: **Kaiſer** Kdm70/71, **Bürſchel** D3 Kaſtellan
u. GefAufſeher.
Tirſchtiegel. ARr: **Doering.** — GSchr: **Pankow;** — GVollz: **Ziehe** D3. —
GDiener: **Wachowiak** Kdm66AllgEhr GefAufſeher
Unruhſtadt. ARr: **Czarnecki** AGR. — GSchr: **Menſch, Szartowicz** Erſter. —
Falkenberg GerVollz. — GDiener: **Schwabe** GefAufſeher.
Wollſtein. ARr: **Sethe** (Aufſichtsrichter), **Tſcheuſchner, Herzog, Scheunemann.** —
GSchr: **Koczorowski** Erſter, **von Górczyński, Starkowski, Meyer, Miller;
Herfurth** D2, **Spiralke** D3 etatsm. GSchrGehülfen, **Szepan** D3 diät
GSchrGeh. — GVollz: **Scholz** D3, **Weſt** D2, **Kühne.** — GDiener: **Buchholz.**
Kdm66 u. 70/71, **Franz** D3, **Tauſchke.** — GefAufſeher: **Pohl.**

Rechtsanwälte und Notare.

Bentſchen. **Hielſcher** LippEhrKrz4 RAnw u. Notar.
Birnbaum. **Voß** RA4 LD2 (a. b. LG.), **Biſchofswerder** RAnwälte u. Notare.
Grätz. **Motty** JR, **Stams** RAnwälte u. Notare.
Meſeritz. **Urbach, Klör** JRäthe, **Elkus** RAnwälte u. Notare.
Neutomiſchel. **Bartecki** RAnw u. Notar.
Schwerin a. W. Vacat.
Tirſchtiegel. Vacat.
Unruhſtadt. Vacat.
Wollſtein. **Högg** RA4 JR (a. b. LG). **Salinger** RAnwälte u. Notare, **v. Konopka**
RAnw.

5. Landgericht in Oſtrowo.

LGPräſident: **Nöſtel** GehObJR RA2Eich(50) LD2.
LGDirektoren: **Schäfer** Kdm70/71 LD2, **Fromme.**
Landrichter: **Wagner, Vette, von Starczewski** LGRäthe, **Riſtow,** Dr. **Arnheim,**
Dr. **Salmann, Hartwich, Hartwig.**

Rechnungsrevisor: Heck RechnR Kr4 LD1 Kdm70/71.
Gerichtsschreiberei: Leschhorn ObSekr, Malecki GSchr; Jagiewicz, Reichelt
     etatsm. GSchrGehülfen, Kägler diät. GSchrGeh.
Kanzlei: v. Radziewski Kdm70/71, Thielemann Kdm70/71 D1, Hoffmann Kanzlisten.
GDiener: Ziebart Votenmstr AllgEhr, Strzelczyk Kdm66, Fiebiger Kastellan Kdm
     70/71 D1, Schöneberg, Kleemann Kdm70/71 LD2.

Staatsanwaltschaft.

Erster StAnw: Schönian LD1; StAnw: Höber LD2, Hartmann LD2; GAss Dr. Barg
     (ständiger Hülfsarbeiter).
Sekretariat: Rudtke ObSekr, Rosenthal Sekr, Neuhauß D3, Fauth D3 Assistenten.
Gerichtsgefängniß: Will GefInsp D3 LD2. Kanzlei: Tietke Kanzlist D3, Fey
     KDiät D3 Kdm70/71 LD2, Babisch Kdm66, Kurkowiak, Semmler GefAufseher,
     Flegel GefAufseherin.

Amtsgerichte.

Adelnau. AMr: Weber AGR (Aufsichtsrichter), Bayer. — GSchr: Kratz Erster,
     Pewinski, Brandt; Koczyk etatsm. GSchrGeh. — GVollz: Lietz D3. —
     GDiener: Koberling.
Jarotschin. AMr: Mansfeld AGR, Schleuß (Aufsichtsrichter), Tosche, Born. —
     GSchr: Rodloff Erster, Czajkowski, Kinowski, Graf; Jaroßke D3, Stellmacher
     D3 etatsm. GSchrGehülfen. — GVollz: Schmirka D3. — GDiener: Kempinski,
     Nitz. — GefAufseher: Dummert.
Kempen. AMr: Exner (Aufsichtsrichter), Trogisch, Liman, Böttcher. — GSchr:
     Griesche, Werner, Ziemann, Polcyn; Erdmann D3, Jurek etatsm.
     GSchrGehülfen. — GVollz: Wolff, Regler D3. — GefAufseher: Fogler
     D3. — GDiener: Berg, Gutsmann Kdm70/71 D1.
Koschmin. AMr: Klose Kdm70/71 AGR, Schenk LD2 (Aufsichtsrichter), Dufft LD2.
     — GSchr: Klämbt Erster, Schulz, Spude, Ketschker; Olszewski etatsm.
     GSchrGeh, Wojanowski diät. GSchrGeh. — GVollz: Grunau D2. — GDiener:
     Wecke Kdm66 u. 70/71 EisKrz2 D1 AllgEhr, Zietowski D3. — GefAufseher:
     Ruschke AllgEhr D3, Fröhlich Kdm70/71, Plondke.
Krotoschin. AMr: Steinmann (Aufsichtsrichter), Bartolomäus AGR, Than,
     Schulze, Dr Friese. — GSchr: Buffe Kdm66 u. 70/71, Lentz, Igel, Schleese,
     Leiß, Ziegler; Stylo, Lewicki etatm. GSchrGehülfen, Fiedler diät. GSchrGeh.
     — GVollz: Arndt EisKrz2 Kdm70/71, Münzel D2 Kdm70/71. — GDiener:
     Fröhlich Kdm70/71, Piepenborn Kdm66, Oldenburg Kdm66 u. 70/71 D3.
     — GefAufseher: Hantke EisKrz2 D2 Kdm70/71 RussGeorg4, Wolff D3 Kdm66.
Ostrowo. AMr: Robach, Kurtz Kdm70/71 (Aufsichtsrichter), Albrecht AGR, Naudé.
     — GSchr: Helbig EisKrz2 MilEhr D3 Kdm66 u. 70/71 Erster, Beßert,
     Pyszkowski Kdm70/71, Schwittau, Michaeliß, Neumann; Wartenberg, Meyer
     D3 etatsm. GSchrGehülfen, Kabisch diät. GSchrGeh. — Rend: Wollenzien
     — GVollz: Wickert, Schwarz D2 Kdm70/71, Jänsch. — GDiener:
     Dreilich AllgEhr D3 Kdm66 u. 70/71, Schiller D3.
Pleschen. AMr: Roß (Aufsichtsrichter), Witte, Wendt. — GSchr: Pyszkowski,
     Wilke Erster, Janke; Giese Kdm70/71 D2, Rohde D3 etatsm GSchr
     Gehülfen. — GVollz: Szczepanski D3. — GDiener: Wieczorek D3,
     Kolwe. — GefAufseher: Buchwald, Nowakowski.
Schildberg. AMr: Borchard (Aufsichtsrichter). Wanjura, Quandt, Walter. —
     GSchr: Nochowicz, Freymark Erster, Gulschinski, Praski, Gabriel, Behrendt;
     Schmidt D3 etatsm. GSchrGeh, Gorzel diät. GSchrGeh. — GVollz: Prellwitz D2,
     Beyer D2. — GDiener: Chudek Kdm70/71 D1, Schmidt. — GefAufseher:
     Horand Kdm70/71 D2.

Rechtsanwälte und Notare.

Ostrowo. Meyer Kr2Schw LD2 Kdm66 u. 70/71, Schulze Kdm66 u. 70/71 LD2
     JRäthe, Pawelitzki RAnwälte u. Notare, Kutzner LD2, Pomorski, Voß, Gold-
     schmidt RAnwälte.

Adelnau. von Chelmicki RAnw u. Notar.
Jarotschin. Leporowski JR RAnw u. Notar, Zielewski RAnw LD2.
Kempen. Schacher, Brocoff RAnw u. Notare.
Koschmin. Czupicki, Kantorowicz RAnwälte u. Notare.
Krotoschin. Hampel LD1, Madelung RAnwälte u. Notare, Langiewicz RAnw.
Pleschen. Asch, Lehmann RAnwälte u. Notare.
Schildberg. Fuhs RAnw u. Notar, Radzisjewski RAnw.

6. Landgericht in Posen.

LGPräsident: Gisevius GehObJR RA2Eich Kr2St.
LGDirektoren: Weißenmiller RA3Schl LD2 Kdm70/71 KomthKrzPäpstlGreg2,
Franke RA4 Kdm66 u. 70/71 LD2 GehJRäthe, Dr. Felsmann, Irmler.
Landrichter: Mylius RA4, Slawski Kdm70/71, Pilz Kdm64 u. 70/71,
Seeliger, Wolffsohn Kdm70/71NC, Springer, Könnemann, Zehe Kdm70/71,
Trewendt LD9, Dr. Pilling LD1, Knitter LGRäthe, Berge, Kunze LD2,
Pfitzner.
Rechnungsrevisor: Gehrmann RechnR RA4.
Gerichtsschreiberei: Krieger KR ObSekr Kdm70/71NC, Naumann LD1 Kdm70/71,
Friebe, Moldenhauer, Klinkmüller LD2, Brandt; Fromm, Abert LD2 Kdm
66 u. 70/71, Dalski, Bahsholz etatsm. GSchrGehülfen, Müller diät. GSchrGeh.
Kanzlei: Noack KJnsp, Palacz Kdm66, Franke, Schönborn Kanzlisten, Mäck KDiät.
GDiener: Pfeiffer Botenmstr Erster AllgEhr, Thomas AllgEhr Kdm66 u. 70/71 D3,
Piotrowski EisKrz2 Kdm70/71, Schröter, Ratajczak, Oldenburg.

Staatsanwaltschaft.

Erster StAnw: Stamer LD1 Kdm70/71; StAnw: von Saucken, Pilling LD2,
von Mülverstedt, von Schäwen, Dr. Rhode LD2; GAss: Muth (ständiger
HülfsArb); AAnw: Stutzer Kdm70/71.
Sekretariat: Fiedler ObSekr Kdm70/71NC, Jahns Kdm70/71NC, Hollatz, Hohensee,
Degner, Bethe Sekretäre; Schmidt EisKrz2 Kdm64, 66 u. 70/71, Giese Assistenten,
Knothe diät. Ass.
Kanzlei: Pawlak EisKrz2 LD2 Kdm66 u. 70/71 Kanzlist.
Gerichtsgefängniß: Bluhm GefObJnsp Kdm66 u. 70/71; Krischke GefAss; Roßdam
diät. GefAss; Feike KJnsp, Vorsch KDiät; Beinlich Kdm70/71NC; Walter
Werkmstr; Fellmann AllgEhr Kdm66 u. 70/71, Kind ObAufseher; Schneider,
Rockel, Schmidt, Großmann, Offowski, Seeger, Zimmermann, Szymanda,
Dzieczkowski, Olinski GefAufseher; Breuer, Restin GefAufseherinnen.

Amtsgerichte.

Obornik. ARr: Schmidt (Aufsichtsrichter), Brüll. — GSchr: Lättich Erster, Guischard
Placzek etatsm. GSchrGeh. — GVollz: Steiner LD2 TürkMedsch5
— GDiener: Hellwig Kdm70/71, Ceglarski GefAufseher.
Pinne. ARr: Wiesand (Aufsichtsrichter), Kandler. — GSchr: Kutscher Erster,
Mittelstädt LD; Czekanski etatsm. GSchrGeh. — GVollz: Ohliß. — GDiener:
Kahla Kdm66 GefAufseher.
Posen. ARr: Wießner RA4, Weißleder, Schneider, Lerche Kdm66 u. 70/71, Peck,
von Wesierski, Giese, von Potrzywnicki LD2, Jsaacsohn, Bertschy, Opolski,
Jockisch, Dr. Kirsten (Aufsichtsrichter) AGRäthe, Magener, Weckwerth, Ramdohr.
— GSchr: Rosenthal KR RA4 LD, Karpinski, Hoffmann KassenRend. Mühl-
nickel ObSekr Erster, Koch Kdm70/71, Quandt Kalkulator, Bajerowicz, Molden-
hauer LD Kdm70/71, Szartowicz, Ninke, Gerth, Laue, Grzebyta, Frisch-
muth, Remankiewicz, Malotki, Brandenburg RettMedBd LD3, Lysinski,
Borutto, Sichtermann; Jähn, Meier Kdm70/71, Frauk, Hoffmann, Krüger,
Zühlke, Tschanter, Schlensog etatsm. GSchrGehülfen; Mafrocki, Borchard,
Piechatzek, Ecke, diät. GSchrGehülfen; Templin KDiät. — GVollz: Friebe,
Scholz Kdm66 u. 70/71, Gorzynski Kdm66, Biesiadowski, Schriever, Schmidtke

Kdm70/71, Scholz, Grams, Hartig, Wentzel, Stachow, Schentuleit. — (G)Diener: Belz AllgEhr Kdm66 u. 70/71 Erster, Wobith AllgEhr, Opitz Kdm 70/71, Wenzel LD Kdm66 u. 70/71, Glienicke EisKrz2, Brückmann; Wickert ständiger Hülfs-(G)Diener EisKrz2.

Pudewitz. AMr: Pohl (Aufsichtsrichter), Geister. — GSchr: Wronski, Michalek Erster; Werner etatsm. GSchrGeh. — GVollz: Langer. — GDiener: Panek GefAufseher, Ritschke.

Rogasen. AMr: Kuhr AGR (Aufsichtsrichter), Matthias, Engel. — GSchr: Garn ObSekr Erster, Schockau, Moeglich; Nagler, Stiebens etatsm. GSchrGehülfen; Zuchowski diät. GSchrGeh. — GVollz: Krieg. — GDiener: Gredow AllgEhr Kdm66, Oesterreich. — GefAufseher: Herrmann.

Samter. AMr: Masfalien LD2 Kdm70/71 (Aufsichtsrichter), Knappe AGRäthe, Semrau LD2. — GSchr: Kaytzer Erster, Lawrenz, Timme; Michalski, Lowien etatsm. GSchrGehülfen; Firyn diät. GSchrGeh. — GVollz: Goerke, Funda. — GDiener: Reimöth, Spitzner. — GefAufseher: Trebitz LD2.

Schrimm. AMr: Zeume (Aufsichtsrichter), von Wolffradt, Schmidt LD2, Perkuhn. — GSchr: Heinke, Zakobielski, Kierey ObSekr, Kambach, Ossig, Wendt; Radtke, Quickert etatsm. GSchrGehülfen; Lysakowski diät. GSchrGeh. — GVollz: Sawade, Liebenau. — GDiener: Roepke Kdm70/71, Terrock Kdm66, Weise. — GefAufseher: Koch, Rahmel.

Schroda. AMr: Tyrankiewicz (Aufsichtsrichter), Finke AGRäthe, Hamann, Weitzen-miller. — GSchr: Friedrich Erster, Kamienski, Bartlewski, Wagner; Tomaschewski Kdm70/71NC, Feigel etatsm. GSchrGehülfen; diät. GSchrGeh. — GVollz: Potrykus, Woitschach. — GDiener: Beckmann Kdm66 u. 70/71, Wesolowski. — GefAufseher: Koniecki AllgEhr Kdm64.

Wronke. AMr: Loewe LD 2 (Aufsichtsrichter). — GSchr: Tomaszewski, Silber Erster. — GVollz: Sterling. — GDiener: Jankowiak Kdm66.

Rechtsanwälte und Notare.

Posen. Salomon, Fahle, Dr. Lewinski LD2 JRäthe, Cichowicz, v. Trąmpczynski, le Viseur LD1, Noß LD2 RAnwälte u. Notare; Schottländer, Lehr, Salz JRäthe, Schönlank, Hamburger, Ullmann, Wolinski, Manheimer, Jacobsohn, Placzek, Kaliski, von Chrzanowski, Seyda, von Nychlowski, Zarecki, Kirschner, Dr. Kaempfer, Bab, Michaelsohn, Wize, Nowacki, Fahle Alfred, Dr. Haase Müller, Dr. Celichowski RAnwälte.

Obornik. Schwarzschulz RAnw u. Notar LD2.

Pinne. Langenmayr RAnw u. Notar.

Pudewitz. Szafranski RAnw u. Notar.

Rogasen. Polomski JR (a. d. LG), Hahn RAnwälte u. Notare.

Samter. Petrich RAnw u. Notar LD2; Gladysz RAnw.

Schrimm. Grądzielewski, Citron RAnwälte u. Notare; Morkowski RAnw.

Schroda. Weiß RAnw u. Notar; Schmidt, Kozubski RAnw.

7. Landgericht in Schneidemühl.

LGPräsident: Dr. Bischoff RA4.

LGDirektoren: Viereck, Consbruch.

Landrichter: Sprinz, Lande, Gercke, LGRäthe, Dr. Kowalk, Wolff LD2, Hüther.

Rechnungsrevisor: Holzhauer RechnR RA4.

Gerichtsschreiberei: Brandes ObSekr, Lieske ErKrz66 MilEhr, Rettig; Hubert etatsm. GSchrGeh D3.

Kanzlei: Reiniger ErKrz66 Kdm70/71 D2, Dischlatis, Gaertner D2 Kanzlisten.

GDiener: Brandenburg Botenmstr HohenzDm48/49 D3 Kdm70/71NC AllgEhr, Kendzia AllgEhr D3, Wittig.

Staatsanwaltschaft.

Erster StAnw: Arndt RA4; StAnw: Schmidt, Dr. Bercio; GAss: Jaeger (ständiger HilfsArb).

Sekretariat: **Jaenicke** ObSekr; **Manthey, Weckwerth** Sekretäre; **Woelk** etatsm. Assist D3, **Lange** diät. Assistent.
Kanzlei: **Hoeppner** Kanzlist; **Ebert** KDiätD3.
Gerichtsgefängniß: **Komonski** GefInsp D2; **Klement** GefObAufseher ErKrz66 Kdm70/71 D2; **Milewski** D3 Kdm70/71, **Nehring** ErKrz66 Kdm70 71, **Jaster** GefAufseher; **Schwedtke** GefAufseherin; **Biller** ständiger HülfsGefAufseher.

Amtsgerichte.

Dt.=Krone. AMr: **Tiesler, Lange, Schwencker** (Aufsichtsrichter) AGRäthe. — GSchr: **Koglin** KR RA4, **Pfefferkorn** Erster, Just. **Dürbaum, Burmeister,** etatsm. GSchrGehülfen; **Gerlach** diät. GSchrGeh. — GVollz: **Wiesner** ErKrz66 Kdm70/71, **Kasten** — GDiener: **Karboschewsky** D3 Kdm48 49 sAllgEhr gAllg Ehr(50), **Lilienthal** s.AllgEhr. — GefAufseher: **Gaumer.**
Czarnikau. AMr: **Sprenberg** AGR (Aufsichtsrichter), **Lehl, Krause** LD2. — GSchr: **Ziarnecki, Lenz** Erster, **Brunk; Muschinski** etatsm. GSchrGeh D3. — GVollz: **Schünke, Siforski** D2. — GDiener: **Billeb, Doehring.**
Filehne. AMr: **Phiebig** AGR (Aufsichtsrichter), **Fredrich, Schalhorn.** — GSchr: **Sonnenburg, Pawlicki, Frost** Erster; **Neff** etatsm. GSchrGeh D3; **Melzer** diät. GSchrGeh. — GVollz: **Jagsch** D3. — GDiener: **Hahnfeld** Kdm70 71, **Buffe** D3. — GefAufseher: **Heine** Kdm66 AllgEhr.
Märk.=Friedland. AMr: **Riemann.** — GSchr: **Petersohn.** — GVollz: **Schulz** D3. — **Brüning** GDiener u. GefAufseher Kdm66 AllgEhr.
Jastrow. AMr: vakat. — GSchr: **Kabisch** Erster, **Walter.** — GVollz: **Hanisch** D3. — **Menzel** GDiener u. GefAufseher.
Kolmar i. P. AMr: **Laue** (Aufsichtsrichter), **Gernoth.** — GSchr: **Leimkohl** Erster, **Lude** D3; **Kryger** etatsm. GSchrGeh — GVollz: **Krause** RettMed D2. — GDiener: **Kunst, Hoffmann.**
Lobsens. AMr: **Fechner** (Aufsichtsrichter), **Schiffer.** — GSchr: **Müller** Erster, **Pawlicki, GerVollz Neumann.** — GDiener: **Madajski** ErKrz66. — GefAufseher: **Gabel** EisKrz2 Kdm70/71 D1.
Margonin. AMr: **Vetter** (Aufsichtsrichter) LD2, **Rubehn.** — GSchr: **Lessel** Erster D3. — **Jaskowiak** etatsm. GSchrGeh D3. — GVollz: **Krause** D3. — **Czischke** GDiener u. GefAufseher.
Nakel. AMr: **Berent** (Aufsichtsrichter), **Rademacher.** — GSchr: **von Miaskowski, Hartmann, Bewersdorf** Erster; **Scheibing** etatsm. GSchrGeh. — GVollz: **Rombusch.** — GDiener: **Kluschinski** Kdm70 71. — GefAufseher: **Birkhahn** D3.
Schloppe. AMr: **Arndt.** — GSchr: **Scharmer** Erster D3, **Gigas.** — GVollz: **Langer** D3. — **Stabrowski** GDiener Kdm66 u. 70/71.
Schneidemühl. AMr: **Mudrack** (Aufsichtsrichter) LD2, **Bittag** AGRäthe, **Kaut.** — GKassenRend: **Biskupski.** — GSchr: **Hinz, Dziegiecki** Erster, **Juhnke, Buffe; Grundmann** diät. GSchrGeh. — GVollz: **Friedrich** Kdm70 71 D3, **Grommisch** D3, **Stallbohm.** — GDiener: **Schroeder** BayrD2.
Schönlanke. AMr: **Schäfer** (Aufsichtsrichter), **Werdin** LD2. — GSchr: **Vigalle** Erster, **Fabian; Juckel** etatsm. GSchrGeh. — GVollz: **Klein** Kdm70 71 LD2. — GDiener: **Arndt** DüppKrz AlsKrz ErKrz66 Kdm 64 u. 70 71. — GefAufseher: **Streich.**
Wirsitz. AMr: **Kilian** (Aufsichtsrichter), **Stechert.** — GSchr: **Wilhelmi, Bocksch** Erster; **Schilder** etatsm. GSchrGeh D3. — GVollz: **Horst** D2. — GDiener: **Ratscher** D3. — GefAufseher: **Strauß.**

Rechtsanwälte und Notare.

Schneidemühl. Gaebel JR RA4, Dr. **Glaß, Koepp,** Dr. **Zoelle** LD2 RAnwälte u. Notare; **Alexander, von Poplawski** LD2, **Gaebel, Soldin** RAnwälte.
Dt.=Krone. Stelzer, Hirschfeld RAnwälte u. Notare; **Raphael** RAnw.
Czarnikau. Stiege RAnw u. Notar.
Filehne. Memelsdorff, Schulz LD2 RAnwälte u. Notare.
Jastrow. Dr. **Brunnemann** RAnw u. Notar.

Kolmar i. P. **Cohn** RAnw.
Lobsens. **Fahle** RAnw u. Notar LD2.
Margonin. **Thie** RAnw u. Notar.
Nakel. **Krause** JN, **Brink** RAnw u. Notar.
Schönlanke. **Schultz** RAnw u. Notar; **Ascher** RAnw.
Wirsitz. **Todtenkopf** RAnw.

XI. Landgestüte.

Depots für Deckhengste.

Zirke: (mit 184 Hengsten für die Kreise: Birnbaum, Bomst, Czarnikau, Filehne, Fraustadt, Gostyn, Grätz, Kolmar i. P., Kosten, Lissa i. P., Meseritz, Neutomischel, Obornik, Posen, Samter, Schmiegel, Schrimm, Schwerin a. W.) — Gestüt-Direktor: **Frhr v. Senden** Joh; Gestüt-Inspektor: **Wagner** Roßarzt; Gestüt-Rendant: **Profft.**
Gnesen: (mit 188 Hengsten für die Kreise: Adelnau, Bromberg, Gnesen, Jarotschin, Inowrazlaw, Kempen, Koschmin, Krotoschin, Mogilno, Ostrowo, Pleschen, Schildberg, Schroda, Schubin, Strelno, Wirsitz, Witkowo, Wongrowitz, Wreschen). — Gestüt-Direktor: **Kieckebusch** (mit dem Range der Räthe 4. Kl) RA4 EisKrz2; Roßarzt: **Dosse**; Rechnungsführer: **Megow.**

B. Militärbehörden.

Besondere Abkürzungen: AK Armeekorps, GenKomm Generalkommando, Div Division, Reg Regiment, Inf Infanterie, Kav Kavallerie, Art Artillerie. Füs Füsilier-, Gren Grenadier-, HMA Hauptmeldeamt, MA Meldeamt. — Komm Kommandeur, Adj Adjutant, OberstLt Oberstleutnant, Maj Major, Hptm Hauptmann, ObLt Oberleutnant, Lt Leutenant. — Int Intendantur, aggr aggregirt.

II. Armeekorps.

Stettin.

Komm. General: General der Kav **von Langenbeck** RAGKrzEich Kr1 EisKrz1 DK BadZährLöw2 ghMecklMilVKrz2 SächsKomthKrz1 SchwarzbEhrKrz3 WürttMilVKomthKrz WürttKrRittKrzLöw WürttFrKomthKrz1 OesterrFrz JosGKrz.

Chef des Generalstabes: OberstLt **Bendemann** RA3Schl Kr3 EisKrz2 DKrz ghHessVPhilRittKrz1 ghMecklMilVKrz2 SächsErnHRittKrz2 m.Schw Belg LeopRittKrz DänDannebrKomthKrz2 RussStan2. Im GenSt der Armee.

4. Division: Bromberg.

Komm: GenLeut **Linde** RA2Eich Kr2St EisKrz2 DKrz AnhAlbrBärKomth1 Bayer MilVRittKrz1 SächsAlbrOffKrz.

Generalstab: Hptm **Sauberzweig** RA4 ghHessVPhilRittKrz1 ItalKrOffKrz.

Adjutantur: Rittm **von Wenßky u. Peterßheyde** im GrenRegt zu Pferde Frhr. von Derfflinger (Neumärk.) Nr. 3 RA4.

Vorstand der DivIntendantur: IntAss Hptm d. R. **Krüger.**

Kriegsgerichts-Räthe: Leut d. L. **Braun** LD2, Leut d. L. Dr. **Lehmann,** Leut d. L. **Mahnkopf,** Leut d. L. **Wrzodek.**

DivArzt: GenObArzt Dr. **Stahl** RA4 Kr3 EisKrz2w DKrz BraunschwHeinrLöw RittKrz2.

DivPfarrer: (ev) Dr. **Uhlig** RA4 in Bromberg, **Gerwin** in Gnesen, **Barleben** in Inowrazlaw; (kth) **Schittly** in Bromberg.

7. Infanterie-Brigade.

Bromberg.

Komm: GenMaj **Pabst von Ohain** RA2Eich Kr2 EisKrz2 Joh LippEhrKrz3 DKrz MilEhr1 MecklWendKrKomthKrz MecklGreifKomthKrz SächsErnHKomth Krz2.

Adj: ObLeut **Thorbeck** im InfRegt Nr. 158.

Pommersches Füsilier-Regiment Nr. 34.

Bromberg.

Komm: Oberst **v. Briesen** RA3Schl RA4Kr Kr3 EisKrz2 DKrz OesterrFrzJos KomthKrz.

Etatsm. Stabsoffizier: OberstLt **Pehlemann** RA4Kr DKrz SächsErnHRittKrz1.

Majors:. Frhr. **von Uckermann** RA4 DKrz ReussEhrKrz3 SächsErnHRittKrz2, **Naumann** RA4Kr DKrz, **Wolfänger** RA4 DK BadZährLöwRittKrz2Eich, **Wilhelmi** RA4Kr DKrz OesterrFrzJosRittKrz.

Infanterie-Regiment Nr. 129.

Bromberg.

Komm: Oberst **Schwarz** RA3Schl Kr3 DKrz.

EtatsM. Stabsoffizier: OberstLt **Naatz** RA4 DKrz.

Majors: **Lehmann** RA4 EisKrz2 DKrz, **Grundtmann** RA4 DKrz SchwarzbEhrKrz3, **v. Glasenapp** RA4 DKrz, **Brandes** RA4 DKrz, **Guiert** RA4 DKrz.

Landwehrbezirke.

Bromberg. Stabsquart: Bromberg; Kontrolbez: Bromberg HMA; Nakel MA.
— Komm: Charakt. Oberst z. D. **Marth** RA4 Kr3 EisKrz2 DKrz BadZähr
LöwRittKrz1; Adj: ObLeut **Waitz** im InfRegt 129; Bezirksoff: Char.
Major z. D. **Krieger** RA4 DKrz BadZährLöwRittKrz2, MA Nakel; Rittm z. D.
v. Wienskowski gen. v. **Saltzwedel** RA4 (Pferde-Vormusterungs-Kommissar);
Hptm z. D. **Pape** HMA Bromberg.
Schneidemühl: Stabsquart: Schneidemühl; Kontrolbez: Schneidemühl HMA;
Czarnikau MA. — Komm: Char. OberstLt z. D. **Busse** RA4 DKrz. — Adj:
ObLeut **Deichler** im InfRegt Nr. 149; BezirksOff: Char. Major z. D.
Steuer RA4 DKrz, MA Czarnikau; Hptm z. D. **Braun** HMA Schneidemühl.

8. Infanterie-Brigade.
Gnesen.

Komm: GenMajor **von Wedel** RA4Schl Kr2 EisKrz2 JohRechtsr DKrz Bayer
MichVRittKrz1 SächsErnHRittKrz1 ItalMuLRittKrz ItalKrRittKrz Russ
Ann2 RussStan3Schw.
Adj: Hptm **Riebensahm** im InfRegt Nr. 41.

6. Pommersches Infanterie-Regiment Nr. 49.
Gnesen.

Komm: Oberst **v. Iwardowski** RA3Schl Kr3 EisKrz2 JohRechtsr DKrzr Bayer
MilVRittKrz1 WürttKrRittKrzLöw GriechErlgKrz TürkOsm3.
EtatsmStabsoffizier: OberstLt v. **Engelbrechten** RA4 Kr3 EisKrz2 Joh DKrz.
Majors: **von Knobelsdorff** RA4 EisKrz2 Joh DKrz, v. **Branconi** RA4 Joh DKrz
BraunschwHeinrLöwRittKrz2 LuxEichRittKrz RumänKrOff, **von Zauder**
RA4Joh DKrz FürstlHohenzEhrKrz3RumKrOff, **Rudolph** RA4 DKrz, **Klein-
schmit** RA4 DK ghHessVPhilRittKrz2Schw.

Infanterie-Regiment Nr. 140.
Gnesen.

Komm: Oberst **Hof** RA3Schl Kr2 EisKrz2 DKrz ghHessVPhilRittKrz1Schw grHess
MilVKrz.
EtatsmStabsoffizier: OberstLt **Netzler** RA4 EisKrz2 DKrz.
Majors: **Heyn** RA4 EisKrz2 DKrz, **Hasse** RA4 DKrz RettMedB, v. **Wacholtz** RA4
DKrz, **Maschke** RA4 DKrz.

Landwehrbezirke.

Gnesen: Stabsquart: Gnesen; Kontrolbez: Gnesen HMA; Mogilno MA. —
Komm: Major z. D. **Lebius** RA4 DKrz. — Adj: Lt **Werner** im 6. Pomm.
InfRegt Nr. 49. — BezOff: Char. Major z. D. **Hirsch** RA4 DKrz MA
Mogilno; Rittm z. D. **Herrmann** (Pferde-Vormusterungs-Kommissar); Char
Hptm z. D. v. **Brandis**.
Inowrazlaw: Stabsquart: Inowrazlaw; Kontrolbez: Inowrazlaw HMA;
Kruschwitz MA. — Komm: Char. OberstLt z. D. v. **Koenig** RA4 EisKrz2 DKrz.
— Adj: Lt Frhr. v. **Puttkamer** im InfRegt Nr. 140. — BezOff:
Char Major z. D. **Reimer** RA4 DKrz, MA Kruschwitz; Hptm z. D. **Seidel-
sticker** RA4, HMA Inowrazlaw.

74. Infanterie-Brigade.
Infanterie-Regiment Nr. 149.
Schneidemühl.

Komm: Oberst **von Heugel** RA3Schl Kr3 EisKrz2 D ghHessVPhilRittKrz1Schw
RussStan3Schw.
Majors: **Hiller** RA4 DKrz, v. **Schleicher** RA4 EisKrz2 DKrz AnhAlbrBärKomth2,
v. **Reppert** RA4Kr DKrz, **Grote** RA4 DKrz.

4. Kavallerie-Brigade.
Bromberg.

Komm: Oberst v. Mühlberg RA3Schl Kr2 EisKrz2 DKrz ghHessVPhilRittKrz1Schw
SächsErnHKomthKrz2 SchaumbLippHEhrKrz2 WürtFrRittKrz1 Norw-
OlRittKrz1.
Adj: ObLt v. Uckermann im DragRegt Nr. 11.

Grenadier-Regiment zu Pferde Freiherr von Derfflinger (Neumärkisches) Nr. 3.
Bromberg.

Komm: OberstLt v. Jssendorff RA4 Kr3 EisKrz2 DKrz ghHessVPhilRitt1 ItalKr
KomthKrz SerbTakOffKrz.
Major (beim Stabe): v. Platen RA4 DKrz SchwedSchwRittKrz1.

Dragoner-Regiment von Arnim (2. Brandenburgisches) Nr. 12.
Gnesen.

Komm: OberstLt von Platen RA4 Kr3 DKrz BraunschwHeinrLöwRittKrz1 Dän
DannebrKomthKrz2.
Major (beim Stabe): von Kesżycki RA4 Joh DKrz FürstlHohenzEhrKrz3 Sächs
ErnHKomthKrz2 WaldVKrz3 OestEisKr3.

4. Feldartillerie-Brigade.
Bromberg.

Komm: GenMajor Wiederhold RA2Eich Kr3 EisKrz2 DKrz.
Adj: Hptm William im 2. Pomm. FeldartRegt Nr. 17.

2. Pommersches Feldartillerie-Regiment Nr. 17.
Bromberg.

Komm: OberstLt Hamm RA4 Kr3 EisKrz2 DKrz.
Majors: Böhm RA4 DKrz, Ziemer RA4 DKrz.

Feldartillerie-Regiment Nr. 53.
Stab u. II. Abth. Bromberg, I. Abth. Jnowrazlaw.

Komm: Major Gindler RA4 Kr3 EisKrz2 DKrz SächsErnHRittKrz1 JapanSchatz
OffKrz.
Majors: Herrig RA4 DKrz, Wittich RA4 DKrz BadZährLöwRittKrz2Eich,
Krahmer komm beim GenKomm II. AK.

V. Armeekorps.
Posen.

Komm. General: General der Jnf von Stülpnagel RA1Eich Kr2St EisKrz2
JohRechtsr DKrz ghMecklGreifEhrKrz SächsAlbGrKrzgSt WürttKr-
EhrKrz.
Chef des Stabes: Mit Wahrnehmg. der Gesch. beauftr. OberstLt von Kurowski
RA4Kr Kr3 DKrz SächsAlbrOffKrz GriechErlRittgKrz.
Generalstab: Major Ritter und Edler von Oetinger RA4 Joh; Hptm Hoff-
mann.
Adjutantur: Major von Werdeck im KürRegt Nr. 3 RA4; Hptm von Wichmann
im GrenRegt Nr. 7 RA4 ghHessPhilRittKrz2 SächsAlbrRittKrz1.
Zugetheilt: OberstLt z. D. Noël RA4 EisKrz2 SachsErnHKrz2Schw.
Militärintendantur des Korps: Intenda.it: WirklGehRath ObLt D. u.a.D. Hafner
RA4 Kr3 LD2 BadZährLöwRittKrz1Eich BayrMich3 SächsAlbrOffKrz.
— IntendRäthe: Hpt d. R. Stach LD1; ObLt d. L. Winterfeld LD1;
Lt d. L. Nachstaedt LD2 SchwedWasRittKrz2; ObLt d. L. Lemmel.
Intend- u. Baurath: Koch BraunschwHeinrLöwRittKrz1.

Sanitätsamt des Korps: Korpsarzt: GenArzt Dr. Villaret RA4 Kr3 EisKrz2w
DKrz SächsErnHRittKrz2. — Ober=Arzt: Dr. Collin.
Ober=Kriegsgerichts=Räthe: Lt a. D. Henschen; Lt d. L. a. D. Bojanowski
RA4 LD2. — Kriegsgerichts=Rath: ObLt d. L. a. D. Niese LD1.
Militär=Oberpfarrer: siehe 10. Division.
Korpsroßarzt: Wesener Kr4 D2.
Korpsstabsapotheker: Dr. Biernath.
Registrator: Probst AllgEhr D2.

9. Division.
17. Infanterie-Brigade.
3. Posensches Infanterie-Regiment Nr. 58.
St. I. u. II. Bat Glogau, III. Bat Fraustadt.

Komm: Oberst Wunderlich RA3Schl Kr3 EisKrz2 DKrz.
OberstLt d. Stabe: von Carnap RA4 Kr3 Joh DKrz.
Majors: du Plessis Komm d. III. Bat RA4 DKrz; Niedel Komm d. II Bat
RA4 DKrz; Plathner Komm d. I. Bat RA4 EisKrz2 DKrz.

10. Division: Posen.

Komm: GenLt von Braunschweig RA2St Eichu.Schwa.Rge RA4Schw Kr2
EisKrz2 Joh DKrz BadZährLöwKommKrz2 SächsAlbrGrKrz OldVEhrRitt
Krz2Schwa.Rge ItalKrGrOffKrz OestEisKr2.
Generalstab: Hptm Gräfer.
Adjutantur: Major von Köller im HußRegt Nr. 2 RA4 BadZährLöwRittKrz2
BraunschwHeinrLöwRittKrz2.
Vorstand der DivIntendantur: IntRath Hptm d. Res. Wollert.
Kriegsgerichts=Räthe: ObLt d. Res. Sator LD1; ObLt d. Res. Vogeler;
Lt d. Res. Gimmler.
DivArzt: GenObArzt Dr. Overweg RA4 ghSächsFalkRittKrz2.
DivPfarrer: (ev) DivPfarrer m. d. Titel u. d. Gesch. als MilitObPfarrer Lt d.
L. a. D. Kolepke RA4 DivPfarrer von Bergh; (kth) DivPfarrer Michalowicz.

19. Infanterie-Brigade.
Posen.
Komm: GenMajor von Voß RA2Eich Kr3 EisKrz2 DKrz BadZährLöwRittKrz1Eich
RussStan3Schw.
Adj: Hpt von Taysen im InfRegt Nr. 91.

Grenadier-Regiment Graf Kleist von Nollendorf (1. Westpreußisches) Nr. 6.
Posen.
Komm: Mit Führg beauftr OberstLt Frhr. von Massenbach RA4 Kr3 EisKrz2
DKrz WaldMilVKrz3 NiedOrNOffKrz.
OberstLt d. Stabe: Frhr. von Nordenflycht RA4 EisKrz2 DKrz MecklWendKr
RittKrz MecklGreifEhrKrz MecklMilVKrz2 WürttKrRittKrz WürttFrRittKrz1
TürkMedsch4.
Majors: Reitzenstein Komm d. II. Bat RA4 Kr3; von Kutzschenbach Komm d. I.
Bat RA4 Joh DKrz ItalKrRittKrz RussStan2; Kitzinger Komm d.
FüsBat RA4Kr DKrz AnhAlbrBärRitt2 ReussEhrKrz2 SachsErnHRittKrz1
SchwarzEhrKrz3; Ihssen aggr. RA4 DKrz RettMedBd.

Infanterie-Regiment Graf Kirchbach (1. Niederschlesisches) Nr. 46.
Posen.
Komm: Königl. Württ. Oberst von Reinhardt RA3 Kr3 WürttKrKomthKrz
WürttFrKomthKrz2 WürttMilDEhr1 WürttsJubMed.
OberstLt d. Stabe: La Baume RA4 Kr3 EisKrz2 DKr SächsAlbrOffKrz.

Majors: **Hildebrandt** Komm d. I. Bat RA4 DKrz; **von Moritz** Komm d. III. Bat RA4 DKrz; **Samson** Komm d. II. Bat RA4 DKrz; **von Wilcke** aggr. RA4 DKrz SachsErnHRittKrz1.

Landwehrbezirke.

Posen: Stabsquart: Posen; Kontrolbez: Posen HMA; Obornik MA. — Komm: OberstLt z. D. **Tiedemann** RA4 DKrz BayrMilVRittKrz2Schw; Adj: Lt **Duhme** im GrenRegt Nr. 6. — BezOff: Major z. D. **von Spies** RA4 EisKrz2 DKrz SachsAlbrRittKrz1 HMA; Major z. D. **Schulz** RA4 DKrz MA. — Pferde=VormKommiss: Rittmstr z. D. **von Spoenla** SächsAlbr RittKrz1 HMA.

Samter: Stabsquart: Samter; Kontrolbez: Samter HMA; Birnbaum MA; Schwerin a. W. MA. — Komm: OberstLt z. D. **Knape** RA4 EisKrz2 DKrz — Adj: ObLt **von Schuckmann** im GrenReg Nr. 6. — BezOff: Hptm z. D. **von Borries** HMA; Rittmstr z. D. **Petzel** LD2 MA Schwerin a. W. MA Birnbaum ist unbesetzt.

Neutomischel: Stabsquart: Neutomischel; Kontrolbez: Neutomischel HMA; Meseritz MA; Grätz MA. — Komm: OberstLt z. D. **Paulitzky** RA4 Kr4 DKrz. — Adj: Lt **Ossig** im InfRegt Nr. 46. — BezOff: Major z. D. **Schell** RA4 DKrz BadZährLöwRittKrz2Eich MA Grätz. — Pferde=Vorm= Kommiss: Major z. D. **von Hesse** RA4 HMA; Hptm z. D. **Scheid** HMA. MA Meseritz ist unbesetzt.

20. Infanterie-Brigade.
Posen.

Komm: GenMajor **von Prittwitz und Gaffron** RA2Eich RA3Schlu.Kr Kr2 EisKrz2 JohRechtsr DKrz MecklWendKrKomthKrz MecklGreifKomthKrz OldVKomthEhrKrz SachsErnHRittKrz1 OestEisKr2.
Adj: Hptm **Stoeckel** im InfRegt Nr. 19.

2. Niederschlesisches Infanterie-Regiment Nr. 47.
Posen.

Komm: Oberst **Hedicke** RA3Schl RA4Kr Kr3 EisKrz2 DKrz AnhAlbrBärRittKrz2: Schw BraunschwHeinrLöwRittKrz1.
OberstLt b. Stabe: **von Rabenau** RA4 EisKrz2 DKrz.
Majors: **Rummelspacher** Komm d. II. Bat RA4 DKrz; **Rudorff** Komm d. I. Bat RA4Kr DKrz SchaumbLippEhrKrz4; **Grüner** Komm d. III. Bat RA4 DKrz; **Pohl** aggr. RA4 DKrz.

3. Niederschlesisches Infanterie-Regiment Nr. 50.
St. I. u. II. Bat Rawitsch, III. Bat Lissa i. P.

Komm: Oberst **Büchtemann** RA3Schl Kr2Schw a. Rge Kr4Schw DKrz Braunschw- HeinrLöwRittKrz1.
OberstLt b. Stabe: **Grapow** RA4 DKrz MecklStrelVKrz.
Majors: **Kirchner** Komm d. II. Bat RA4 DKrz; **Nichelmann** Komm d. III. Bat RA4 Kr4Schw DKrz; **Eichert** Komm d. I. Bat RA4 DKrz; **Rauchfuß** aggr. RA4 DKrz.

Landwehrbezirke.

Kosten: Stabsquart: Kosten; Kontrolbez: Kosten HMA; Wollstein MA. — Komm: OberstLt z. D. **Stünkel** RA4 Kr3 EisKrz2 DKrz. — Adj: Lt **Schuler** im InfRegt Nr. 46. — BezOff: Hpt z. D. **Jobst** Meldeamt, HMA unbesetzt.
Schroda: Stabsquart: Schroda; Kontrolbez: Schroda HMA; Wreschen MA; Miloslaw MA; Mostschin KompBez. — Komm: Major z. D. **Krauönick** RA4 EisKrz2 DKrz. — Adj: Lt **Pohlenz** im InfRegt Nr. 47. — BezOff: Major z. D. **Heym** RA4 EisKrz2 DKrz BayrMilVRittKrz2Schw MA Wreschen; Hptm z. D. **Menzel** RA4 DKrz HMA, MA Miloslaw unbesetzt.

Schrimm: Stabsquart: Schrimm; Kontrolbez: Schrimm HMA; Jarotschin MA;
Pleschen MA. — Komm: Oberst z. D. von Madai RA4 Kr3 DKrz. —
Adj: ObLt Frhr. von Leesen im InfRegt Nr. 47. — BezOff: Major z. D.
Boettge RA4 DKrz MA Jarotschin; Hptm z. D. Kluge RA4 HMA; ObLt
z. D. Barth MA Pleschen.

77. Infanterie-Brigade.
Ostrowo.

Komm: GenMajor von Doemming RA3Schlu.Schwa.Rge RA4Schw Kr3
EisKrz2 DKrz.
Adj: ObLt Schmidt im InfRegt Nr. 149.

Füsilier-Regiment von Steinmetz (Westfälisches) Nr. 37.
Krotoschin.

Komm: Oberst Strübing RA4 Kr3 EisKrz2 DKrz.
OberstLt b. Stabe: Salzmann RA4 Kr3 DKrz.
Majors: Hacke Komm b. III. Bat RA4 EisKrz2 DKrz OldEhrKrz2; Mayet
Komm b. II. Bat RA4 Kr3; Mehlburger Komm b. I. Bat RA4 DKrz
WaldMilVKrz3 LuxembRittKrzEichKr; von Arent aggr. RA4 DKrz
SachsErnHRittKrz2 SchwarzbEhrKrz3.

Infanterie-Regiment Nr. 155.
Ostrowo.

Komm: Oberst von Rosainski RA4 Kr3 EisKrz2 DKrz LippEhrKrz2.
Majors: von Hanstein Komm b. II. Bat RA4 EisKrz2 Joh DKrz; Clausius
Komm b. I. Bat RA4 DKrz ghHessPhilRittKrz1; von Schweinichen aggr.
RA4 DKrz.

Landwehrbezirke.

Rawitsch: Stabsquart: Rawitsch; Kontrolbez: Rawitsch HMA; Koschmin MA;
Gostyn MA; Krotoschin MA. — Komm: OberstLt z. D. Mattner RA4
EisKrz2 DKrz. — Adj: ObLt Jahn im FüsRegt Nr. 37. — BezOff:
Major z. D. Schumann RA4 DKrz HMA; Hptm z. D. Drews RA4 Bad-
ZähtLöwRittKrz2Eich MA Koschmin; Hptm z. D. Bergmann MA Kroto-
schin. — Pferde=VormKommiss: Rittm z. D. Heinicke MA Krotoschin;
MA Gostyn unbesetzt.
Ostrowo: Stabsquart: Ostrowo; Kontrolbez: Ostrowo HMA; Kempen MA;
Schildberg MA. — Komm: Major z. D. Hetschko RA4 DKrz; — Adj:
ObLt Josephi im InfRegt Nr. 155. — BezOff: Major z. D. Müller RA4
DKrz MA Kempen; Hptm z. D. von Michaelis HMA; MA Schildberg un=
besetzt.

10. Kavallerie-Brigade.
Posen.

Komm: Oberst v. Bornstedt RA3Schl Kr3 DKrz MilEhr1 MecklMilVKrz2 Württ-
FrRitt1 OestEisKr2 RussAnn2.
Adj: ObLt v. Enckevort im UlanRegt Nr. 4.

2. Leib-Husaren-Regiment Kaiserin Nr. 2.
Posen.

Komm: OberstLt von der Schulenburg RA4 Kr3 EisKrz2 Joh DKrz WaldMilVKrz2
WaldVKrz2.
Majors b. Stabe: v. Winterfeld RA4 DKrz; Major u. Esk.=Chef Keibel RA4
DKrz GriechErl3, v. Köller (siehe 10. Division).

Ulanen-Regiment Kaiser Alexander III. von Rußland (Westpreußisches) Nr. 1.

St. 2., 3., 4. u. 5. Esk. Militsch, 1. Esk. Ostrowo.

Komm: OberstLt v. Guſtaedt RA4 DKrz.

Majors b. Stabe: Boehm RA4 EisKrz2 DKrz MecklGreifEhrKrz OestLeop RittKrz OestEisKr3; Heidborn Adj. b. 8. Div. RA4 BadZährLRittKrz2Eich.

10. Feldartillerie-Brigade.

Posen.

Komm: GenMaj Hoyer von Rotenheim RA2Eich Kr3 EisKrz2 JohRechtsr DKrz BraunschwHeinrLöwKomKrz2 RumKrKom.

Adj: Hptm Reichert i. FeldartRegt Nr. 67.

Posensches Feldartillerie-Regiment Nr. 20.

Posen.

Komm: Maj Künſtler RA4 Kr3 DKrz SachsErnHRittKrz1 GriechErl4 TürkMedsch3.

Majors: Brand Komm b. 1. Abth. RA4 Kr3 DKrz WürttKrEhrKrz BadZährL RittKrz1; Rehfeldt Komm b. 2. Abth. RA4 DKrz.

Feldartillerie-Regiment Nr. 56.

Lissa i. P.

Komm: OberstLt Schwarz RA4 Kr3 EisKrz2 DKrz.

Majors: Tetzlaff Komm b. 1. Abth. RA4 DKrz; v. Moſch Komm b. 2. Abth. RA4 DKrz.

Beim Korps befinden ſich:

Niederſchleſiſches Fußartillerie-Regiment Nr. 5.

Posen.

Komm: OberstLt Kohlbach RA4 EisKrz2 DKrz WürttFrRittKrz1.

Majors: Kretzschmer Komm b. 1. Bat RA4 DKrz; Jetter Komm b. 2. Bat RA4 DKrz WürttFrRittKrz1 SächsAlbrRittKrz1; Hahn b. Stabe RA4 ghSächsFalkRittKrz1.

Niederſchleſiſches Train-Bataillon Nr. 5.

Posen.

Komm: OberstLt Gevers RA4 Kr3 EisKrz2 DKrz.

Kommandantur Posen.

Kommandant: GenLt v. Livonius RA2Eich u. St Kr2St EisKrz2 DKrz Bayr MilVRittKrz2St MecklMilVKrz2 MecklStrelVKrz OldenbHVRittKrz2 Sächs AlbrGKrz WürttFrKomthKrz2.

Generalſtab: Major Hahn (Carl) RA4.

Adjutantur: Hauptm Bötterling.

Platz-Major: Rittm Gottfried Graf zu Pappenheim.

Garn.-Arzt: Oberstabsarzt 1. Kl. Dr. Moritz RA4 DKrz.

Kr.-Ger.-Rath: Leut d. Rej. Bahte LD2.

Inſpekteur der 3. Feſtgs.-Inſp: Oberst Trenk RA4 Kr3 EisKrz2 DKrz.

Direktor der 1. Art.-Dep.-Dir.: OberstLt Kühling RA4 Kr3 EisKrz2 DKrz.

1. Art.-Offiz. v. Platz: Major Schubert RA4 DKrz.

2. Art.-Offiz. v. Platz: Hauptm Müller-Schwarz.

Vorſtand des Art.-Depots: Major z. D. Wulz RA4 DKrz WürttFrRittKrz2.

Ing.-Offiz. v. Platz: Major Engſtfeld RA4 DKrz.

Kommandantur des Truppenübungsplatzes Posen.

Komm: Oberſt z. D. Gynz v. Rekowski RA4 Kr3 EisKrz2 DKrz BadZährLöw
RittKrz1Eich.

Bekleidungsamt des V. Armeekorps.

Vorſtand: fehlt z. Z.
St.=Offizier: Major Frhr. v. Zedlitz und Neukirch EisKrz2 RA4 DKrz SächsErnH
RittKrz2.
Mitglieder: Hauptm Groſſer; Hauptm Melchior.

Eiſenbahnlinien-Kommiſſion G Poſen.

Eiſenbahnlinien=Kommiſſar: Major Goebel à l. s. InfRegt 128 RA4 DKrz.

5. Gendarmerie=Brigade in Poſen.

Brigadier: Oberſt Richter RA4 Kr3 EisKrz2 DKr.

Offizier=Diſtrikt in Poſen: Major von Bercken RA4 DKr.

Oberwachtmeiſter=Beritte: Poſen O, Poſen W, Schroda, Schrimm, Meſeritz,
Wollſtein, Samter, Jarotſchin, Neutomiſchel (Kr Neutomiſchel und Grätz)
Birnbaum (Kr Birnbaum und Schwerin a. W.).

Offizier=Diſtrikt in Krotoſchin: Major Gierſch DKr.

Oberwachtmeiſter=Beritte: Krotoſchin (Kr Krotoſchin und Koſchmin), Pleſchen,
Oſtrowo, Schildberg, Kempen i. P., Adelnau, Rawitſch, Goſtyn, Frauſtadt
(Kr Frauſtadt und Liſſa i. P.), Koſten (Kr Koſten und Schmiegel).

Offizier=Diſtrikt in Gneſen: Oberleutnant von Teichmann und Logiſch.

Oberwachtmeiſter=Beritte: Gneſen (Kr Gneſen und Witkowo), Schubin, Mogilno,
Wongrowitz, Znin. — Obornik und Wreſchen aus dem RegB Poſen.

Offizier=Diſtrikt in Bromberg: Hauptmann Heydenreich.

Oberwachtmeiſter=Beritte: Bromberg, Wirſitz, Kolmar i. P., Filehne (Kr Filehne
und Czarnikau), Jnowrazlaw, Strelno und Grenz=Beritt Kruſchwitz, zu welchem
Theile der Kreiſe Strelno und Jnowrazlaw gehören.

C. Reichsbehörden.
Poſt- und Telegraphen-Verwaltung.
Der * vor einer Verkehrsanſtalt bedeutet „Unfallmeldeſtation".

I. Kaiſerliche Ober-Poſtdirektion in Poſen.
für den Regierungsbezirk Poſen.

Im Bezirke befinden ſich 15 Poſtämter I. Klaſſe mit 5 Zweigſtellen, 1 Telegraphenamt I. Klaſſ, 1 Bahn-
poſtamt mit 1 Zweigſtelle, 16 Poſtämter II. Klaſſe mit 3 Zweigſtellen, 1 ſelbſtändiges nicht etatsmäßiges
Stadtpoſtamt, 62 Poſtämter III. Klaſſe, 277 Poſtagenturen, zuſammen 381 Verkehrsanſtalten.

A. Ober-Poſtdirektion und Ober-Poſtkaſſe.

OPDir: Köhler RA4.

PR: Rumpel RA4, Heyne, Nigmann LD2, Wacker, Stüler PBauR ErKrz66 Kdm
70/71 FürſtlHohenzGEhrMed RA4.

PInſp: Schliwa LD2, Kampmann, Fritzſche, Schmidt (komm).

Bureaubeamte I. Kl.: Conrad RechnR LD2 ErKrz66NC Kdm70 71NC, Selchow
LD1, Holle, Rehſe, Wagener, Engeldert, Walsdorff, Wulff, Ellinghaus
van Brakel, Sänger, Helmke, Eggert, Schochow OPDirSekr, Kuntze
PBauSekr (komm).

Bureaubeamte II. Kl.: Konarski, Scheinert ErKrz66 Kdm70/71 D3, Kerder,
Sprotte, Meißner, Huch II, Matthias, Dziemba D2, Niecke D3, Draber,
Otterſon, Schwan OPAſſ.

Kanzliſten: Hytz ErKrz66 Kdm70/71 D3 LD2, Schneider ErKrz66 Kdm70 71 D2,
Großmann Kdm70/71 D2.

Materialien-Verwaltung: Huch I OPAſſ ErKrz66 Kdm70/71 D2.

Ober-Poſtkaſſe: Rittner RechnR (Rend) Kdm70/71 LD2, Gerlach OPKaſſenKaſſ,
Liebermann von Sonnenberg, Erneſti, Momme OPKaſſenbuchhalter.

B. Poſtämter I. Klaſſe.
Mit Ausnahme des Poſtamts Poſen 1 und des Bahnpoſtamts 33 ſämmtlich mit Telegraphenbetrieb.

Frauſtadt mit Poſthalterei.
PDir: Wolff OLt a. D. ErKrz65 Kdm70/71 RA4. — PSekr: Krug. — OPAſſ:
Haupft Kdm70/71 D3 LD2, Berger, Brandenburg, Riegiſch, Müller II, Walter.
— PAſſ: Riedel, Strauß.

Kempen (Bz. Poſen) mit Poſthalterei.
PDir: Curds OLt a. D. — PSekr: Arnholz. — OPAſſ: Hoffmann III, Nitſchke
BadD3. — PAſſ: Baumgärtel D3, Ladenthin D3.

Koſten (Bz. Poſen) mit Poſthalterei.
PDir: Deichmann OLt a. D. — PSekr: Fritſche. — PAſſ: Menzel D3, Kellmann,
Joraſchky D3.

Krotoſchin mit Poſthalterei.
PDir: Reinhard. — OPSekr: Albrecht. — PSekr: Arndt. — OPAſſ: Sliwinſki,
Fennig, Wolff I, Hinz, Gernoth, Hoppe. — OTelegrAſſ: Nimz D3.
PAſſ: Szczeßny D3.

Liſſa (Bz. Poſen) mit Zweigſtelle Liſſa 2 (Bhf.) und mit Poſthalterei.
PDir: Schneider. — PAſſ: Katt. — OPSekr: Hübner Kdm70 71 LD2. — PSekr:
Tominſki LD2, Wagner, Goldmann, Boehm. — OPAſſ: Fuhrmann, Lange I,
Kallenbach, Kaniewſki, Grade, Rösler. — PAſſ: Schneider, Kollakowsky,
Scholz D3, Perwitz, Bergmann, Kietzer, Wauer D3. — TelegrAſſ: Lemke,
Schulz D3.

Meseritz (Bz. Posen) mit Posthalterei.

PDir: Schallehn OLt a. D. EisKrz2schwB Kdm70/71. — PSefr: Höltke. — OPAff: Heinrikowski D3, Krajewski, Stefanski. — PAff: Lootz.

Ostrowo (Bz. Posen) mit Posthalterei.

PDir: Schwarz. — OPSefr: Scholz Kdm70/71 D1. — PSefr: Christ D3. — OPAff: Wolff II. — OTelegrAff: Dickmann D3. — PAff: Salomon, Kowalczyk, Rau, Plätschke.

Pleschen 1 (Ort) mit Posthalterei.

PDir: von Bünting OLt. a. D. — OPAff: Hartmann, Bruchs. — PAff: Argelander D3, Nolte, Döpner D3.

Posen O 1 (Friedrichstraße)

mit 2 Posthaltereien und 2 Zweigstellen Breslauerstraße und Wallischei.

PDir: Harnisch Kdm70/71NC RA4 (Rang der Räthe IV. Kl.) — PKaff: Dau LD2. — OPSefr: Schmidt Behnisch, Hollatz Kdm70/71, Schatz, Walter. — PSefr Szyhtka, Kußmann Düp u. AlsKrz Kdm63/64 u. 70/71NC LD2, Litz, Osmolski, Müller II, Heppner, Hischer LD2 Kdm70/71, Jentzen, Steiger, Maaß, Hübscher. — OPAff: Zboralsky, Fechner II, Wroniecki, Trepping, Sredzinski, Fromm, Jerzyk, John D3, Skowronski, Dymke, Schochow, Müller I, Binder, Nerlich, KaminD2, Geißler, Raczkiewicz, Wąsowicz, Jung, Matthes, Grams, Burzynski, Lange. — OTelegrAff: Mikolajewski Kdm70/71 LD2. — PAff: Wandelt, Sperling I, Prause, Manicki, Dittrich, Patzschke, Mengeling, Gerber, Heppner.

Posen W 3 (Bhf.) mit Zweigstelle * Thiergartenstraße.

PDir: Günhel. — OPSef: Bartschat Kdm70/71. — PSef: Müller I D3, Kühn. — OPAff: Koffer, Pawelzik, Ozegowski, Ratajczak, Eckert, Buffe I. — PAff: Plönzig.

Rawitsch mit Posthalterei.

PDir: Helbig D2. — OPSefr: Langer. — PSefr: Wiedemann. — OPAff: Lindstedt, Krieg, Schulz. — PAff: Dreilich I D3, Kantrowitz, Bauch, Herda, Anders, Breithor, Stangierski D3.

Samter mit Posthalterei.

PDir: Schweinheim Hauptm a. D. RA4. — PSefr: Krüger. — OPAff: Lehmann. PAff: Dobberstein D3, Nehring, Werner D3.

Schrimm mit Posthalterei und Zweigstelle auf dem Bhf.

PDir: Adamczyk Major a. D. ErKrz66 Kdm70/71 EisKrz2 OffDKrz RA4. — PSefr: Wegner. — OPAff: Zenfer, Nagott. — PAff: Schröder D3, Riemann D3, Friese D3, Nerlich III D3.

Schwerin (Warthe) mit Posthalterei.

PDir: Stelle unbesetzt. — PSefr: Domaniecki II. — OPAff: Merner D3, Borkenhagen D3. — PAff: Zimmermann III.

Wreschen mit Posthalterei.

PDir: Zehe Lt a. D. Kdm70/71 EisKrz2. — PSefr: Wiegert. — OPAff: Brunk D3. — PAff: Kuinski, Buffe II, Schwachert D3.

C. Telegraphenämter.

Posen O. (Friedrichstr.)

TelegrDir: Wernicke EisKrz2Kdm70/71 LD2 RA4. — OTelegrSefr: Lehmann MilEhr1 ErKrz66 Kdm70/71NC D3, Pauly komm OTelegrSefr. — PSefr: Buro, Helbig. — TelegrSefr: Böhm ErKrz66 EisKrz2 Kdm70/71, Krakewitz

D3Kdm70/71NC. — OPA: **Wroblewski, Altmann.** — OTelegrAss: **Kretschmer** Kdm70/71, **Salzwedel** EisKrz2 ErKrz66 Kdm70/71 D2, **Bloch** Kdm70/71 D2, **Czachert** Kdm70/71 D2, **Siczynski** D3, **Margies** Kdm70/71 D2, **Kirchner** D3, **Scholz, Wolter** D3, **Hänsel** D3, **Grunwald** D3, **Koczorowski, Höflich** D3, **Gomerski, Makuth** D3, **Witzke, Weiß, Wehran** D3, **Schmidt** D3, **Czubinski.** — PAss: **Pahl, Nachtigal, Schwarz** I, **Bahr, Seefeldt.** — Telegr Ass: **Schiller** D3, **Schnippa** D3, **Gregor** D3, **Hunger** D3, **May** I, **May** II, **Albin** D3, **Schultze** D3, **Horn** D3, **Wosnitza, Graubmann.** — Telegr Mechaniker: **Segelbach.**

D. Bahnpostämter.

Bahnpostamt Nr. 33 in Posen W (Bhf.) mit Zweigstelle in Insterburg.
PDir: **Breithaupt.** — OPSekr: **Wegner.** — PSekr: **Fritze.** — OPAss: **Szlapka, Gutowski, Neymann, Gutsch, Wichmann, Braun, Kiewitt, Gastell, Reich, Hoffmann** II, **von Halasz, Wiemer, Palezynski, Schmidt, Gulitz, Kusch.** — PAss: **Heimann, Baek, Willert, Lindner, Senger, Henkis, Meyer, Steuer, Zimmermann, Kruppa.**

E. Postämter II. Klasse.
Sämmtlich mit Telegraphenbetrieb.

Bentschen mit Posthalterei * Zweigstelle auf dem Bhf.
PMstr: **Brach.** — OPAss: **Brüngel, Weimann.** — PAss: **Krüger** D3, **Altmann** D3, **Karsten** D3, **Beyer.**

Birnbaum mit Posthalterei und Zweigstelle auf dem Bhf.
PMstr: **Hildebrandt.** — OPAss: **Ollesky, Zeeh.** — PAss: **Rauhut, Struck.**

Buk.
PMstr: **Wenzel.** — PAss: **Röhl, Wolter.**

*Gostyn.
PMstr: **Gärtner.** — OPAss: **Bredtschneider** II. — PAss: **Tomuschat** D3.

Grätz (Bz. Posen).
PMstr: **Braun** Kdm70/71NC. — PAss: **Kubsch** D3, **Liebelt, Lochmann, Radloff, Weber** I.

Jarotschin mit Posthalterei und Zweigstelle auf dem Bhf.
PMstr: **Schmid** DüpKrz Kdm64 Kdm70/71 OffDKrz RA4. — OPAss: **Tietze.** — PAss: **Rechenburg, Tolischus** D3, **Weber** II.

Koschmin mit Posthalterei.
PMstr: **Borngräber.** — PAss: **Trenner, Just.**

Neutomischel mit Posthalterei.
PMstr: **Hoffmann.** — OPAss: **Püschel** D3, **Hähnelt, Schirmer.**

Obornit (Bz. Posen).
PMstr: **Wagner.** — PAss: **Lehmann** D3, **Maus, Bartschat.**

Pinne mit Posthalterei.
PMstr (komm): **Leopold.** — PAss: **Schulz** I, **Rautenberg** D3.

Rogasen (Bz. Posen) mit Posthalterei.
PMstr: **Heymann.** — OPAss: **Bredtschneider** I, **Krause.** — PAss: **Weiß** D3, **Culmsee** D2 AllgEhr.

Schildberg (Bz. Posen).

PMſtr: Schöller. — OPAſſ: Biedowicz. — PAſſ: Lutz D3, Schwartz II.

Schmiegel.

PMſtr: Mäder. — OPAſſ: Fränzel D3. — PAſſ: Niedlig, Dreilich II.

Schroda mit Poſthalterei.

PMſtr: Binkowſki. — OPAſſ: Förſter, Klatt. — PAſſ: Korſch D3, Franzen.

Wollſtein (Bz. Posen).

PMſtr: Hahn. — OPAſſ: Weiland. — PAſſ: Ludwig, Schwartz III, Piehl.

Wronke mit Poſthalterei.

PMſtr: Kühn RA4. — OPAſſ: Arendt D3. — PAſſ: Schulz II, Migga.

F. Selbſtändige nicht etatsmäßige Stadtpoſtämter.

* Poſen O 5 (Kronprinzenſtraße) mit Telegraphenbetrieb.

V: Scholz OPAſſ.

G. Poſtämter III. Klaſſe.

Sämmtlich mit Telegraphenbetrieb.

Poſtämter.	Poſtverwalter.	Poſtämter.	Poſtverwalter.
Adelnau	Nehring.	Pogorzelice	Jeſke PAſſ.
Altbojen mit Poſthalterei	Piſchel.	Polajewo	Fischer.
Betſche	Schilla D3.	Prittiſch	Strybel D3.
Bojanowo mit Poſt= halterei	Thiele II.	Pudewitz	Pujanek.
Bomſt	Domaniecki.	Punitz .	Frenzel.
Borek (Bz. Posen)	Wiener Kr4, führt d. Tit. PSekr.	Rakwitz (Bz. Poſen) mit Poſthalterei	Walther.
Brätz mit Poſthalterei	Szyszka.	Raſchkow	Henkelmann.
Czempin	Flemming.	Reiſen	Stephan D3.
Dobrzyca (Bz. Poſen)	Schulz III.	Ritſchenwalde	Schröter.
Dolzig (Kr. Schrimm)	Günther.	Rokietnice (Bz. Poſen)	Hartmann I PAſſ.
Falkſtätt	Schreiber.	Sandberg	Eckert.
*Görchen	Meiß D3.	Santomiſchel	Thiele I Kr4.
Gondek	Regel PAſſ.	*Sarne	Teige.
Grabow (Bz. Poſen)	Conrad.	Schwerſenz	Wellmann.
*Jaratſchewo	Bach.	*Skalmierzyce	Popihn.
*Jutroſchin	Jeſke.	Sobotka (Bz. Poſen)	Jokiſch.
*Kobylin	Korduan.	*Stenſchewo mit Poſt= halterei	Militz.
Koſtſchin	Solger.	Storchneſt	Wadehn.
Kriewen	Zippel.	Stralkowo mit Poſt= halterei	Gruhn Kdm70/71NC D3
*Kröben	Bredtſchneider.		
Kurnik	Neumann.		
Kwiltſch	Thiele III.	Sulmierzyce mit Poſt= halterei	Schmidt.
Langgoslin	—	Tirſchtiegel mit Poſt= halterei	Pätzoldt EisKrz2 Kdm70/71 LD2 VKrSachsErH.
Miloslaw	Ludwig.		
Mixſtadt	Modrack.		
*Moſchin	Freudrich.		
Murowana=Goslin	Förſter I.		
Neuſtadt b. Pinne	Baranowſki.	Unruhſtadt mit Poſt= halterei	Nicolaus.
*Neuſtadt (Warthe)	Kreutzer Kdm70/71 D2.	Wielichowo	Sommer.
		*Wilhelmsbrück	Kretſchmann.
Oberſitzko	Roth.	Xions	Schünemann D3
Opalenitza (Bz. Poſen)	Bürger.	Zduny.	Kopplin.
Pempowo	Ringeltaube D3.	Zerkow (Bz. Poſen)	Jeſionek.
Pleſchen 2 (Bahnhof)	Scheibe PAſſ.	Zirke	Zedler Kr4.
Pogorzela	Dorn D3.		

H. Postagenturen.

T bedeutet Telegr.- oder Fernsprech-Betrieb.

Altkloster T.
*Alttomischel T.
*Antonin T.
*Baborowko T.
*Baranow (Bz. Posen) T.
*Bargen (Bz. Posen) T.
*Baschkow T.
*Bauchwitz T.
*Belencin T.
*Bendlewo T.
*Biadki T.
*Bialokosch T.
*Bielewo T.
*Biniew T.
*Biskupitz (Bz. Posen) T.
*Blesen T.
*Blociszewo T.
*Blotnik T.
*Bnin T.
*Bobrownik T.
Bogdaj (Bz. Posen) T.
*Boguniewo T.
*Boguslaw (Bz. Posen) T.
Bolewitz T.
Borowo (Bz. Posen).
*Boruschin T.
*Borzykowo T.
*Brandorf T.
*Breitenfeld (Bz. Posen) T.
*Brody (Bz. Posen) T.
*Brunow (Bz. Posen) T.
*Bucz T.
Bukowiec (Kreis Neu-tomischel.
*Bukownica T.
*Bukwitz T.
*Bythin T.
*Charcic T.
*Chludowo T.
*Chojno T.
*Choryn (Bz. Posen) T.
*Chrzan T.
*Chrzonstowo T.
*Chwalibogowo T.
*Czacz T.
*Czekanow T.
*Czermin T.
*Czmon T.
Dakowy-mokre T.
*Dalewo T.
*Daniszyn T.
*Daszewice T.
Deutscheck (Bz. Posen) T.
*Deutsch-Koschmin T.
*Deutsch-Presse T.
*Dlonie T.
*Dobrojewo T.

*Domanin T.
*Dombrowka (Bz. Posen) T.
*Dopiewo T.
*Doruchow T.
*Driebitz T.
*Dubin T.
*Dürrlettel T.
*Duschnik (Bz. Posen) T.
Eichenhorst T.
*Emchen T.
*Friedenhorst T.
*Garki T.
Garzyn (Kr. Lissa) T.
*Giecz T.
*Glembotschek T.
*Glisnica T.
*Glowno T.
*Golina T.
*Gollmütz (Bz. Posen) T.
*Gora (Bz. Posen) T.
*Gorzyn (Kr. Birnbaum) T.
*Gostyczyn (Kr. Ostrowo) T.
*Granowiec (Kr. Adelnau) T.
Granowo T.
*Grodzisko T.
*Großdammer T.
*Großlenka T.
*Groß-Lenschetz T.
*Groß-Salesche T.
*Groß-Tarchaly T.
*Gultowy T.
Hammer (Bz. Posen) T.
Hartmannsfeld (Bz. Posen.)
Heyersdorf T.
*Hohensee T.
Jablone T.
*Jasionna T.
*Jerka T.
*Jlgen T.
*Jurkowo T.
*Kähme T.
*Kaisersaue (Bz. Posen) T.
*Kalzig (Bz. Posen) T.
*Kaminiec (Bz. Posen) T.
*Kammthal T.
Kankel T.
*Karmin T.
*Kawitsch b. Bojanowo T.
Kazmierz T.
*Kiebel T.
*Kiekrz T.
Kirchplatz Borni T.
*Kischewo T.
*Klein-Kreutsch T.
*Klenka T.
*Kobelnitz T.
*Kobylagora T.

*Kochlow T.
*Köbnitz T.
*Kgl. Neudorf (Bz. Posen) T.
*Komornik T.
*Komorze T.
*Konary T.
*Konarzewo (Kr. Posen) T.
Konkolewo-Hauland T.
Kopnitz T.
Kornaty (Kr. Wreschen).
*Kossowo T.
Kotlin T.
*Kotowiecko T.
Kowanowko (Bz. Posen)
*Kranz (Bz. Posen) T.
*Kuchary T.
*Kuklinow T.
*Kunowo T.
*Kupferhammer (Bezirk Posen) T.
Kursdorf (Kr. Fraustadt).
Kuschlin T.
*Kuschten T.
Langguhle T.
*Laski T.
*Laßwitz T.
Laube T.
Leiperode T.
*Lenka T.
*Lewitz T.
*Ligota T.
*Lipnica (Bz. Posen) T.
*Lomnitz (Bz. Posen) T.
Louisenhof T.
*Lubin T.
*Lubosch T.
*Lubosin T.
*Ludom (Bz. Posen) T.
*Luschwitz T.
*Manieczki T.
*Maslowo T.
Mauche T.
Michorzewo T.
*Mielencin (Bz. Posen) T.
Mienbzychob T.
*Mieschkow T.
*Mikuizewo T.
*Milostowo T.
*Mlynkowo T.
*Modrze T.
*Mokrz T.
*Moltkesruhm (Kr. Pleschen) T.
*Murkwitz T.
*Nekla T.
*Neubrück (Warthe) T.
*Neuframzig T.

*Neuthal (Bz. Posen) T.
*Neuzattum T.
*Niepart T.
*Nitsche (Bz. Posen) T.
*Obra T.
*Ocionz T.
*Olobok T.
*Opatow (Bz. Posen) T.
*Orzechowo T.
*Ottorowo T.
*Otusch T.
Owinsk T.
*Pakoslaw (Kreis Neu=
    tomischel) T.
*Pakoslaw (Kr.Rawitsch) T.
*Pamiontkowo T.
*Parkowo T.
Pawlowitz (Bz. Posen).
*Piechanin T.
*Pientschkowo T.
*Pierschno T.
Pieske T.
*Podrzewie T.
*Politzig T.
*Polnisch=Wilke T.
*Popowko T.
*Porthof T.
*Posen W 7 T.
*Priment T.
*Przygodzice T.
*Racot T.
*Radenz T.
*Robakow T.
*Röhrfeld T.
*Rokitten (Bz. Posen) T.
*Rokossowo T.
*Roschki T.

*Rossoschütz T.
Rothenburg a. d. Obra T.
*Roßbrazewo (Kreis
    Krotoschin) T.
*Rusko (Bz. Posen) T.
*Rzegocin T.
*Sady T.
*Scharfenort T.
*Schilln T.
*Schloß=Neudorf (Bezirk
    Posen T.
*Schussenze T.
*Schwarzwald (Bz.Posen)T
*Schweinert T.
*Schwenten (Bz. Posen) T.
*Schwetzkau T.
*Seeheim (Bz. Posen) T.
*Sendzin T.
*Siedlec (Bz. Posen) T.
*Siedlikow T.
*Siemianice T.
*Sieroschewitz T.
*Slachcin T.
*Slawoszew T.
*Sliwno T.
*Slupia (Kr. Kempen) T.
*Slupia (Kr. Rawitsch) T.
*Smolitz (Bz. Posen) T.
*Sokolnik (Bz. Posen) T.
*Sonnenthal T.
*Starolenka T.
*Strenze T.
*Strzyzew T.
*Sulencin (Bz. Posen) T.
*Szkaradowo T.
*Szoldry T.
*Szrodke T.

*Taczanow T.
*Targowagorka T.
*Tarnowo (Kr. Bomst) T.
*Tarnowo (Kr. Posen) T.
*Tischdorf T.
Trebisch T.
*Tuchorze T.
*Tulce T.
*Turew T.
*Tursko T.
*Uchorowo T.
Uciechow (Bz. Posen).
*Waize (Bz. Posen) T.
*Wargowo T.
Weine T.
*Wengierskie T.
*Wielowies T.
*Wierzebaum T.
*Wilhelmsau T.
*Winiary T.
*Witaszyce T.
*Wojciechowo T.
*Wolfskirch (Bz. Posen) T.
*Wolkowo T.
*Wonsowo T.
*Woynowitz (Bz. Posen) T.
*Wroblewo T.
*Wroniawy T.
*Wulka T.
*Wyschanow T.
*Zabikowo T.
Zaborowo T.
*Zalesie (Bz. Posen) T.
*Zedlitz (Bz. Posen) T.
Zedlitzwalde (Bz. Posen)
*Zembowo T.
*Zlotnik (Bz. Posen) T.

II. Kaiserliche Ober=Postdirektion in Bromberg,

soweit der Regierungsbezirk Bromberg in Betracht kommt.

A. Ober=Postdirektion und Ober=Postkasse.

OPDir: Rehan RA4 Kdm70/71NC.
PR: Döhring RA4 Kdm70/71 LD2, Höler RA4, Spranger.
PInsp: Neumann, Götz LD2, PInsp(kommiss): Grosse-Leege.
OPDSekr: Krause EisKrz2 Kdm70/71, Moehrke, Reimann, Strecke, Holtermann,
    Gröger, Malotka, Schütze, OPDSekr(kommiss): Reich, Stöphasius, Simonis,
    Frehse.
OPAss: Nemitz, Belicke, Brummack, Peisser, Kopelke, Wollschläger, Usarski D3,
    Neumann, Brüngel D3, Foede, Mach, Randel.
PAss: Fleischer D3.
Kanzlisten: Hay ErKrz66 Kdm70/71 D3, Hinze WürttD1, Marohn D3.
Ober=Postkasse: Gartmann RechnR OPKRend; Salewsky OPKKass; Günther
    Kr4 Kdm64NC Kdm70/71NC, Dümichen, Schacht Kdm70/71 OPKBuch=
    halter.

B. Postämter I. Klasse.

Mit Ausnahme des Postamts in Bromberg sämmtlich mit Telegraphenbetrieb.

Bromberg.

PDir: **Gottschewsky** RA4 SchaumbLippEhrKrz4 ReussEhrKrz3. — PKass: **Staguhn.** — OPSekr: **Bleich** EisKrz2 Kdm70/71 SächsLD2, **Behrendt, Schmied, Schettler, Freitag** Kdm70/71. — PS: **Manthey** Kdm70/71NC, **Golz, Strebel, Georg, Hell, Fischer, Müller, Lüttke, Joop.** — OPAss: **Dobrindt, Herberg, Baur, Haacke** D3, **Zeglin, Levin, Rothe** D3, **Saekel, Wetzel, Seiffert, Semerau, Powitzki, Steffanowski, Voll** D2, **Lemmel.** — PAss: **Gertych, Hein, Jordan, Liebenau** D3, **Gillmann, Wilhelm, Kollath, Lietz, Seehafer, Schwager, Hahn, Hoffmann I, Teuffer.**

Gnesen.

PDir: **Stryck** Kdm70/71 LD1. — PKass: **Gehrmann.** — OPSekr: **Wegner.** OPSekr (kommiss): **Klimke.** — PSekr: **Koch, Köhler.** — OPAss: **Boehm, Masuch, Jacobi, Korzen** D3, **Tietz, Scheunemann.** — OTelegrAss: **Voy, Stoltmann** D3. — PAss: **Baldus, von Tschammer, Fuchs, Kopiske, Tschirner, Tausendfreund.** — TelegrAss: **Sicora** D3.

Inowrazlaw.

PDir: **Oster.** — PKass: **Ogroske** LD1. — OPSekr: **Kaumann** LD1, **Gombert.** — PSekr: **Otter, Perwo, Gallert, Schmidt.** — OPAss: **Fitting, Hermann** Kdm70/71 D3, **Wolff, Makowski, Kissuth, Wohlfeil, Beich.** — PAss: **Priewe, Wolowsky, Engler, Nemus I.** — TelegrAss: **Blietz** Kdm70/71 AllgEhr D2, **Reinke** D3, **Ponschke.**

Nakel.

PDir: **Volte** EisKrz2 ErKrz66 Kdm70/71. — OPSekr (kommiss): **Lohse.** — PSekr: **Kozlowski, Fitting.** — OPAss: **Rabuske, Jahnke.** — PAss: **Frankowski, Münchow** D3, **Kirstein, Behrendt** D3, **Schwendowius, Kappler.**

Schneidemühl.

PDir: **Alleweldt.** — PKass: **Wegner.** — OPSekr: **Böhlich** LD1, **Kade.** — PSekr: **Oertzen, Blank.** — TelegrSekr: **Ebeling** D3. — OPAss: **Ruga, Schroeder, Schulz, Hollatz, Ristow, Toltz, Seidler** D2, **Hantwitz, Teusch.** — OTelegrAss: **Rinno, Wiedebusch.** — PAss: **Franz, Bräuner** D3, **Korsukewitz, Krüger.** — TelegrAss: **Diedrich, Fröhlich,** BadD3.

Wongrowitz.

PDir: Vakat. — PSekr **Domaniecki·** — OPAss: **Grocholski** D2, **Klein.** — PAss: **Klinkhart** D3, **Köller.**

Telegraphenamt in Bromberg.

KommTelegrDir: **Lochmüller** BayrAD66 Kdm70/71 LD2. — OTelegrSekr (kommiss): **Spaltowski.** — OTelegrAss: **Junge** Kdm70/71, **Dey** ErKrz66 Kdm70/71 D3, **Zillmer** Kdm70/71 D3, **Mellin** D3, **Schmerberg** D3, **Oelze, Schwemin, Müller** D3, **Feist** D3, **Paasch, Rosenau, Casper, Sperling, Tarnow·** TelegrAss: **Arndt, Voigt** D3, **Weinschenk, Kramp** D3, **Dittmann· Marquard, Herzig, Stroth.** — OPAss: **von Budzynski, Brandt.** — TelMech: **Vorr· mann.**

C. Postämter II. Klasse.

Sämmtlich mit Telegraphenbetrieb.

Crone a. d. Brahe.

PMstr: **Gartzke** RA4. — PAss: **Gensicke.**

Czarnikau.
PMstr: Katschke. — OPAff: Streich, Stelter, Mahlke.

Exin.
PMstr: Schicke. — OPAff: Schinnagel D3, Gerber.

Filehne.
PMstr: Wachter. — OPAff: Voßberg. — PAff: Klitzke, Lissack D3, Zortzig D3, Müller, Vieck.

Kolmar i. Posen.
PMstr: Grusewski. — OPAff: Schmeling, Kdm70/71 D2. — PAff: Herrmann D3, Dahlke.

Kreuz (Ostbahn).
Komm PMstr: Gutzeit. — OPAff: Bontke D3. — PAff: Kummer, Lachmann D3, Beister. — TelegrAff: Pospieszny D3, Drewa D3.

Mogilno.
PMstr: Carl. — PAff: Jaffe, Nolte, Leppack. — TAff: Gaul.

Schönlanke.
PMstr: Klinger. — OPAff: Buchholz, Gerhardt D3, Zychlinski. — PAff: Woll= schläger D3.

Schubin.
PMstr: Brose Kdm70/71 LD2. — OPAff: Willrich.

Strelno.
PMstr: Drewitz Kdm70/71 LD2. — PAff: Knobel D3, Wagner.

Tremessen.
PMstr: Alberti RA4. — OPAff: Bölzke. — PAff: Körth.

Znin.
PMstr: Pasemann. — PAff: Wienke, Asmuß D3.

D. Postämter III. Klasse.
Sämmtlich mit Telegraphenbetrieb.

Postämt'r.	Postverwalter.	Postämter.	Postverwalter.
Amsee	Schmidt.	Margonin	Gregorowski.
Argenau	Habicht.	Montwy	Fölske.
Bartschin	Hueske.	Mrotschen	Rolbes D3.
Budsin	Rückert.	Netzthal	Kurzynski.
Eljenau	Krause.	Pakosch	Seeger.
Jordon	Lambrecht D3.	Rogowo (Bz. Bbg.)	Liebert.
Friedheim	Paul D3.	Samotschin	Modrow.
Gembitz (Kr. Mogilno)	Zweibrück PAff.	Schleusenau	Wothke.
Gollantsch	Nowak.	Schokken	Köhn.
Gonsawa Klünder	K4 ErKrz66 D3.	Schulitz	Radke.
Güldenhof	Quade.	Schwarzenau (Bz. Bbg.)	Drewitz.
Janowitz (Bz. Bbg.)	Tollaß.	Usch	Feierabend.
Klahrheim	Medenwald.	Weißenhöhe	Buchholz.
Kletzko	Wundermann.	Welnau	Steffen PAff.
Kruschwitz	Klatte.	Wirsitz	Krzeszewski.
Labischin	Lüdtke.	Wissek (Bz. Bbg.)	Märtins D3.
Lobjens	Meyer.	Witkowo	Hahn D3.

E. Postagenturen.

Althütte (Bz. Bbg.) T.
Altraden T.
Anastazewo T.
Ascherbude T.
Bacharcie (Kr. Strelno)
Behle T.
Bischofsthal T.
Bismarcksfelde T.
Brahnau T.
Bromberg 3 T.
Bronislaw T.
Brudnia T.
Buschkau T.
Buschkowo T.
Carolina (Bz. Bbg.).
Charlottenburg(KrWirsitz)T
Chelmce T.
Cielle T.
Czaycze T.
Debenke T.
Dratzig T.
Dratzigmühle T.
Dreidorf T.
Dzialyn T.
Dziewierzewo (Kr. Znin) T.
Erpel (Bz. Bbg.) T.
Falkenau (Bz. Bbg.) T.
Follstein.
Freytagsheim T.
Friedrichsdorf (Bz. Bbg.) T.
Friedrichshöhe T.
Gembitz (Kr. Czarnikau) T.
Gertraudenhütte T.
Görzhof (Kr. Witkowo).
Gogolinke T.
Goldfeld T.
Gorzyce T.
Goscieszyn T.
Grabau (Kr. Wirsitz) T.
Gromaden T.
Gr. Drensen T.
Gr. Golle T.
Gr. Morin T.
Gr. Neudorf (Bz. Bbg.) T.
Grylewo T.
Hammer d. Schönlanke T.
Herrnkirch T.
Hohenau (Posen) T.
Hopfengarten T.
Jadownik T.
Jägerhof (Bz. Bbg.) T.
Jakschitz T.
Jankendorf (Bz. Bbg.) T.
Jaroschau T.
Jerzyce (Bz. Bbg.) T.
Joachimsdorf T.
Josephowo T.

Kaisersfelde T.
Kirchen-Popowo T.
Kl. Bartelsee T.
Königlich Wierzchucin T.
Kolbromb T.
Komorowo T.
Kornthal (Bz. Bbg.) T.
Koscielec T.
Krolikowo T.
Krumknie T.
Kruszewo T.
Krutsch-Bahnhof T.
Kwieciszewo T.
Lagiewnik T.
Lekno T.
Lettberg (Kr. Gnesen) T.
Libau (Bz. Bbg.) T.
Liepe (Bz. Bbg.) T.
Lindenburg T.
Lindenwald (Kr. Wirsitz) T.
Lipin (Bz. Bbg.) T.
Lochowo T.
Lojewo T.
Lopienno T.
Lostau (Bz. Bbg.) T.
Louisenfelde T.
Lubasch T.
Mamlitz (Kr. Schubin).
Markowitz (Bz. Bbg.) T.
Markowo T.
Marzenin T.
Maximilianowo T.
Miala (Bz. Bbg.) T.
Mieltschin T.
Mierzewo T.
Mietschisko T.
Mittenwalde (Bz. Bbg.) T.
Modliszewko T.
Mokronos T.
Montowarsk T.
Neukirchen (Bz. Bbg.) T.
Niechanowo T.
Niefosken T.
Niezychowo T.
Nikelskowo (Bz. Bbg.).
Orchowo T.
Osielsk T.
Ostrowke T.
Papros T.
Parchanie T.
Pawlowo T.
Podobowitz T.
Powidz T.
Prinzenthal T.
Putzig (Bz. Bbg.) T.
Radajewitz (Kr. Inowraz-
    law).

Rojewo T.
Romanshof T.
Rombschin T.
Rosenau (Bz. Bbg.) T.
Rosko (Bz. Bbg.) T.
Runowo (Kr. Wirsitz) T.
Rynarzewo T.
Sadke (Bz. Bbg.) T.
Samostrzel T.
Schepanowo T.
Schlowitz (Kr. Mogilno) T.
Schmilau (Bz. Bbg.) T.
Schneidemühlchen T.
Schönfeld (Bz. Bbg.) T
Schwedenhöhe T.
Seethal (Kr. Wirsitz).
Selchow (Bz. Bbg.) T.
Selgenau T.
Sittnow T.
Skorzencin T.
Slawno T.
Slesin T.
Slupy (Bz. Bbg.) T.
Smogulec T.
Sokolitz T.
Stempuchowo T.
Stieglitz T.
Stöwen (Bz. Bbg.) T.
Stolenschin(KrWongrowitz)
Strelau T.
Striesen (Bz. Bbg.) T.
Thure T.
Trischin T.
Trzementowo (Kr. Bbg.).
Trzemzal T.
Usch-Neudorf T.
Wapno T.
Weißenburg (Bz. Bbg.) T.
Wierschoslawitz T.
Wilatowen T.
Wilhelmsort T.
Wischin (Bz. Bbg.) T.
Witoslaw T.
Witzleben (Bz. Bbg.) T.
Wladislawo.
Wodek T.
Wonsosz T.
Wonein T.
Wreschin (Kr. Filehne) T.
Zabartowo.
Zachasberg T.
Zalesie (Bz. Bbg.) T.
Zechau (Kr. Gnesen) T.
Zelice T.
Zndowo (Bz. Bbg.) T.

Kaiserliche Bank-Verwaltung.
Reichsbank-Hauptstelle in Posen.
Wilhelmstraße 12.

Bank-Justitiar u. Kommissarius: Dr. **Meisner** SenPräs RA4.
Vorstandsbeamte: **Maiwald** BankDir (m. d. Range d. R 4. Kl.), **Wulff** BankAss Kdm70/71 LD2.
Kassirer: **Kanter, Blaschke.**
Buchhaltereibeamte: **Koehler** ObBuchh Kdm70/71 LD2, **Kawerau** RechnR, **Zehe** RechnR, **Fest, Stahr** Buchh Kdm70/71 LD2, **Kasch** Ass, **Giering, Schulz** Diätare.
Kanzleibeamte: **Günzel** KSekr D3.
Geldzähler: **Kubnick** MilEhr3 Kdm66 AllgEhr.
Kassendiener: **Clemens** D3, **Brauer** D3, **Schilling** D3, **Drange** D3.
Hausdiener: **Bensing** D3.

Reichsbanknebenstellen:
Dt.=Krone (Westpr.): BankVorst **Zitzlaff** Bgrmstr a. D. RA4 Kr4.
Gnesen: BankVorst **Kiesewetter.**
Krotoschin: BankVorst O. **Langner.**
Lissa i. P.: BankVorst **Rau.**
Meseritz: BankVorst **Pastor** LD1.
Ostrowo: BankVorst **Sonnenberg** Kdm70/71 LD2.
Pleschen: BankVorst **Muschner.**
Rawitsch: BankVorst **Wagenhoff** D3.
Schneidemühl: BankVorst **Wieck** LD1 Kdm70/71.

Reichsbankstelle Bromberg.
Wilhelmstraße 61.

Justitiar: **Rieck** LGPräs RA4 LD1 Kdm66 u. 70/71.
Vorstandsbeamte: **Kohland** BankDir RA4 Kdm66 u.70/71 LD2, **Schultz** BankRend.
Kassenbeamte: **Peppermüller** BankKassirer.
Buchhaltereibeamte: **Petrat** BankAss.
Diätare: **van Riesen** Diätar.
Kassendiener: **Graetzler** D3, **Ewald** D3, **Trapp** D3.

Reichsbanknebenstellen:
Inowrazlaw: BankVorst **Meyer.**
Konitz: BankVorst **Otto.**

Zum Ressort des
Reichsversicherungsamtes
gehören die
Berufsgenossenschaften.
Verwaltungsbehörden, obere: die Regierungs-Präsidenten; untere: in den Kreisen die Landräthe, in den Städten die Polizeiverwaltungen.
Besondere Abkürzungen: S Sitz, GV Genossenschaftsvorstand, SV Sektionsvorstand, Gf Geschäftsführer, B Bezirk.
Regierungsbezirk Posen.
Knappschafts-BG. S: Berlin NW, Klopstockstr. 18, GV: **Krabler,** BergR, Bergw-
Dir Alt-Essen, Sekt. V. Waldenburg i. Schl., SV: **Pettner,** BergwDir, Neu-
weißstein, Kr Waldenburg.
Steinbruchs-BG. S: Berlin NW, Lüneburgerstr. 21 II, GV: W. **Zerwas,** Stein-
bruchBes Köln a. Rh., Sekt. X Berlin SW, Johanniterstr. 15, SV: R. **Wollmach,** Berlin, Hasenhaide 77.

BG der Feinmechanik. S: Berlin SW, Jerusalemerstr. 66, GV: A. Riese, Fabrik-Dir Berlin NW, Siegmundshof 9, Sekt. II Freiburg i. Schl., Alte Bahnhofstr., SV: M. Becker, Fabrik-Dir, Freiburg.

Schlesische Eisen- und StahlBG. S: Breslau, Matthiasplatz 1 I, GV: Bitta, General-Dir Neudeck O.-S., Sekt. I Breslau, Nikolaistadtgraben 25, SV: Blauel, Dir, Breslau.

Norddeutsche Edel- und Unedelmetall-IndustrieBG. S: Berlin SO, Bethanienufer 8 I, GV: Dr. E. Lachmann, Berlin SW, Kochstr. 30, Sekt. I Breslau, Zimmerstr. 10, SV: M. Raphael, Breslau, Zimmerstr. 10.

BG der Musik-Instrumenten-Industrie. S: Leipzig, Zeitzerstr. 23 I, GV: J. Blüthner, KommerzR, Leipzig, Sekt. II Berlin SW, Belleallliancestr. 19, SV: F. Petermann, Pianofortefabrikant, Berlin.

GlasBG. S: Berlin, Bülowstr. 46, GV: R. Vopelius, Fabrikbes, Sulzbach b. Saarbr., Sekt. IV Berlin, Bülowstr. 46, SV: C. W. Becker, Fabrikbes, Neukrug b. Neuguth i. Westpr.

TöpfereiBG. S: Berlin, GV: Dr. A. Heinecke, GehRegR u. Dir der Königl. Porzellan-Manufaktur Berlin, Wegelystr., Sekt. I Berlin, SV: C.H.H. Schmidt, Ofenfabrikant, Berlin SW, Kommandantenstr. 85.

ZiegeleiBG. S: Berlin-Charlottenburg, Postalozzistr. 5, GV: Jahn, Dir, Neu-Torney b. Stettin, Sekt. II Posen O 1, Königstr. 19, SV: L. Ephraim, Posen.

BG der chemischen Industrie. S: Berlin W 10, Sigismundstr. 4, GV: Dr. J. F. Holtz, KommerzR, Eisenach, Sekt. II Breslau, Tauentzienstr. 31 a, SV: Dr. E. Richters, GenDir, Breslau.

BG der Gas- und Wasserwerke. S: Berlin, Thurmstr. 19, GV: Dr. Mohr, Dir, Potsdam, Sekt. II Danzig, Gasanstalt, SV: Kunath, Dir, Danzig.

LeinenBG. S: Schwelm i. Westf., GV: A. Sternenberg, FabrikBes, Schwelm, Sekt. V Braunschweig, SV: H. Lupprian, KommerzR, Braunschweig.

Norddeutsche TextilBG. S: Berlin NW, Lüneburgerstr. 21, GV: F. Gebauer, FabrikBes, Charlottenburg, Berlinerstr. 83.

SeidenBG. S: Krefeld, Stukendorferstr. 75, GV: A. Schrörs, Krefeld, Sekt. I Krefeld, Rheinstr. 12, SV: A. Schrörs, Krefeld.

PapiermacherBG. S: (Berlin)-Mainz, Breidenbacherstr. 13, GV: A. Niethammer, GehKommerzR, Kriebstein b. Waldheim i. S., Sekt. XI Breslau, Neudorfstr. 38, SV: Falch, FabrikBes, Brieg.

PapierverarbeitungsBG. S: Berlin, Mohrenstr. 6, GV: C. Hellriegel, Fabrik-Bes, Kochstr. 5, Sekt. II Breslau, Karlstr. 41, SV: P. Hoferdt, FabrikBes, Breslau.

LederindustrieBG. S: Mainz, Breidenbacherstr. 13, GV: St. C. Michel, GehKommerzR, Mainz, Sekt. I Berlin C, Neue Promenade 3 III, SV: H. Meyerstein, Berlin.

Norddeutsche HolzBG. S: Berlin, Kesselstr. 37 I, GV: J. D. Backhaus, Berlin, Brückenallee 19, Sekt. II Breslau, Neudorfstr. 38 I, SV: E. Bauer, Konsul, Breslau.

MüllereiBG. S: (Berlin) Friedenau, Fregestr. 44, GV: C. Metzmacher, Dortmund, Sekt. III Posen, Grabenstr. 25 a, SV: F. Rabbow, Mühlengutsbes, Loncz-mühte b. Posen.

Nahrungsmittel-IndustrieBG. S: Mannheim, Luijenring 15, GV: M. Henniger, Teigwaarenfabrikant, Neuweißensee b. Berlin.

ZuckerBG. S: (Berlin) Magdeburg, Bismarckstr. 33, GV: Hahne, FabrikBes, Magdeburg.

BrennereiBG. S: Berlin W, Zietenstr. 6, GV: F. Reinecke, Herzgl. AmtsR, Mednitz b. Sagan, Sekt. V Posen, Louisenstr. 7, SV: H. v. Tiedemann, Rgbes, Seeheim i. Posen.

Brauerei- und MälzereiBG. S: Frankfurt a. M., Heiligkreuzstr. 29, GV: F. Henrich, BrauereiBes, KommerzR, Frankfurt a. M., Neue Zeil 68, Sekt. VI Berlin SW, Yorkstr. 81, SV: B. Knoblauch, BrauereiDir, Berlin.

TabakBG. S: Bremen, Langestr. 128, GV: F. L. Biermann, KommerzR, Bremen, Sekt. I Berlin, Neue Königstr. 84, SV: A. Deter i. F. W. Bunzlow u. Sohn, Berlin NO, Neue Königstr. 84.

Bekleidungs=IndustrieBG. S: Berlin SW, Feilnerstr. 1, GV: A. **Benßky,** FabrikBes, Berlin SW, Krausenstr. 39.

BG der Schornsteinfegermeister des Deutschen Reiches. S: Berlin, Strauß= bergerstr. 16, GV: W. **Faster,** Obermeister u. Rathsschornsteinfegermeister, Berlin NO, Straußbergerstr. 18, Sekt. IV Posen, Wasserstr. 27, SV: C. **Andrzejewski,** Schornsteinfegerobermeister, Posen, Wasserstr. 27.

Schlesisch=Posensche BaugewerksBG. S: Breslau, Lehmdamm 33, GV: **Hafner,** Maurermeister, Breslau, Sekt. IV Posen, Wienerstr. 2, SV: **Wegener,** Maurermeister, Posen.

BuchdruckerBG. S: Leipzig, Dolzstr. (Deutsches Buchgewerbehaus), GV: W. **Friedrich,** Breslau, Herrenstr. 20, Sekt. IX Breslau, Herrenstr. 20, SV: W. **Friedrich,** Breslau, Herrenstr. 20.

PrivatbahnBG. S: Lübeck, Bahnhofsgebäude, GV: **Brecht,** EisenbDir, Geh. RegR. Lübeck.

StraßenbahnBG. S: Berlin SW 47, Kreuzbergstr. 19/20, GV: **Koehler,** RegR a. D., Dir der Großen Berliner Straßenbahn, Berlin.

Speditions=, Speicherei= und KellereiBG. S: Berlin, Flottwellstr. 31, GV: C. **Jakob,** Handelsrichter, KommerzR, Berlin, Sekt. II Breslau, Nikolaistr. 69, SV: D. R. **Schlesinger,** Breslau.

FuhrwerksBG. S: Dresden=Altstadt, Stephanienplaß 4, GV: F. **Nebelthau,** Posthalter, Cassel, Sekt. VII Posen, SV: S. **Schmidt,** Posthalter, Lissa.

Ostdeutsche BinnenschifffahrtsBG. S: Bromberg, Kasernenstr. 3, GV: F. W. **Bumke,** Dir, Bromberg.

TiefbauBG. S: Berlin=Dt. Wilmersdorf b. Berlin, Babelsbergerstr. 16, GV: O. **Bandke,** Eisenbahnbauunternehmer, Dt. Wilmersdorf, Babelsbergerstr. 16.

FleischereiBG. S: Lübeck, GV: E. **Stein,** Fleischermeister, Lübeck.

Posensche landwirthschaftliche BG. S: Posen, GV: Provinzial=Ausschuß, Landeshauptmann Dr. **v. Dziembowski,** Posen, jeder Kreis des Regierungs= bezirks bildet eine Sektion, SS: Jede Kreisstadt, SV: Landrath jedes Kreises als Vorsißender des Kreis=Ausschusses.

Ausführungsbehörden.

Postversicherungskommission. S: Berlin.

Intendantur des V. Armee=Korps. S: Posen.

Eisenbahn=Direktion Posen. S: Posen.

Königl. Regierung (Forstabtheilung für die staatlichen Forstbetriebe). S: Posen.

Regierungs=Präsident in Posen für staatliche Baubetriebe. S: Posen.

Provinzialverband für die Provinz Posen. S: Posen, GV: Provinzial= Ausschuß, Landeshauptmann Dr. **v. Dziembowski;** Posen.

Regierungsbezirk Bromberg.

KnappschaftsBG. Sekt. IV, S: Halle a. S., SV: GenDir **Kuhlow** in Halle a. S.

SteinbruchsBG. Sekt. X, S: Berlin SW, SV: R. **Wollmach** in Hasenhaide.

BG der Feinmechanik. Sekt. II S: Freiburg i. Schl., SV: FabrDir M. **Becker.**

Schlesische Eisen= u. StahlBG. Sekt. I, S: Breslau, SV: Dir **Blauel.**

Norddeutsche Edel= u. Unedelmetall=IndustrieBG. Sekt. I, S: Breslau, SV: M. **Raphael.**

BG der Musikinstrumenten=Industrie. Sekt. II, S: Berlin SW, SV: Piano= fortefabrikant F. **Petermann** i. F. **Adolf Leßow.**

GlasBG. Sekt. IV, S: Berlin, SV: FabrBes C. W. **Becker** in Neukrug d. Neu= guth i. Westpr.

TöpfereiBG. Sekt. I, S: Berlin SW, SV: Ofenfabrikant C. H. H. **Schmidt.**

ZiegeleiBG. Sekt. II, S: Posen, SV: L. **Ephraim.**

BG der chemischen Industrie. Sekt. II, S: Breslau, SV: GenDir Dr. E. **Richters** i. F. **„Silesia".**

BG der Gas= u. Wasserwerke. Sekt. II, S: Danzig, SV: Dir **Kunath.**

LeinenBG. Sekt. V, S: Braunschweig, SV: KommerzR H. **Lupprian.**

Norddeutsche TextilBG. S: Berlin NW, SV: FabrikBes J. **Gebauer** in Charlottenburg.

SeidenBG. Sekt. I, S: Krefeld, SV: A. **Schrörs**.

PapiermacherBG. Sekt. XI, S: Breslau, SV: FabrikBes **Falch** in Brieg.

PapierverarbeitungsBG. Sekt. II, S: Breslau, SV: FabrikBes P. **Hoferdt**.

LederindustrieBG. Sekt. I, S: Berlin C, SV: H. **Meyerstein**.

Norddeutsche HolzBG. Sekt. I, S: Danzig, SV: StdtR A. **Claaßen** i. F. **Gebr. Claaßen**.

MüllereiBG. Sekt. III, S: Posen, SV: MühlengutsBes J. **Rabbow** in Lonczmühle b. Posen.

Nahrungsmittel-IndustrieBG. S: Mannheim, SV: Teigwaarenfabrikant M. **Henniger** in Neuweißensee b. Berlin.

ZuckerBG. S: Berlin, SV: FabrikBes **Hahne** in Magdeburg.

BrennereiBG. Sekt. V, S: Posen, SV: Rgbes H. **v. Tiedemann** in Seeheim.

Brauerei- u. MälzereiBG. Sekt. VI, S: Berlin SW, SV: BrauereiDir B. **Knoblauch** (Böhm. Brauhaus).

TabakBG. Sekt. I, S: Berlin NO, SV: A. **Deter** i. F. W. **Bunzlow u. Sohn**.

BekleidungsindustrieBG. Sekt. II, S: Berlin SW, SV: FabrikBes A. **Benzky** i. F. **Stadion, Brecht u. Co.**

BG der Schornsteinfegermeister. Sekt. IV, S: Posen, SV: Obermeister E. **Andrzejewski**.

Schlesisch-Posensche BaugewerksBG. Sekt. V, S: Gnesen, SV: Zimmermeister **Preul**.

BuchdruckerBG. Sekt. IX, S: Breslau, SV: W. **Friedrich** i. F. **Graß, Barth u. Co.**

PrivatbahnBG. S: Lübeck, SV: EisenbDir, GehRegR **Brecht**.

StraßenbahnBG. S: Berlin SW, SV: Dir d. großen Berliner Straßenbahn, RegR a. D. **Köhler**.

Expeditions-, Speicherei- u. KellereiBG. Sekt. II, S: Breslau, SV: D. N. **Schlesinger**.

FuhrwerksBG. Sekt. VII, S: Posen, SV: Posthalter E. **Schmidt**.

Ostdeutsche BinnenschiffahrtsBG. S: Bromberg, SV: Dir F. W. **Bamke**.

TiefbauBG. S: Berlin, SV: Eisenbahnbauunternehmer O. **Baudke** in Dt. Wilmersdorf.

FleischereiBG. S: Lübeck, SV: Fleischermeister E. **Stein**.

5. Posensche landwirthschaftliche BG in Posen. S: Posen, GV: Provinzialausschuß in Posen.

D. Anstalten bezw. Institute, milde Stiftungen, Gesellschaften, Vereine und Fonds.

J: Innung. B: Verein, V: Vorstand.

Regierungsbezirk Posen,

Stadtkreis Posen.

Vereine und Anstalten für kirchliche und religiöse Zwecke. (Evan=
gelische.) ProvB für Innere Mission, V: D. Polte GehReg u. ProvSchulR. —
ProvVerband der Missions=Hilfsvereine in der Provinz Posen, V: Schammer Sup
Schneidemühl. — Missionskonferenz der ProvB, V: Büchner Pastor. — Gustav
Adolf=Stiftung, HauptB in der Provinz Posen, stellv. V: D. Hesekiel GenSup. —
HauptB der deutschen Lutherstiftung in der Prov Posen, stellv V: D. Hesekiel Gen=
Sup. — Posener ProvBibelgesellschaft, V: D. Hesekiel GenSup. — Missions=HilfsB
für die Provinz Posen u. die Diözese Posen I, V: D. Hesekiel GenSup. — Posener
ZweigB der deutschen Lutherstiftung, V: Zehn Sup. — DiözesanB der Gustav
Adolf=Stiftung in der Diözese Posen I, V: Zehn Sup. — Ev Männer= u. Jüng=
lingsB, V: Ilse Pf. — B „Blaues Kreuz" (zur Bekämpfung der Trunksucht), Sitt=
lichkeitsB, V: Balan KonsPräs. — Ev Kirchenchor der St. Lukasgemeinde, Leiter:
Kuß Kantor. — MissionsNähB der St. Lukasgemeinde, Leiterin: Frau Pastor
Büchner. — Ev B für Waisenpflege in der Prov Posen, V: —. — Ev Vereins=
haus (mit Herberge zur Heimath u. Hospiz), V: —. — (Katholische.) MäßigkeitsB
„Jutrzenka". — St. AntoniusB kath Jünglinge, V: Klinke Präb. — B zur Hebung
der kirchlichen Musik und des kirchlichen Gesanges (Towarzystwo ku podnie-
sieniu muzyki i śpiewu kościelnego). — Poln=kath JünglingsB unter dem Schutze
des hl. Stanisław Kostka.
    Fachvereine. Landwirthschaftlicher KreisB Posen, V: Rgbes Hoffmeyer in
Zlotnik. — Verband der Geflügelzüchter= u. VogelschutzVereine der Provinz Posen.
V: Rud. Schulz Kfm Posen. — OrnithologischerB Posen, V: Rud. Schulz.
— BienenzüchterB der Kreise Posen, V: Grabs Lehrer. — ZoologischerB (für
Kaninchen=, Ziegenzucht ꝛc.) zu Posen, V: Raabe HptL in Glowno. — Verband der land=
wirthschaftlichen Genossenschaften für die Provinz Posen, VerbandsDir Hünerasky
OekonomieR in Posen. — Landwirthschaftlicher Beamten=WohlfahrtsB, V: Schmidt
GüterDir in Wonsowo. — B zur Unterstützung der Wirthschaftsbeamten im Großherzog=
thum Posen (Towarzystwo ku wspieraniu urzędników gospodarczych w W.Ks.
Poznańskiem) V: —. — Poln landwirthschaftlicher CentralB (Centralne Tow
gospodarcze), V: —. — Verband der Landwirthe Związek Ziemian, V: —. — Poln
landwirthschaftlicher BauernB (Kółka rólnicze), V: —. — B „Samopomoc obywa-
telska" B zur Erhaltung des poln Grundbesitzes, V: —. — Posener AerzteB, V: Dr. Lands=
berger. — Thierärztlicher ProvinzialB für Posen, V: Heyne VeterAss u. DepThier=
arzt. — KaufmännischerB (e. B.), V: Rud. Schulz Kfm. — B junger Kaufleute,
V: Elfeles. — KaufmännischerB „Germania", V: Kareski. — Kaufmännischer Klub,
V: Lewin. — Kaufmännische Vereinigung (B der deutschen Kaufleute) OrtsB Posen,
V: Graeser. — Verband deutscher Handlungsgehilfen, KrB Posen, Vertrauensmann:
—. — B junger Destillateure, V: Koenig. — Centralverband der Handlungsgehilfen
Deutschlands, Bevollm.: Bendit. — Deutsch=nationaler HandlungsGehilfenVerband,
Ortsgruppe Posen, V: Ulbrich. — B für weibliche Angestellte im Handel u. Gewerbe,
V: R. Schulz, stellv. Emma Horn. — DrogistenB (Tow młodych Drogerzystów),
V: —. — HandwerkerB, V: Offterdinger MagObSekr. — Polytechnische Gesellschaft,
V: Grüder StadtBauR. — ProvinzialB zur Ueberwachung von Dampfkesseln, V:
Heyner. — ProvBezB des Verbandes deutscher Ingenieure, V: Haegermann Reg= und
GewerbeR. — ProvB Posener Buchdruckereibesitzer, V: Krueger in Samter.

— Ehren= u. Schiedsgericht für Buchdruckereibesitzer der Provinz Posen, V: Bruno **Merzbach** in Posen. — Verband der deutschen Buchdrucker (Bezirk Posen), V: **Wagner**. — Vereinigung Posener Techniker, V: **Langjahr** GarnBauwart. — Uhr= macherV für Posen und Umgegend, V: **Wolfowih**. — Ortsverband der deutschen Gewerkvereine (Hirsch=Duncker), V: **Habermann** Maurerpolier. — Kath HandwerkerV Katolickie Towarzystwo Rzemieślników Polskich, V: —. — Tischler=Rohstoff= und AbsahV, e. G. m. b. H., Spólka stolarska. — V der Techniker u. Fabrikanten Wydział techniczny i fabryczny, V: —. — V junger poln Industriellen Tow mlodych przemysłowców. — IndustrieV Wilda Towarzystwo przemysłowców na Wildzie V: —. — Verband der poln IndustrieV, V: —. — Poln IndustrieV Jersih, V: —. — Poln IndustrieV (alter), V: —. — Geselliger HandwerkerV Kolo Rękodzielników, V: —. — V poln Buchdrucker Stowarzyszenie drukarzy polskich V: —. — IndustrieV „Kościuszko" in Gurtschin Tow przemysłowe Kościuszko V: —. — Poln IndustrieV St. Lazarus, V: —. — V poln=kath Handwerker und Arbeiter, V: —. — V der Gastwirthe von Posen u. Vororte, V: **Graefe**. — Gast= wirths=GehülfenV, V: —. — Deutscher Kellner=Bund, BezV Posen, V: **Mlody**. — Posener ProvLehrerV, V: **Driesner** Rektor. — Posener ProvLehrerinnenV, ZweigV des Allg. deutschen LehrerinnenV, V: Frl. **Valentin**. — V der Lehrer u. Lehrerinnen an Mittelschulen u. höheren Mädchenschulen der Provinz Posen, V: **Franke** Rektor. — Posener LehrerV, V: **Gutsche** Rektor. — Königin LuisenV, V: **Lehmann** Rektor. — V „Unterkunft für Lehrerinnen" Schronienie dla nauczycielek, V: —. — V ehem 4. Stadtschüler, V: **Reichenstein**. — V „Unterkunft für die Schulkinder" Tow Przy= tuliska dla dziatwy szkólnéj, V: —. — MittelschülerV, stellv V: **Ziebe** Rektor. — V ehem Bürgerschüler, V: **Lehmann** Rektor. — StenographenV Gabelsberger von 1866, V: **Petermann** RegCivSupern. — StenographenV Gabelsberger, DamenV, V: Frl. Martha **Hoffmann**. — StenographenV Stolze=Schren, V: **Krawuhsche** Eisenb= Sekr. — ProvV zur Hebung der Kanal= u. Flußschifffahrt in der Provinz Posen, V: **Witting** ObBgrmstr. — Männer=TurnV, V: **Kloh** ObTurnlehrer. — Deutscher Männer=TurnV Posen=Jersih, V: **Liepsch** AnsiedlKommSekr. — Verband der poln TurnV „Sokół" in Deutschland Zwiazek Sokołów polskich w państwie niemieckiem, V: **v. Chrzanowski** RA. — Gymnastischer TurnV „Sokół" Posen Tow gymnastyczne, V: —. — TurnV „Sokół" in Jersih. — TurnV „Sokół" Posen=Wilda. — V für Rad= wettfahren zu Posen, V: **Mattheus** Ingenieur. — Gauverband 25 des deutschen Radfahrer=Bundes, V: **Mattheus** Ingenieur. — RadfahrerV Posen 1886, V: **Lublasser** Kfm. — Freie Radfahrer=Vereinigung von 1896, V: **Ahmann** Kfm. — Radfahrer= Klub „Germania", V: **Bartel** Buchhalter. — Damen=Radfahrer=Klub 1899, V: Frl· Else **Mikulla**. — Posener RuderV „Preußen", e. V., V: **Hülse** Zahnarzt. — Posener BeamtenRuderV, e. V., V: **Seidenstücker** LandesSekr. — Ruderklub „Neptun", V: **Zum= kowski** Schmiedemstr. — Deutscher BeamtenV Berlin, ZweigV Posen, V: **Klinkmüller** LandgerSekr. — Deutscher PrivatBeamtenV, ZweigV Posen, V: **Steinhagen** Vers.= Inspektor. — Beamten=Spar= u. HülsV, e. G. m. b. H., V: **Driesner** Rektor. — St. AloisiusV kath Lehrlinge, V: —. — Barbier= u. FriseurgehülfenV Tow Balwierzy i Fryzyerów, V: —. — V der herrschaftlich Angestellten Tow pomocy dla oficia= listów dworskich, V: —. — Kath V poln Arbeiter in Wilda. — Kath V poln Arbeiter in Posen, V: —.

Politische und kommunale Vereine: Deutscher OstmarkenV, V: Major a. D. **v. Tiedemann=Seeheim**. — DeutscherV, V: **v. Staudy** GenLandschDir. — FreisinnigerV, V: Dr. **Landsberger**. — V zur Förderung kommunaler Interessen, V: Prof. **Lubarsch**. — BezirksV Nordwest, V: **Hoffmann** Baumstr. — BürgerV in Posen= Wilda, V: **Gärtig** GymnLehrer. — BürgerV St. Lazarus, V: **Stöhr** Stiller Kfm. — DeutscherV Posen=W (für Jersih u. Wilda), V: **Schwieger** Reg= u. ForstR. — Freie Diskussions=Vereinigung, Auskunft: **Anders** Schloßberg 3. — Verband Posener Land= hausbesitzer, V: **Günther** Mittelschullehrer. — VerschönerungsV, V: **Witting** Ober= bürgermstr. — VerschönerungsV Jersih, V: —. — Deutsche KolonialGesellschaft, Abth. Posen, V: **Ausner** GenLandschR. — Polnisches Wahlkomitee für die Stadt Posen Komitet wyborczy dla miasta Poznania, V: —. — Poln ProvWahl= komitee, Komitet wyborczy na W. Ksiestwo Poznańskie, V: —.

Vereine und Anstalten für Krankenpflege. Städtisches Krankenhaus, Schulstraße, Filiale Neuestraße, V der VerwDeput: **Herz** StdtR u. KommerzR; Verw:

Vogt KrankenhausInsp. Aerzte: Geh. SanR Dr. **Pauly** Oberarzt der medizinischen Station, Stabsarzt a. D. EisKrz2NC Kdm70/71NC; SanR Dr. **Schönke** Oberarzt der dermatologischen Station, Oberstabsarzt a. D. LD1 Kdm70/71; Dr. **Drobnik** Oberarzt der chirurgischen Station. — Städtische Irrenanstalt, Neuestr. 10. Aerzte: SanR Dr. **Schönke** Oberarzt. — Diakonissenhaus Posen, DirArzt: Dr. **Borchert.** — Vaterländische FrauenB, V: Frau Oberlandesgerichts-Präsident **Gryczewski.**—Posener FrauenB, V: —, stellv V: Frau GehR **Orgler.** — Genossenschaft freiw. Krankenpfleger im Kriege, Kreisverband für die Provinz Posen, V: **Thon** OberpräsR. Israel Krankenpflege- u. Beerdigungs-Gesellschaft, V: **Silberberg** Rentier. — Neuer israel Krankenpflege- u. BeerdigungsB, V: Dr. **Hirschberg** GehSanR. — NaturheilB zu Posen, V: **Goldhagen** RechnR. — Rother KreuzB, ProvB Posen, V: Dr. **v. Bitter** Oberpräsident. — Rother KreuzB, OrtsB Posen, V: Dr. **v. Bitter** Oberpräsident. — ProvB zur Bekämpfung der Tuberkulose als Volkskrankheit, V: Frhr **v. Wilamowitz-Möllendorf** Wirkl GehR. — ProvTaubstummenanstalt, Dir: **Radomski** SchulR.

    Versorgungs-Anstalten und Zuschußkassen, z. B. Wittwenstifte, Siechenhäuser: SiebenWittwen- u. FünfFrauenstift, Gr. Gerberstr. 7, verwaltet durch den Magistrat u. den jeweiligen Propst der Pfarrkirche. — Bergerstift, Bäckerstraße 14, V des Kuratoriums: **Witting** Oberbürgermeister. — Städt. Siechenanstalt, Neuestr. 10 (Waisengasse), V der VerwDeput: Dr. **Krause** StdtR; Aerzte: SanR Dr. **Schoenke** Oberarzt, Verw: **Vogt** KrankenhausInsp. — Kath. St. Josephstift Petristr. 7 (Siechenstation für 50 Siechen). — Frauen-Siechenstation der Diakonissen-Anstalt Zagorze 15, V: **Kühn** Pastor. — Hospital der ev Kreuzkirchengemeinde. — Kath. Siechenhaus „Opatrznosc" Brombergerstr. 7, V: **Echaust** Domherr. — Altenheim in Wilda, Kronprinzenstr. 97, verw vom Vaterl. FrauenB. — Jüd. Kranken- und Siechenhaus, Vor dem Königsthor 5.

    Fürsorge-Vereine und Anstalten verschiedener Art, z. B. Vereine für Arbeiter-Wohlfahrtspflege 2c.: B zur Fürsorge für kranke Arbeiter für die Stadt Posen, V: **Künzer** Bürgermstr. — Städt. Haus der Obbachlosen. — Zentralanstalt für unentgeltlichen Arbeitsnachweis, Verw **Schmidt.** — Beamten-Wohnungs-Bauverein, V: **Scheidt** OberstaatsanwSekr. — Bezugsgenossenschaft für Brennmaterialien, e. G. m. b. H., V: **Franek** PostSekr a. D. — B zur Prämiirung treuer weiblicher Dienstboten, V: J. **Hugger** KommerzR. — B zur Fürsorge für entlassene Strafgefangene, ZweigB Posen, V: —, stellv V **Pilling** Staatsanwalt. — Gemeinnützige Baugenossenschaft, V: **Radomski** SchulR. — Israel ArmenhilfsB, V: **Heilbronn** Rentier. — B zur Förderung der Erwerbsfähigkeit unbemittelter Mädchen, V: Dr. **Landsberger,** — Israel TöchterB, V: Dr. **Hirschberg** GehSanR. — Nationaldank für Veteranen, V: **Staudy** GenLandschDir. — Wilhelm-Stiftung für erwachsene Beamtentöchter, ProvKommission f. d. Prov Posen, V: **Thon** OberpräsR. — ZweigB Posen der Kaiser Wilhelm-Stiftung für deutsche Invaliden, V: **v. Staudy** GenLandschDir. — Posener ProvB gegen die Wanderbettelei, V: **v. Sänger** AmtsR. — Poln Fechtverein Bractwo kwestarskie, V: —. — St. Vincent à PauloB Tow sw. Wincentego à Paulo, V: —. — St. Vincent à Paulo DamenB Towarzystwo dam sw. Wincentego à Paulo, V: —. — TaubstummenB (poln) Tow gluchoniemych, V: —.

    Sparkassen, Kreditvereine, Versicherungs-Anstalten: Städtische Sparkasse, Neues Stadthaus. — Posener KreditB, e. G. m. u. H., Dir: **Seidel.** — Wirthschaftsverband des Posener LehrerB, V: **Otto** Lehrer. — Wirthschaftsverband des Posener BeamtenB, V: —. — Sterbekassen-RentenB für die Provinz Posen, V: **Krieger** KanzleiR. — AssekuranzB in Posen, V: **Napmund** Hptm u. GenAgent. — Geschworenen-EntschädigungsB, V: **Warschauer** Kfm. — Posener SparB, V: **Neumann** LandesSekr.

    Vereine für humanitäre Zwecke. Freimaurerloge zum Tempel der Eintracht, V: Dr. **Prümers** ArchivDir. — Kosmos-Loge Nr. 1 von Posen J.O.O.F. (Odd Fellov-Loge), V: **Bernstein.** — Posener Odd Fellov-Heim, G. m. b. H., V: **Kronthal.** — Amicitia-Loge, V: **Goldschmidt.** — HumanitätsB in Posen, V: **Blum.** — Verband Posenscher ThierschutzB, V: **Schulz** Kfm. — ThierschutzB zu Posen, V: **Schulz** Kfm; Geschäftsführer: **Reißmüller** Redakteur. — Poln B „Freundschaftsbund", V: —. — Poln B „Eintracht" Tow. Jednosc, V: —.

Touristen=, Gebirgs= und Geselligkeitsvereine. Deutsch=österreichischer AlpenV, Sektion Posen, V: **Zacher** PolR. — RiesengebirgsV, V: Dr. **Rummler** Prof. — V der Schlesier, V: —. — RheinländerV, V: —. — Schlaraffia, V: **Perls** Kfm. — Posener Schützengilde, V: **Schilling**=SchießV, V: —. — Schlittschuhklub „Eiskönig", V: **Kleiner**. — Erholungs=Gesellschaft, V: Dr. **Mankiewicz** MedAss. — Kasino=Gesellschaft, V: —. — V „Freundschaftsbund", V: **Adler**. — Kegelklub 1900, V: **Goldstein** Kfm. — SobieskiV „Einigkeit", V: —. — Geselliger V, Kolo towarzyskie, V: —. — VergnügungsV „Stella", V: **Andrujzewski**. — FrauenV „Warta", V: —.

Vereine u. Anstalten für Kinder= u. Jugenderziehung, z. B. Kinderasyle, Waisenhäuser: Kinderasyl der städtischen Waisenverwaltung, Waisenstr. 11. V der Waisendeputation: Dr. **Krause** StdtR; Verwalter: **Vogt** KrankenhausInsp, — Städtische Waisenknabenanstalt, V: Dr. **Krause** StdtR. — Dr. Jacob'sche Waisenmädchenanstalt, Kuratorium: Leiterin Frl. **Seger**. — Ev ErziehungsV, V: Dr. **Felsmann** LandgerDir. — Deutsche Kinderbewahranstalten in Posen, V: **Pfähler** Reg= und SchulR. — KrippenV, V: **Künzer** Bgrmstr. — Kindergärten u. Seminar für Ausbildung für diese, Leiterin: Frau **Michel**. — Ritsche=Flatau'sche Waisen= Erziehungsanstalt für Mädchen, V: **Heilbronn** Rentier. — Jugendhort, Abth der Posener FrauenbildungsV, V: —. — V für Ferienkolonien, V: **Kalkowski** LandesR. — V zur Beispeisung armer Schulkinder, V: —. — Poln V „Stella" Abth für Ferienkolonien, V: **Andrujzewski**. — Kgl Gewerbe= u. Haushaltschule für Mädchen, Leiterin: Frl. **Ridder**. — Handfertigkeitsschule für Knaben, Leiter: **Gaertig** Gym=Lehrer. — Kgl Baugewerkschule, Dir: **Spetzler**. — Fortbildungs= u. Gewerkschule, Oberleitung: **Spetzler**. — Potu Zweigb des MarcinkowskiV für Lehrhilfe, V: —.

Vereine und Anstalten für Wissenschaft, Kunst, Literatur und Volksbildung. Deutsche Gesellschaft für Kunst u. Wissenschaft, V: Dr. **v. Bitter** ObPräs. — Historische Gesellschaft für die Provinz Posen, V: Dr. **v. Bitter** ObPräs, stellv V: Dr. **Prümers** ArchivDir. — KunstV Posen, V: **Krahmer** RegPräs. — Numismatische Gesellschaft, V: Dr. **Kremmer** ObLehrer. — Naturwissenschaftlicher V der Provinz Posen, V: Dr. **v. Bitter** ObPräs. — Photographischer V Posen, V: **Grüder** StdtBauR. — PostwerthzeichensammlerV, V: **Behlau** Festungs=Oberbauwart. — Schachklub, V: —. — Deutscher VolksbibliothekenV, V: Prof Dr. **Rummler**. — Kgl Staatsarchiv, V: Dr. **Prümers** ArchivDir. — Provinzial=Museum, Dir: Dr. **Schwartz**. — Kaiser Wilhelm=Bibliothek. — Graf Raczynski'sche Bibliothek, V des Kuratoriums: der jeweilige RegPräs des RegBez Posen und der Oberbürgermeister. — Stadttheater (Eigenthum der Stadtgemeinde), Dir: **Wahlberg**. — Hennig'scher GesangV, V und Leiter: Prof **Hennig**. — Posener Provinzial=Sängerbund, V: **Busse** RechnR. — Allgemeiner Männer=GesangV, V: **Busse** RechnR. — Vaterl Männer=GesangV, V: **Roehtke** EisenbSekr. — V deutscher Sänger, V: **Knorr** EisenbVerkehrsKontr. — Männer=GesangV „Volksliedertafel", V: **Peschel** RechnR. — GesangV „Geselligkeit" zu Posen, V: **Boehmer**. — Deutscher Männer=GesangV Posen=W., V: **Kuß** Kantor. — Männer=GesangV „Sängerkreis", V: **Lieberowski** Schriftf. — Männer=GesangV „Liederkranz", V: —. — Männer=GesangV „St. Lazarus", V: **Zachert** EisbBetrSekr. — GesangV „Harmonie" in Wilda, V: —. — Dramatischer V in Posen, V: —. — Posener FrauenbildungsV, V: verw. Frau Justizr **Kurella**. — V „Zoologischer Garten", V: **Jaeckel** Klm. — Gesellschaft der Freunde der Wissenschaften Tow. Przyjaciół Nauk, V: Dr. **Likowski** Weihbischof. — Poln VolksbibliothekenV Tow. czytelni ludowych, V: —. — Adam MickiewiczV für volksthümliche Vorträge Tow. wykladów ludowych, V: —. — Sängerkreis, Kolo śpiewackie, V: —. — Poln GesangV „Harmonia" Posen=St. Lazarus, V: —. — GesangV „Halka" in Jersitz, V: —. — Verband der poln GesangV der Prov Posen, V: —. — MusikV „Lutnia", V: —. — GesangV „Moniuszko" Posen, V: —. — Poln GesangV „Jünglings=Sängerkreis", Kolo śpiewackie młodzieży, V: —. — Poln dramatischer V Posen, V:

Innungen: Barbier=, Friseur= u. Perückenmacher (freie). Ihr Bezirk umfaßt den Gemeindebezirk der Stadt Posen, sowie die Kreise Posen=Ost u. =West, Kosten, Grätz, Neutomischel, Schrimm, Wreschen, Schroda, Samter, Obornik u. Jarotschin. Obermstr: **Preß** Barbier. — Bäcker=, Konditor= u. Pfefferküchler (freie). Ihr Bezirk umfaßt den Bezirk der Gemeinde Posen u. der Kreise Posen=Ost u. Posen=West.

Obermstr: **Haike** Bäckermstr. — Innung für Bau=, Maurer= u. Zimmermstr „Posener Bauhütte" (freie). Ihr Bezirk umfaßt den Bezirk der Kreise Posen, Schroda, Obornik, Samter, Schrimm, Grätz, Neutomischel. Obermstr: **Müller** Maurer= u. Zimmermstr. — FleischerJ (freie). Ihr Bezirk umfaßt den Bezirk der Gemeinde Posen. Obermstr: **Cabanski** Fleischermstr. — SchmiedeJ (freie). Ihr Bezirk umfaßt den Bezirk der Gemeinde Posen, Dembsen, Glowno. Obermstr: **Gruhl** Schmiedemstr. — SchneiderJ (freie). Ihr Bezirk umfaßt den Bezirk der Gemeinde Posen. Obermstr: **Platkowski** Schneidermstr. — ZwangsJ für das Schornsteinfegergewerbe im RegBez Posen. Ihr Bezirk umfaßt den gesammten RegBez Posen. Obermstr: Konst. **Andrzejewski** Schornsteinfegermstr. — ZwangsJ für das Schlosser=, Büchsenmacher=, Zeug= und Zirkelschmiede, Feilenhauer=, Optiker=, Elektrotechniker=, Messerschmiede=, Mechaniker= und Installateur=Gewerbe. Ihr Bezirk umfaßt den Gemeindebezirk Posen. Obermstr: **Zander** Schlossermstr. — Freie SchuhmacherJ. Ihr Bezirk umfaßt den Gemeindebezirk Posen. Obermstr: Franz **Andrzejewski** Schuhmachermstr. — SteinsetzerJ (freie). Ihr Bezirk umfaßt den RegBez Posen. Obermstr: **Ory** Steinsetzmstr. — Stell= u. RademacherJ (freie). Ihr Bezirk umfaßt den Bezirk der Gemeinde Posen u. der Kreise Posen=Ost u. Posen=West. Obermstr: **Kulka** Stellmachermstr. — TapeziererJ (freie). Die Innung umfaßt den RegBez Posen. Obermstr: **Richter** Tapeziermstr. — Tischler=, Drechsler=, Holzschnitzer=, Orgel= u. InstrumentenbauerJ (freie). Ihr Bezirk umfaßt den Bezirk der Gemeinde Posen. Obermstr: Martin **Andrzejewski** Tischlermstr. — TöpferJ (freie). Ihr Bezirk umfaßt den RegBez Posen mit Ausnahme der Kreise Liffa, Meseritz, Schmiegel u. Schwerin a. W. Obermstr: **Malinski** Töpfermstr. — WurstmacherJ (Neue FleischerJ). Ihr Bezirk umfaßt den Bezirk der Gemeinde Posen. Obermstr: **Menzel** Fleischermstr.

Landwehr= und Kriegervereine: Posener ProvLandwehrVerband, V: **v. Staudy** Kgl GenLandschDir u. Major a. D. in Posen. — Posener LandwehrV, V: **v. Staudy** Kgl. LandschDir u. Major a. D. — V Posener Kriegsveteranen, V: **Krüger** Fabrikbes u. OblLt a. D. — V ehem 46er (Graf Kirchbach), V: **Sommer** Oberlandmesser u. Hptm d. R. — V ehem 6er (Graf Kleist v. Nollendorf), V: **Rapmund** GenAgent u. Hptm d. R. — V ehem 19er, V: **Michel** Kfm. — V ehem Jäger und Schützen, V: Dr phil. **Minde-Pouet.** — V ehem Artilleristen, V: **Heinrich** Rentier. — MarineV der Provinz Posen, V: —. — V der Annaburger, V: —. — V der Ritter des Eisernen Kreuzes, V: **Schmiechen** LandschBuchhalter.

Sonstige Anstalten: Städt. Schlacht= u. Viehhof, Gerberdamm. — Städt. Licht= u. Wasserwerke, Grabenstraße. — Städt. Volksbrausebad, Neuer Markt. — Städt. Pfandleihanstalt, Ziegenstr. 8. — Städt. Desinfektionsanstalt, Schulstr. 12. — Städt. Feuerwehr, Marstallstraße. — Gemeinsame Meldestelle für Krankenversicherung. Krankenversicherungskasse. — Betriebskrankenkasse Nr. 1. Krankenunterstützungs= und Sterbekasse für Angestellte u. Arbeiter der Gas= u. Wasserwerke der Stadt Posen. V: **Mertens** Dir der Gas= u. Wasserwerke. — Betriebskrankenkasse Nr. 2. Krankenunterstützungs= u. Sterbekasse für die in der Firma L. Frankiewicz beschäftigten Personen. V: **Eckert** Architekt. — Betriebskrankenkasse Nr. 3. Krankenunterstützungs= und Sterbekasse für die in der Cegielski'schen Fabrik beschäftigten Personen. V: **Zimmermann** Ingenieur. — Betriebskrankenkasse Nr. 4. Kranken= u. Sterbekasse für die in der Firma J. Krysiewicz beschäftigten Personen. V: St. **Krysiewicz** Fabrikbesitzer. — Betriebskrankenkasse Nr. 5. Kranken= u. Sterbekasse für die im Dienst der Posener Straßenbahn beschäftigten Betriebsbeamten u. Arbeiter, V: **Fischer** Dir. — Betriebskrankenkasse Nr. 6. Krankenunterstützungs= u. Sterbekasse für die in der Fabrik der Firma J. Zeyland beschäftigten Personen. V: **Zeyland** Baumstr. — Betriebskrankenkasse Nr. 7. Krankenunterstützungs= u. Sterbekasse für die in der Firma Franz Regendank beschäftigten Personen. V: **Regendank** Baumeister. — Betriebskrankenkasse Nr. 8. Krankenunterstützungs= u. Sterbekasse für die in der Firma Kindler und Kartmann beschäftigten Personen. V: **Konasky** Sekr. — Betriebskrankenkasse Nr. 9. Krankenunterstützungs= u. Sterbekasse für die in der Fabrik der Firma Steingutfabrik Wilda bei Posen beschäftigten Personen. V: Dr. **Heim** Fabrikbes. — Betriebskrankenkasse Nr. 10. Krankenunterstützungs= u. Sterbekasse für die in der Firma Ferdinand Bendix Söhne, Aktiengesellschaft für Holzbearbeitung beschäftigten Personen. V: **Mannheim** Fabrikdirektor. — Arbeiter=Krankenunterstützungs= und Sterbekasse der Maschinenbauanstalt u. Eisengießerei von Urbanowski, Romocki & Co. V: **v. Urba-**

nowski Fabrikbesitzer. — Krankenkasse für die Cigarrenfabrik der Firma Gust. Ad. Schleh (Betriebskrankenkasse). V: **Kahl** Kfm. — Krankenunterstützungs= u. Sterbe= kasse der Firma Posener Cementwaaren= u. Dachplattenfabrik T. Neukranz (Betriebs= krankenkasse). V: T. **Neukranz** Kgl. Landmesser u. StdtR. — Krankenunterstützungs= u. Sterbekasse der Firma Cigarettenfabrik „Patria" Ganowicz & Wletlinski (Betriebs= krankenkasse). V: **Ganowicz** Mitinh. der Firma. — Arbeiter=Krankenunter= stützungs= u. Sterbekasse der Maschinenbauanstalt u. Eisengießerei von J. Moegelin. V: **von Strzydlewski** Mitinh. der Firma. — Fabrik=Krankenkasse der Chemischen Fabrik Aktiengesellschaft vorm. Moritz Milch & Co. V: Dr. **Lax**. — Ortskrankenkasse Nr. 1. Krankenunterstützungs= u. Sterbekasse für Versicherungspflichtige im Schneider= gewerbe. V: **Konarski** Schneidermstr. — Ortskrankenkasse Nr. 2. Krankenunter= stützungs= u. Sterbekasse für Versicherungspflichtige in den Gewerben der Buchdrucker, Lithographen u. Steindrucker. V: **Merzbach** Buchdruckereibes. — Ortskrankenkasse Nr. 3. Krankenunterstützungs= u. Sterbekasse für Versicherungspflichtige im Schuh= machergewerbe. V: **Glock** Schuhmachermstr. — Ortskrankenkasse Nr. 4. Kranken= unterstützungs= u. Sterbekasse für Versicherungspflichtige in den Gewerben der Tischler, Drechsler, Glaser u. Stuhlmacher. V: **Andrzejewski** Tischlermstr. — Gemeinsame Ortskrankenkasse Nr. 1. Krankenunterstützungs= u. Sterbekasse für Versicherungs= pflichtige in den Gewerben der Appreteure, Badeanstalten, Bandagisten, Barbiere, Blumenfabrikation, Bürstenmacher, Corsetmacher, Färber, Friseure, Handschuhmacher, Hutmacher, Kammmacher, Rohrflechter, Korbmacher, Korkschneider, Kürschner, Leisten= schneider, Lohndiener, Mützenmacher, Pantoffelmacher, Portiers, Posamentiere, Putz= macher u. Putzmacherinnen, Seiler, Strumpfwirker, Tuchmacher u. Tuchbereiter, Waschanstalten, Wattefabrikation, Weberei, Wärter u. Wärterinnen in Kranken= und anderen Anstalten mit Ausnahme der städt. Gemeindeanstalten. V: **Simrodt** Barbier. — Gemeinsame Ortskrankenkasse Nr. 2. Krankenunterstützungs= u. Sterbekasse für Versicherungspflichtige in den Gewerben der Anstreicher, Lackirer, Maler, Vergolder, Stuckateure, Holzbildhauer u. Photographen. V: **Pfeiffer** Malermstr. — Gemeinsame Ortskrankenkasse Nr. 3. Krankenunterstützungs= u. Sterbekasse für Versicherungs= pflichtige in den Betrieben u. Gewerben der Abdeckerei, Abfuhranstalten, Asphaltirer, Betriebe der Post=, Telegraphen= und Eisenbahnverwaltungen, sowie sämmtliche Betriebe der Marine= u. Heeresverwaltungen und zwar einschließlich der Barten, welche von diesen Verwaltungen für eigne Rechnung ausgeführt werden; Baggerei= betrieb, Binnenschifffahrtsbetrieb, Bracker, Comptoirdiener, Dachpappenfabrikation und Verarbeitung, Droschkenkutscher, Fährbetrieb, Flößereibetrieb, Fuhrwerksbetrieb, Geschäftsbetrieb der Anwälte, Notare u. Gerichtsvollzieher, der Krankenkassen, Berufs= genossenschaften u. Versicherungsanstalten, Güterpacker, Güterlader, Handlungsgehilfen und Lehrlinge, Arbeiter in Handlungsgeschäften, Kassendiener, Kellereibetrieb, Lauf= burschen u. Laufmädchen, Leichenbestattung, Magazinarbeiter, Messer, Packer, Prahm= betrieb, Sackträger, Säckefabrikation, Speicherbetrieb, Schaffer, Schauer, Schiffszieher, (Treidelei) Stauer, Wäger. V: **Dittrich** Kfm. — Gemeinsame Ortskrankenkasse Nr. 4. Krankenunterstützungs= u. Sterbekasse für Versicherungspflichtige in den Gewerben der Bäcker, Konditoren u. Pfefferküchler, Böttcherei u. Spritfabrikation, Bierdepots, Brauerei, Destillation, Essigfabrikation, Fischerei u. Fischräucherei, Fleischergewerbe, Gastwirthschaft, Hotelbetrieb, Licht= u. Seifenfabrikation, Molkerei, Müllerei, Mineral= wasser= u. Oelfabrikation, Preßhefenfabrikation, Restaurationsbetrieb u. Tabakfabrikation, Weinhandlungsarbeiter u. Zuckerwaaren. V: **Hendewerk** Kfm. — Gemeinsame Orts= krankenkasse Nr. 5. Krankenunterstützungs= u. Sterbekasse für Versicherungspflichtige in den Gewerben der Maurer, Dachdecker (Schiefer= u. Ziegeldecker), Zimmerer, Schiffbauer, Mühlenbauer u. Brunnenmacher, Steinsetzer, Marmor=, Stein= u. Kunst= steinwaarenverfertigung, Schornsteinreinigung, Thonröhrenfabrikation, Töpferei, Ver= fertigung von feinen Thonwaaren u. Ziegelfabrikation. V: **Hartmann** Maurermstr. — Gemeinsame Ortskrankenkasse Nr. 6. Krankenunterstützungs= u. Sterbekasse für Versicherungspflichtige in den Gewerben der Bronziere, Büchsenmacher, Feilenhauer, Gelb= u. Glockengießer, Gold= u. Silberarbeiter, Gürtler, Klempner, Kupfer= und Messingwaaren=Verfertigung, Messerschmiede, Schleifer, Schmiede, Zeug= u. Nagel= schmiede, Schlosser, Schwertfeger, Siebmacher, Nadler, Sporer u. Zinngießer; ferner Fabrik= u. Maschinenbauarbeiter, Graveure, Arbeiter für Gas= u. Wasseranlagen, Instrumentenbauer, Mechaniker, Optiker, Zahntechniker, Stellmacher, Signal= und

Beleuchtungsapparate-Verfertigung, Uhrmacher, das Wagenbaugewerbe, ferner Buchbinder, Gerber, Lederzurichter, Riemer, Sattler, Tapezierer u. Treibriemenfabrikation,
die in land- u. forstwirthschaftlichen Betrieben (einschl. der Gärtner) u. die von
Schauspielunternehmern — außer den eigentlichen Schauspielern — beschäftigten
Personen. V: Winter Installateur. — Gemeindekrankenversicherung. Für alle ver-
sicherungspflichtigen Personen, welche einer Ortskrankenkasse, einer Betriebs- (Fabrik-)
Krankenkasse, einer Baukrankenkasse, einer Innungs-Krankenkasse, einer Knappschafts-
kasse, einer eingeschriebenen oder auf Grund landesrechtlicher Vorschriften eingerichteten
Hilfskasse nicht angehören.

Kreis Adelnau.

Adelnau: Spar- u. Leihbank, V: **Nehring**.
Bogdaj: Spar- u. Darlehnskasse, G. m. u. H., V: **Majonek** Bauunternehmer
        in Mlynik.
Pogrzybow: Spar- u. Darlehnskassen-Verein, G. m. u. H., V: **Wenghoffer** fisk
        GutsVerw.
Raschkow: Volksbank, e. G. m. u. H., V: **Laskowski** Propst. — Spar- u. Darlehns-
        verein, e. G. m. u. H., V: **Rosenberger** Distrikts-Kommissar.
Schwarzwald: Spar- u. Darlehnskasse, G. m. u. H., V: **Mix** HptL.
Sulmierzyce: 2 Schützen- u. 1 GesangV.

Kreis Birnbaum.

Altmerine: V zur Unterstützung bei Brandfällen.
Birnbaum: LandwehrV. — MilitärV. — Schützengilde. — Männer-TurnV. —
        TurnV „Jahn“. — Abtheilung d. Deutschen Kolonial-Gesellschaft. — Birnbaumer
        Netz- u. Fischereigenossenschaft. — KreditV. — KonservativeV. — Ev. Männer-
        u. JünglingsV. — Frauen-TurnV. — FlottenV. — GesangV „Eintracht“. —
        GesangV „Concordia“. — GastwirthsV. — Geselliger HandwerkerV. —
        Gesellige Familien-Vereinigung. — HausbesitzerV. — Jüd. FrauenV. —
        Kth. GesellenV. — LotterieV „Gut Glück“. — LehrerV. — Ortsgruppe
        Birnbaum des deutschen OstmarkenV. — Poln. IndustrieV. — Ressourcen-
        Gesellschaft. — Stahl- u. MetallarbeiterV. — TabakarbeiterV. — VorschußV.
        — V kleiner Landwirthe. — VerschönerungsV. — VolksbildungsV. — ZweigV
        Birnbaum des deutschen FrauenV für die Ostmarken. — Bäcker-, Konditor-
        und PfefferküchlerJ. — Böttcher-, Drechsler-, Maler- pp. J. — FleischerJ.
        — Feuer- u. Metallarbeiter-, Stell- u. RademacherJ. — MüllerJ. — Maurer-
        u. ZimmererJ. — SchneiderJ. — SchuhmacherJ.
Eulenberg: KriegerV.
Kwiltsch: Poln. RustikalV.
Lubosch: KriegerV. — TrichinenV Lubosch mit Niemierschewo Gut. — TrichinenV
        Lubosch Gemeinde.
Mechnatsch: Kaczolke-Entwässerungs-Gen. — TrichinenV.
Milostowo: TrichinenV.
Mokritz: KriegerV.
Neumerine: KriegerV.
Neuzattum: KriegerV,
Orzeschkowo: KriegerV. — LeseV.
Radegosch: KriegerV.
Radusch: KriegerV.
Ryzin: KriegerV. — TrichinenV.
Zirke: Krankenhaus (St. Josef). — Hospital (St. Spiritus). — LandwehrV. —
        GesangV „Konkordia“. — Poln. IndustrieV. — Landwirthschaftlicher V. —
        Städt. Sparkasse, Rend: Falk. — Spar- u. Darlehnskasse. — Das Heinrich
        Carow'sche Legat.

Kreis Bomst.

Altkloster: KriegerV.
Alt=Scharke: BrandschadenV.
Chwalim: KriegerV.
Globen: KriegerV.
Jabloie: KriegerV.
Karge: KriegerV.
Kopnitz: KriegerV.
Mauche: KriegerV.
Priement: KriegerV.
Rakwitz: Städt. Hospital (Kothe=Stiftung).
Rothenburg a. Obra: KriegerV.
Ruchocice: KriegerV.
Schuffenze: KriegerV.
Schwenten: KriegerV.
Tarnowo: KriegerV.
Tepperbuden: KriegerV.
Unruhstadt: Schützengilde. — KriegerV. — MühlenversicherungsV.
Wollstein: VorschußV. — Spar= u. Darlehnskasse. — KriegerV. — Schützengilde.
— Männer=TurnV. — Männer=GesangV.

Kreis Fraustadt.

Alt=Driebitz: DarlehnskassenV, V: **Sattler** Pf. — KriegerV, V: **Walz** GemVorst.
— Vieh=VersicherungsV (Trichinen u. Finnen), V: **Sinske** Bauer.
Attendorf: Vieh=VersicherungsV, V: **Bratke** GemVorst.
Breiio: KriegerV, V: **Schulz** HptL.
Deutsch=Jeseritz: Vieh=VersicherungsV, V: **Klopsch** GemVorst.
Fraustadt: Staatl. gewerb. Fortbildungsschule, V: **Alsen** Kgl LndR LD2,
Dir: **Lange** Lehrer. — Landwirthschaftliche Witterschule, Dir: **Seidenschwanz**.
— Kaufm. Fortbildungsschule, V: **Grosmann** Kfm u. rrathsherr. — Ev. Bürger-
heim, V: **Engelmann** Pastor prim. — Ev Waisenhaus, V: **Engelmann** Pastor prim.
— Kth. Waisenhaus, V: Lic. **Luedke** Propst. — Institut der Johanniter-
schwestern. — Institut der grauei Schwestern. — KrSparkasse, V des
VerwR: **Alsen** LaidR LD2, Rend: **Buchholtz** Kgl Rentmstr im Nebenamte. —
Ortskrankenkasse Nr. 1, V: **Michel**, Rend: **Unbehaun**. — Gemeinsame Orts-
krankenkasse, V: **Sucher**, Rend: **Baumgart**. — KrKrankenkasse, V: **Bry**, Rend:
Maschke. — VorschußV, e. G. m. u. H., V: **Hoffmann**, Rend: **Goldmann**. —
Bürgerheim, V: **Sucher**. — V zur Förderung des Deutschthums ii dei Ost-
marter, V: **Dutz** Pastor in Ulbersdorf. — V zur Gründung eiier deutschen Volks-
bibliothek, V: **Daum** Bgrmstr. — V zur gegenseitigen Versicherung gegei
Trichinen= u. Finnenschäden, V: **Sturzenbecher** Tischlermstr. — V zur gegei-
seitigen Versicherung der Schweine gegei Rothlauf pp., V: **Sturzenbecher**. —
BienenzüchterV, V: **Krey** Lehrer in Nieder=Pritschen. — V „Herberge zur Heimath"
V: **Gruhl** Tischlermstr. — Landwirthschaftlicher V, V: **Seimert** Gutsbej. —
V der Ackergemeinde, V: **Seimert**. — ThierschutzV, V: **Krause** Lehrer. — V für
Geflügel= u. Singvögelschutz, V: **Klupsch** Lehrer. — Institut der freiw. Feuerwehr,
V: **Hoffmann** Rentier. — BegräbnißV, V: **Heinrich** Rentier. — KriegerV mit
Sanitäts=Kolone, V: **Klette** Lt a. D. EisKrz2, Dr. **Zelle** Leiter der Sanitätskolonne.
— Schützengilde, V: **Grosmann** Kfm. — StudentenV, V: **Riegel** stud. arch.
— LehrerV, V: **Sauer** L. — Männer=TurnV, V: **Mählich** KrSefr LD2 D3. —
GesaigV „Liedertafel", V: **Gruhl**, techi. Leiter: **Laige** HptL. — Ev. Männer-
u. JünglingsV, V: **Engelmann** Pastor prim. — V der Gaft= u. Schankwirthe, V:
Porada Gaftwirth. — RadfahrerV, V: **Sladzyk** Stations=Assist. — V Geselligkeit,
V: **Seimert**. — SpitzelV, V: **Mählich** LD2 D3. — Kth. GesellenV, V:
Lic. **Luedke** Propst. — Zweigverband des Centralverbandes der Maurer u. verw.
Gewerbe, V: **Heinrich** Maurergeselle ii Nieder=Pritschen.
Geyersdorf: Vieh=VersicherungsV, V: **Kliem** Bauer.
Gurschen: ViehVersicherungsV, V: **Kleinert** GemVorst AllgEhr.

Heyersdorf: ViehVersicherungsV, V: **Kopsch** Gastwirth. — KriegerV, V: **Hentschel** GemVorst.

Hinzendorf: DarlehnskassenV, V: **Schulz** GemVorst.

Ilgen=Kaltvorwerk: KriegerV, V: **Mattner** Mühlenbes LD2.

Kabel: Vieh=VersicherungsV, V: **Preuß** GemVorst.

Kabel=Heyersdorf: DarlehnskassenV, V: **Preuß** GemVorst zu Kabel.

Kaltvorwerk: Vieh=VersicherungsV, V: **Schubert** Bauer.

Kaidlau=Kursdorf: KriegerV, V: **Sauer** Gutsbes zu Kandlau.

Kursdorf: ViehversicherungsV, V: **Vogt** GemVorst. — DarlehnskassenV, V: **Weiß** Bauerngutsbes.

Kursdorf=Kandlau=Driebitz: Landwirthschaftlicher V., V: **Vogt** GemVorst zu Kursdorf.

Lissen: Vieh=VersicherungsV, **Schröter** Bauer.

Luschwitz: DarlehnskassenV, V; **Moeller** Pf. — LehrerV, V: **Schulz** HptL zu Breiio. KriegerV, V: **Specht** Herzogl. Forstmstr., Lt d. L. AnhAlbrBär2 OestFrzJos RittKrz LD2.

Neu=Laube: Vieh=VersicherungsV, V: **Gaertig** Bauer.

Nicheln: Vieh=VersicherungsV, **Conrad** GemVorst.

Nicheln=Bargen: KriegerV, V: **Conrad** Maurerpolier zu Nicheln.

Nieder=Pritschen: Vieh=VersicherungsV, V: **Kluge** GemVorst. — Fraustädter Molkerei, e. G. m. u. H., V: **Lürman** Rgbes auf Geyersdorf LD2.

Ober=Pritschen: KriegerV, V: **Menzel** Rgbes, Lt der Landwehr LD2. — Vieh=VersicherungsV, V: **Schubert** GemVorst. — Zuckerfabr Fraustadt Aktien=Gesellschaft, Dir: **Gutekunit** u. **Wimmer**.

Röhrsdorf: KriegerV, V: **Feige** Lehrer. — Vieh=VersicherungsV, V: **Feige** Lehrer.

Scharne=Lache: KriegerV, V: **Trenner** GemVorst zu Scharne.

Tillendorf: Vieh=VersicherungsV, V: **Kutzner** Bauer.

Ulbersdorf: Ulbersdorfer Molkerei, e. G. m. u. H., V: **Thiel** Kutschner. — DarlehnskassenV, V: **Dutz** Pf. — KriegerV, V: **Giesel** Insp. — SpargelV, e. G. m. u. H., V: **Pfeiffer** Lehrer. — Vieh=VersicherungsV, V: **Fengler** Gem=Vorsteher.

Weigmannsdorf: ViehVersicherungsV, V: **Jäschke** Gärtner.

Weiie: DarlehnskassenV, V: **Kowalewicz** Bauerngutsbes.

Zedlitz: Zedlitzer Molkerei, e. G. m. u. H., V: **Stabrey** Bauerngutsbes. — KriegerV, V: **Peiker** Rgbes, LandschR u. OblLt der Landwehr auf Nieder=Zedlitz LD2. — RadfahrerV, V: **Szwajkiewicz** Fleischer. — Vieh=VersicherungsV, V: **Kitzke** GemVorst.

Kreis Gostyn.

Czeluscin: Darlehnskassen=Verein, e. G. m. u. H., V: **Schwoerdt** Ansiedler.

Gostyn: Krankenanstalt der Barmherzigen Schwestern (Vincentinnerinnen), Oberin: Schwester **Rogowska**. — Kreissparkasse, V: **Lucke** Landrath, Rend **Behrmann** Kgl Rentmstr. — Städt Sparkasse, V: **Flieger** Bgrmstr, Rend **Wolski** Kämm. — Vorschußkasse (Towarzystwo pożyczkowe e. G. m. u. H.), V: **Hejnowicz** Ackerbürger, Rend **Sura** Taxator. — Vaterl FrauenV Gostyn—Sandberg—Kröben, V: Frau Landrath **Lucke**. — MännerV vom Rothen Kreuz, V: Dr. **Hirsch-feld**. — KriegerV Gostyn—Sandberg, V: **Neumann** KatKontr. — FlottenV Kreis Gostyn, V: Dr. **Lucke** Landrath. — MännerturnV, V: **Behr-mann** Rentmstr. — RadfahrerV, V: **Behrmann** Rentmstr. — Freiw Feuer-wehr, V: **Piątkowski** Baugewerksmstr. — Lese= u. BildungsV, V: **Klose** Dirigent der höheren Knabenschule. — LehrerV, V: **Schmidt** HptL. — Ver-schönerungsV, V: Dr. **Lucke** Landrath. — PestalozziV, V: **Effler** HptL a. D. — HandwerkerV, V: **Beczkiewicz** Schuhmachermstr. — SokółV, V: **Wozi-wodzki** Kfm. — KthArbeiterV, V: **Naskrent** Arb. — Schützengilde, V: **Cią-żyński** Destillateur.

Gr.=Lenka: Hospital, V: Graf **Mielżynski** Rittergutsbes.

Jutroschin: Kaulfuß=Dumsche Stiftung, V: **Hensel** Pastor.

Kröben: Bank ludowy, e. G. m. u. H., V: **v. Jackowski** Propst in Gostyn, Rend **Żmudzynski**. — KriegerV, V: **v. Gerdtell** DistrKomm. — BürgerV, V: **Switalski** Kämm. — IndustrieV, V: **Mackowiak** Ackerbürger. — BienenV, V: **Mackowiak** Ackerbürger.

Marysin: Krankenanstalt der Barmherzigen Brüder, V: **Wagner** Prior, **Pietrzyba** Oberkrankenwärter u. Subprior.

Punitz: Krankenanstalt der Barmherzigen Schwestern, Oberin: Schwester **Corvinus**. — Städt Sparkasse, V: **Kothe** Bgrmstr, Rend **Scholz** Kämm. — Bank ludowy, e. G. m. u. H., V: **Snowacki** Pfarrverw, Rend **Miskiewicz** Buchbinder. — Deutscher VorschußV, e. G. m. u. H., V: **Kreutzinger** Lehrer, Rend **Kosmahl**. — Spar= u. Darlehnskasse, e. G. m. u. H., V: **Fricke** Pf in Waschke, Rend **Tietzen** Vorwerksbes in Smilowo. — LandwehrV, V: **v. Tietzen** DistrKomm. — Schützengilde, V: **Wähner**. — MännerturnV, V: **Wiesemann** ObStKontr. — Kth HandwerkerV, V: **Miskiewicz** Buchbinder. — Poln TurnV, V: **Hertle** Rittergutspächter in Drzewce.

Sandberg: Schützengilde, V: **Langner** Tischlermstr.

Kreis Grätz.

Grätz: Diskonto=Gesellschaft, eingetr. Gen., Dir: **Herzfeld** Kfm. — Volksbank eingetr. Gen., Dir: **Andrzejewski** Kfm. — Vereinigte Grätzer Bierbrauereien, eingetr. Gen., Dir: **Stein** Kfm. — LandwehrV, V: **Gutsche** Baumstr. — Männer=GesangV, V: **Priebe** Stadtsekr. — Schützengilde, V: **Euchorski** Fleischermstr. — Freiwillige Feuerwehr, Brandmstr: **Priebe** Stadtsekr. — Kth ArbeiterV, V: **Alejski** Propst. — Kth HandwerkerV, V: **Alejski** Propst. — St. Vincent à PauloV, V: **Andrzejewski** Schornsteinfegermstr. — Kth GesangV, V: **Andrzejewski** Kfm. — Jüd LeseV, V: Dr. **Silberberg** Rabb. — Kth GesellenV, V: **Neumann** Mansionar. — Jüd KrankenpflegeV, V: Dr. **Silberberg** Rabb. — PostunterbeamtenV, V: **Prüfer** Postschaffner. — Ev Männer= und JünglingsV, V: **Mathias** Pastor. — Vaterl. FrauenV. — Deutscher FlottenV. — RothesKreuzV.

Buk: Vaterl. FrauenV. — Deutscher FlottenV. — RothesKreuzV.

Opalenitza: LandwehrV, V: **Rabach**. — SchützenV, V: **Witajewski**. — IndustrieV, V: **Rajewicz**. — GewerkV, V: **Katzur**. — ArbeiterV, V: **Mazurek**. — GesangV, V: **Krüger**. — FlottenV, V: **Nord**. — Verein vom Rothen Kreuz, V: **Rabach**.

Kreis Jarotschin.

Friedrichsdorf: Spar= u. Darlehnskasse. — Drainagegenossenschaft.

Hochdorf: Spar= u. Darlehnskasse. — Deutsche Volksbibliothek.

Jaratschewo: Zwei polnische Darlehnskassen. — Deutscher SchützenV. — LehrerV. — IndustrieV. — GesangV.

Jarotschin: Vaterl. FrauenV. — Voß'sche Armenstiftung. — Zuckerfabrik Jarotschin, e. G. m. u. H. in Witaszyce. — Molkereigenossenschaft Jarotschin, e. G. m. u. H. — Kreiskrankenhaus. — Deutsche Volksbibliothek.

Kotlin: Spar= u. Darlehnskasse. — Landwirthschaftlicher Verein.

Langenfeld: Spar= u. Darlehnskasse.

Lawau: Molkereigenossenschaft.

Lowenitz: Spar= u. Darlehnskasse. — Drainagegenossenschaft. — Erholungsheim.

Neustadt a. W.: Kth Hospital. — LandwehrV. — Freiw. Feuerwehr. — GesangV. — JmkerV. — Schützengilde. — IndustrieV. — LehrerV.

Pogorzelice: Landwirthschaftlicher V.

Witaszyce: Konstantia von Gorzenska'sche Armenstiftung.

Woizichau: Molkereigenossenschaft. — Drainagegenossenschaft. — Landwirthschaftlicher V. — KriegerV für Woizichau u. Umgegend.

Kreis Kempen.

Kempen: Ortskrankenkasse. — Kreissparkasse. — VorschußV, e. G. m. u. H. — Vaterl FrauenV. — V vom Rothen Kreuz. — KriegerV.

Kreis Koschmin.

Koschmin: Kth Hospital V: die kth Kirche. — Towarzystwó pożyczkowe w Kozminie, e. G. m. u. H., Dir: **Podlewski** Kfm, Rend: **Felicki** Gastwirth— Freiw Feuerwehr, V: **Jahnke** Bgrmstr. — GesangV „Liedertafel", V: **Jahnke** Bgrmstr. — Vaterl FrauenV, V: Frau Landrath **Witte**. — Towarzystwo przemysłowców polskich, V: **Stawicki** BureauVorst. — VerschönerungsV, V: **Jahnke** Bgrmstr.—TurnV, V: **Liesiecki** KämmKassenRend. — Allg SchützenV, V: **Dufft** Amtsrichter. — Koło śpiewackie w Kozminie, V: **Czypicki** RAnw. — Towarzystwo wyborcze, V: **Podlewski** Kfm. — VolksleseV, V: Dr. **Witte** Landrath. — Schützengilde, bractwo strzeleckie, V: **Felicki** Gastwirth. — KriegerV, V: **Schenk** Amtsrichter. — Pädagogischer V für Koschmin und Umgegend, V: **Peschke** Rektor. — Kth ArbeiterV, V: **v. Radonski** Vikar. — Deutscher WahlV, stellv V: **Jahnke** Bgrmstr. — Towarzystwo gimnastyczne „Sokoł", V: **Dychtowicz** Commis. — St. Vincent à Paulo Brüderschaft, V: **Cieszynski** Ackerbürger. — GastwirthsB, V: **Lewy** Gastwirth. — Ev FrauenV, V: Frau Pastor **Arlt**. — DiakonissenV, V: **Arlt** Pastor. — Jüd ArmenV, V: Dr. **Heppner** Rabb. — Jüd FrauenV, V: Frau **Krotoschiner**. — Niederlassung der grauen Schwestern, V: **Olynski** Dekan. — ZweigV des deutschen FlottenV. — Landw RustikalV.

Borek: Kth Hospital. — KriegerV. — Poln Schützengilde. — Freiw FeuerwehrV. — Deutscher GesangV. — Poln GesangV. — Volksbank (Bank ludowy). — Vincent à Paulo-Brüderschaft.

Carlshof bei Borek: Niederlassung der Mägde Mariä.

Gluchowo und Umgegend: Entwässerungs-Genossenschaft. — Poln landwirthschaftlicherV.

Koschmin und Umgegend: Poln landwirthschaftlicherV.

Krotoschin und Koschmin: Landwirthschaftlicher KreisV.

Ladenberg-Trzebin: Entwässerungs-Genossenschaft.

Lipowiec bei Koschmin: Entwässerungs-Genossenschaft, Molkerei-Genossenschaft.

Ochla: Entwässerungs-Genossenschaft.

Pogorzela: Kth Hospital. — Entwässerungs-Genossenschaft. — KriegerV. — Poln Schützengilde. — Freiw FeuerwehrV. — Deutscher GesangV. — Volksbank (Bank ludowy). — LandwirthschaftlicherV.

Pogorzela-Gluchowo: Entwässerungs-Genossenschaft.

Groß-Salesche: Entwässerungs-Genossenschaft.

Targoszyce: Poln landwirthschaftlicherV.

Wyganow: Entwässerungs-Genossenschaft. — Molkerei-Genossenschaft.

Walkow und Umgegend: Poln landwirthschaftlicherV.

Kreis Kosten.

Czempin: Hospital V: **Reimann**. — Deutscher SchützenV, V: **Ertel**. — Schützengilde, V: **Nowakowski**. — LandwehrV, V: **Fleischer**. — Kth BürgerV, V: **Siuda**. — Freiw Feuerwehr, Brandmstr: **Schneider**. — RadfahrerV, V: **Klementz**. — V Towarzystwo Kołowników, V: **Durzykiewicz**. — V Towarzystwo Przemysłowe, V: **George**. — VorschußV, e. G. m. u. H., V: **Zbanowski**. — Spar- und Darlehnskasse e. G. m. u. H. V: **Hoepner**. — LotterieV „Glücksrad", V: **Jonek** in Kawczyn.

Kosten: Krkh der barmh Schwestern (St. Sophienstift). — Volksbank Bank ludowy e. G. m. u. H. — VorschußV e. G. m. u. H. — LandwehrV. — Vereinigte Papierwaarenfabriken von **Krotoschin**. — Cigarrenfabrik von **Krueger**.

Kriewen: Spar- u. Darlehnskasse e. G. m. u. H. — Pferdezuchtgenossenschaft e. G. m. u. H., — Bank ludowy e. G. m. u. H. — LandwehrV.

Jerka: Spar- und Darlehnskasse e. G. m. u. H.

Racot: LandwehrV.

Kreis Krotoschin.

Baschkow: Ev Diakonissenhaus mit 2 Schwestern.

Dobrzyca: VorschußV E. G. m. u. H., V: Brandenburger Bgrmstr. — Bank ludowy e. G. m. u. H., V: Nizinski Propst. — Kth Hospital, V: Nizinski Propst.

Hellefeld: Spar= u. Darlehnskasse, V: Gauter.

Jzbiczno: Spar= u. Darlehnskasse e. G. m. u. H., V: Pohl Wirth in Sosnica Hld.

Kobylin: Städt. Sparkasse. — Vorschußverein e. G. m. b. H.

Korytnica: Spar= u. Darlehnskasse e. G. m. u. H. V: Olczanowski.

Krotoschin: Städt. Sparkasse, V: Flöter Kämm. — Kreissparkasse, V: Possart RechnR Rentmstr. — Vorschußverein, V: Raetzer Rend. — Volksbank, V: Nychlycki Rend. — Agentur der Ostbank für Handel und Gewerbe: (Louis Cohn.)

Zduny: Ev Hospital. — Krankenanstalt. — St. Vincent à PauloV. — KriegerV. — Freiw. Feuerwehr. — Landwirthschaftl. LokalV. — Schützengilde. — TurnV. GesangV. — RadfahrerV. — FrauenV. — VerschönerungsV. — Schuh= macherJ, FleischerJ, BäckerJ, MüllerJ, SchneiderJ, Tischler=ZwangsJ, Schlosser 2c. Innungen.

Kreis Lissa i. P.

Lissa i. P.: Diakonissen=Abtheilung. — Katholische Schwestern zur heiligen Elisabeth. — Wollheim'sche Stiftung zur Unterbringung von jüdischen armen Siechen. — Stadtkrankenhaus. — Christliches Mädchen = Waisenhaus. — Platz'sches Knaben=Waisenhaus.

Alt=Laube: KriegerV.

Dambitsch: KriegerV. — DarlehnskassenV nach Raiffeisen'schem System.

Dt.=Wilke: KriegerV.

Feuerstein: KriegerV. — RustikalV für Feuerstein und Umgegend. — Darlehns= kassenV. nach Raiffeisen'schem Systeme.

Laßwitz: HohenzollernV. — KriegerV. — DarlehnskassenV nach Raiffeisen'schem System.

Moraczewo: DarlehnskassenV nach Raiffeisen'schem Systeme.

Pomykowo: DarlehnskassenV nach Raiffeisen'schem Systeme.

Reisen: KriegerV. — Turn u. RadfahrerV. — Schützengilde.

Storchnest: KriegerV. — Schützengilde. — Kath HandwerkerV. — Darlehns= kassenV nach Raiffeisen'schem Systeme. — Volksbank (Bank ludowy).

Schwetzkau: KriegerV. — Deutscher BürgerV. — Schützengilde. — Darlehns= kassenV nach Raiffeisen'schem System.

Tharlang: DarlehnskassenV nach Raiffeisen'schem System.

Zaborowo: DarlehnskassenV nach Raiffeisen'schem System.

Zedlitzwalde: KriegerV.

Kreis Meseritz.

Bentschen: Städt. Krankenhaus. — Krankenhaus Carolinensteins des Bentschener ZweigV des Vaterländischen FrauenV. — Kinderheim und Waisenhaus des Bentschener ZweigV des deutschen FrauenV für die Ostmarken. — Graf v. Garczynski'sches Legat. — Kath Hospital. — Volksbücherei für Bentschen und Umgegend. — Bank ludowy e. G. m. u. H. — LandwehrV. — SoldatenV Sedan.

Betsche: Volksbank (Bank ludowy). — Spar= und Darlehnskasse. — LandwehrV. — GesangV. — LehrerV. — RadfahrerV. — Deutscher Volks= büchereiV.

Brätz: Spar= u. Darlehnskasse e. G. m. b. H. — Stärkefabrik e. G. m. u. H. — BürgerV. — KriegerV. — GesangV. — TurnV. — Landwirthschaftlicher V.

Tirschtiegel: Städtische Sparkasse.

Kreis Neutomischel.

Neuſtadt b. P.: Wolfſohn'ſche Stiftung, V: der Magiſtrat. — Iſidor Pinner'ſche
Stiftung, V: der Magiſtrat. — Sigismund und Roſette Wolfſohn'ſche Stiftung,
V: der Magiſtrat. — Sparkaſſe, V: **Weigt** Bgrmſtr. — Neuſtädter DarlehnsV
(Raiffeiſen'ſches Syſtem), V: **Roering** Apotheker. — Gemeinnütziger Bau-
u. SparV G. m. b. H., V: **Dieterichs** Fabrikbeſ.
Neutomiſchel: LandwehrB, V: **v. Daniels** Landrath EisKrz2. — Schützen-
gilde, V: **Lutz** Kfm. — RuſtikalB, V: **v. Daniels** Landrath. — HopfenbauB,
V: **v. Daniels** Landrath. — Vaterländiſcher Frauen=ZweigV, V: Frau Land-
rath **v. Daniels.**
Kuſchlin: Landwirthſchaftlicher LokalV, V: **Jacobi** Landwirth in Trzcionka.
Michorzewo: Landwirthſchaftlicher B, V: **Zmidzinſki** Propſt.
Chmielinko: KriegerV, V: **Schade** Landwirth.
Grudno: KriegerV, V: **Heinrich** Landwirth.
Konkolewo: KriegerV, V: **Rothe** Landwirth.

Kreis Obornik.

Boruſchin: Spar= und Darlehnskaſſe.
Buchenhain: Landwirthſchaftlicher Spar= und DarlehnskaſſenV.
Groß=Kroſchin: Spar= und Darlehnskaſſe.
Mur.=Goslin: Vaterländiſcher FrauenV. — LandwehrV. — FeuerwehrV. —
GeſangV. — Schützengilde. — Bank ludowy. — Spar= und Darlehnskaſſe
e. G. m. u. H.
Objezierze: Landwirthſchaftlicher V.
Parkowo: Landwirthſchaftlicher V.
Polajewo: Diakoniſſenhaus=Stationsſchweſtern Eliſe **Krupke** und Clara **Rothe.** —
Deutſcher Frauen=ZweigV in Polajewo und Umgegend, V: Frau Amtsrath
v. Sänger in Güldenau. — GeſangV. — ImkerV für Polajewo und Um-
gegend. — LehrerV. — Spar= und Darlehnskaſſe.
Pripkowo: Spar= und Darlehnskaſſe.
Przeclaw: KriegerV.
Ritſchenwalde: Spar= und Darlehnskaſſe. — LandwehrV. — Schützengilde.
Tarnowo: Bezirks-Armen=Fonds.
Obornik: Kreiskrankenhaus, V: Landrath **v. Klitzing** u. Dr. **Matthes.** —
Städt. Schlachthaus, V: Schlachthausinſp **Leu.** — Stadt=Ortskrankenkaſſe, V:
Smorawſki Brauereibeſ. — Kreis=Ortskrankenkaſſe, V: **Kahn** Kreis-
AusſchußSekr. — LandwehrV, V: Dr. **Matthes.** — SchützenV,
V: **Schmolke** Bgrmſtr. — TurnV, V; **Schmolke** Bgrmſtr — FrauenV, V:
Frau Landrath **v. Klitzing.**
Rogaſen: Evangeliſche Waiſen= und Rettungsanſtalt. — Kath Hoſpital. —
Vaterländiſcher FrauenV. — V für innere Miſſion. — GeſelligkeitsV. —
LandwehrV. — BürgerV. — Deutſcher Männer=GeſangV. — TurnV. —
RadfahrerV. — Jüd. LiteraturV. — Volks=BibliothekenV. — Poln. InduſtrieV
(Tow. Przemysłowców). — GaſtwirthsV. — Kath ArbeiterV. — Freiwillige
Feuerwehr.

Kreis Oſtrowo.

Oſtrowo: Kth Waiſenhaus. — Ev Waiſenhaus (Martinsſtift). — Vaterl FrauenV.
— Verein vom Rothen Kreuz. — FlottenV. — LandwehrV. — Schützen-
gilde — TurnerV. — GeſangV.
Olobok: Landwirthſchaftlicher V für Olobok und Umgegend. — Kth Männer= u.
JünglingsV.
Latowitz: Landwirthſchaftlicher V für Latowitz und Umgegend. — Zahlſtelle
(LokalV) des Zentralverbandes der Maurer u. verwandten Berufsgenoſſen
Deutſchlands.
Skalmierzyce: KriegerV.

Kreis Pleschen.

Czermin: Landwirthschaftlicher V.

Goluchow Schloß: Museum.

Pleschen: Strecker'sche Rettungsanstalt. — Kth Waisenhaus. — Bürger-
unterstützungskasse. — KreisdarlehnskassenV. — Bank pożyczkowy. —
VorschußV. — Sterbekassensozietät I. — Sterbekassensozietät II. — SchützenV.
— GewerbeV. — TurnV. — Poln TurnV „Sokół". — Krankenverpflegungs-
u. LeichenbestattungsV der israel Korporation. — Poln HandwerkerV (Towa-
rzystwo Przemysłowców). — LandwehrV. — KreislehrerV. — Freiw.
Feuerwehr. — V junger Kaufleute. — V gegen Hausbettelei. — PestalozziV.
— CäcilienV. — V für Armen- u. Krankenpflege. — VerschönerungsV. —
GesangV (Koło śpiewackie w Pleszewie). — LiteraturV. — Kth ArbeiterV.
— RadfahrerV (Towarzystwo Kołowników Polskich). — GesangV. —
Ev FrauenV. — Kth FrauenV. — Jüd FrauenV. — Vaterl FrauenV. —
Israel JungfrauenV. — SchneiderJ. — SchlosserJ. — FleischerJ —
MüllerJ. — BäckerJ. — SchuhmacherJ. — Sattler-, Riemer- u. Wagen-
lafiererJ. — TischlerJ.

Rzegocin: Landwirthschaftlicher V.

Wieczyn: Hospital.

Kreis Posen-Ost.

Pudewitz: Kaufhaus, G. m. b. H., Geschäftsführer: **Koehler**. — KriegerV,
V: **Martini** ObStKontr, ObLtn d. Res. — Freiw Feuerwehr, V: **Riemer**
Bgrmstr. — LehrerV von Pudewitz u. Umgegend, V: **Nachtigal** Lehrer in
Wenglewo. — Schützengilde, V: **Steck** Maurermstr. — Spar- u. Darlehns-
kasse, e. G. m. u. H., V: **Schwartzkopf** Oberamtmann in Forbach.

Schwersenz: Kais. FriedrichV zum Zwecke der Errichtung eines Kais. Friedrich-
Denkmals, V: **Hoppmann** Bgrmstr. — Ortsgruppe Schwersenz des deutschen
FlottenV, V: **Hoppmann** Bgrmstr. — Deutscher VolksleseV, V: **Hoppmann**
Bgrmstr. — LandwehrV, V: **Hörig** Leutn d. Res. — Schützengilde, V: **Zwan**
Maurermstr. — Männer-GesangV, V: **Paische**. — MusikV, V: **Dybalski**. —
LehrerV, V: **Rahmann** HptL. — Freiw Feuerwehr, V: **Lieske**. — Landwirth-
schaftlicher V für Schwersenz u. Umgegend, V: **Gottwald**. — Spar- u.
Darlehnskasse, e. G. m. b. H., V: **Gottwald**. — Spółka stolarska, Tischler-
Rohstoff- u. AbsatzV, e. G. m. b. H., V: **Hoffmann**. — Vereinigte Hand-
werkerJ, V: **Lieske** Schlossermstr. — FleischerJ, Obermstr: **Cabanski**.
— SchuhmacherJ, Obermstr: **Tasiemkowski**. — Bäcker-, Pfefferküchler-
KonditorJ, Obermstr: **Lemke**.

Winiary: Anstalt zum guten Hirten (Eigenthum der Gräfin v. Potulicka in
Potulice), V: Frl. **v. Karłowska**.

Kreis Posen-West.

Konarzewo: Drainagegenossenschaft.

Mrowino: Drainagegenossenschaft.

Stenschewo: Kth Hospital. — KriegerV. — Poln Schützengilde. — Poln V der
jungen Industriellen. — Poln Bank ludowy.

Tarnowo: KriegerV. — Poln ArbeiterV St. Joseph. — Genossenschaftsbrennerei
u. Molkerei.

Kreis Rawitsch.

Bojanowo: Provinzial-Arbeits- u. Landarmenhaus. — Städt Krankenhaus. —
Städt Sparkasse. — Kleinkinderbewahranstalt. — Diakonissenstation. — Jüd
Alterversorgungs-Anstalt (Moritz Rohr'sche Stiftung) — Vaterl FrauenV.
DiakonissenV. — Landwirthschaftlicher V. — VorschußV. — KriegerV.
FlottenV. — Schützengilde. — HandwerkerV. — Jüd Korporation.

Rawitsch: Städt Krankenhaus. — Ev Hospital. — Kth Hospital. — Ev Waisen=
haus (Martinstift). — Kinderbewahranstalt. — Gustav Friederici=Stiftung. —
Vaterl FrauenV. — DiakonissenV. — Herberge zur Heimath. — Bürger=
versorgungsV. — GesundheitspflegeV. — KriegerV. — HandwerkerV. —
Schützengilde. — MännergesangV. — HandwerkergesangV. — GesangV für
gemischten Chor. — Männer=TurnV. — Damen=TurnV. — RadfahrerV. —
Billardklub. — Kegelklub. — Historische Gesellschaft der Prov. Posen.

Kreis Samter.

Duschnik: Kth Hospital. — Sektion des deutschen FlottenV. — Freier LehrerV
von Duschnik u. Umgegend. — Poln BauernV.
Groß=Psarskie Hld.: V zur gegenseitigen Unterstützung bei Brandunfällen.
Grünberg: Maurer= u. ZimmergesellenV.
Kammthal: LandwehrV.
Kazmierz: Poln landwirthschaftliche V.
Klein=Gay: Spar= u. DarlehnskassenV.
Neuthal: LandwehrV. — Spar= u. DarlehnskassenV.
Neubrück—Lubowo: LandwehrV.
Obersitzko: Städt Krankenhaus. — KriegerV. — VorschußV. — Schützengilde. —
GesangV.
Ottorowo: Spar= u. Darlehnskasse. — Poln landwirthschaftliche V.
Peterawe: Spar= u. DarlehnskassenV.
Pinne: Johanniter=Krankenhaus. — Kth Hospital, — Siechenhaus. — Joachim
Hirsch'sche Familienstiftung. — Abraham Borchardt'sche Stiftung. — VorschußV
— KriegerV. — Schützengilde. — Deutscher GesangV. — Poln GesangV. —
TurnV — RadfahrerV. — OrganistenV. — Jüd V „Ressource". — Israel
FrauenV. — Poln IndustrieV.
Podrzewie: Spar= u. DarlehnskassenV.
Retschin: LandwehrV.
Samter: Zuckerfabrik (Swidlina), G. m. b. H., Dir: **Kaden.** — Ev Diakonissen=
haus. — Vaterl FrauenV. — FlottenV. — GesangV. — Männer=TurnV. —
DarlehnsV, e. G. m. u. H. — Landw Ein= u. VerkaufsV., e. G. m. b. H.
Scharfenort: Kth Hospital. — Spar= u DarlehnskassenV. — Poln Volksbank.
— Ein= u. VerkaufsV, e. G. m. b. H. — Poln BauernV. — Poln Hand=
werker= u. IndustrieV. — Feuerwehr. — SchützenV.
Wiltschin: Kth Hospital. — Poln BauernV.
Wronke; Neuer KreditV, V: **Kallmann.** — VorschußV, V: **Mottek.** — Volksbank
(Bank ludowy), V: **Szumski.** — Städt Sparkasse, V: **Rakowicz** Kämm.
— Männer=TurnV, V: **Tomaszewski.** — MännergesangV, V: **Blümke**
Bahnmstr. — V für gemischten Chorgesang, V: **Stolpe,** Lehrer. — Vaterl
FrauenV, V: Frl. **Rübke.** — MännerV vom Rothen Kreuz, V: **Otterson**
Bgrmstr. — LandwehrV, V: **Kober.** — Schützengilde, V: **Schwarz.** —
LehrerV, V: **Stolpe.** — V Eintracht, V: **Kinne.** — LiteraturV, V: **Rosen=
thal.** — FlottenV, V: **Otterson.**

Kreis Schildberg.

Schildberg: KriegerV. — GesangV. — Männer=TurnV. — LehrerV. — LotterieV
„Fortuna". — LotterieV „Füllhorn". — IndustrieV. — TurnV „Sokól". —
V „Eintracht". — Diakonissenanstalt, V: **Püschel, Zobel** Diakonissinnen. —
DarlehnskassenV. — Volksbank (Bank ludowy).

Kreis Schmiegel.

Schmiegel: Städtisches Krankenhaus, **Hoffmann** Wärter. — Kleinkinder=Bewahr=
anstalt, V: Frl. **Kühn.** — Ortskrankenkasse für die Stadt Schmiegel, V:
Spincke Kämm. — Ortskrankenkasse für den Kreis Schmiegel, V: fehlt z. Z.
— Ev Hospital. — Kath Hospital. — Freiw (uniform) Feuerwehr,
BrandD: **Spincke** Kämm. — Städt Schlachthaus, **Ruttkowske** Schlachthaus=

énergie

Insp. — Diakonissen-V. — Vaterländischer Frauen-V. — Landwehr-V. — Kath Arbeiter-V. — Radfahrer-V. — Ruftikal-V. — Kath Industrie-V. — Bürger-V. — Lehrer-V. — Gastwirths-V. — Beamten-V. — V Deutscher Katholiken. — Schützengilde. — Männer-Turn-Verein „Vorwärts“. — V zur Fürsorge für entlassene Strafgefangene. — Gesang-V „Harmonia“. — Männer-Turn- und Feuerwehr-V. — Meyer Hamburger'sche, Förster'sche, Hanisch'sche, Thiel'sche, Strodt'sche, Johanna-, christliche Waisenhaus-Stiftungen, Jähn'sches Legat. — Posensche Landwirthschl. Berufsgenossenschaft, Sekt Schmiegel. — Städt Sparkasse. — Kreis-Sparkasse. — Spar- und Darlehnskasse. — Vorschuß-Kasse. — Bank ludowy.

Wielichowo: Landwehr-V. — Deutscher Lese-V. — Schützengilde. — Handwerker-V. — Lehrer-V. — Bienenzüchter-V. — Gesang-V.

Kreis Schrimm.

Kurnik: Kath Hospital, V: Dr. **Celichowski** Generalbevollmächtigter. — Landwehr-V, V: **Jewasinski** Bgrmstr. — Radfahrer-Klub, V: **Glushke** Lehrer. — Gesellgkeits-V, V: **Weiß** Kfm. — Schützen-V, V: **Michalowski** Kfm. — Industrie-V (Towarzystwo przemysłowców), V: **Wierzcholski** Schuhmachermstr.

Schrimm: Landarmenhaus, V: **Wuthke.** — Kreiskrankenhaus, z. Z. vertr. V: Dr. **Telschow.** — Hepner'sches Legat, Latkowski'sches Legat. — Volksbank, e. G. m. u. H. — Schrimm'er Credit-V. — Kreis-Sparkasse. — Spar- und Darlehnskasse.

Kreis Schroda.

Deutscheck: Spar- und Darlehnskasse.
Elim b. Pontkau: Diakonissen-Erholungs-Anstalt.
Kostschin: Vorschußkasse, e. G. m. u. H.
Krerowo: Poln Rustikal-V.
Al Jeziory: Spar- und Darlehnskasse.
Monschnik: Poln Rustikal-V
Nekla: Spar- und Darlehnskasse. — Krieger-V. — Freier Lehrer-V.
Pontkau: Spar- und Darlehnskasse.
Pientschkowo: Poln Rustikal-V.
Santomischel: Deutscher Männergesang-V. — Deutsche Schützengilde. — Krieger-V. Deutscher Radfahrer-V. — Lehrer-V. — Volksbildungs-V. — Kombinirte Innung. — Poln Industrie-V. — Poln Genossenschaftsbank.
Schroda: Krankenanstalt der barmherzigen Schwestern. — Kath Hospital. — Ortskrankenkasse für den Kreis Schroda. — Krankenkasse der Zuckerfabrik Schroda. — Krankenkasse des Kulturingenieurs **Krzywoszynski.** — Zuckerfabrik Schroda (**Auerbach, Rath und Reimann**). — Landwehr-V für Schroda und Umgegend. — Schützen-V. — Gesang-V (deutscher). — Freiwillige Feuerwehr. — Poln Industrie-V. — Schieß-V. — Radfahrer-V. — Poln Turn-V (Sokół). — Schuhmacher-Innung. — Vereinigte Schmiede-, Schlosser-, Klempner- und Stellmacher-Innung. — Vereinigte Tischler-, Drechsler-, Böttcher-, Glaser- und Zimmerer-Innung. — Fleischer-Innung. — Vereinigte Bäcker-, Konditor- und Müller-Innung. — Vereinigte Riemer-, Sattler-, Tapezierer-, Seiler-, Schneider- und Mützenmacher-Innung. — Spar- und Darlehnskasse. — Vorschußkasse (Kasa oszczędności i pożyczki).
Scheringen: Poln Rustikal-V.
Sniecista: Poln Rustikal-V.
Solec: Poln Rustikal-V.
Tulce: Poln Rustikal-V.
Witowo: Bienenzüchter-V.
Winnagora: Poln Rustikal-V.

Kreis Schwerin a. W.

Blesen: Sparkasse. — LandwehrV. — HandwerkerV. — Freier LehrerV. — TrichinenV.
Neuhaus Gut: von Enckevort'sche Stiftung für Arme des Gutes.
Rokitten: Waisenanstalt, Weihe Hausvater.
Schweinert: Graf Bernstorff'sche Stiftung zum Zwecke des Kirchenbaues, zur
    Aufbesserung des Prediger-Einkommens und für Arme in Schweinert.
Schwerin a. W.: KreditV, e. G. m. b. H., Dir: Schulz Restaurateur; Rend: Geselle
    Bäckermstr.

Kreis Wreschen.

Wreschen: Vaterl. FrauenV. — Vincent à PauloV.

Regierungsbezirk Bromberg.

Stadtkreis Bromberg.

Erziehungsanstalten: Provinzial-Blindenanstalt; Provinzial-Taubstum-
menanstalt; Kleinkinderbewahranstalten: = 5 Anstalten und 1 Privat-Kindergarten;
Privatunterrichtsinstitut; Militär-Pädagogium (Vorbereitung zum Fähnrich- und
Einjährig-Freiw-Examen).

Musikinstitute: Louis Bauer; Oskar Bauer; Fräulein Schwadtke; Fräulein Passarge; Steinbrunn; Ogurkowski.

Gemeinnützige Einrichtungen und milde Anstalten: Städtisches
Arbeits- und Armenhaus; Polizeigefängniß; Städt. Straßen-Reinigungs- und Feuer-
Löschanstalt; Städt. Bürgerhospital; Louisenstift; Blindenheim; Herberge zur Heimath;
Haushaltungs- und Kochschule; Volksküche.

Stiftungen: Stiftungen zum wohlthätigen Zwecke. v. Bastian-Stiftung;
Breda-Stiftung; Ludwig Buchholz'sche-Stiftung; Bundschu-Stiftung; Dir Deinhardt-
Stiftung; Dir Deinhardt-Stiftung (deutsche Prämie) Prof Fechner-Stiftung; v. Foller-
Stiftung; Friedlaender-Stiftung; Fröhner-Stiftung; Gerber-Stiftung; Giese-Rafalski-
Stiftung; Hann von Weyherrn-Stiftung; Prof Hefter-Stiftung; Hermann und Louise
Hucke-Stiftung; Jubiläums-Stiftung; Knopf'sche-Stiftung; Kolwitz'sche-Stiftung;
Koronowo'er Cistercienser-Kloster-Stipendium; Kretschmar-Stiftung; Luisen-Stiftung;
Dir Müller-Stiftung; Bürgerhospital-Masse, früher Rögglen'sche Stiftung; Siebert'sche
Stiftung; Stiftung der Stadtgemeinde Bromberg; UnterstützungsV für hülfsbedürftige
Gymnasiasten.

Kreditinstitute: Beamtenspar- u. DarlehnsV; Bromberger Gewerbebank;
Handwerker-Bank; Handwerker-DarlehnskassenV; Handwerker SterbekassenV; VorschußV zu Bromberg; Polnische Darlehnskasse.

Verein für Wohlfahrtsbestrebungen und gemeinnützige
Zwecke: BeamtenwirthschaftsV; Evang BibelV; Evang-lutherischer JünglingsV;
Evang Männer- u. JünglingsV; Evang MissionsV; Herberge zur Heimath; Kath
ArbeiterV; Kath GesellenV; Kath SterbekassenV; Loge Janus; Kgl Friedrich
des III. Gedächtniß-Loge; Männer-TurnV; Schützengilde Bromberg; SparV für
Bromberg u. Umgegend; TaubstummenV; ThierschutzV; Turnerklub; V Evang
Magdalenenstift; V für das Sammeln von Zigarrenabschnitten; V für Geflügel-
und Vogelzucht; V für naturgemäße Lebens- und Heilweise; V zur Begründung
und Unterhaltung von Kleinkinderbewahranstalten; V zur Förderung des Deutschthums
in den Ostmarken; V zur Fürsorge der Blinden für die Provinz Posen; V zur
Pflege im Felde verwundeter und erkrankter Krieger für den Stadt- u. Landkreis
Bromberg; V Unitas; V Waisenhort; WohlthätigkeitsV; WohnungsV zu Bromberg;
ZweigV zur Fürsorge für entlassene Sträflinge; ZweigV der Gustav Adolf-Stiftung;
ZweigV der Luther-Stiftung.

Vereine für Berufs- und Standesinteressen: ArbeitsnachweisV
der GewerkV; Bromberger BeamtenV; BürgerV; GastwirthsV für den Regierungsbez
Bromberg; GewerkV Deutscher Tischler, Schreiner u. verwandter Berufe; GewerkV
für Maschinen- u. Metallarbeiter; HandwerkerV; InvalidenV; KaufmännischerV;

Kaufmännische Vereinigung; LokalV des Verbandes deutscher Zimmerleute; Militär=anwärterV; Ortsgruppe des RiesengebirgsV; Ortsverband der vereinigten deutschen GewerkV; Ostdeutscher Fluß= und KanalV; Polnischer HandwerkerV; TechnischerV; Verband der Gemeindebeamten der Provinz Posen (Ortsgruppe Bromberg); Verband der deutschen Buchdrucker; Verband deutscher Post= und Telegraphen=Assist; V der Barbiere u. Friseure Brombergs; V Bromberger Post= u. Telegraphen=Unterbeamten; V deutscher Holz= u. Flößerei=Interessenten; V der Grund= u. Hausbes Brombergs; V der Grund= u. Hausbes der Neustadt; V ehem Bürgerschüler; V emeritirter Lehrer; V der Ostbahn=Civil=Supernummerare; V der Sachsen; V der Schlesier; V der Schleusenmstr; V der Lokomotivbeamten; V Kaisertreu; Militär= und KriegerV; Verband der KriegerV im Netzedistrikt; KreiskriegerVerband Bromberg Stadt u. Land; Bromberger LandwehrV; MarineV; Vereinigung der Bromberger frei=willigen Sanitätskolonnen; Verband deutscher Kriegs=Veteranen 1848—1871; V ehem Angehöriger des II. Pomm Feld=Art Regts Nr. 17; V ehem Artilleristen; V „Eisernes Kreuz" Bromberg; V ehem Gardisten; V ehem Kavalleristen; V für Kunst= und Wissenschaft; Bromberger GesangV; Bromberger Zitherklub „Germania"; Deutscher Provinzial=Sängerbund; Beamten=GesangV „Eintracht"; Handwerker=Sängerbund; Landwehr=Sängerbund „Liedertafel"; Ostbahn=Werkstätten=GesangV; Synekura; CäcilienV; Evang Kirchen= u. GesangV; Evang GesangV der Christus=kirche; GesangV der kath Pfarrkirche; GesangV „Liedeslust"; GesangV der Zimmerer; Halka; Israelitischer Männer=GesangV; Sängerbund des GewerkV; Naturwissenschaftlicher V; PestalozziV; Pestalozzi=ZweigV für Bromberg; Steno=graphenV; V für Erziehung u. Unterricht; V der Maurergesellen; FachV der Töpfer; Deutscher SattlerV; GewerkV der Schuhmacher u. Lederarbeiter.

Vereine für politische Zwecke: KonservativerV für den Stadt u. Land=kreis; NationalliberalerV; WahlV der deutsch=freisinnigen Partei.

Sport=Vereine: Bromberger ReiterV; Bromberger Touristenklub; Poln TurnV „Sokol"; RadfahrerV (Imperator); RuderV; SchachV; V Bromberger Radfahrer; V für Rad=Wettfahren.

Vereine für gesellige Zwecke: BeamtenV „Concordia; Freundschafts=bund; GeselligerV; Kaufmännischer GeselligerV; Kath GeselligerV; V Gesellschafts=Freunde; V Kameradschaft; Civilkasino=Gesellschaft; Poln ArbeiterV; Poln Sterbe=kassenV; KreditV; Poln GesellenV; Poln GeselligeV; Poln Handwerkerbund; Poln FrauenV; Poln ArmenunterstützungsV; Poln Industrie=V; Evang DiakonissenV; Evang Frauen=Miss.V; Evang JungfrauenV; Evang=lutherischer FrauenV; Frauen=TurnV; HelferinnenV des evang Kindergottesdienstes; Vaterl FrauenV; V „Frauen=wohl"; V zur Begründung u. Unterhaltung eines Wöchnerinnen=Asyls zu Bromberg; V freiw Krankenpflegerinnen; V der Vinzentinerinnen; V der barmh Schwestern; V der grauen Schwestern.

Jüdische Vereine: BrüderV; ArmenunterstützungsV; FrauenV; Frauen=Kranken= u. BeerdigungsV; Kranken= u. BeerdigungsV; Kranken=Unterstützungs= und BeerdigungsV.

Unterstützungskassen der Innungen: Sterbekasse der BarbierJ; Sterbekasse der BäckerJ; Maurergesellen = Frauen = Sterbekasse; Sterbekasse der SchneiderJ; Sterbekasse der SchuhmacherJ; Sterbekasse der TischlerJ; Töpfer=Frauen=Sterbekasse.

Landkreis Bromberg.

Crone a. Br.: Ev Kirchenchor. — FlottenV. — OstmarkenV. — Poln. Fort=bildungsV. — Marcinkowski'scher ZweigV. — Freiw. Feuerwehr. — KriegerV. Schützengilde. — Kameradschaft. — MännergesangV. — MusikV (Gemischter Chor). — V deutsch sprechender Katholiken. — TurnV „Sokol". — Land=wirthschaftlicher V. — VerschönerungsV. — Evang JünglingsV. — V zur Fürsorge entlassener Strafgefangener. — Vaterländischer FrauenV. — Frauen= und JungfrauenV. — Spar= u. KreditV. — Spar= u. Darlehnskasse. — Bank ludowy. — Rothe Kreuz. — DiakonissenV.

Jordon: Kgl Strafanstalt. — Armenhospital der kath Pfarrkirche. — Abraham Marcus Levy-Stiftung. — Spar- u. DarlehnskassenV, e. G. m. u. H. — Handwerker-Genossenschaft, e. G. m. b. H. — BauernV Jordon u. Umgegend. — LandwehrV. — Ev GesangV. — Kath GesangV. — SchützenV. — Vaterländischer FrauenV. — Vereinigte freie HandwerkerJ. — V vom Rothen Kreuz. — VerschönerungsV. — Poln.-kath VolksV für Jordon u. Umgegend.

Schulitz: Stadtsparkasse. — Spar- u. VorschußV, e. G. m. u. H. — Gemeinsame Ortskrankenkasse. — FrauenV. — Ev KirchengesangV. — Landwirthschaftlicher V. — LehrerV Schulitz u. Umgegend. — KriegerV. — Ortsgruppe des OstmarkenV. — Zweigverein des Verbandes der Bau-, Erd- u. gewerblichen Hülfsarbeiter Deutschlands (Sitz Hamburg). — VerschönerungsV. — Freiw. Feuerwehr. — RadfahrerV. — GesangV. — MännergesangV Schulitz. — MännergesangV „Sängerrunde". — MännerturnV. — DiakonissenV. — Israel Kranken- u. BeerdigungsV.

Kreis Czarnikau.

Czarnikau: LandwehrV. — Schützengilde. — MännergesangV. — GesangV „Liedertafel". — GesangV „Lehrergesangs-Konferenz". — GesangV „kirchlicher gemischter Chor". — Deutscher OstmarkenV. — RadfahrerV. — KasinoV. — Kaufmännischer V „Merkur". — HandwerkerV. — V selbständiger Handwerker. — Deutscher FlottenV. — VerschönerungsV. — Thierschutzverein. — MännerturnV. — TurnV „Jahn". — Ev MännerV. — Ev JünglingsV. — V für jüdische Geschichte und Literatur. — V der Industrie und Landwirthschaft. — St. JosefsV kath Jünglinge. — Kath GesellenV. — Kath ArbeiterV. — V vom heiligen Vincent à Paulo. — Poln. MännergesangV. — Ein- u. Verkaufsgenossenschaft für Czarnikau und Umgegend E. G. m. b. H. — Landwirthschaftliche Ein- u. Verkaufsgenossenschaft für den Kreis Czarnikau, e. G. m. b. H. — Spar- u. DarlehnskassenV Guhren e. G. m. b. H. — Handwerker Spar- u. Darlehnskasse, e. G. m. b. H. — Molkereigenossenschaft e. G. m. b. H. — Bank ludowy, e. G. m. b. H. — Begräbnißgesellschaft. — Vaterländischer FrauenV.

Schönlanke: Städtisches Krankenhaus. — Waisenhausanstalt. — Jarosz'sche Hospitalstiftung. — Kfm Salomon Schönlank-Stiftung. — Handwerkergenossenschaft. — VorschußV. — FrauenV. — Diakonissenstation. — V für jüdische Literatur u. Geschichte.

Kreis Filehne.

Filehne: Pädagogium Ostrowo (Ostrau). — Berger'sche Privattöchterschule. — Kleinkinderbewahranstalt. — Städt. Krankenhaus. — Kath Hospital. — Kreissparkasse. — VorschußV, e. G. m. b. H. — Bank ludowy, e. G. m. u. H. — Ev kirchl. GesangV. — HandwerkerV. — KriegerV. — Freiw. Feuerwehr. — Alte Herrenriege. — Klub. — Männer TurnV. — BürgerschützengildeV. — GesangV „Eintracht". — MännergesangV. — Ev Jünglings- u. MännerV. — KaufmännischerV. — V junger Handwerker. — Kath GesellenV. — Jüdischer LiteraturV. — V junger Kaufleute „Merkur". — V „Erholung". — LandwirthschaftlicherV. — Sterbekasse Nr. 1, Sterbekasse Nr. 2, Sterbekasse Nr. 3.

Kreis Gnesen.

Gnesen: Ev Männer- und JünglingsV. — V der kath Gemeinde. — V zum Blauen Kreuz. — V zum Jugendbund. — V für religiöse Versammlungen. — Kath Priesterseminar. — Das dazu gehörige Knabenkonvikt. — CäcilienV (für Deutschkatholiken). — Kath GesellenV. — Kath LehrlingsV. — Kath ArbeiterV. — Kath HandwerkerV. — St. Johannishospital. — Kath Waisenhaus. — BürgerV. — Deutscher TurnV. — TurnV (Sokół). — Schützengilde. — Freimaurerloge zu den drei Weltkugeln. — Old FellowLoge. — LandwehrV. — V ehemaliger Militäranwärter. — VolksbildungsV. — Klub der Freunde.

— ZweigV des Verbandes deutscher Militäranwärter und Invaliden. — RadfahrerV „Wanderer". — V Gnesener Handlungsgehülfen „Merkur". — V der Kaufleute und jungen Kaufleute. — V „Towarzystwo przemyslowców i rzemieślników". — GastwirthsV. — VerschönerungsV. — ThierschutzV. — HausbesitzerV. — Arbeitgeberbund. — V der Maurer und Zimmerleute. — Fleischergesellenbruderschaft. — BäckergesellenV. — TischlergesellenV. — Töpfergesellen V. — V junger Kaufleute. — Ortsgruppe der Vereinigung der Weichensteller und Bremser. — ZweigV der deutschen Bauhandwerker. — Deutscher Landwirthschaftlicher V für die Kreise Gnesen und Witkowo. — Deutscher RustikalV. — Poln Landwirthschaftlicher V „Kolo rólnicze". — V zur Unterstützung poln Wirthschaftsbeamter. — Ev LehrerV. — Kath LehrerV. — Vereinigung der Kaufleute gegen die Vertheilung von Weihnachtsgeschenken. — V zur Förderung der Geflügelzucht und des Vogelschutzes. — OrtsV der Schuhmacher und Lederarbeiter. — V für Gärtner und Gartenfreunde. — V Kreditreform. — OrtsV der deutschen Schneider. — Bienenwirthschaftlicher V. — Ortsgruppe des Verbandes deutscher Post- und Telegraphen-Assistenten. Organisten V. — Ortsgruppe des Provinzial V der Gemeindebeamten. — Ortsgruppe des deutschen Beamten V. — Kolonial V. — Viehversicherungsgenossenschaft. — Molkereigenossenschaft. — Gabelsberger Stenographen V. — Stolze-Schreyscher Stenographen V. — Pferdezuchtgenossenschaft. — Deutscher Wahl V. — Polnischer Wahl V. — Kath Vereinshaus. — Polnischer V „Towarzystwo naukowej pomocy". — Kunst V. — Pädagogische Gesellschaft (Reform des Schulwesens). — V für jüdische Geschichte und Literatur. — Vaterländischer Frauen V. — Jüdischer Frauen V. — Israelitischer Humanitäts- und Bruder V. — St. Vincent à Paulo V. — V gegen Hausbettelei. — Ressource, Kasinogesellschaft. — Bürgerressource. — Deutscher Gesang V. — Polnischer Gesang V. — Jüdischer Geselligkeits V „Harmonie". — V der Schlesier. — Eisenbahnbeamten V. — Städtische Handels- und Gewerbeschule. — Kindergarten. — Kleinkinderbewahranstalt. — Thierschutz V. — Vaterländischer Frauenzweig V. — Fürsorge V für entlassene Strafgefangene. — Kath Waisenhaus. — Kreissparkasse. — Vorschuß V, e. G. m. b. H. — Darlehnskasse „Kasa pożyczkowa w Gnieźnie", e. G. m. b. H. — Kreditgenossenschaft in Gnesen, e. G. m. b. H. — Darlehnskasse „Kasa Ul", e. G. m. b. H. — Spar- und Darlehnskasse, e. G. m. u. H. — Krankenhaus Bethesda (Eigenthum des Vaterländischen Frauen V, Krankenpflege durch Schwestern des Rothen Kreuzes). — St. Johannishospital (Krankenpflege durch Schwestern der Kongregation der frommen Schwestern von der heiligen Elisabeth aus dem Mutterhause zu Breslau).

Kletzko: Städtisches Hospital. — Landwehr V. — V der freiwilligen Feuerwehr. — Industrie V. — V zur Hebung der städt. Wohlfahrt. — Staatliche gewerbliche Fortbildungsschule.

Kreis Inowrazlaw.

Argenau: Städtisches Armen- und Krankenhaus. — Kleinkinderbewahranstalt. — V zur Förderung des Deutschthums in den Ostmarken. — Verschönerungs V. — Gesang V „Concordia". — Orts V der deutschen Maschinenbau- und Metallarbeiter. — Stenographen V. — Förster V. — Radfahrerklub. — Radfahrer V. Polnischer Handwerker V (Towarzystwo przemysłowe). — Vorschuß V (Bank ludowy), e. G. m. u. H. — Handwerkergenossenschaft, e. G. m. b. H. — V vom blauen Kreuz. — Sterbekassen V. — Kegelklub V.

Inowrazlaw: Schützengilde. — V zur Unterstützung in Krankheits- u. Todesfällen in der jüd Gemeinde. — Bibel-Gesellschaft. — Verschönerungs V. Bürger V. — Baptisten V. — Männer-Turn V. — Bienenzucht V. — V der bäuerlichen Landwirthe. — Landwehr V. — Landwirthschafts-Beamten V. — Towarzystwo oświaty ludowej (Volksbildungs V). — Landwirthschaftlicher V. — Handwerker V. — Sozialdemokratischer V. — Beamten V. — Pestalozzi V. — Thierschutz V. — Liga Polska. — Privat-Beamten V. — Konservativer V. — Lehrer V. — Ev Jünglings V. — V junger Kaufleute. — Lokalverband.

deutscher Zimmerleute. — MännergesangV (deutscher). — V Beth=Hamidrasch. — GewerkV der Maschinenbauer und Metallarbeiter. — Maurer=FachV. — Ev JungfrauenV. — TurnV „Sokol". — Towarzystwo przemysłowe (polnischer IndustrieV). — Kath GesellenV. — WerkmeisterV. — Towarzystwo śpiewu (polnischer GesangV). — MusikV. — GesangV „Liedertafel". — Ev Kranken= und ArmenpflegeV. — Gutenberg=Bund. — V „Creditreform". — TischlergesellenV. — EisenbahnbeamtenV. — Zitherklub „Szarotka" (Edel= weiß). — MännergesangV (polnischer). — Towarzystwo młodych prze- mysłowców (polnischer V junger Handwerker). — OrganistenV. — Polnischer FrauenV (Towarzystwo Polek). — Deutsch=ev MännerV. — V zur Förderung des Deutschthums in den Ostmarken (Ortsgruppe Montwy). — Towarzystwo Młodzieży kupieckiej (polnischer Kaufmännischer V). — Towarzystwo katolicko-polskich Robotników (Kath=polnischer ArbeiterV.) — V der Töpfer und Berufs=Genossen Deutschlands. — V Inowrazlawer Radfahrer von 1895. — Zitherkranz „Sennhütte". — Kath LehrerV. — Kath VolksV. — TurnV „Jahn". — V zur Förderung des Deutschthums in den Ostmarken (Ortsgruppe Inowrazlaw). — Bürger=SchützenV. — Deutsch=ev HandwerkerV. — GastwirthsV. — Athleten=Club „Herkules". — LandwehrV Montwy. — V der Fleischergesellen=Brüderschaft. — SynagogalV. — Deutscher WahlV für die Kreise Inowrazlaw und Strelno. — Verband deutschnationaler Handlungsgehilfen. — OrchesterV. — Centralverband deutscher Maurer. — Skat und LotterieV „Kreuzdauer". — Technischer V. — Rad- fahrer=Klub „Klub Kolarzy". — V der Selterwasser=Fabrikanten von Ino- wrazlaw und Umgegend. — Deutscher FlottenV, Ortsgruppe Inowrazlaw. — Verband deutscher Post= und Telegraphen=Assistenten, OrtsV Kujawien. — NaturheilV. — Kegelklub junger Kaufleute.. — Vereinigung der Maler, Lackirer, Anstreicher, Tüncher und Weißbinder. — Verband der Bau=, Erd- und gewerblichen Hilfsarbeiter. — Salomonsohnsche Stiftung. — Vogesche Stiftung. — Peritzsche Stiftung. — Feibuschsche Stiftung. — Michael Lewysche Stiftung. — Julius Lewysche Stiftung. — Freudenthalsche Stiftung. — Aron Abraham Kurzigsche Stiftung. — Wolfsohnsche Waisenhaus. — Kleinkinder=Bewahr=Anstalt. — Kath Waisenhaus. — VorschußV. — Bank Ludowy. — Spar= und Darlehnskasse „System Raiffeisen". — Beamten= Spar= und Darlehnskasse. — Schützen=Sterbe=Kasse. — Ev. Bürger=Be- gräbnißkasse. — Kath Bürger=Begräbnißkasse.

Kreis Kolmar i. P.

Budsin: Hospital. — Kleinkinderbewahranstalt. — KriegerV. — GeselligkeitsV. — VerschönerungsV. — Kth HandwerkerV. — Spar= u. Darlehnskasse, e. G. m. u. H.

Kolmar i. P.: Städt Krankenhaus. — St. Johanniter = Krankenhaus. — Städt höhere Mädchenschule. — Städt höhere Privat-Knabenschule. — Schwestern- heim (Kleinkinderschule). — Spar= u. Darlehnskasse „Eintracht", e. G. m. u. H. — Vaterl Frauen=ZweigV. — Schützengilde. — KriegerV. — Männer= GesangV „Concordia". — Männer=TurnV. — Ortsgruppe des deutschen FlottenV. — V zur Förderung des Deutschthums. — Männer=ZweigV vom Rothen Kreuz. — Ev Männer= u. JünglingsV. — Kth GesellenV. — Ev JugendV. — Radfahrer-Klub. — Männer=TurnV „Jahn". — RadfahrerV. — GesangV „Harmonie". — Bürger-Ressource. — LehrerV. — BauernV. — Haus= u. GrundbesitzerV. — GastwirthsV. — Landwirthschaftlicher KreisV. — Marcinkowskischer V zur Unterstützung der (polnischen) studirenden Jugend (Gruppe Kolmar i. P.). — Zahlstelle des Verbandes der Porzellan= u. ver- wandten Arbeiter (Sitz des Verbandes Charlottenburg). — Ev ArbeiterV. — Kth ArbeiterV. — VerschönerungsV. — Freiw Feuerwehr. — V zur Fürsorge für entlassene Strafgefangene. — Bäcker=, Fleischer=, Tischler=, Schuhmacher=, Schneider=, Schmiede=, Stellmacher= u. die vereinigten Innungen.

Margonin: KriegerV. — Männer=GesangV. — Ev kirchl. GesangV. — Ev Männer=
u. JünglingsV. — Ev FrauenV. — Schützengilde. — Raiffeisen=SparkassenV.
— Poln. IndustrieV (Towarzystwo przemysłowe). — Kleinkinderschule
(deutsch).
Samotschin: Ev FrauenV. — Israel FrauenV. — Ev JünglingsV. — Ev kirchl.
GesangV. — Handwerker=FrauenV. — KriegerV. — LehrerV. — Schützen=
gilde. — Freiw Feuerwehr. — HandwerkerV. — BauernV. —
Ortsgruppe des deutschen Flottenv. — Handwerkergenossenschaft, e. G. m. b. H.
Rezeptur der Kreissparkasse. — Höhere Privat=Knabenschule. — Höhere
Familientöchterschule. — Staatliche gewerbliche Fortbildungsschule.
Schneidemühl: KriegerV. — Jäger= u. SchützenV. — ZweigV des Verbandes der
Kriegsveteranen. — Die erste Schützengilde. — Die zweite Schützengilde. —
BildungsV. — HandwerkerV. — Kth GesellenV. — ZweigV der vereinigten
Barbierherren Deutschlands. — LokomotivführerV. — Poln HandwerkerV. —
Ev JünglingsV. — LehrerV. — Kth MeisterV. — V der Tischlergesellen.
— OrtsV der Maschinenbauer u. Metallarbeiter. — V der Gastwirthe. —
Christl ArbeiterV. — Deutsch=sozialer ReformV. — V der Schneider=
gesellen. — Allg. Deutscher SchulV. — Liberaler WahlV. — Kth ArbeiterV.
— Deutscher OstmarkenV. — V für jüd Geschichte u. Literatur. — Ev GewerbeV.
— V der Dachdecker u. Asphaltarbeiter. — BildungsV. — GartenbauV. —
Theater=DilettantenV. — OrtsV des ZentralVerbandes der Maurer u. verwandten
Berufsgenossen Deutschlands. — OrtsV der Zimmerleute. — Ev Gemeinschaft.
Kth=apostolische Religionsgesellschaft. — Baptisten = Gemeinde. — Stadt=
missionsV. — Gustav=AdolfV. — V gegen die Bettelei. — Deutscher BeamtenV.
— VerschönerungsV. — V zur Fürsorge entlassener Strafgefangener.
— Jüd FrauenV. — Vaterl FrauenV. — V der freiw Feuerwehr. — V der
Haus= u. Grundbesitzer. — StenotachygraphenV. — V des blauen Kreuzes. —
Ortsgruppe des deutschen Eisenbahnbeamtenv Hannover. — Preußischer
BeamtenV Hannover. — V mittlerer Beamten des Stations= u. Abfertigungs=
dienstes preußischer Staatseisenbahn. — V der Geselligkeit zur Förderung des
deutschen Reiches. — Ortsgruppe des Verbandes deutscher Post= u. Telegraphen=
Assistenten. — V „Bahnfrei". — V gegen Mißbrauch geistiger Getränke. —
V Creditfond. — ZweigV des Verbandes deutscher Militäranwärter u. Invaliden.
— Deutscher landwirthschaftlicher BeamtenV. — NaturheilV. — StenographenV
Stolze=Schrey. — Krieger=Sterbekasse. — Gemeinsame Ortskrankenkasse.
Hülfskasse der Arbeiter der Eisenbahn. — Betriebskrankenkasse der Stärkefabrik.
GesangV „Liedertafel". — TurnV. — GesangV „Lyra". — GesangV „Gemischter
Chor". — V der Annaburger. — Bürger=Ressource. — Radfahrer=Klub.
V „Kameradschaft". — V junger Kaufleute. — Männer=GesangV. — V der
Schlesier. — V „Zitherklub". — Cäcilien = GesangV. — GesangV „Con=
cordia". — Kaufmännischer V „Fortuna". — RadfahrerV „Borussia". —
V „Reichsadler". — Athleten=Klub. — V „Schach=Klub". — MännergesangV
„Eintracht". — VorschußV, e. G. m. b. H. — Raiffeisen=Darlehnskasse. —
Westpreußische Landschaft. — Städt Krankenhaus = Diakonissen für Kranken=
pflege. — Kleinkinderbewahr=Anstalt.
Usch: KriegerV. — Ortsgruppe des V zur Förderung des Deutschthums in den Ost=
marken. — Kth ArbeiterV. — Kth HandwerkerV. — LehrerV Usch u. Um=
gegend. — Ev ChorgesangV. — TurnV. — GastwirthsV. — RadfahrerV.
Deutscher Frauen=ZweigV. Unter dessen Leitung und Aufsicht die Kleinkinder=
schule. — Kth Hospital. — SterbekassenV. — Schiffersterbekasse. — Spar= u.
Darlehnskasse (Genossensch). — Volksbank (Genossensch). — Schützengilde.

Kreis Mogilno.

Gembitz: LandwehrV, V: OberLt Schneider in Procyn. IndustrieV (poln),
V: Jankowski. — Gembitz=Wilatowener RustikalV (poln), V: Klarowicz Propst.
Bank ludowy (poln Darlehnskasse), e. G. m. u. H., V: Klarowicz Propst.
SchuhmacherJ, V: Reinke. — SchneiderJ, V: Jankowski. — Agentur der
Magdeburger Feuer=Versicherungs=Gesellschaft, Agent Bratkowski. — Agentur

der Feuer = Versicherungs = Aktien = Gesellschaft zu Elberfeld, Agent **Levin**. — Brüderschaft „Mutter Gottes", Brüderschaft „St. Anna", Brüderschaft „St. Nikolaus", RosenkranzV für Frauen, RosenkranzV für Mädchen, MütterV, MäßigkeitsV, V: **Klarowicz** Propst.

Mogilno: Stdt Krankenhaus. — Stdt Armenhaus. — Stdt Hospital. — Landwehr V. — Jüd KrankenpflegeV. — Jüd LeichenbestattungsV. — Poln IndustrieV. — VerschönerungsV. — GesangV. — Freiw Feuerwehr. — Kath V christl Mütter. — TurnV. — V für entlassene Strafgefangene. — Kath ArbeiterV. — Jüd FrauenV. — Kath GesellenV. — Kath JungfrauenV. — „Sokół". — Bank Ludowy. — Spar= u. Darlehnskassen V. — Bank parcelacyjny. — Landwirthschaftlicher Einkaufs= und AbsatzV Mogilno.

Pakosch: Staatl Forbildungsschule. — Johanniter-Krankenhaus. — Sanitätsrath Dr. Theodor Kühnast-Stiftung. — LandwehrV. — Ev MännerV. — Vaterl Frauen-ZweigV. — Deutscher GesangV. — Männer-GesangV. — Poln landwirthschaftlicher V. — ImkerV. — Kth ArbeiterV. — GewerbeV. — TurnV „Sokol". — Kth St. Vinzent à Paulo-UnterstützungsV. — Poln Gewerbe= u. IndustrieV. — Poln GesangV. — Deutscher VorschußV. — Poln Bankverein (Bank ludowy).

Kreis Schubin.

Bartschin: KriegerV. — Deutscher Männer=GesangV. — FlottenV. — Rother KreuzV. — Vaterl. FrauenV. — Diakonissen=Station. — JünglingsV. — Jüd. UnterstützungsV. — Deutsche Spar= u. Darlehnskasse, e. G. m. u. H. — Poln. Spar= u. Darlehnskasse, e. G. m. u. H. — Deutscher Landwirthschaftlicher V. — Poln. BauernV. — Allg. LehrerV. — Allg. HandwerkerJ. — SchuhmacherJ.

Exin: Schlachthaus, **Koniecki** Schlachthaus=Aufseher. — Städt kth Hospital, V: Kth Kirchenvorstand. — Städt Krankenhaus, V: Magistrat. — Ortskrankenkasse, V: **Weber** Bauunternehmer. — Molkerei, e. G. m. u. H., **Pankalla** MolkereiVerw. — Volksbank, e. G. m. u. H., V: **Raabe** Lehrer a. D. — Pferdezuchtgenossenschaft, e. G. m. b. H., V: **Wiese** Gutsbes. — Schützengilde, V: **Synoracki** Gastwirth. — Freiw Feuerwehr, V: **Knapkiewicz** Bgrmstr. — KriegerV, V: **Paul** Ober=Steuer=Kontroleur. — VerschönerungsV, V: **Rosenstedt** KrSchulInsp. — RadfahrerV, V: **Weber** Bauunternehmer. — TurnV, V: **Floegel** StdtSekr. — GewerbeV, V: **Czochralski** Tischlermstr. — LehrerV für Exin u. Umgegend,V: **Block** Lehrer in Gromaden. — Deutscher Landwirthschaftlicher V, V: **Hartfiel** Gutsbes in Rostrzembowo. — Poln Landwirthschaftlicher V, V: **v. Grabszewski** Gutsbes in Graboschewo. — Landwirthschaftlicher V, V: **Schweling** Gutsbes in Hertzberg. — Deutscher Landwirthschaftsbeamten=ZweigV, V: **Blümel** GüterDir in Smogulec. — Ev Kirchenchor, V: **Donner** HptL. — Kath ArbeiterV, V: Dr. **Opielinski** Propst. — V zur Pflege der Bienenzucht u. des Obstbaues, V: **Rosenstedt** KrSchulInsp. — Deutscher InspektorenV, V: **Arnemann** Gutsverwalter in Zurawiec. — MännergesangV, V: **Korytowski** Baugewerkmstr in Hertzberg. — St. Vincent à PauloV, V: Frau **v. Broekere** Rentiere. — Begräbnißkasse der Kirchen=Rosenkranz=Brüderschaft, V: **Paprocki** Gastwirth. — Jüd. gesell. V, V: **Lewin** Uhrmacher. — Jüd. Kranken= und UnterstützungsV, V: **Fuchs** Ksm.

Labischin: Vereinigte HandwerkerJ. — Freiw. Feuerw. — KriegerV. — Männer=GesangV, — LehrerV. — ZweigV vom Rothen Kreuz. — Vaterländischer FrauenV. — Kath FrauenV. — 2 Jüd FrauenV. — Spar= u. Darlehnskassen V (System Raiffeisen.) — Städt Lazareth — Niederlassung von grauen Schwestern, welche Krankenpflege üben.

Rynarschewo: KriegerV. — Schützengilde. — Kath ArbeiterV. — LehrerV.

Schubin: FlottenV. — Rother KreuzV. — KreiswanderbibliothekV. — DiakonissenV. — Kath Hospital. — Kreiskrankenhaus. — Provinzial-Erziehungs=Anstalt. — LandwehrV. — GesangV „Liedertafel". — Kath GesangV „Halka". — Kath GewerbeV „Towarzystwo Przemysłowe". — Spar= u. Darlehnskasse, G. m. u. H. — Vaterländischer Frauen=ZweigV. — Schützengilde. — VerschönerungsV.

Kreis Strelno.

Kruschwitz: Simon und Bertha Loewenstein'sche Stiftung. — Bank ludowy, e. G. m. u. H. — Deutsche Volksbibliothek. — Deutscher Männer-GesangV. — Deutscher Männer-TurnV. — Deutscher RadfahrerV. — Towarzystwo Gimnastyczne „Sokół nadgoplański". — Poln-kth ArbeiterV. — Towarzystwo Spiewu. — Towarzystwo Przemysłowe. — LehrerV. — Maurer- u. ZimmergesellenV. — Freiw. Feuerwehr.
Strelno: KrKrankenhaus, V: **Herrgott** Bgrmstr. — LandwehrV, V: **Herrgott** Bgrmstr. — FlottenV, V: **Krißler** LdR. — Männer-GesangV, V: **Herrgott** Bgrmstr. — Schützen-Gilde, V: **Ritter** Kfm. — Freiw. Feuerwehr, V: **Herrgott** Bgrmstr. — VerschönerungsV, V: **Herrgott** Bgrmstr. — SchlesierV, V: **Praffe** Amtsrichter. — Towarzystwo przemysłowców, V: **Kornaßzewski** Tischlermstr. — TurnV „Sokół", **Tyllca** Kfm. — Kth. ArbeiterV, V: **Kalkowski** Vikar. — V jüd. Krankenpflege, V: **Lesser** Kfm. — Vaterl. Frauen-ZweigV, V: Frau Landrath **Krißler.** — KrSparkasse, V: **Krißler** LdR. — Ortskrankenkasse, V: **Wegner** Grundbes. — KrGemKrankenvers, V: **Krißler** LdR. — Landw. Darlehnskasse V: **Morawietz** Kfm. — Darlehnskasse „Bank ludowy", V: Dr. **Cieslewicz** Arzt.

Kreis Wirsitz.

Friedheim: Städt Sparkasse. — Kth Hospital. — KriegerV. — Schützengilde. — VolksschullehrerV. — GesangV.
Lobsens: KriegerV. — Schützengilde. — Landw. LokalV. — Landw. gewerblicher V (poln). — ZweigV des deutschen FrauenV für die Ostmarken. — FrauenV (UnterstützungsV). — LehrerV für Lobsens u. Umgegend. — MusikV. — GesangV Concordia. — GesangV z. hl. Cäcilie. — RadfahrerV. — Jüd. BrüderV.
Mrotschen: KriegerV. — Schützengilde. — LehrerV. — RadfahrerV. — Landw. V. — Männer-GesangV. — IndustrieV. — Kth ArbeiterV. — Jüd. FrauenV. — Spar- u. Darlehnskasse, e. G. m. b. H. — Vorschuß- u. SparkassenV, e. G. m. u. H.
Nakel: Jüd WohlthätigkeitsV Bnee-Bris, V: **Levy** Kfm. — SiechenV, V: **Benzlaff** Pastor prim. — Nakeler Jagdklub V: **Brinck** RAnw. — Schiffer-Sterbe-Kassen-Gesellschaft, V: **Pesolski.** — Rudolph Bauersche Jubiläumsstiftung, V: der Spar- u. VorschußV zu Nakel. — Frommet u. Lewin Baerwaldsche Stipendienstiftung, V: **Riedel** Bgrmstr. — Baerwaldsche Jubiläumsstiftung, V: der Magistrat. — Alexander-Stiftung, Kurator: Dr. **Perlitz** Rabbiner. — Henochsche Stiftung, V: **Lesser** Kfm.
Wirsitz: KrKranken- u. Siechenhaus. — Kth Kranken- u. Waisenhaus. — Klein-kinderschule. — Vaterl. FrauenV. — Jüd FrauenV. — KriegerV. — Schützengilde. — KrSchützenbund. — Männer-GesangV. — Ev gemischter Kirchenchor. — Wirsitzer Klub (GesellschaftsV). — VerschönerungsV. — Landw. KreisV. — Kth landw. u. IndustrieV. — Kth OrganistenV. — LehrerV. — Spar- u. Darlehnskasse, e. G. m. u. H. — Kth Fleischer-J. — Schlosser-, Schmiede- u. KlempnerJ. — Tischler-, Stellmacher- u. DrechslerJ.
Wissek: Kth Hospital. — Armenhaus u. ev Diakonissenheim. — KriegerV. — Kth MusikV. — Kth OrganistenV. — Ev KirchengesangV. — Spar- und Darlehnskasse.

Kreis Witkowo.

Mieltschin: Niederlassung von zwei Schwestern der Kongregation der Mägde Mariä.
Powidz: Niederlassung der Genossenschaft der grauen Schwestern von der hl. Elisabeth aus dem Mutterhause Breslau. — Landwirthschaftlicher V „Kółko rolnicze".
Schwarzenau: LandwehrV. — Polnischer GewerbeV (Towarzystwo przemy-słowców). — DarlehnskassenV. — Bank ludowy, e. G. m u H.

Witkowo: Vaterländischer FrauenV. — DarlehnskassenV, e. G. m. u. H. — Deutsches Kaufhaus, e. G. m. b. H. — Bank ludowy, e. G. m. u. H. — Kreisortskrankenkasse. — KriegerV. — VerschönerungsV. — Freiwillige Feuerwehr. — Schützengilde. — MännergesangV. — Ortsgruppe des V zur Fürsorge für entlassene Strafgefangene. — Ortsgruppe des deutschen FlottenV. — Landwirthschaftlicher V. — Volksbibliothek. — TurnV „Sokol".

Kreis Wongrowitz.

Gollantsch: DarlehnskassenV (Raiffeisen). — Bank Ludowy (polnische Volksbank). — Deutscher landwirthschaftlicher V. — Polnischer landwirthschaftlicher V. — IndustrieV. — KriegerV. — Schützengilde.

Mietschisko: KriegerV. — Deutscher landwirthschaftlicher V. — Polnischer landwirthschaftlicher V. — Spar= und Darlehnskasse. — VolksbibliothekenV. — Schützengilde. — Radfahrerklub. — Polnischer IndustrieV. — Freie vereinigte Handwerker=Innung. — V der Fleischer zur Versicherung gegen Trichinen. — Brüderschaft zur Bekämpfung der Trunksucht.

Schoffen: LandwehrV. — Landwirthschaftlicher V. — Spar= u. Darlehnskasse, e. G. m. u. H. — Pferdezucht=Genossenschaft. — LotterieV. — LehrerV. — Schützengilde. — BürgerV. — RadfahrerV. — Ev Kirchenchor. — Poln IndustrieV „Towarzystwo Przemysłowców". — Müller= und BäckerJ. — SchuhmacherJ. — Vereinigte Tischler=, Schmiede=, Stellmacher=, Böttcher=, Drechsler=, Maler=, Sattler=, Glaser= und SchlosserJ. — Deutscher Frauen=ZweigV für die Ostmarken.

Wongrowitz: St. George=Waisenhaus. — Kath Hospital. — v. Latinskische Stiftung zur Heirathsausstattung unbemittelter Mädchen. — v. Moszczenskische Armenstiftung. — v. Gorskische Armenstiftung. — Lewin Rothmannsche Armenstiftung. — Musolffsche Alumnatsstiftung. — Deutsche Vereine: Landwirthschaftlicher V. — LehrerV. — Ev Männer= und JünglingsV. — Deutscher WahlV. — V zur Hebung des Verkehrs. — Freiwillige Feuerwehr. — V für jüdische Geschichte und Literatur. — Vaterländischer FrauenV. — Ev Frauen= und JungfrauenV. — Jüdischer FrauenV. — MännerV vom Rothen Kreuz. — KriegerV. — Musik= und GesangV. — MännerturnV. — HandwerkerV. — RadfahrerV 1896. — Wongrowitzer Radfahrer=Klub 1900. — Spar= und Darlehnskasse. — Handwerker=Spar= und Darlehnskasse. — Handwerker=Sterbekasse. — Jüdischer KrankenpflegeV. — Polnische Vereine: Landwirthschaftlicher V. — RustikalV (BauernV). — Kth LehrerV. — Organisten V St. Adalbert. — Kth FrauenV Vincenz à Paulo. — Kth V poln. Arbeiter. — Schützengilde. — TurnV (Sokol). — GesangV (Koło śpiewackie). — IndustrieV (Towarzystwo przemysłowe). — V junger Industrieller (Towarzystwo młodych przemysłowców). — Volksbank (Bank ludowy).

Kreis Znin.

Gonsawa: Spar= und Darlehnskasse, e. G. m. u. H. — Bank ludowy, e. G. m. u. H. — Landwirthschaftlicher V. — Poln IndustrieV. — Landwirthschaftlicher V poln Bauern.

Janowitz: Deutscher WohlfahrtsV für Janowitz und Umgegend mit dem ZweigV „Frauenhilfe". — KriegerV. — LehrerV für Janowitz und Umgegend. — Poln IndustrieV. — Freiwillige Feuerwehr. — Poln Vorschuß= und SparV (Bank ludowy). — GeselligkeitsV. — Poln landwirthschaftlicher RustikalV Deutsche Kaufhausgenossenschaft. — Vereinigte HandwerkerJ.

Rogowo: LandwehrV für Rogowo und Umgegend. — LehrerV für Rogowo und Umgegend. — Landwirthschaftlicher V für Rogowo und Umgegend. — Freiwillige FeuerwehrV. — VerschönerungsV. — RaiffeisenV für Rogowo und Umgegend. — Bank ludowy für Rogowo u. Umgegend. — Poln. IndustrieV.

Znin: Städt Krankenhaus. — Molkerei, e. G. m. u. H. — Cunow'sche Molkerei. Zuckerfabrik, G. m. b. H. — Kreissparkasse. — KreditV. — Volksbank. — Ev Kirchenchor. — Kth Kirchenchor. — V zur Unterstützung studirender Jugend (Marcinkowski). — Vaterl FrauenV. — LandwehrV. — Männer=GesangV. — VerschönerungsV. — Schützengilde. — Freiw. Feuerwehr. — Land= wirthschaftlicher KreisV. — Landwirthschaftlicher V für die Kreise Znin und Schubin. — Landwirthschaftlicher BauernV. — BienenzüchterV. — Eisen= bahnbeamtenV. — Ortsgruppe des deutschen FlottenV. — Deutscher WahlV.

E. Parlamentsmitglieder.

I. Landtag.

a. Herrenhaus.

1. Mitglieder mit erblicher Berechtigung.

Graf v. **Hutten=Czapski,** Fideikommißbes in Berlin und auf Smogulec RA4 Bayr MilV1 BraunschwHeinrLöw2 FranzEhrLeg ghHessPhil1Schw ItalKr MaltKomm NassAdKomm1Sch OestEisKr3 SächsAlbr SachsErnH2 TunIft TürkMedsch3 WürttKr.

Se. Durchl. Fürst **von Radolin,** Oberst=Truchseß, außerord. u. bevollm. Botschafter in Paris, WirklGehR u. Kammerherr auf Jarotschin u. Ponoschau b. Schierotau, SchwAK GKrzRAEichKru u Br Kr1 GKrzFürstHohenzH EisKrz2w BadZährL BayrGKrzMich GKrzBulgAlex GriechErl ghHessPhilGKrzKr JohMalt Ital MuL GKrzWendKrmKrG GKrzOestLeop GKrzRumKr RussAlexN GKrz SachsAlbr GKrzSächsFalk GKrzSachsErnH SchwarzbEhrKrz1 Span KarlsIII.Komm1 TürkOsmGKrzBr TürkMedsch1 TürkImt WaldV1 WürttKr.

Se. Durchl. Fürst **Radziwill** in Berlin u. auf Antonin RA3St Kr1 EisKrz2 JohMalt GKrzPäpstlGreg.

Frhr. von **Schlichting,** Majoratsbes auf Gurschen b. Schlichtingsheim RA4 EisKrz2 LD2 Joh.

Graf **Skórzewski=Radomice,** Majoratsbes auf Schwarzenau (Bromberg), Komm1Päpst Greg.

Se. Durchl. Fürst **Sulkowski,** Majoratsbes auf Schloß Reisen EisKrz2 LD2.

von **Taczanowski,** Kammerherr Majoratsbes auf Taczanow.

2. Aus besonderem Allerhöchsten Vertrauen berufene Mitglieder.

Se. Durchl. **Heinrich XXVIII. Prinz Reuß** j. L., Rittm à. l. s. der Armee in Stonsdorf und auf Baschkow Kr2St Joh GKrzWendKr1 ReussEhrKrz TürkMedsch2.

Se. Exc. Frhr. von **Wilamowitz=Möllendorff** WirklGehR, OPräs a. D., Landtags= marschall, Kammerherr auf Markowitz (s. Wirkl. Geh. Räthe).

3. Aus den Verbänden (Landschafts=Bezirken) des alten und des befestigten Grundbesitzes.

L. B. (Landschafts=Bezirk.)

von **Born=Fallois** Kammerherr Rgbes auf Sienno bei Klahrheim (s. Kammerherren) (L. B. Netzedistrikt.)

von **Brzeski** Rgbes auf Zabkowo bei Jaroschau Kr3 (L. B. Gnesen.)

Dr. von **Dziembowski,** Rittergutsbes auf Bobelwitz, Kreis Meseritz, und Landes= hauptmann der Prov. Posen (L. B. Meseritz) [s. Provinzial=Verband].

von **Koscielski** Rgbes auf Miloslaw und Karszin Kr2 GKrzPäpstlGreg (L. B. Netzedistrikt.)

Graf **Kwilecki** Rgbef auf Oporowo b. Wronke u. auf Ober=Zedlitz b. Zedlitz (Bez.
    Pofen), (L. B. Pofen).
von Morawski Rgbef auf Kotowiecko Kr3 KommP1 (L. B. Krotofchin).
von Zóltowski Kammerherr auf Czacz Kr2 (L. B. Frauftadt).

4. Aus denjenigen Städten, welchen das Präfentationsrecht durch königliche Verleihung beigelegt ift.

Knobloch Erfter Bgrmftr in Bromberg, (f. Reg. Bromberg, Bgrmftr).
Witting ObBgrmftr in Pofen, (f. Reg. Pofen, Bgrmftr).

b. Abgeordnetenhaus.

Dr. **Baarth** Landrath z. D. in Schöneberg b Berlin LD2 . Pofen=Oft u. Weft, Obornik.
von Blankenburg RegR a. D., Rgbef auf Zimmer=
    haufen LD2. . . . . Samter, Birnbaum,
                                      Schwerin a. W.
von Brodnicki Rgbef auf Niesmiaftowice b. Mietfchisko. Neutomifchel, Grätz,
                                      Schmiegel, Koften.
Cegielski FabrBef, Päpftl Geh Kämm in Pofen . . . . Neutomifchel, Grätz,
                                      Schmiegel, Koften.
Dr. **von Chlapowski** prakt Arzt in Pofen . . . . . . Plefchen, Jarotfchin,
                                      Krotofchin, Kofchmin.
von Colmar=Meyenburg Kammerherr, Rgbef auf Zützen
    b. Schwedt, RegPräf z. D. in Berlin . . . . Filehne, Czarnikau,
                                      Kolmar i. P.
Dr. **Crüger** Anw des allgem. Verbandes der deutfchen
    Erwerbs= u. Wirthfchafts=Genoffenfchaften in Char=
    lottenburg . . . . Wirfitz, St= u. Ldkr. Bromberg.
Ernft Dir der höheren Mädchenfchule in Schneidemühl Samter, Birnbaum,
                                      Schwerin a. W.
von Glębocki Gbef zu Czerlejno b. Koftfchin . . . . Schrimm, Schroda, Wrefchen.
von Grabski FabrBef in Gnefen . . . . Gnefen, Witkowo.
Dr. **von Jazdzewski** Prof, Päpftl. Haus=Prälat, Propft
    in Schroda . . . . Jarotfchin, Kofchmin, Kro=
                                      tofchin, Plefchen.
Jerzykiewicz Kfm zu Pofen . . . . Oftrowo, Adelnau, Schildberg,
                                      Kempen.
Kindler Architekt in Pofen . . . . Stadtkreis Pofen.
Kuhr AGR in Rogafen (Bez. Pofen) . . . . Pofen=Oft, Pofen=Weft,
                                      Obornik.
Martini Rgbef in Dembowo b. Sadke (Bez. Bromberg) Wirfitz, Stadtkreis u. Ldkr.
                                      Bromberg.
Dr. **Mizerski** Erzb KonfR u. Synd in Pofen . . . . . Oftrowo, Adelnau, Schildberg,
                                      Kempen.
Peltafohn LGR in Bromberg . . . . Mogilno, Znin, Wongrowitz.
Schmidt Gbef in Fuchsfchwanz . . . . Wirfitz, St= u. Ldkr. Bromberg.
Schmidt StadtR u. Brauereibef in Rawitfch . . . . Frauftadt, Liffa i. P.,
                                      Rawitfch, Goftyn.
Seer AR in Nifchwitz b. Güldenhof RA4 . . . . . Schubin, Jnowrazlaw,
                                      Strelno.
Frhr. **von Seherr=Thoß** Rgbef auf Ober=Röhrsdorf bei
    Frauftadt (f. ProvR) . . . . Frauftadt, Liffa i. P.,
                                      Rawitfch, Goftyn.
von Staudy GenLandfchDir in Pofen (f. Landfchaftl.
    Kredit=Inftitute) . . . . Mejeritz, Bomft.
Stychel Prälat, Propft in Pofen . . . . Schrimm, Schroda, Wrefchen.
Dr. **Szuman** VerficherungsDir in Obornik . . . . . Schrimm, Schroda, Wrefchen.

von Tiedemann Wirkl Geh ObRegR, RegPräs a. D.
in Berlin . . . . Schubin, Inowrazlaw,
Strelno.
von Wentzel Rgbes auf Belencin, Kr Bomst . . . . . Meseritz, Bomst.
Dr. Wolff LdR z. D. in Mogilno . . . . Mogilno, Znin, Wongrowitz.
Wolff RAnw u. Notar in Lissa i. P. . . . . Fraustadt, Lissa i. P.,
Rawitsch, Gostyn.
Zindler Gbes auf Neudorf b. Schönlanke . . . . . . Filehne, Czarnikau,
Kolmar i. P.

Uebersicht nach der amtlichen Reihenfolge der Wahlkreise.

Regierungsbezirk Posen.

1. Stadtkreis Posen . . . . Kindler.
2. Posen-Ost, Posen-West, Obornik . . . . . Dr. Baarth, Kuhr.
3. Samter, Birnbaum, Schwerin a. W. . . . . Ernst, von Blanckenburg.
4. Meseritz, Bomst . . . . von Wentzel, von Staudy.
5. Grätz, Neutomischel, Kosten, Schmiegel . . Cegielski, von Brodnicki.
6. Fraustadt, Lissa i. P., Rawitsch, Gostyn . . Frhr. v. Seherr-Thoß, Wolff,
Schmidt.
7. Schrimm, Schroda, Wreschen . . . . Dr. Szuman, von Glębocki, Stychel.
8. Pleschen, Jarotschin, Krotoschin, Koschmin . Dr. v. Chlapowski, Dr. v. Jazdzewski.
9. Adelnau, Ostrowo, Kempen, Schildberg . . . Dr. Mizerski, Jerzykiewicz.

Regierungsbezirk Bromberg.

1. Czarnikau, Filehne, Kolmar i. P. . . . . . von Colmar-Meyenburg, Zindler.
2. Stadtkreis u. Ldkreis Bromberg, Wirsitz . . Martini, Dr. Crüger, Schmidt.
3. Inowrazlaw, Schubin, Strelno . . . . von Tiedemann, Seer.
4. Gnesen-Witkowo . . . . von Grabski.
5. Mogilno, Wongrowitz, Znin . . . . Peltasohn, Dr. Wolff.

II. Reichstag.

a. Regierungsbezirk Posen.

von Chrzanowski RAnw zu Posen.
Cegielski Päpstl GehKämm, FabrBes zu Posen, M des Kgl preußischen Lds-EisRaths.
Se. Durchl. Zdzislaus Prinz Czartoryski Rgbes auf Sielec b. Jutroschin, Kr Rawitsch.
Dr. v. Dziembowski-Pomian RAnw zu Posen.
von Gersdorff Rgbes auf Bauchwitz.
von Glębocki. Rgbes auf Czerlejno b. Kostschin, Kr Schroda.
Dr. v. Jazdzewski Prälat u. Stifts-Propst zu Schroda.
Graf Kwilecki Päpstl GehKämm, Rgbes auf Kwiltsch, Kr Birnbaum.
Se. Durchl. Ferdinand Fürst Radziwill erbl M des Preußischen Herrenhauses auf
Schloß Antonin, Kreis Adelnau, u. zu Berlin RA2St Kr1 EisKr2 Päpstl
GregGKrz JohMalt.
Lic. theol. Tasch Propst zu Lissa i. P.

b. Regierungsbezirk Bromberg.

von Czarlinski Rentner zu Thorn.
Ernst SchulDir zu Schneidemühl.
Dr. v. Komierowski Päpstl GehKämm, M des Kgl preußischen Lds-OekKollegiums,
Rgbes auf Niezychowo b. Weißenhöhe, Kr Wirsitz, und Komierowo, Kr Flatow.
Dr. Krzyminski praktischer Arzt zu Inowrazlaw.
von Tiedemann Wirkl GehObRegR (mit dem Range eines Rathes I. Klasse) und
RegPräs a. D. zu Berlin, M des Kgl preußischen Staatsraths RA2Stu. Eich
Kr2St WürttKrKomth JapanVerdGrOff.

Ueberſicht nach der amtlichen Reihenfolge der Wahlkreiſe.

Regierungsbezirk Poſen.

1. Stadt Poſen, Poſen-Oſt, Poſen-Weſt . . . . . . **v. Chrzanowſki.**
2. Samter, Birnbaum, Schwerin a. W., Obornik . . . **Graf Kwilecki.**
3. Meſeritz, Bomſt . . . . **von Gersdorff.**
4. Neutomiſchel, Grätz, Koſten, Schmiegel . . . . . . **Cegielſki.**
5. Rawitſch, Goſtyn . . . . **Zdzislaus Prinz Czartoryſki.**
6. Fraustadt, Liſſa i. P. . . . . **Taſch.**
7. Schroda, Schrimm . . . . **von Glębocki.**
8. Wreſchen, Pleſchen, Jarotſchin . . . . Dr. **v. Dziembowſki.**
9. Krotoſchin, Koſchmin . . . . Dr. **v. Jazdzewſki.**
10. Adelnau, Oſtrowo, Schildberg, Kempen . . . . . **Ferdinand Fürſt Radziwill.**

Regierungsbezirk Bromberg.

1. Czarnikau, Filehne, Kolmar i. P. . . . . **Ernſt.**
2. Schubin, Wirſitz u. ein Theil von Znin . . . . . **von Czarlinſki.**
3. Bromberg, Stadt Bromberg . . . . **von Tiedemann.**
4. Jnowrazlaw, Mogilno, Strelno u. ein Theil von Znin Dr. **Krzyminſki.**
5. Gneſen, Witkowo, Wongrowitz und ein Theil von Znin Dr. **v. Komierowſki.**

F. Anhang.

Oberſte Hofchargen.

Oberſt-Truchſeß: Se. Durchl Fürſt **von Radolin** WirklGehR u. Kammerherr, ſowie erbl. Mitgl. des Herrenh. u. außerord. u. bevollm. Botſchafter in Paris (ſ. Herrenh.).

Kammerherren.

von Zóltowſki M des Herrenh. auf Czacz, Kr Koſten (ſ. Herrenh.).

Se. Durchl Fürſt **von Radolin** Oberſt-Truchſeß WirklGehR erbl. M des Herrenh. Beſ der Fideikommiß-Herrſch Jarotſchin außerord. u. bevollm. Botſchafter in Paris (ſ. Herrenh.).

Se. Erz. Frhr. **von Wilamowitz-Möllendorff** auf Markowitz WirklGehR ObPräſ a. D. M des Herrenh. (ſ. WirklGehRäthe).

von Schwichow GehRegR LdR des Kr Kolmar i. P. (ſ. Reg Bromberg, LdR-Aemter).

von Taczanowſki auf Taczanow, Kr Pleſchen, Majoratsherr u. erbl. M des Herreuth.

von Kalckreuth Rgbeſ auf Ober-Görzig, Kr Meſeritz, JohRechtsr.

Dzierzykraj v. Morawſki auf Czeluscin, Kr Goſtyn.

von Born-Fallois Rgbeſ auf Sienno, Kr Bromberg, M des Herrenh. RA4 EisKrz2 SächsV1mKD RussAnn3.

von Zóltowſki Rgbeſ auf Nekla, Kr Schroda, Stellv der ProvLandtags-Marſchalls.

von Brandis Rgbeſ auf Neuhaus, Kr Schwerin a. W., LdR des Kr Schwerin a. W. Deichhauptmann (ſ. Reg zu Poſen, LdR-Aemter).

Frhr. von Schlichting Rgbeſ auf Wierzbiczany, Kr Jnowrazlaw, RA4 JohRechtsr.

Dr. **Frhr. von Lützow** ObRegR in Bromberg (ſ. Reg Bromberg).

Kammerjunker.

von Kurnatowski auf Dt.-Presse.
von Heydebrand und der Lasa auf Schloß Storchnest, Kr Lissa i. P. Joh.
von Łącki auf Konin Kr Neutomischel.
Dr. von Willich LdR des Kr Birnbaum (s. Reg Posen, LdR-Aemter).

Staatsrath.

Frhr. von Matzenbach auf Konin, Kr Samter, RegPräs a. D. RA2mStuEich EisKrz2
SachsErnH1.
Se. Exc. Frhr. von Wilamowitz-Möllendorf auf Markowitz WirklGehR Kammerherr
ObPräs a. D. M des Herrenh. (s. WirklGehRäthe).

Wirkliche Geheime Räthe.

Se. Durchl Fürst von Radolin Oberst-Truchseß Kammerherr u. erbl. M des Herrenh.
außerord. u. bevollm. Botschafter in Paris (s. Herrenh.).
Se. Exc. Frhr. von Wilamowitz-Möllendorff Kammerherr ObPräs a. D. M des
Herrenh u. Rgbes auf Markowitz RA2mKruSt Kr1 rKrzMed2 LD2 JohKommend
RussAnn1 RussStan2 SächsAlbGKrzmsSt.

Der Hofkammer untergeordnete Kgl. Familiengüter.
Pachtvorwerke.

Kr Jarotschin. Zerkow m. Zulkow: P: Landgraf; Paulsheim: P: Jouanne AR
ARRend RA4.
Kr Wreschen. Groß-Chocicza: P: Frielinghaus verw. ObA; Klein-Chocicza: P:
Schöning ObA; Palczyn: P: Cremer; Groß-Guttowy: P: Eschenbach.
Kr Witkowo. Kleparz: P: Eschenbach.
Kr Gnesen. Weißenburg: (z. Z. administrirt).
Kr Schroda. Tischdorf m. Lobenau u. Stempocin: P: Naumann AR; Marthas-
hagen: P: Materne AR RA4; Targowagorka m. Raklawki u. Amilkarowo
(z. Zt. administrirt).

Landes-Oekonomie-Kollegium.

Endell Major a. D. früher auf Kiekrz jetzt in Posen.
Satze herzogl. Sachsen-Altenburgischer AR in Ottorowo b. Samter RA3mSchl Kr3
Stellvertreter derselben:
Leonhardt Rgbes in Rucewko b. Güldenhof.
Eberl GenSekr in Posen.

Landeseisenbahnrath.
Als gewählte Mitglieder:
aus den Kreisen der Land- und Forstwirthschaft:

Frhr. von Langermann und Erlencamp Rgbes in Lubin b. Kriewen RA3mSchl
Kr3 JohRechtsr ghSächsFalk1.
Stellv: von Bernuth Rgbes in Borowo b. Czempin (s. ProvR).
aus den Kreisen der Industrie:

Kantorowicz (Nazary) KommerzR FabrikDir stellv. Vors der Handelsk in Posen.
Stellv: Cegielski Fabrikbes in Posen päpstl. GehKämm u. M des AbgH.

Alphabetisches Verzeichniß
der den Bestell-Postanstalten **Berlins** zugetheilten
Straßen und Plätze
mit Angabe der Lage nach den Himmels = Richtungen.

Adressirung der nach Berlin bestimmten Briefe.

Berlin ist für die Zwecke der Briefbestellung in 9 Post=Bezirke eingetheilt. Dieselben führen die Bezeichnungen:

C. (Central), N. (Nord), NO. (Nordost), O. (Ost), SO. (Südost), S. (Süd), SW. (Südwest), W. (West), NW. (Nordwest).

In welchem Bezirke die einzelnen Straßen und Plätze liegen und welcher Bestell=Postanstalt sie zugetheilt sind, ergiebt das nachfolgende alphabetische Verzeichniß.

Zum Zwecke einer beschleunigten Briefbestellung ist in den Aufschriften der nach Berlin gerichteten Briefe hinter dem Ortsnamen Berlin die abgekürzte Bezeichnung des betreffenden Post=Bezirkes und die Nummer der Bestell=Postanstalt anzugeben, z. B.:

„Herrn **Adolph Müller**
in
Berlin, NW. 6
Albrechtstraße Nr. 11, III Tr.“

Die genaue Bezeichnung der Wohnung darf nicht fortbleiben, auch wenn der Bezirk angegeben ist.

Namen der Straßen	Post= Bezirk	Amt	Namen der Straßen	Post= Bezirk	Amt
Achenbachstr.	W	50	Altonaerstr.	NW	23
Ackerstr.			Alvenslebenstr.	W	57
Nr. 1—27 u. 143 bis Ende	N	54	Amalienstr.	C	25
= 28—43	N	28	Amrumerstr.	N	65
= 44—142	N	31	Am Urban	S	59
Adalbertsstr.			Andreasplatz	O	27
Nr. 1—23 u. 67 bis Ende	SO	26	Andreasstr.	O	27
= 24—66	SO	16	Andreasstr., Kleine	O	27
Adlerstr.	C	19	Angermünderstr.	N	54
Admiralstr.	SO	26	Anhalter Bahnhof	SW	46
Adolphstr.	N	65	Anhaltstr.	SW	46
Ahornstr.	W	62	Anklamerstr.	N	28
Albrechtstr.	NW	6	Annenstr.	S	14
Alexanderplatz	C	25	Ansbacherstr.	W	50
Alexanderstr.			Ansbacherstr., Neue	W	50
Nr. 1—11a u. 29 bis Ende	C	25	Antonstr.	N	65
= 12—28a	O	27	Apostel Pauluskirche, An der	W	30
Alexanderstr., Kleine	C	25	Arconaplatz	N	28
Alexanderufer	NW	40	Arminiusplatz, Am	NW	21
Alexandrinenstr.			Arndtstr.	SW	29
Nr. 1—29a u. 102 bis Ende	SW	13	Artilleriestr.	N	24
= 30—38 u. 91—101	S	42	Askanischerplatz	SW	46
= 39—90	S	14	Augsburgerstr.	W	50
Alsenstr.	NW	40	Augustabrücke	W	9
Alt=Moabit			Augustahospital	NW	40
Nr. 1—10 u. 143 bis Ende	NW	40	Auguste Victoriaplatz	W	50
= 10a—25 u. 108—142	NW	52	Auguststr.		
= 26—51 u. 67—107	NW	21	Nr. 1—27 u. 60 bis Ende	N	24
= 52—66	NW	87	= 28—59	C	22

Namen der Straßen	Post-Bezirk	Amt	Namen der Straßen	Post-Bezirk	Amt
Auguststr., Kleine	C	22	Bayreutherstr.	W	62
Ausstellungspark	NW	40	Bayreutherstr., Neue	W	50
			Beethovenstr.	NW	40
Bachstr.	NW	23	Behmstr.	N	20
Badstr.	N	20	Behrenstr.	W	64
Bärwaldstr.	S	53	Belforterstr.	NO	55
Bahnhof Alexanderplatz	C	25	Belleallianceplatz	SW	61
Bahnhof Bellevue	NW	23	Bellealliancestr.		
Bahnhof (Ringbhf.) Beußelstr.	NW	87	Nr. 1—5a u. 98 bis Ende .	SW	61
Bahnhof Börse	C	22	= 6—12 u. 75—97 ...	SW	29
Bahnhof (Ringbhf.) Central-Viehhof	O	67	= 13—74a	SW	47
Bahnhof Friedrichstr.	NW	7	Bellermannstr.	N	20
Bahnhof Jannowitzbrücke	O	27	Bellevue, Schloß	NW	52
Bahnhof (Ringbhf.) Frankfurter Allee	O	34	Bellevuestr.	W	9
Bahnhof Gesundbrunnen	N	20	Bendlerstr.	W	10
Bahnhof (Wannseebhf.) Großgörschenstr.	W	57	Bergmannstr.		
Bahnhof (Ringbhf.) Landsbergerallee	NO	18	Nr. 1—38 u. 76 bis Ende .	SW	29
Bahnhof Moabit (Güterbhf.)	NW	21	= 39—75	S	53
Bahnhof (Ringbhf.) Prenzlauerallee	N	58	Bergstr.	N	4
Bahnhof Putlitzstr.	NW	5	Berlichingerstr.	NW	87
Bahnhof (Ringbhf.) Schönhauserallee	N	58	Bernauerstr.		
Bahnhof Stralau-Rummelsburg	O	17	Nr. 1—24 u. 84 bis Ende .	N	31
Bahnhof (Ringbhf.) Treptow	SO	33	= 25—83	N	28
Bahnhof Warschauerstr.	O	17	Bernburgerstr.	SW	46
Bahnhof (Ringbhf.) Wedding	N	39	Besselstr.	SW	48
Bahnhof (Ringbhf.) Weißensee	NO	55	Bethanien	SO	26
Bahnhofsstr.	SW	46	Bethanienufer	SO	26
Baltenplatz	O	34	Beußelstr.	NW	87
Bandelstr.	NW	21	Beuthstr.	SW	19
Barbarossastr.	W	30	Bevernstr.	SO	33
Bardelebenstr.	NO	18	Beymestr.	O	17
Barfußstr.	N	65	Biesenthalerstr.	N	20
Barnimstr.			Birkenstr.	NW	5
Nr. 1—10 u. 42 bis Ende.	NO	18	Bischofstr.	C	2
„ 11—41a	NO	43	Bismarckstr.	NW	40
Bartelstr.	C	25	Blankenfeldestr.	O	27
Bartholomäuskirche, An der .	NO	43	Bleibtreustr. 21—36	W	15
Barutherstr.	SW	29	Blücherplatz	SW	61
Bauhofstr.	NW	7	Blücherstr.		
Baumschule (im Thiergarten) .	W	10	Nr. 1—25 u. 61 bis Ende .	SW	61
Bautzenerstr.	W	57	= 26—60	S	53
			Blumenstr.	O	27
			Blumenthalstr.	W	57
			Blumenthalstr. (in Friedrichsberg)	O	34
			Blumeshof	W	35
			Böckhstr.	S	59
			Bödikerstr.	O	17
			Boppstr.	S	59
			Borsigstr.	N	4
			Botanischer Garten	W	57
			Botanisches Museum	W	30
			Bouchéstr.	SO	36
			Vorhagenerstr.	O	34

Namen der Straßen	Post- Bezirk	Amt	Namen der Straßen	Post- Bezirk	Amt
Boyenstr.	N	39	Claudiusstr.	NW	23
Brandenburgstr.	S	42	Cöslinerstr.	N	65
Bredowstr.	NW	21	Cohen'sche Privatstr.	W	10
Breitestr.	C	2	Colbergerstr.	N	39
Bremerstr.	NW	21	Colmarerstr.	NO	55
Breslauerstr.	O	17	Colonnaden a. d. Königsbrücke	C	2
Britzerstr.	SO	26	Corneliusstr.	W	10
Brombergerstr.	O	34	Cotheniusstr.	NO	18
Brückenallee	NW	23	Courbièreplatz, Am	N	65
Brückenstr.	SO	16	Courbièrestr.	W	62
Brüderstr.	C	2	Cremmenerstr.	N	28
Brunnenplatz	N	20	Culmstr.	W	57
Brunnenstr.			Cuvrystr.	SO	33
Nr. 1—18 u. 174 bis Ende .	N	54	Cuvryufer	SO	33
= 19—50 u. 138 bis 173 .	N	28	Curhavenerstr.	NW	23
= 51—137	N	31			
Buchenstr.	W	35			
Buchhändlerhof	W	66	Dalldorferstr.	N	39
Buchholzerstr.	N	58	Danzigerstr.		
Buchstr.	N	39	Nr. 1—30 u. 66—98 . . .	N	58
Bülowstr.	W	57	= 31—65	NO	55
Büschingplatz	NO	18	Demminerstr.	N	31
Büschingstr.	NO	18	Dennewitzplatz	W	57
Bugenhagenstr. . : . .	NW	21	Dennewitzstr.	W	57
Bukowerstr.	S	42	Derfflingerstr.	W	35
Bunsenstr.	NW	7	Dessauerstr.	SW	46
Burggrafenstr.	W	62	Deutscher Dom	W	8
Burgsdorferstr.	N	39	Diedenhofenerstr.	NO	55
Burgstr.	C	2	Dieffenbachstr.	S	59
Buttmannstr.	N	20	Diestelmeyerstr.	NO	18
			Diesterwegstr.	NO	55
			Dönhoffplatz	SW	19
Calvinstr.	NW	52	Dörnbergstr.	W	10
Camphausenstr.	S	59	Dolzigerstr.	O	34
Caprivistr.	O	17	Dorotheenstr.	NW	7
Central-Markthallen . . .	C	2	Dragonerstr.	C	22
Central-Viehhof	O	67	Drakestr.	W	10
Chamissoplatz	SW	29	Dresdenerstr.		
Charité	NW	6	Nr. 1—20 u. 119 bis Ende .	SO	26
Charitéstr.	NW	6	= 21—118	S	14
Charlottenhof (Thiergarten) .	NW	23	Dreysestr.	NW	21
Charlottenstr.			Drontheimerstr.	N	20
Nr. 1—22a u. 72 bis Ende .	SW	12	Düsseldorferstr.	W	15
= 23—38 u. 46—71 . .	W	8	Dunckerstr.	N	58
= 39—45	NW	7			
Chausseestr.					
Nr. 1—52a u. 89 bis Ende .	N	4	Ebelingstr.	O	34
= 53—88	N	39	Eberswalderstr.	N	58
Chorinerstr.	N	37	Ebertsbrücke	N	24
Christburgerstr.	NO	55	Eckertstr.	O	34
Christianiastr.	N	20	Eichendorffstr.	N	4
Christinenstr.	N	37	Eichenstr.	SO	33
Circus, Am	NW	6	Eichhornstr.	W	9
City-Passage	S	14	Eiergasse	C	2

Namen der Straßen	Post Bezirk	Amt
Eisenacherstr.		
Nr. 1—26 u. 55 bis Ende	W	30
Eisenbahnbrücke	SO	33
Eisenbahnstr.	SO	33
Eislebenerstr.	W	50
Elbingerstr. Nr. 1—37	NO	18
Elbingerstr., von Verlorener= weg bis zur Greifswalderstr.	NO	55
Eldenaerstr.	O	34
Elisabethkirchstr.	N	28
Elisabethstr.	NO	18
Elisabethufer	SO	26
Elsasserstr.	N	24
Elsenstr.		
Nr. 1—8 u. 121 bis Ende	SO	33
= 9—120	SO	36
Elßholzstr.	W	30
Emdenerstr.	NW	21
Emserstr. Nr. 19—46	W	50
Engelufer	SO	16
Enckeplatz	SW	48
Exerzierstr.		
Nr. 1—11 u. 14—27	N	20
= 12 u. 13	N	65
Falckensteinstr.	SO	33
Falkoniergasse	W	56
Fasanenstr. Nr. 30—98	W	15
Fehrbellinerstr.		
Nr. 1—24 u. 58 bis Ende	N	37
= 25—57	N	28
Feilnerstr.	SW	68
Feldstr.	N	31
Feldzeugmeisterstr.	NW	5
Fennstr.	N	39
Festungsgraben, Am	C	
Fichtestr.	S	59
Fidicinstr.	SW	29
Fischerbrücke, An der	C	2
Fischerstr.	C	2
Flemmingstr.	NW	52
Flensburgerstr.	NW	23
Fliederstr.	NO	18
Flottwellstr.	W	35
Föhrerstr.	N	39
Fontane=Promenade	S	59
Forckenbeckplatz	O	34
Forsterstr.	SO	36
Frankenstr.	W	30
Frankfurterallee	O	34
Frankfurterstr., Gr.		
Nr. 1—20 u. 127 bis Ende	O	17
= 21—126	NO	18
Frankfurterstr., Kl.	NO	18
Franseckistr.		
Nr. 1—23 u. 40 bis Ende	N	58
= 24—39	NO	55
Französischer Dom	W	8
Französischestr.		
Nr. 1—26 u. 40 bis Ende	W	8
= 27—39	W	56
Franzstr.	SO	16
Freiarchenbrücke, Obere	SO	33
Freiarchenbrücke, Untere	NW	23
Freienwalderstr.	N	20
Friedensstr.		
Nr. 1—15 u. 103 bis Ende	NO	43
= 16—73 u. 83—102	NO	18
= 74—82	O	34
Friedrich Karlstr.	O	34
Friedrich Karlufer	NW	40
Friedrichsbergerstr.	NO	18
Friedrichsfelderstr.	O	17
Friedrichsgracht	C	19
Friedrichshain, Am	NO	43
Friedrichshain, Krankenhaus im	NO	18
Friedrichstr.		
Nr. 1—34 u. 218 bis Ende	SW	48
= 35—55 u. 200—217	SW	12
= 56—85a u. 157—199	W	8
= 86—104a u. 137—156	NW	7
= 105—136	N	24
Friedrichstr., Neue	C	2
Friedrich Wilhelmstr.	W	10
Friesenstr.	SW	29
Frobenstr.	W	30
Froebelstr.	NO	55
Fruchtstr.	O	17
Fürbringerstr.	SW	29
Fürstenbergerstr.	N	28
Fürstenstr.	S	42
Fürstenwalderstr.	NO	18
Fürtherstr.	W	50
Füsilierstr.	C	25
Garnisonkirche, Hinter der	C	2
Garnisonkirchhof	SW	29
Gartenplatz	N	31
Gartenstr.		
Nr. 1—51 u. 125 bis Ende	N	4
= 52—78 u. 94—124	N	31
= 78a—93	N	39
Gartenufer	NW	23
Geibelstr.	S	53
Geisbergstr.	W	50

Namen der Straßen	Post= Bezirk	Amt	Namen der Straßen	Post= Bezirk	Amt
Generalstabs=Gebäude . . .	NW	40	Gröbenufer	SO	33
Gensdarmenmarkt	W	8	Gropiusstr.	N	20
Genthinerstr.	W	35	Großbeerenstr.		
Georgenkirchplatz	NO	43	Nr. 1—9 u. 86 bis Ende .	SW	46
Georgenkirchstr.	NO	43	= 10—17a u. 78—85 . .	SW	61
Georgenstr.	NW	7	= 18—77	SW	47
Gerhardstr.	NW	52	Großgörschenstr.	W	57
Gerichtstr.			Grünauerstr.	SO	36
Nr. 1—36 u. 48 bis Ende .	N	39	Grünerweg		
= 37—47	N	65	Nr. 1—31 u. 90 bis Ende .	O	27
Gertraudtensteg	C	19	= 32—89	O	17
Gertraudtenstr.	C	19	Grünstr.	C	19
Gertraudtenstr., Kl.	C	19	Grünstr., Neue	C	19
Gesundbrunnen, Bahnhof . .	N	20	Grünthalerstr.	N	20
Gethsemanestr.	N	58	Grunerstr.	C	25
Gießhaus, Hinter dem . . .	C	2	Grunewaldstr.	W	30
Gipsstr.	C	22	Gubenerstr.	O	34
Gitschinerstr.			Gürtelstr. Nr. 5—41.	O	34
Nr. 1—18 u. 85 bis Ende .	SW	61	Güterbahnhof der Nordbahn .	N	28
= 19—84	S	42	Güterbahnhof Moabit . . .	NW	21
Gleditschstr.	W	30	Gustav Meyerallee	N	31
Gleimstr. (von der Schwedter= straße bis zur Schönhauser= allee)	N	58	Habsburgerstr.	W	30
Gleimstr. 1—18	N	31	Habsburgerufer	NW	87
Glogauerstr.	SO	36	Hackescher Markt	C	22
Gneisenaustr.			Händelst.	NW	23
Nr. 1—35 u. 80 bis Ende .	SW	29	Hafenplatz	SW	46
= 36—79	S	53	Hagelsbergerstr.	SW	47
Gneiststr.	N	58	Hagenauerstr.	N	58
Göbenstr.	W	57	Haidestr.	NW	40
Görlitzer Bahnhof	SO	36	Halleschestr.	SW	46
Görlitzerstr.	SO	33	Halleschesufer	SW	46
Görlitzerufer			Hamburger u. Lehrter Güter= bahnhof	NW	40
Nr. 1—17 u. 27 bis Ende .	SO	33	Hamburger Bahnhof (Beamten=		
= 18—26	SO	36	häuser am Südufer)	N	39
Gollnowstr.	NO	43	Hamburgerstr., Gr.	N	24
Goltzenerstr.	SW	29	Hamburgerstr., Kl.	N	24
Goltzstr.	W	30	Hannoverschestr.	NW	6
Gontardstr.	C	2	Hansaplatz	NW	23
Gormannstr.	C	22	Hasenhaide	S	59
Gossowstr.	W	30	Hausvoigteiplatz	C	19
Gothenburgerstr.	N	20	Havelbergerstr.	NW	5
Gotzkowskystr.	NW	87	Heckmannufer	SO	33
Graefestr.	S	59	Hedemannstr.	SW	46
Granseeerstr.	N	28	Hedwigskirchgasse	W	56
Graudenzerstr.	O	34	Hegelplatz	NW	7
Graunstr.	N	31	Heidenfeldstr.	O	34
Greifenhagenerstr.	N	58	Heidereutergasse	C	2
Greifswalderstr.	NO	55	Heiligegeistgasse	C	2
Grenadierstr.	C	22	Heiligegeiststr.	C	2
Grenzstr.	N	39	Heimstr.	SW	29
Griebenowstr.	N	37	Heinersdorferstr.	NO	55
Grimmstr.	S	59			

Namen der Straßen	Post-Bezirk	Amt	Namen der Straßen	Post-Bezirk	Amt
Heinrichsplatz	SO	26	Jerusalemerkirche, An der	SW	68
Helgoländerufer	NW	52	Jerusalemerstr.		
Helmholtzplatz	N	58	Nr. 1—13 u. 36 bis Ende	SW	19
Hennigsdorferstr.	N	65	= 14—35	C	19
Hermannplatz	S	59	Ifflandstr.	O	27
Hermsdorferstr.	N	31	Immanuelkirchstr.	NO	55
Herwarthstr.	NW	40	Inselstr.	S	14
Hessischestr.	N	4	Insterburgerstr.	O	34
Heydtstr., Von der	W	10	Invalidenhaus	NW	40
Hildebrandt'sche Privatstr.	W	10	Invalidenstr.		
Hinderfinstr.	NW	40	Nr. 1—5 u. 154 bis Ende	N	28
Hirtenstr.	C	25	= 6—44 u. 98—153	N	4
Hitzigstr.	W	10	= 4—55a, 57—79 und		
Hochmeisterstr.	N	58	84—97	NW	40
Hochstädterstr.	N	65	= 56	NW	52
Hochstr.			= 80—83	NW	6
Nr. 1—4 u. 37 bis Ende	N	39	Joachimsthalerstr.		
= 5—36	N	20	Nr. 9—37	W	15
Hochstr., Neue	N	39	Joachimstr.	C	22
Höchstestr.			Johannisstr.	N	24
Nr. 1—11 u. 46 bis Ende	NO	43	Johannistisch, Am	SW	61
= 12—45	NO	18	Johanniterstr.	SW	61
Hoffmannstr.	SO	33	Johls Privatweg	N	20
Hohenlohestr.	O	17	Jonasstr.	NW	21
Hohenstaufenplatz	S	59	Jordanstr.	SO	36
Hohenstaufenstr.	W	30	Josephstr.	SO	16
Hohenzollernstr.	W	10	Joststr.	NO	43
Hoher Steinweg	C	2	Jüdenhof, Großer	C	2
Hollmannstr.	SW	13	Jüdenstr.	C	2
Hollsteinerufer	NW	23	Jüterbogerstr.	SW	29
Holzgartenstr.	C	19	Jungstr.	O	34
Holzmarktstr.	O	27	Junkerstr.	SW	12
Hornstr.	SW	47			
Hübnerstr.	O	34			
Humboldtshafen	NW	40	Kaiserallee		
Humboldtshain	N	31	Nr. 1—12 u. 109 bis Ende	W	15
Hussitenstr.	N	31	Kaiser Franz Grenadierplatz	SO	16
Huttenstr.	NW	87	Kaiser Friedrichplatz	S	53
			Kaisergallerie	W	64
			Kaiserhofstr.	W	66
Jägerstr.			Kaiserin Augustaallee		
Nr. 1—29 u. 57 bis Ende	W	8	Nr. 5a—43	NW	87
= 21—56	W	56	Kaiserin Augustastr.	W	10
Jägerstr., Kleine	C	19	Kaiserstr.	NO	18
Jagowstr.	NW	21	Kaiser Wilhelmstr.		
Jahnstr.	S	59	Nr. 1—15 u. 24—49	C	2
Jakobikirchstr.	S	42	= 16—23	C	25
Jakobstr., Alte			Kalandsgasse	C	2
Nr. 1—14 u. 122 bis Ende	SW	13	Kalckreuthstr.	W	62
= 15—44 u. 103—121	SW	68	Kalkscheunenstr.	N	24
= 45—102	S	14	Kamerunerstr.	N	65
Jakobstr., Neue	S	14	Kanonierstr.	W	8
Jakowitzbrücke, An der	O	27	Karlsbad, Am	W	35
Jasmunderstr.	N	31	Karlstr.	NW	6

Namen der Straßen	Post-Bezirk	Amt
Kastanienallee		
Nr. 1—15 u. 93 bis Ende .	N	58
= 16—92 .	N	37
Katharinenstr.	NO	18
Katholischen Kirche, Hinter der	W	56
Katzbachstr.	SW	47
Katzlerstr.	W	57
Keibelstr.	NO,	43
Keithstr.	W	62
Kemperplatz	W	9
Kesselstr.	N	4
Kiesholzstr. bis zur Ringbahn	SO	36
Kielerstr.	N	39
Kielganstr.	W	62
Kirchbachstr.	W	57
Kirchgasse, Kleine	NW	7
Kirchhöfe vor dem Landsberger Thor	NO	18
Kirchstr.	NW	52
Kirchstr., Neustädtische	NW	7
Kleinbeerenstr.	SW	46
Kleiststr.	W	62
Kloedenstr.	SW	29
Klopstockstr.	NW	23
Klosterstr.	C	2
Knesebeckstr. Nr. 43—65 .	W	15
Koblanckstr.	C	25
Kochhannstr.	O	34
Kochstr.	SW	12
Köllnischen Park, Am	SO	16
Köllnischer Fischmarkt	C	19
Köllnischestr.	C	2
Königgrätzerstr.		
Nr. 1—24 u. 121–136 . .	W	9
= 25—120	SW	46
= 140—141	W	64
Königin Augustastr.		
Nr. 1—15	W	9
= 16 bis Ende	W	10
Königsbergerstr.		
Nr. 1—14 u. 25 bis Ende	O	17
= 15—24	O	34
Königsgraben, Am	C	25
Königsplatz		
Nr. 1—3	NW	7
= 4 bis Ende	NW	40
Königsstr.	C	2
Königsstr., Neue	NO	43
Köpenicker Landstr.		
Nr. 1—36	SO	33
Köpnickerstr.		
Nr. 1—29 u. 143 bis Ende	SO	33
= 30—142	SO	16

Namen der Straßen	Post-Bezirk	Amt
Körnerstr.	W	35
Köthenerstr.	W	9
Koloniestr.	N	20
Kommandantenstr.		
Nr. 1—22 u. 67 bis Ende .	SW	19
= 23—66	S	14
Komthureiplatz	O	34
Kopenhagenerstr.	N	58
Kopischstr.	SW	29
Koppenplatz	C	22
Koppenstr.		
Nr. 1—35 u. 53 bis Ende .	O	17
= 36—52	NO	18
Kottbuserdamm	S	59
Kottbuserstr.	SO	26
Kottbuserufer		
Nr. 1—36	SO	36
= 37 bis Ende	SO	26
Krausenstr.		
Nr. 1—20 u. 54 bis Ende .	W	8
= 21—53	SW	19
Krausnickstr.	N	24
Krautsstr.	O	27
Kreutzigerstr.	O	34
Kreuzberg, Am	SW	47
Kreuzbergstr.	SW	47
Kreuzstr.	C	19
Krögel, Am	C	2
Kronenstr.	W	8
Kronprinzenstr.	O	34
Kronprinzenufer	NW	40
Kruppstr.	NW	5
Kürassierstr.	SW	19
Küstrinerplatz	O	17
Kunkelstr.	N	39
Kupfergraben, Am	N	24
Kurfürstendamm		
Nr. 1—9 u. 246 bis Ende .	W	62
= 10—17 u. 227—245 .	W	50
= 18—73 u. 170—226 . .	W	15
Kurfürstenplatz	NW	40
Kurfürstenstr.		
Nr. 1—28 u. 152 bis Ende .	W	57
= 29—56 u. 134—151 . .	W	35
= 57—133	W	62
Kurstr.	C	19
Kurstr., Kleine	C	19
Kurzestr.	C	25
Kyffhäuserstr.	W	30
Lachmannstr.	S	59
Lagerhof, Berliner	N	31
Landes=Ausstellungsplatz	NW	40

Namen der Straßen	Post-Bezirk	Amt	Namen der Straßen	Post-Bezirk	Amt
Landgrafenstr.	W	62	Lohmühlenstr.		
Landsbergerallee	NO	18	Nr. 1—43 u. 112 bis Ende .	SO	36
Landsbergerplatz	NO	18	Lortzingstr.	N	31
Landsbergerstr.			Lothringerstr.	N	54
Nr. 1—51 u. 72 bis Ende .	NO	18	Lottumstr.	N	37
= 52—71	C	25	Luckauerstr.	S	42
Landwehrstr.	NO	18	Luckenwalderstr.	SW	46
Langenbeckstr.	NO	18	Ludwigskirchplatz	W	15
Langestr.	O	17	Ludwigskirchstr.	W	15
Laukwitzstr.	SW	61	Lübbenerstr.	SO	33
Lausitzerplatz	SO	36	Lübeckerstr.	NW	21
Lausitzerstr.	SO	36	Lüneburgerstr.	NW	52
Lebuserstr.	NO	18	Lützowplatz	W	62
Lehninerstr.	S	53	Lützowstr.	W	35
Lehrter Güterbahnhof, Alter .	NW	52	Lützowufer Nr. 1—19b . . .	W	10
Lehrter Pers. u. Stadtbhf. . . .	NW	40	Nr. 20 bis Ende	W	62
Lehrterstr.			Luisenkirchhof	S	14
Nr. 1—22	NW	40	Luisenplatz	NW	6
= 23 bis Ende	NW	5	Louisenplatz, Victoria . . .	W	30
Leipzigerplatz	W	9	Luisenstr.	NW	6
Leipzigerstr.			Luisenufer	S	42
Nr. 1 18 u. 113 bis Ende .	W	66	Luitpoldstr.	W	30
= 19—42 u. 90—112 . .	W	8	Lustgarten, Am	C	2
= 43—89	SW	19	Lutherstr.	W	62
Leipzigerstr., Alte	C	19	Lutherstr., Martin		
Lennéstr.	W	9	Nr. 1—31 u. 63 bis Ende .	W	30
Leopoldplatz	N	65	Lychenerstr.	N	58
Lessingstr.	NW	23	Lynarstr.	N	39
Lettestr.	N	58			
Lebetowstr.	NW	21			
Lichtenbergerstr.	NO	18	Maaßenstr.		
Lichtensteinallee	W	10	Nr. 1—9 u. 26—37 . . .	W	62
Lichterfelderstr.	SW	47	= 10—25	W	30
Liebenwalderstr.	N	65	Madaistr.	O	17
Liebigstr.	O	34	Maerkischerplatz	S	14
Liegnitzerstr.	SO	36	Magazinstr.	O	27
Liesenstr.	N	39	Magdeburgerplatz	W	35
Lietzenburgerstr.	W	15	Magdeburgerstr.	W	35
Lietzmannstr.	NO	43	Maienstr.	W	62
Linden, Unter den			Mainzerstr.	O	34
Nr. 1—37	W	64	Malplaquetstr.	N	65
= 38 bis Ende	NW	7	Mansteinstr.	W	57
Lindengasse	W	64	Manteuffelstr.		
Lindenstr.			Nr. 1—32 u. 100 bis Ende .	SO	33
Nr. 1—40 u. 64 bis Ende .	SW	68	= 33—99	SO	36
= 41—63	SW	19	Marburgerstr.	W	50
Lindowerstr.	N	39	Margaretenstr.	W	10
Linienstr.			Marheinekeplatz	SW	29
Nr. 1—10a u. 241 bis Ende .	NO	43	Mariannenplatz	SO	26
= 11—105 u. 161—240 .	C	22	Mariannenstr.	SO	26
= 106—160	N	24	Mariannenufer	SO	33
Linkstr.	W	9	Marienburgerstr.	NO	55
Litthauerstr.	O	34	Mariendorferstr.	SW	29
Löwestr.	O	34	Marienkirchhof	C	2

15*

Namen der Straßen	Post-Bezirk	Amt	Namen der Straßen	Post-Bezirk	Amt
Marienstr.	NW	6	Mühlengraben, Am	C	19
Markgrafendamm	O	17	Mühlenstr.	O	17
Markgrafenstr.			Mühlenweg, N uer	C	2
Nr. 1—30 u. 64a bis Ende	SW	12	Mülhausenerstr.	NO	55
= 31—40 u. 55—64	W	8	Müllenhoffstr.	S	59
= 41—54	W	56	Müllerstr.		
Markusstr.	O	27	Nr. 1—16 u. 163a bis Ende	N	39
Markusstr., Kleine	O	27	= 17—163	N	65
Marsiliusstr.	O	27	Münchebergerstr.	O	17
Martinikenfelde	NW	87	Münzstr.	C	22
Martin Lutherstr.			Mulackstr.	C	22
Nr. 1—31 u. 63 bis Ende	W	30	Museum, Königl.	C	2
Mathieustr.	S	42	Museumstr.	C	2
Matternstr.	O	34	Museumstr., Kleine	C	2
Matthäikirchhof	W	57	Muskauerstr.	SO	33
Matthäikirchstr.	W	10			
Matthiasstr.	NO	8			
Mauerstr.			Nachodstr.		
Nr. 1—15a u. 59 bis Ende	W	66	Nr. 1—11 u. 36 bis Ende	W	50
= 16—58	W	8	= 12—35	W	15
Mauerstr., Kleine	W	64	Naunynstr.	SO	26
Maxstr.	N	65	Nazarethkirchstr.	N	65
Maybachufer	S	59	Neanderstr.	SO	16
Mehnerstr.	NO	18	Nettelbeckplatz	N	39
Meierottostr.	W	15	Nettelbeckstr.	W	62
Meineckestr.	W	15	Neue Ansbacherstr.	W	50
Melanchthonstr.	NW	52	Neue Beyreutherstr.	W	50
Melchiorstr.	SO	16	Neuegasse	C	2
Memelerstr.	O	34	Neue Promenade	C	22
Mendelssohnstr.	NO	43	Neuenburgerstr.	SW	13
Metzerstr.	N	37	Neuer Markt	C	2
Meyerbeerstr.	NO	43	Neuer Mühlenweg	C	2
Michaelbrücke, An der	O	27	Neuer Pionier-Uebungsplatz	S	53
Michaelkirchplatz	SO	16	Neu-Kölln a. Wasser	S	14
Michaelkirchstr.	SO	16	Neumannsgasse	C	2
Militär-Turnanstalt	NW	40	Neustädtische Kirchstr.	NW	7
Mirbachstr.	O	34	Nikolaikirchhof	C	2
Mittelstr.	NW	7	Niederlagstr.	W	56
Mittenwalderstr.	SW	29	Niederwallstr.	C	19
Möckernstr.			Nollendorfplatz	W	30
Nr. 1—31 u. 118 bis Ende	SW	46	Nollendorfstr.	W	30
= 32—117	SW	47	Nordbahnhof	N	28
Möglinerstr.	O	34	Nordhafen, Am,		
Mohrenstr.	W	8	Pfähle Nr. 1—27	N	39
Molkenmarkt	C	2	Nr. 28 bis Ende	NW	40
Molkenstr.	C	2	Nordufer	N	39
Mollersgasse	C	2	Nostizstr.	SW	29
Moltkestr.	NW	40	Novalisstr.	N	4
Monbijouplatz	N	24	Nürnbergerstr.	W	50
Monbijou, Schloß	N	24			
Moritzplatz	S	42			
Moritzstr.	S	42	Oberbaum, Am	O	17
Motzstr.	W	30	Oberbaumstr.	SO	33
Mühlendamm	C	2	Oberfeuerwerkerschule	NW	40

Namen der Straßen	Post Bezirk	Amt	Namen der Straßen	Post Bezirk	Amt
Oberwallstr.	W	56	Pfuelstr.	SO	33
Oberwasserstr.	C	19	Philippstr.	NW	6
Oderbergerstr.	N	58	Pillauerstr.	O	34
Oderstr.	O	34	Pintschstr.	O	34
Ofenerstr.	N	65	Plantagenstr.	N	65
Ohmstr.	SO	16	Planufer		
Olivaerstr.	NO	18	Nr. 1—34 u. Ausladestellen		
Opernhause, Platz am	C	2	bis zur Tempelherrenstr.	SW	61
Oppelnerstr.	SO	33	= 35—74	S	53
Oranienburgerstr.	N	24	= 75—97	S	59
Oranienplatz			Platz am Opernhause	C	2
(Luisenufer 21—30)	S	42	Platz am Zeughause	C	2
(Elisabethufer 34—39)	SO	26	Platz vor dem Neuen Thor	NW	40
Oranienstr.			Porzellanmanufaktur, Königl.	NW	23
Nr. 1—41 u. 165a bis Ende	SO	26	Posenerstr.	O	34
= 42—75a u. 129—165	S	42	Poststr.	C	2
= 76—128	SW	68	Poststr., Kleine	C	2
Ostbahnhof	O	17	Potsdamer Bahnhof (nebst		
Ostbahnhof, Am	O	17	Ringbhf. u. Wannseebhf.)	W	9
Ottostr.	NW	21	Potsdamerbrücke	W	35
Oudenarderstr.	N	65	Potsdamerplatz	W	9
			Potsdamerstr.		
			Nr. 1—23a u. 124 bis Ende	W	9
Packhof	NW	40	= 24—58 u. 96b—123b	W	35
Pallasstr.	W	30	= 59—96a	W	57
Pallisadenstr.	NO	18	Präsidentenstr., Große	C	22
Paulstr.			Präsidentenstr., Kleine	C	22
Nr. 1—12 u. 46 bis Ende	N	39	Pragerstr.	W	50
= 12a—45e	N	20	Prenzlauerallee		
Panoramastr.	C	2	Nr. 1—21 u. 234 bis Ende	N	37
Pappelallee	N	58	= 22—55 u. 196—233	NO	55
Pappelplatz	N	4	= 56—195	N	58
Pariserplatz			Prenzlauerstr.	C	25
Nr. 1—4	W	64	Preußischestr.		
= 5—8	NW	7	Nr. 1—2 u. 2a	W	15
Pariserstr.			Prinz Albrechtstr.	SW	12
Nr. 1—64	W	15	Prinz August von Württem=		
= 65 bis Ende	W	50	bergstr.	SW	29
Parkstr., Kleine	SW	47	Prinzenallee	N	20
Parochialstr.	C	2	Prinzengasse	W	56
Pasewalkerstr.	N	39	Prinzenstr.		
Passage (Kaiser=Gallerie)	W	64	Nr. 1—38 u. 82 bis Ende	S	42
Passauerstr.	W	50	= 39—81	S	14
Paulstr.	NW	52	Prinzessinnenstr.	S	42
Perlebergerstr.			Prinz Eugenstr.	N	65
Nr. 1—32 u. 42 bis Ende	NW	5	Prinz Friedrich Karlstr.	N	24
= 33—41	NW	21	Prinz Heinrich=Gymnasium	W	30
Petersburgerplatz	O	34	Prinz Louis Ferdinandstr.	NW	7
Petersburgerstr.	O	34	Pritzwalkerstr.	NW	21
Petriplatz	C	19	Probststr.	C	2
Petristr.	C	19	Promenade, Neue	C	22
Pfalzburgerstr.			Proskauerstr.	O	34
N. 1—16 u. 72 bis Ende	W	15	Pücklerstr.	SO	33
Pflugstr.	N	4	Pusendorfstr.	NO	18

Namen der Straßen	Post-Bezirk	Amt	Namen der Straßen	Post-Bezirk	Amt
Putbuserstr.	N	31	Rostockerstr.	NW	87
Putlitzstr.	NW	5	Rotherstr.	O	17
Puttkamerstr.	SW	48	Rudolfplatz	O	17
			Rudolfstr.	O	17
			Rückerstr.	C	22
Querallee, Große	NW	40	Rüdersdorferstr.	O	17
Quitzowstr.	NW	5	Rügenerstr.	N	31
			Ruheplatzstr.	N	65
			Rummelsburgerplatz	O	17
Ramlerstr.	N	31	Rungestr.	SO	16
Rankestr.	W	50	Ruppinerstr.	N	28
Rathenowerstr.			Rykestr.	NO	55
Nr. 1—18 u. 70 bis Ende	NW	52			
= 19—64	NW	5			
= 65—78	NW	21	Saarbrückerstr.	N	37
Rathhaus	C	2	Sachse'sche Badeanstalt	SO	33
Rathhausstr.	C	2	Salzwedelerstr.	NW	5
Ratiborstr.	SO	36	Samariterplatz	O	34
Rauchstr.	W	10	Samariterstr.	O	34
Rauleshof	C	19	St. Wolfgangsstr.	C	2
Raumerstr.	N	58	Schadowstr.	NW	7
Raupachstr.	O	27	Schäferstr.	SO	16
Ravenéstr.	N	39	Schaperstr.		
Regentenstr.	W	10	Nr. 1—13 u. 28 bis Ende	W	50
Reichenbergerstr.			= 14—27	W	15
Nr. 1—39 u. 152 bis Ende	SO	26	Scharnhorststr.		
= 40—151	SO	36	Nr. 1—11 u. 32 bis Ende	NW	40
Reichstagsgebäude	NW	7	= 12—31	N	39
Reichstagsplatz	NW	7	Scharnweberstr.	O	34
Reichstagsufer, Nr. 1—3	NW	40	Scharrenstr.	C	19
Nr. 4 bis Ende	NW	7	Schauspielhaus	W	8
Reinickendorferstr.			Schellingstr.	W	9
Nr. 1—16 u. 58 bis Ende	N	39	Schendelgasse	C	22
= 17—57b	N	65	Schenkendorfstr.	SW	29
Reuchlinstr.	NW	87	Scheringstr.	N	31
Rheinsbergerstr.	N	28	Schicklerstr.	O	27
Richard Wagnerstr.	NW	40	Schießstand des 2. Garde-		
Richthofenstr.	O	34	Regts. z. F.	N	65
Rigaerstr.	O	34	Schiffbauerdamm	NW	6
Ringbahnhof s. unter Bahnhof			Schillerplatz	W	8
Rittergasse	C	19	Schillingsbrücke, An der	O	27
Ritterstr.			Schillingsstr.	O	27
Nr. 1—37 u. 84 bis Ende	S	42	Schillstr.	W	62
= 38—83	SW	68	Schinkelplatz	W	56
Rochstr.	C	25	Schinkestr.	S	59
Romintenerstr.	O	34	Schlegelstr.	N	4
Roonstr.	NW	40	Schleiermacherstr.	S	53
Rosenstr.	C	2	Schlesischebrücke	SO	33
Rosenstr., Werdersche	W	56	Schlesischen Bahnhof, Am	O	17
Rosenthalerstr.	C	22	Schlesischen Thor, Vor dem	SO	33
Rosenthalerstr., Kleine	C	22	Schlesischer Bahnhof	O	17
Rosmarinstr.	W	64	Schlesischer Busch	SO	33
Roßstr.	C	19	Schlesischestr.	SO	33
Roßstr., Neue	S	14	Schleswigerufer	NW	23

Namen der Straßen	Post-Bezirk	Amt	Namen der Straßen	Post-Bezirk	Amt
Schleusenbrücke	W	56	Skalitzerstr.		
Schleuse, An der	C	2	Nr. 1—35 u. 108 bis Ende	SO	26
Schleusenhaus der Kanalschleuse			= 36—46b u. 96—107	SO	36
im Thiergarten	NW	23	= 47—95a	SO	33
Schleusenufer	SO	33	Soldinerstr.	N	20
Schliemannstr.	N	58	Solmsstr.	SW	29
Schloß, Königl.	C	2	Sommerstr.	NW	7
Schloßplatz	C	2	Sophienstr.	C	22
Schmidstr.	SO	16	Sorauerstr.	SO	33
Schönebergerstr.			Spandauerbrücke, An der	C	22
Nr. 1—13 u. 15 bis Ende	SW	46	Spandauerstr.	C	2
= 14 u. 15	W	35	Sparrplatz	N	39
Schönebergerufer	W	35	Sparrstr.		
Schönhauserallee			Nr. 1—4 u. 19 bis Ende	N	39
Nr. 1—26a u. 162 bis Ende	N	37	= 5—18	N	65
= 27—161a	N	58	Spenerstr.	NW	52
Schönhauserstr., Alte	C	22	Spichernstr.	W	50
Schönhauserstr., Neue	C	22	Spindlershof	C	19
Schönholzerstr.	N	28	Spittelmarkt	C	19
Schöningstr.	N	65	Splittgerbergasse	S	14
Schönleinstr.	S	59	Spree-Port, Das	NW	87
Schornsteinfegergasse	C	19	Spreestr.	C	19
Schreinerstr.	O	34	Spreewaldplatz	SO	36
Schützenstr.	SW	12	Sprengelstr.	N	39
Schützenstr., Alte	C	25	Stadtbahn, An der, Nr. 1—7	O	27
Schulstr.			Nr. 8—51	C	25
Nr. 1—60 u. 91 bis Ende	N	65	Stadtbahnbogen		
= 61—90	N	20	Nr. 1—33	O	17
Schulzendorferstr.	N	39	= 72—87	O	27
Schumannstr.	NW	6	= 88—146	C	25
Schwartzkopffstr.	N	4	= 147—156	C	22
Schwedenstr.	N	20	= 157—168	N	24
Schwedterstr.	N	37	= 177—205	NW	7
Schwedterstr., Verlängerte	N	58	= 206—276	NW	6
Schwerinstr.	W	30	= 277—328	NW	40
Schwiebuserstr.	SW	29	= 329—410	NW	52
Sebastianstr.	S	14	= 411—422, 438—440, 469		
Sedanufer	SW	61	bis 487	NW	23
Seestr. Nr. 1—71	N	65	Städtisches Krankenhaus am		
Seidlitzstr.	NW	52	Urban	S	59
Sellerstr.	N	39	Städtisches Krankenhaus im		
Senefelderplatz	N	37	Friedrichshain	NO	18
Senefelderstr.	N	58	Städtisches Krankenhaus in		
Seydelstr.	C	19	Moabit	NW	21
Siboldstr.	S	53	Stallschreiberstr.	S	14
Sickingenstr.	NW	87	Stargarderstr.		
Sieberstr.	C	2	Nr. 1—38 u. 51—82	N	58
Siegessäule	NW	40	= 39—50	NO	55
Siegmundshof	NW	23	Stechbahn, An der	C	2
Siemensstr. Nr. 1—8	NW	87	Steglitzerstr.	W	35
Nr. 9 bis Ende	NW	21	Steinmetzstr.	W	57
Sigismundstr.	W	10	Steinstr.	C	22
Simeonstr.	SW	13	Stendalerstr.	NW	5
Simsonstr.	NW	7	Stephanplatz	NW	5

Namen der Straßen	Post-Bezirk	Amt
Stephanstr.	NW	5
Stettiner Bahnhof	N	4
Stettinerstr.	N	20
Stettiner Tunnel	N	4
Stichkanal	NW	40
Stockholmerstr.	N	20
Stolzestr., Wilhelm . . .	O	34
Strafanstalt Moabit . . .	NW	40
Stralauerallee	O	17
Stralauerbrücke, An der . .	C	2
Stralauerplatz	O	17
Stralauerstr.	C	2
Stralauerstr., Kleine . . .	C	2
Stralsunderstr.	N	31
Straßburgerstr.	N	37
Straße Nr. 1 Abth. XI. .	N	20
= = 10 = XIV. .	O	34
= = 12 = XIV. .	O	34
= = 13 = XIV. .	O	34
= = 14 = XIV. .	O	34
= = 16 = XIV1. .	NO	18
= = 17 = XIV. .	O	34
= = 20 = VI. .	NW	87
= = 20 = XIV. .	O	34
= = 21 = XIII1. .	NO	18
= = 21 = XIV. .	O	34
= = 21a = XIII1. .	NO	18
= = 22 = XIV. .	O	34
Straßen Nr. 23, 24 Abth. VI.	NW	87
Straße Nr. 29 Abth. X1. .	N	65
= = 30 = VIII. .	N	59
= = 33 = X1. .	N	65
= = 35 = XIV (in Friedrichsberg) . .	O	34
Straße Nr. 40 Abth. VI. .	NW	87
= = 42 = X1. .	N	65
= = 48 = XIII2. .	O	34
= = 59 = I. .	SO	36
Straßen Nr. 66a u. b 67 u. 67a Abth. XIII2	O	34
Straßmannstr.	O	34
Straußbergerstr.	NO	18
Strelitzerstr.		
Nr. 1—28 u. 48 bis Ende .	N	28
= 29—47	N	31
Stromstr.	NW	21
Stülerstr.	W	10
Südufer (Beamtenhäuser der Hamburger Eisenbahn, Stätte-platz, Petroleum = Lagerhof, Etablissements von Hummel, Rütger, Steffens u. Nölle; Spiekermann'sches Haus) . .	N	39

Namen der Straßen	Post-Bezirk	Amt
Swinemünderstr.		
Nr. 1—85 u. 95 bis Ende .	N	28
= 86—94	N	31
Sylterstr.	N	65
Taubenstr.	W	8
Tauenzienstr.	W	50
Tegelerstr.	N	39
Teltowerstr.	SW	61
Tempelherrenstr.	S	53
Tempelhofer Berge, Am . .	SW	29
Tempelhoferufer Nr. 1—25 .	SW	61
Nr. 26—37	SW	46
Templinerstr.	N	37
Teutoburgerplatz	N	37
Thaerstr.	O	34
Thiergarten-Baumschule . .	W	10
Thiergartenmühle	NW	23
Thiergartenstr.	W	10
Thiergartenufer	W	10
Thiergarten-Wasserwerke .	NW	23
Thornerstr.	O	34
Thurmstr.		
Nr. 1—55 u. 66 bis Ende .	NW	21
= 56—65	NW	87
Thurneysserstr.	N	20
Thusneldaallee	NW	21
Tieckstr.	N	4
Tilsiterstr.	O	34
Togostr.	N	65
Torfstr.	N	39
Trebbinerstr.	SW	46
Treptower Chaussee		
Nr. 1—14 u. 45 bis Ende .	SO	33
Treptowerstr.	SO	36
Treskowstr.		
Nr. 1—19 u. 40 bis Ende .	N	58
= 20—39	NO	55
Triftstr.	N	65
Turinerstr.	N	65
Ueberfahrtgasse	N	24
Uferstr.	N	20
Uhlandstr. Nr. 26—57 und 143—177	W	15
Ulanenkaserne	NW	52
Ulmenstr.	W	15
Unionplatz	NW	5
Universität	C	2
Universitätgarten	NW	7
Universitätstr.	NW	7
Unterbaumstr.	NW	6

Namen der Straßen	Post- Bezirk	Amt	Namen der Straßen	Post- Bezirk	Amt
Unter den Linden			Weinbergsweg	N	54
Nr. 1—37	W	64	Weinmeisterstr.	C	22
= 38 bis Ende	NW	7	Weinstr.	NO	43
Unterwasserstr.	C	19	Weißbachstr.	O	34
Urban, Am	S	59	Weißenburgerstr.		
Urbanhafen	S	53	Nr. 1—24 u. 63 bis Ende	N	87
Urbanstr.			= 25—62	N	58
Nr. 1—18 u. 151—188	S	53	Wendenstr.	SO	36
= 19—150	S	59	Werderschermarkt	W	56
Usedomstr.	N	31	Werdersche Rosenstr.	W	56
Utrechterstr.	N	65	Werderstr.	W	56
			Werftstr.	NW	52
Verlorenerweg	NO	18	Werneuchenerstr.	NO	18
Versuchs- u. Lehrbrauerei	N	65	Weserstr.	O	34
Veteranenstr.	N	28	Weydingerstr.	C	25
Victoriabrücke	W	10	Wichmannstr.	W	62
Victoria-Louisenplatz	W	30	Wiclefstr.		
Victoriastr.	W	10	Wiesenstr.		
Viehhof, Central-	O	67	Nr. 1—27 u. 43 bis Ende	NW	21
Vinetaplatz	N	28	= 28—42	NW	87
Virchowstr.	NO	18	Wieberstr.	NW	87
Völkerstr.	N	20	Wienerstr.	SO	36
Voltastr.	N	31	Nr. 1—27 u. 44 bis Ende	N	20
Von der Heydtstr.	W	10	= 28—43	N	65
Vor dem Schlesischen Thor	SO	33	Wiesenufer	SO	36
Voßstr.	W	9	Wilhelmplatz Nr. 1 u. 2	W	66
			Nr. 3 bis Ende	W	8
Wadzeckstr.	NO	43	Wilhelmshavenerstr.	NW	21
Waisenstr.	C	2	Wilhelmshöhe	SW	47
Waldemarstr.	SO	26	Wilhelmstr.		
Waldenserstr.	NW	21	Nr. 1—39 u. 109 bis Ende	SW	48
Waldstr.	NW	21	= 40—42a u. 98—107	SW	12
Wallnertheaterstr.	O	27	= 43a—61 u. 79—97	W	66
Wallstr.			= 61a—64 u. 75—78	W	8
Nr. 1—27 u. 82 bis Ende	C	19	= 65—74	W	67
= 28—81	S	14	Wilhelmstr., Neue	NW	4
Wannseebahnhof	W	9	Wilhelm Stolzestr.	O	30
Warschauerplatz	O	17	Wilhelmufer	NW	44
Warschauerstr.			Wildenowstr.		
Nr. 1—33 u. 52 bis Ende	O	34	Nr. 1—5 u. 26 bis Ende	N	39
= 34—51	O	17	= 6—25	N	65
Wartenburgstr.	SW	47	Willibald Alexisstr.	SW	29
Wassergasse	SO	16	Wilmsstr.	S	53
Wasserthorstr.	S	42	Wilsnackerstr. Nr. 1—8	NW	52
Waßmannstr.	NO	18	Nr. 9—24 u. 48 bis Ende	NW	21
Waterloo-Ufer	SW	61	= 25—47	NW	5
Wattstr.	N	31	Winsstr.	NO	55
Weberstr.	NO	18	Winterfeldtplatz	W	30
Weddingplatz	N	39	Winterfeldtstr.	W	30
Weddingstr.	N	39	Winterfeldtstr., Neue	W	30
Wegelystr.	NW	23	Wißmannstr.	S	59
Weidendamm, Am	NW	7	Wittenbergplatz	W	62
Weidenweg	O	34	Wittstockerstr.	NW	87
			Wöhlertstr.	N	4

Namen der Straßen	Post-Bezirk	Amt	Namen der Straßen	Post-Bezirk	Amt
Wörtherplatz	N	58	Zelten, In den	NW	40
Wörtherstr.			Zeughaus, Hinter dem . . .	C	2
Nr. 1—12 u. 34 bis Ende .	N	58	Zeughause, Platz am	C	2
= 13—33a	NO	55	Zeughofstr.	SO	33
Wolgasterstr.	N	31	Ziegelstr.	N	24
Wollankstr. Nr. 54—70 . . .	N	20	Zietenplatz, Am	W	8
Wollinerstr.	N	28	Zietenstr.	W	30
Wormserstr.	W	62	Zimmerstr.	SW	12
Wrangelstr.	SO	33	Zinzendorfstr.	NW	21
Wriezenerstr.	N	20	Zionskirchplatz . . : . .	N	28
Würzburgerstr.	W	50	Zionskirchstr.		
Wusterhausenerstr.	SO	16	Nr. 1—11 u. 46 bis Ende .	N	28
			= 12—45	N	37
			Zoologischer Garten	W	62
Yorkstr.			Zorndorferstr.	O	34
Nr. 1—34b u. 57 bis Ende .	SW	47	Zossenerstr. Nr. 1—56 . . .	SW	29
= 35—56c	W	57	Nr. 57 bis Ende	SW	61
			Züllichauerstr.	S	53
			Zwinglistr.		
Zechlinerstr.	N	20	Nr. 1—14 u. 15f bis Ende .	NW	21
Zehdenickerstr.	N	37	= 14a—15e	NW	87
Zellestr.	O	34	Zwirngraben, Am	C	22

Vom 1. April 1900 ab ist der Postbezirk von **Posen** nebst Vororten in zwei Theile getheilt, in Posen W. und Posen O. Die Trennlinie bildet die Eisenbahn. Zu Posen W. gehört hiernach das frühere Jersitz und St· Lazarus, zu Posen O der übrige Theil. In Posen bestehen darnach 7 Postanstalten:

Posen O. 1 (Friedrichstraße),
Posen O. 2 (Wallischei),
Posen W. 3 (Bahnhof),
Posen O. 4 (Breslauerstraße),
Posen O. 5 (Kronprinzenstraße) — früher Wilda,
Posen W. 6 (Große Berlinerstraße) — früher Jersitz — und
Posen W. 7 (Lazarusstraße) — früher St· Lazarus.

Es ist unerläßlich, daß auf den in Posen eingehenden Postsendungen der Name des Bestimmungsorts „Posen" den unterscheidenden Zusatz O. oder W. trägt. Ohne diesen Zusatz sind unliebsame Verzögerungen in der Bestellung und Ausgabe unvermeidlich.

Auch im Ortsverkehr ist diese Unterscheidung durchaus geboten.

Perſonen-Regiſter.

Bzdawka 90
Bzyl 48

C.

Cabański 47, 194, 203
Caesar 91
Calvary 6
v. Canstein 158
Carl, ChaussAuff 107
— Postmstr 184
Carlson, RegRath 12
— Stadtrath 157
v. Carnap 172
Caro 6
Carqueville 144
Carst 25
Caspar, ErstStAu 162
— Rgbes 78, 99
Caspari 155
Casparius 141
Caspary, Apotheker 11
— Arzt 11
Casper, KrSchInsp 66
— ObTelegrAss 183
— Talmudist 140
Casten 53
Castner, DistrKomm 60
— KatKontr 70
Cegielski 64, 216, 217
218, 219
Ceglarski 165
Celichowski, Bevoll=
mächtigter 88, 92,
93, 205
— RAnw 166
Cerbe 3
Ceszczynski 141
Chachamowicz 6
Chaim 58
Chalupka 93
Chappuis 4
Charton 144
v. Chelkowski, Deich=
hauptmann 63
— Rgbes 81
v. Chelmicki, RAnw
34, 165
— Rgbes 26,100,101
v. Chlapowo = Chla=
powski 81
Chlapowski 6
v. Chlapowski 5, 6,
216, 217
— Rgbes Czerwo=
nawies 81
— — Gozdzichowo
91
— — Kopaszewo 81

v. Chlapowski, Rgbes
Rzegocin 28, 101
— — Szoldry 29
— Turew 81
— — GutsAdm 91
v. Chmara 162
Chmarzynski 122
Chmielecka, barmh.
Schwester Posen,
Bernhardiner Pl.
130
— — Schrodka 130
Chmielewska, barmh.
Schwester 130
Chmielewski, Pfarrer
125
— Stadtv 40
Chocieszynski 37
Chodzinska 130
Choidowsky 151
Chojnacki, Alumne 120
— städt Drucker 33
— Tischlermstr 50
Cholewinska 138
Chomse 145
Chorian 55
Chorobinski 54
Chowanski 79
Christ, BurDiene r21
— HAKontr 17
— Pastor 115
—. PostSekr 178
Christoph, AnstArzt 9,
102
— Bote 64
— RegCivSup 22
Chrubasik 148
Chrustowicz 124
Chruszczynski 81
v. Chrzanowski, Arzt
Labischin 11
— — Posen 6
— RAnw 166, 191,
217, 218
Chrzastowki 50
Chrząszcz 138
Chrzelitzer 6
Chrzescinski 11
Chuchul 162
Chuda 138
Chudek 164
Chwaliszewski 130
Chyba 130
Chylewski 137
Chyrrek 50
Chytrams 50
Chytry 46
Ciachowski 36
Ciazynski 37, 198

Cicha 131
Cichocki 91
Cichonski 86
Cichowicz, Kämmerer
34
— Pfarrer 123
— RA u. Notar 33,
166
Cichowska 131
Cichowski, Kommendar
125
— Mansionar 3, 129
Cichy 65
v. Ciecierski 22
Cierpinski 43
Cierpka 148
Ciesielski, Bgrmstr 36
— Forstverw.
— Lehrer. Rawitsch
65
— — Storchnest 47
— Pfarrer 134
— Waldwärter 81
Cieslewicz 12, 57, 101,
213
Ciesliczak 131
Cieslik 162
Cieslinski, GütExpVb
154
— Pfarrer 127
v. Cieszkowski 87
Cieszynski 39, 200
Cillis 162
Cissarz 20
Citron, AGerR 163
— RA u. Notar 46,
166
Cizmowski 2, 126
Claassen 189
Claren 62
Claassen, Katharina 4
— Oskar 4
Claubitz 149
Clausius 174
Clauß, Aichmstr 50,143
— Arzt 6, 9, 61
Clemens, KassDien 186
— Stadtv 40
Cleve, Bgrmstr 41
— DistrKomm 59
— Hilfspred 118
Coccius 22
Coeler 30, 70
Cohn, Agent 201
— Beigeordn, Rechts
Anw 51, 141
— FabrBes 58
— HptLehrer 45
— Kantor 139

Cohn, Kfm, Bentschen
34
Crone a. Br.
141
Jordon 51
— Grabow 139
— — Krotoschin40,
64, 140
— — Lobsens 54
— — Neutomischel
140
— — Schwerin
a. W. 47, 140
— — Zirke 49, 140
— — Znin 58, 141
— KrArzt 7, 61
— Lehrer, Czarnikau
51
— — Wreschen 48
— Rabb 3, 65, 140
— RAnw 53, 141,
168
— Stadtv, Neustadt
b. P. 41
— — Obersitzko 42
Cohnfeld 50
Colbe 32
v. Colbe 21
Collin 172
Collmann 3
v. Colmar=Meyenburg
216, 217
Compart 146
Comte 163
Conrad, Arzt 11
— BetrSekr 152
— GemVorst 198
— GymnObL 3
— Pastor 119
— PostVerw 180
— RechnR 177
— RegPräs 23, 24
— StaatsAnwR158
— StatAss 149
Consbruch 166
Contenius 40
Conze 31, 70
Corvinus 130, 199
Crohn 51, 143
Crone 160
Cranz, LdsBauInsp
108
— Landrath 158
Cronhelm, GenKomm
Sekr 13
— Lehrer 4
Crüger 216, 217
Culmsee 179
Cunow 57

Frenzel, Privat=Ober=
Förster 84
— SemLehrerin 4
Frese 21, 73
Freter 55
Freude 112
Freudenberger 189
Freudenfeldt 153
Freudenthal 58, 141
Freudrich 41, 180
Freund, Arzt 6
— Förster 73
— Rabbiner 3, 140
Frey 50
Freyer 120
Freymark, Erster Ger=
Schreiber 164
— ObSekr 160
— StatVerw 155
Freymuth 32
Freytag, AmtsR 162
— BurDiätar 109
— PolSergeant 38
— RegKanzlist 24
Freywald 90
Frick 9, 61
Fricke, Pastor 116, 199
— ObFörster 78
Fridrich 12, 61
Friebe, GerVollz 165
— GymnDir 3, 106
— KatKontr 70
— LandGerSekr 165
Friebel 65
Friedel 146
Friedenthal 43
Friederici 29
Friedlaender, Arzt 6
— BankDir 50
— Gutsbes 94
— KämmKssRend 55
— Kaufmann 64,157
— Lehrer,Wronke 49
— Tirschtiegel 48
— Stadtv 57, 141
Friedland 118
Friedmann, Kfm 42
— Stadtv 38
Friedrich, AmtsR 160
— Buchdruckereibes
188, 189
— DistrKomm 59
— Erst GerSchr 166
— Först, Mendzisko
89
— — Schwenten 72
— GerVollz 167
— KanzlGeh 21
— Kanzlist 151

Friedrich, KrSchulinsp 66
— Müllermstr 37
— ObSekr 158
— RegHptkssBuchh 22
— RegRath 12
— Schuhmachermstr
(Stadtv) 42
— StInsp 70
— Zeichner 112
Frielinghaus 219
Friemann 149
Friese,Amtsrichter 164
— Bgrmstr 38
— PostAss 178
— Registrator 50
Frieske 126
Frietzsche 38
Frigge 144
Frischbier 118
Frischmuth 165
Friske, Propst
Schloppe 126
— Propst, Zippnow
119, 120, 121, 126.
Fritsche, Arzt 6
— PostSekr 177
— Rathsbote 33
Fritz 11
Fritze 179
Fritzsche, AGerRath
161
— PostInsp 177
— StadtWachtmstr.
56
Frobel 85
Froboese 152
Fröhlich, GefAufs 164
— GerDiener 164
— Kommendar 122
— KrKommKassen=
Rendant 27
— Rathsherr 40
— Rechnungsführer
143
— RegBurDiät 22
— Rentier 30
— StadtSekr 38
— Stadtv 38
— TelegrAss 183
Froelich 103
Froemel 68
Frömter 155
Frohmuth,AmtsR 160
— Bahnmstr. 154
Frohnert 18
Fromm, Buchhändler
18, 50

Fromm,GSchrGeh165
— KrAusschSekr 27
— ObPostAss 178,
65, 117
Fromme 163
Frommer 3
Frommholz 112
Fronzig 11, 141
Frost,ArztVojanowo 9
— Inowrazlaw
11
— Bgrmstr 46, 143
— ErstGerSchr 167
— GerSchr 163
— Rathmann 51
— RegAssessor 23
Frydrychowicz 159
Fuchs, Kfm, Exin 212
— — Fraustadt 37
— — Koschmin 39
— — Schokken 56
— — Tremessen 57
— LokomFühr 155
— PostAssistent 183
— RAnw 160
— SanRath 8, 39
— Schulvorsteherin
66
— StatVerw 154
— ZeichGehilfe 152
Füllkrug, Pastor 115
— Superintendent
114, 15
Fünfstück 33
Fürst, BurAssistent 47
— ForstAufseher 79
— StEinn 147
Fürstenberg 155
Fuhrig 64
Fuhrmann I, Bur=
Hilfsarb 110
— II, BurHilfsarb
110
— Förster 73
— ForstAufseher 73
— Kassenbote 102
— Mansionar 123
— ObPostAss 177
— Stadtv 48
Fuhs 46, 165
Funck, DistrKomm 60
— Rgbef 83
Funk, HptLehrer 57
— Oberfeuerwehrm
50
Funke, Aufseher 105
— Professor 68
Furmaniak 95
Fuß, Kaufmann 46
— ObAmtm 71, 77

Fuß, Pastor, Exin 119
— Jordon 18,
65, 117
— Rgbef 29
Just 22

G.

Gabczynski 121
Gabel 167
Gabor 105
Gabriel, Förster 95
— GerSchreiber 164
— StatAssistent 147
Gabryel 123
Gackowska 130
Gaczka 52
Gaczynski 38
Gadow 159
Gaebel, Apotheker 7
— GymnObLehrer,
Inowrazlaw 2
— — Posen 3
— JustizR 56, 159,
167
— RechtsAnw 167
Gäbler, AmtsR 161
— Oberlehrer 4
Gaede 152
Gaedke 12
Gaenzer 159
Gärber 159
Gaertig, Bauer 198
— GymnLehrer 3,
191, 193
Gaertner, EisBurDiät
144
— ForstSekr 72
— Kanzlist 166
— KatLandmesser 22
— ObBuchh 102
— ObRegRath 23
— Postmeister 179
— RegKanzlist 24
Gaffrey 155
Gahbler 11
Gahl 36
Gaïde 4
Gaïf 152
Gajewski 130
Gajke 89
Gajkowska 138
Gajowiecki, Pf 123
— Propst 120, 123
Galdynski 129
Galecki, Förster 96
— Pfarrer 133
Galisch 73
Gall 144
Galler 79

Gallert, PoſtSecr 183	Gebauer, Arzt 8	Genſchmer 54	Gerſon 50
-- Zugführer 156	-- FabrBeſ 187, 189	Genſchorek 16	Gerß 116
Gallus 162	-- Paſtor 115	Genſicke, EiſSecr 151	Gerſtberger 67
Galon 53, 160	Gebbert 71	— PoſtAſſ 183	Gerſtenberg 21
Galuſki 24	Gebel, Bgrmſtr 57	— ProvStSecr 13,	Gerſtmann, Kaufm 95
Gamm 50	— Landrichter 162	14	— Rendant 45
Gandert, GymnL 3	Gebhard, Arzt 8	Georg 183	— Paſtor 115
— GymnLehrer 4	— DiſtrKomm 59	George, Czempin 200	Gerth, GerSchreib 165
Ganowicz 195	Gebhardt 80	— Propſt 128	— Pfarrer 126
Ganſal 148	Gebler 154	Georgi,Erſter GerSchr	Gertich, PoſtAſſ 183
Ganſe 97, 112	Geburczyk 153	160	— StatAſſ 147
Ganske, KanzlDiät 97	Gecelli 152	Gerber, ObPoſtAſſ 184	Gertig 147
— StdtWachtmſtr45	Geck 152	— PoſtAſſ 178	Gerwin 119, 169
Gautkowſki, Apoth 11	Gegenmantel 49	Gerbrecht 30	Geſch, BetrSecr 152
— Arzt 12	Gehlich, Maurer= und	Gercke 166	— ObRegRath 13
— Kaplan 129	Zimmermſtr 42	Gerdey 47	Geſchke 4
Ganza 53	— Tuchfabrikant 44	v. Gerdtell 59, 199	Geſchwander, Reg=
Gapczynſki 160	Gehlig 13	Gerecke 154	CivSup 22
Garbrecht 155	Gehring 54	Gerhard, Lehrer 5	— RegSecr 22
Gardiewſki 50	Gehrke, BetrSecr 144	— Paſtor 117	Geſell 145
Gardzielewſki 52	— Landm 112	— PolDiener 36	Geſelle 47, 206
Garmatter 60	— LokomFühr 154	Gerhardt, GewRath 63	Geske 117
Garn 166	— RechnRevijor151	— ObPoſtAſſ 184	Geßner 33
Garniec 132	— StatDiät 154	— Sekretärin 68	Geßwein 35
Garske, Pfarrer 122	-- Werkmſtr 153	Gericke 7	Gettler 107
— StatDiät 149	Gehrmann,Bgrmſtr 53	Gerigk 3	Getzkow 19
— Vikar 126	— ObMaſchiniſt 33	Gerlach, Bgrmſtr 44	Getzlaff 18
Garſki, BurDiät 152	— PoſtKaſſ 183	— diätärGerSchr	Gevers 175
— Stadtv 53	— RechnRath 165	— Geh 167	Gewieſe, GerSchrGeh
Gartmann 182	— StatAſſ 153	— Dir der landw	161
Garzke, AmtsR 161	Gehrts 151	VerſStation 21	— RegAſſ 22
— Poſtmeiſter 183	Geick 22	— FaſanenJäger 87	Giballe 41, 140
Garzko 10	Geiger 51	— Förſter,Erlenhain	Gibaſiewicz, Pfarrer,
Garvon 77	Geisler, AmtsR 162	73	Mieſchkow 127
Garzantaſiewicz 47	— AmtsKommSecr	— Wygoda 96	— Siedlemin 127
Gaſiorowſki, Rend 91	112	— ForſtAuſſ 73	Gibaſzewſki 136
v. Gaſiorowſki Bro=	— ChauſſAuſſ 107	— GüterExp 150	Gieburowſki, Alumne
nislaus, Rgbeſ 91	— GerVollz 161	— GymnObLehrer3	120
— Wlad, Rgbeſ 89	— KrKommAſſRend	v.Gerlach,ObAmtm 72	— Kommend 135
— SanitätsR 6	31, 57	Gerlach, ObPoſtKaſſ	— Lehrer 67
Gaſſe 107	— ObPoſtAſſ 178	177	Giehler 43
Gaſtauer 41, 96	— Vorſchullehrer 3	— Stadtv 41	Gielniſ 131
Gaſtell 179	Geißler 23, 24	Germann 111	Gielsdorf 52
Gaſzczak 24	Geiſter, Amtsricht 166	Germer 57	Giering,BantDiät 186
Gattig 67	— BetrSecr 152	Gerneitis, StAmvAſſ	— Vikar 122
Gazemeyer 4	Geitel 19	165	Gierlacki 121
Gaßlaff 68	Gelch 154	— StatAſſ 144	Gierlowſki, Apoth 7
Gauerke,ForſtkaſſRend	Gellert, Miln 43	Gerner 4	— Manſionar 121
75	— KrSecr 31	Gerntke 127	Giernat,BetrSecr 151
— RegSecr 23	— Paſtor 118	Gernoth, AmtsR 167	— DiſtrKomm 60
Gaul 184	— Schöſſe 35	— Borromäerin 131	— LandesSecr 102
Gaumer 167	Gellhorn 55	— LandGerDir 160	Giersberg 21
Gaumert 147	Gellonneck 60	— ObPoſtAſſ 177	Gieriſch 176
Gauſche 109	Gembiß 57	Gerſchel 72	Gierß 147
Gauter 201	Gemtow 154	v. Gersdorff, Rgbeſ,	Gieſe, AmtsGerR 165
Gawantfa 149	Gencke 17	Bauchwitz83,217,218	— Amtsrichter 161
Gawlik 94	Gendera 89	Frhr. v. Gersdorff,	— GerSchrGeh 164
Gawlowicz 137	General 103	Rgbeſ, Parſko 29	— HptLehrer 44
Gdeczyk 43	Genge 29, 47, 64		— HilfsRegiſtr 109

Jahnke, StE, Schubin 18
Jahns, JustizRath 52, 159, 161
RegSekr 2, 23
— StAnwSekr 165
Jahnz 45
Jakisch 17
Jakob, Kaufm 45, 140
— KommerzR 188
Jakoby 23
Jakrzewski 22
Jakubowicz 37
Jakubowski, Forst= Auff 95
— StadtSekr 45
— Waldwärter 88
Jaloszynski 127
Jalowitz 141
Jampert 145
Janas 137
Janaszek 103
Jancke 152
Jauber 194
Jandt 155
Janecke 159
Janecki 36
Janetzky 68
Janiak 88
Janicka 103
Janicki, GymnObLehr 3, 120, 121
— KämmKassRendt 39
— PolDiener 37
— Stadtv 34
Janik 22
Janisch, Rathsherr 47
— SemLehrer 4
Janischewski, Arzt 7
— Rektor 46
Janiszewska 131
Janiszewski 89
Janitzki 19
Janke, AmtsR 161
— AnsKommSekr 112
— GerSchr 164
— GerSchrGeh 159
— Kanzlist 122
— KassKontr 145
— Pastor 118
— StatAss 154
— StatDiätar 154
Jankiewcz 123
Jankowiak, barmherz Bruder 124
— GerDiener 166
— Professor 3

Jankowska, Magd 18
Mariä 131
— Vincentinerin, Gostyn 130
— Posen, Bert= hardiner Pl 130
— — — StJoseph= Stift 130
Jankowski, Forst= Schutzbeamt 92
— Gutsbes 54
— MaterVerw 155
— pensStAuff 17
— Rathsbote 33
— TaubstLehrer 103
— Tischlermstr 52, 211
Janoschek 16
Janoske 47
Janowicz 37
Janowski, KrSekr 28
v. Janowski, ObFörst 92
Jansen 145
Jansky, KassRend 142
— RentenbSekr 97
Jantzen, Kreisarzt 11, 61
— Ob u. GehBauR 151
Janßon 75
Jantke 110
Jantzon 163
Janusch 66
Janusz 161
Januszewski, Ger= Schreiber 160
— Pfarrer 138
Jany 133
Jaraczewski, Pfarrer 128
v. Jaraczewski, Rgbes 31
Jarchow 50
Jarczynski, Nepomuk 81
— Valentin 81
Jarecki 166
Jaretzki 73
Jarnatowski, Kassen= arzt 6
— Max, Arzt 6
— Rentmstr 89
Jarocinski 48
Jaroffe 164
Jarosz, Pfarrer 122
— Vikar 134
v. Jaruntowski 6
Jarzembowski 3

Jasielski 49
Jasinski, Apotheker 7
— Kämmerer 34
— Kaufmann 54
— ForstSchutzbeamt 91
— Pfarrer 126
— Präbendar 138
Jaskolski, Ackerbürger 41
— Pfarrer 137
Jaskowiak 167
Jaskowski 133
Jaskulska, J., Magd Mariä 131
— KathMagdMariä 131
— Oberin, Mogilno 138
— — Santomischel 131
Jaskulski, Dekan. Bie= zdrowo 96, 120, 127
— — Neustadt b. P. 121
— Kommend 128
Jasnow 154
Jasse 184
Jaster, BurDiät 152
— GefAufseher 167
— SanRath 10, 23
Jastrow 45
Jastrzebski 135
Jatow 145
Jauer, SemLehrer 4
— StatAss 149
Jauerneck 29
Jaworski, Ackerbürger 41
— Pfarrer 135
Jazdzewski 120, 121, 129, 216, 217, 218
Jeancin 127
Jedamski 11
Jedicke 73
Jedraszkiewicz 137
Jedrykowski 39
Jedtke 48
Jedzink 119, 120, 121
Jeenicke 42
Jekschtat 154
Jena 140
Jendrzynski 144
Jensen 144
Jentsch, BetrSekr 40, 145
— GerSchrGeh 159
— LokomFühr 155

Jentzen 178
Jeran, BetrSekr 152
— EisBau= u. Betr= Inspektor 153
Jeremias 6
Jerke 48
Jernajczyk 40
Jerzyk 178
Jerzykiewicz 64, 216, 217
Jerzykowski 5, 6
Jeschke, Stadtrath 49
— StatAss, Brom= berg 154
— — Grünberg 147
Jeschonnek 2
Jesionek 180
Jeske, DomPächt 71
— GerSchr 162
— Kanzlist 162
— MagMitglied 38
— PostVerw, Jutro= schin 180
— — Pogorzelice 180
— RegBauFühr 23
— Rentier 58
— Resident 121
— Zimmermstr 30, 51
Jesse, Alumne 121
— ObRegRath 12
— StdtWachtmstr 52
Jetter 175
Jettke 149
Jetzki 151
Jewasinski, Bgrmstr 40, 205
— SparKassenKontr 35
Jezewski 136
Jezierny, ForstSchutz= beamt, Daschewice 92
— — Kainik 87
Jezierski, Fleischermstr 43
— Pfarrer, Chlewisk 134
— — Kunowo 129
— — Waldw 81
Jeszunek 86
Joachim II, Förster, Papiermühle 85, 89
— III, Förster, Papiermühle 85, 89
— I, Förster, Stod= nica 85, 89
— Rentier 43
Jobst 173
Jochmann 10, 61

Koenigk 29, 94
Koenigsberger 140
v. Koenigsmarck, Graf, Rgbei 31, 100
Königstein 149
Könnemann, Gymn-ObLehrer 3, 142
— LandGerRath 165
Koentopp 160
Koepp 56, 167
Koeppe 51
Köppel, Baumstr 40
— Maurer- u. Zimmermstr 100
— SchlachthausInsp 40
Köppen, RAnw u. Not 160
— Rentmstr 71
— Rgbei 85
— StAAss 19
Köpsell 107
Koerner, ChaussAuss 108
— Förster 73
— ObStArzt 10
— Rgbei 32
Körth 184
Kösling 162
Koether 107
Koffer 7
Koglin 167
Kohland 186
Kohlbach, ForstAss 22
— OberstLt 175
Kohlhardt 153
Kohlhoff 112
Kohlmen 44
Kohls 16
Kohmann 158
Kohn, ChaussAuss 108
Kohn, Rabbiner 2, 141
— StatVerw 154
— StatVorst 153
Kohnert 52
Kohz I, RegSekr 22
— II, 22
Kokocinski, Forst-Schutzbeamt 85
— Rechnungsführer 80
Kolander 151
Kolasinski 121
Kolaski 26
Kolatek 87
Kolbe, ForstAufi 73
— GymnObLehr 4, 142
— Lehrerin 68

Kolbe, Mittelschullehrer 68
Kolczewski 135
KolczykElisabethinerin 130
— Stadtv 34
Kolepfe 113, 119, 172
Kollakowsky 177
Kollath, Bgrmstr 53, 63, 143
— MagBürDiät 33
— PolInsp 50
— PostAss 183
Koller 22
Kollewe 43
Kollmann, Arzt 11
— Bgrmstr 55
— ObStInsp 19
— RegCivSupern 23
— ZollEinn 17
Kolodziej 11, 50
Kolodzinski 147
Koltermann 120
Kolwe, GerDiener, Pleschen 164
— — Strelno 160
Kolwitz 50
v. Kolzenberg 60
Komendzinski, Kämm KiiRend 46
— RechnFühr 143
Komeraus 152
Kompf 9
v. Komierowski 24, 31, 217, 218
Komitsch 149
Komonski 167
Konarski, PfVerw 137
— ObPostAss 177
— Schneidermstr 195
Konaßky 110, 194
Kondziela 52
Koniecki, GesAuss 166
— SchlachthausInsp 212
Konieczny 9
Konieczny 146
Konopinski 125
v. Konopßta RAnw 163
Konopka, Stadtv 48
Konußewicz 33
Konns 148
Kopa 28
Kopahnke 147
Kopankiewicz 162
Kopec 124
Kopelke 182
Kopernik 132, 136

Kopf 76
Kopischke 67
Kopiske 183
Kopitsch, ProvStSekr 13
— Stadtv 55
Kopp 152
Koppe 22
Koppel 38
Kopplin 180
Kopplow, BurDiät 151
— RechnR 152
Kopsch 198
Kopydlowski 120
Korach 6
Koralewski 92
Korb 22
Korbowicz 34, 67
Korbsch 72
Korcz, Elisabethinerin 130
— Zeichner 112
Kordian 180
Kordzinski 135
Kories, KämmAssRend 51
— RegSekr 23
Kornaszewski, Maurermstr 57, 213
Kornhuber 1
Kornke 25
Kornobis 94
Koronowski 81
Korsch 180
Korsukewitz 183
Kort 96
Kortenkamp 159
Korth 153
Korytowski 212
v. Korzbock-Łącka 90
Korzen 183
Kosch 51
Koschel, AustLehrer 105
Koschel, Lehrer u. Kantor 43
Koschißki 159
Koschmann 145
Moscielski, Mani u. Bifar 121
— Pfarrer 124
v. Mościelski, Rgbei 95, 99, 215
Mosciuszko 76
Mosel 49
Mosieing 65
Mosicki 120
Mosinska 130
Kosmahl, Rudt, 43

Kosmahl, StadtvVorst 43
Kosmalski 109
Kosmider 125
Kosmowski, DistrKomm 60
— Waldwärter 87
Kossag 45
Kosse 159
Kosser 178
Kossin 151
Kossowski 9
Koßwig 23
Kostencki 121
Kostrzenski 7
Kostrzewa 138
Kostrzewski 122
Kostuchowski 52
Kosujak 86
Koszewski 39
Koszielski 73
Koßznik 128
Koszutska 131
Kotecki 120, 121
Kothe, Bgrmstr 25, 43, 199
— WissPrivLehr 4
Kott 156
Kottmeier 73
Kottwitz 38
Kotzke 155
Kowalczyk, Alumne 121
— HptLehr 49
— PostAss 178
Kowald 33, 67
Kowalewicz, Arzt 7
— Bauerngutsbei 198
Kowalewski, AmtsAuss 105
— KrSchulInsp 65
— Pfarrer 138
Kowalik, Kommend 129
Kowall 166
Kowalke, AmtsGerR 30, 160
Kowalski, Alumne 121
— Arzt 9, 36
— Bgrmstr 50
— FSchutzbeamte 92
— Kommendar 123
— Lehrer 55
— Pfarrer 126
— Stadtv 54
— Techniker 112
— Bifar, Inowrazlaw 135

Mantel 18
Mautey, Eigenthümer 29
— Beigeordneter 57
Manthey, ForſtVerw 88
— GemVorſt 101
— Landrichter 160
— Pfarrer 122
— PoſtSekr 183
— StAnwSekr 167
Manzel, Apotheker 11
— BurDiät 144
Manzke 163
March 50
Marchand 13
Marchlewski 120
Marchwicki, Pfarrer 129
— Propſt 128
Marchwinski, Apoth 7
— Propſt 132, 134
Marciniak, HilfsDien 142
— Rathsbote 33
— Waldwärter 81
Marciniek 92
Marcinkowski, Acker-
bürger 43
— Mittelſchullehrer 33, 67
Marckx 108
Marcus, Arzt 6
— Beigeordneter 29
— Kfm 37
Marcuſe 161
Marder, Förſter 78
— StatAſſ 146
Mardzinski 33
Marganus 154
Marggraff 9
Margies 179
Margraf 29
Markiewicz, ForstInſp 78
— Schlachthoffört-
ner 52
— Stadtv 56, 141
Markowicz 36, 139
Markowska 130
Marks, ForstAuſſ 74
— Stadtwachtmſtr 51
— StAuſſ 20
— ZuchtDir 21
Markus Kaufmann 141
— Rathmann 56, 141
— Rektor 33
— SynVorſt 140
Markwart 4, 134

Markwirth 149
Markwitz 7, 48
Marohn, LokomFühr 155
— PoſtKanzl 182
Maronski 162
Marotzke 56
Marquard, AmtsR 159
— TelegrAſſ 183
Marquardt, Arzt 6
— FeuerwFeldw 33
— ObAmtmann 72
— StadtRſſAſſ 40
Marquart, BetrSekr 145
— BurDiätar 112
Marquilan 129
Marſch 148
Marſchal 59
Marſchall, Amtsrichter 162
— GerDiener 161
Marſiske 154
Marski, RechnR 23
— RegCivSup 23
Marſzalek 103
Marſzewski 130
Martell 158
Marten, Schöffe 57
— Stempelvertheiler 16
— WaſſBauInſp 62
Martens, ChauſſAuſſ 106
— HARend 18
— MagAſſiſt 33
— StInſp 19
— Werkmſtr 153
Marterer 82
Martin, BetrWerkmſtr 149
— GymnDir 2
— LaboratDiener 21
— Lehrerin 68
— ProvStSekr 13
— Stadtv, Gneſen 52
— — Oſtrowo 42
Martineck 1
Martini, EiſSekr 152
— OStR 19, 203
— Rgbeſ, Dembowo 31, 100, 216, 217
v. Martini, Rgbeſ,
Lukowo 21, 27, 85, 99
Martini, Sparkaſſ-
Rend 43
Marty 170
Martynski 121

Marwitzky 4
Marx, BahnmſtrDiät 147
— Botenmſtr 50
— GerKanzliſt 162
— HptLehr, Kolmar 53
— — Tremeſſen 57
— StadtSekr 51
Maryanski 133, 138
Maſcherek 106
Maſchke, ForſtKaſſen-
Rend 75
— Lehrer a. D. 25
— Major 170
— Rendant 197
Maſke 30, 56
Maſe 150
Maske, DiſtrKomm 59
— Kaufmann 51
Maslek (Ph.), Magd-
Mariä 138
— (T.), MagdMariä 138
— Oberin, Mieltſchin 138
— Oberin, Samter 131
Maſlowski 60
Maſſalek 38
Maſſalien 166
Frhr. v. Maſſenbach
OberſtLt 172
— RegAſſ 29, 70
— RegPräj a. D. 89, 219
— Rgbeſ 24, 76, 89, 99, 101, 106, 110
Maſuch, GymnObLehr 3
— ObPoſtAſſ 183
Maſur 44
Maſura 60
Maſurek 105
Mater 13
Matern 153
Materne, Amtsrath 219
— Gutsbeſ 83
— Rgbeſ 26
Matheus, Apotheker 8, 40
— TaubſtLehr 103
Mathews, Gutsverw 76
Mathias, Kfm 39
— Paſtor 117, 199
— RegSekr 22
Matil 147

Matſchewsky 53
Matſchke 45
Matſchky, GymnDir 2
— Paſtor 114
— Rendant 33
Mattauſchek 60
Matter 105
Mattern, PolBürAſſ 56
— RechnRath 151
Matthaei 158
Matthaeus 152
Matthes, Arzt 8, 202
— BetrJng 145
— Kaufmann 50
— ObAmtmann 25, 72
— ObPoſtAſſ 178
Mattheus 191
Matthias, Amtsrichter 166
— Bäckermſtr 44
— ObPoſtAſſ 177
— RentbankBuchh 97
— StadtvVorſt 27, 40, 100
Matthies 60
Mattibe 149
Mattner, ChauſſAuſſ 107
— Forſt-Gelderheber 74
— Mühlenbeſ 198
— OberſtLt 174
Matton 35
Matuſzewska 130
Matuſzewski, Alumne
Arzt 10, 41
— ForſtSchutzbeamt (M.) 88
— — (Wladiſl.) 88
Matut 155
Matyaſzyk 137
Matzanke 126
Matzel, Bgrmſtr 48, 143
— ChauſſAuſſ 108
— ProvStSekr 13
Matzki 8, 61
Matzkow 33
Mauersberger 159
Maul 158
Maus 179
Mauſel, BetrSekr 152
— BurDiät 153
May, KammerDir 26, 75
— Kanzliſt 151

Preibiſch 110
Preibiſz, Arzt 6
— Bevollmächtigt 92
PhilippinerPrieſt 130
Preiſer 37
Preiß, Erſt GerSchr 162
— Kämmerer 34
— Kommendar 129
— RegCivSupern 22, 29
Prell 107
Prellwitz, GerVollz 164
— Stadtv 56
Prentkiewicz 56
Preß, BarbierObMſtr 193
— HAAſſ 18
Preßler 110
Preul, Bahnmſtr 153
— Zimmermſtr 52, 189
Preuß, GemVorſt 198
— Konrektor 35
— KrSekr 31
— RegAſſ 22
— RentenbankSekr 97
v. Preußen, Heinrich, Prinz 80
Priebe, BetrSekr 151
— Stadtälteſter 53
— StadtSekr 37, 199
Priebſch 60
Prietz 21
Prietze 142
Prietzel 156
Prieur, KrThArzt 7, 61
— StatVorſt 147
Priewe, Gelderheber 50
— PoſtAſſ 183
Prill 154
Prinus 23
v. Prittwitz u. Gaffron 173
Probſt, BaugewSchul=Sekr 68
— RegCivSup 22
— Regiſtrator 172
Prochnow 12, 53
Prochownik, Arzt 6
— Stadtv 49, 140
Procop, Buchhalt 111
— Eliſabethinerin 138
— Vikar 125
Profé 61
Profft 168

Prüfer, GerDiener 158
— Poſtſchaffner 199
— Siedemſtr 142
— Zugführer 154
Prüfert 23
Prümers 97, 106, 192, 193
Prütz 31, 70
v. Pruski 7, 37
Pruß 74
Pruszak, Oberin, Koſten 130
— — Wreſchen 138
Pruszewski 87
Prymka 80
Pryverek 86
Przezdzink 131
Przybyl 93
Przybylska 138
Przybylski, Bgrmſtr 36
— Fleiſchermſtr 43
— Kanonikus 121
— Lehrer 33, 67
Przybysz, Forſtſchutzb 80
— Waldwärter 88
Przybyszewski 11
Przychodzki 40
Przygode 40
Przysiecka 138
Przytarska 130
Ptaszynska 138
Ptaszynski 122
Publicatus 153
Pucher 37
Puciata 130
Püſchel, ObPoſtAſſ 179
— RevFörſter 91
Pütter 144
Pufahl, Ackerbürger 51
— Stadtwachtmſtr, Exin 51
— — Schoffen 56
Puff 161
Puffke 34, 67
Puhl 2
Puhlmann 154
Pujanek 180
Pulſt 71
Pulvermacher 6
Pumptow 146
Purſche 144
Pursian 47
Puſch, GütExp 149
— Handarbeits=Lehrerin 4
— HASekr 20
— KaſſKontr 145
Puſt 76

v. Putiatycki 40
Frhr. v. Puttkamer 170
Putz, Alumne 120
— Stadtv 55
Putzer 52, 63
Putzke 44
Pyka 80
Pyszkowski, GerSchr, Oſtrowo 164
— — Pleſchen 164
— LandſchHilfsarb 110

Q.

Quade, DiſtrKomm 60
— GymnDir 2, 40
— Lehrer 38
— PoſtVerw 184
— Rektor 54, 68
— StatDiät 150
— Zugführer 154
Quäſching 73
Quandt, AmtsR 164
— ForſtAuff 56
— Kalkulator 165
— ObFörſter 75
Quaſchinski 149
Quath 43
Queiſner 10
Quetz, GüterExp 149
— RegCivSup 22
Quickert 166
Quilitz 157
Quitſchau 151

R.

Raab, Lehrerin 68
— LokomFühr 154
Raabe, BaugewSchul=Lehrer 68
— HptLehrer 190
— Lehrer a. D. 212
— Manſf u. Vikar 129
— StatDiät 149
Raatz, Domherr 131
— Pönitentiar 132
— ref Geiſtlicher 129, 130
— StatAſſ 146
Rabach 19, 199
Rabbow 64, 187, 189
Rabe, EiſSekr 153
— Stadtv 35
— Zugführer 156
v. Rabenau 173
Rabura 22
Rabuske 183

Rachuth 107
Rachny 102
Rackow 115
Rackwitz, Lehrerin 66
— ObFörſter 79
Raczkiewicz 178
Raczkowski, Alumne 121
— Pfarrer 126
Graf Raczynski, Krakau 78
— Rogalin 92
— Oberſitzko 85, 89
Radajewski 162
Radatz 28
Raddatz, Amtsrichter 163
— GerSchrGeh 162
— Lehrer 55
— MagRegiſtr 50
— MagSekr 50
— ObAufſeherin 105
— ObLandGerRath 158
— Stadtv 55
— Superintendent 114, 116
— Vikar 125
Radecker 73
Radecki 122
Radeloff 155
Rademacher, AmtsR 167
— AnſtLehrer 105
— Direktor 4, 50
— Kommendar 129
— Rentmſtr 111
— Stadtv 45
— Zimmermſtr 65
Radewald 18
Radke, GymnObLehr 2
— Paſtor 114
— PoſtVerw 184
— StatAſſ 18
Radkowski, KämmKſſ=Rendant 54
— Stadtv 54
Radloff 179
Radochla 33
v. Radojewski 12, 53
v. Radolin, Fürſt 79, 215, 218, 219
— Graf 93
Radolla 45
Radomski 103, 192
v. Radonski, Rgbeſ 28
— Vikar 125, 200
Radtke, ForſtKſſRend 73, 74

Rittner 177
Robeck 34
Robinski 64
Robowski, Arzt 12
— Propst 123
— RAmw 160
Robrecht 77
Rochalski 129
Rockel 165
Rodatz, DomPächter 71
— Rgbef, Gr. Len-
  schetz 76
— — Politzig 84
Rode 46, 96
Rodekau 68
Rodewald 91
Rodloff 164
Rodner 112
Rodus 155
Roeckner 75
Roeder, LokomFühr 154
— Pastor 115
— Professor 3
Roederer 8
v. Roedern 1
Rödiger 152
Röhl, PostAff 179
— StatDiät 146
— StEinn 20
Röhr 3
Röhrich, StatAff 149
— StatDiät 149
Röhricht 147
Röhring 33
Roempler 9, 61
Roenspieß, Präbendar 125
— Vikar, Osielsk 138
— — Tütz 126
Roepell 144
Roeper, GymnOLehr 3
— Pastor 116
Roepke, GerDien 166
— PfarrVerw 126
— RegKanzl 24
Roesch 149
Roesel 152
Roeseler 50
Roesener 5
Roesiger 34, 67
Rösler, Ackerbürger 47
— BürAff 47
— MagAff 33
— ObPostAff 177
— Pfarrer 133
Rössiger 153
Roestel, Apoth, Buk 7, 36

Roestel, Apoth, Pinne 9
— EisBurDiät 144
— Kfm 41
— LandGerPräf 163
Rogaczewska 138
Rogalinski 123
Rogall 118
Rogge 152
Roggenbuck 52
Rogocinski 48
Rogofz 131
Rogowska 130, 198
Rogowski, FabrBef 52
— KrArzt 8, 61
Rogozinski 153
Rohbeck 121
Rohde, BetrSekr 152
— GerSchrGeh 164
— KrSchulJnsp 66
— ObLandgerRath 158
— ObStKontr 19
Rohlapp 3
Rohleder, DistrKomm 60
— MatVerw 154
Rohn 154
Rohne 44
Rohner 109
Rohnstock 144
Rohr, Architekt 68
— KämmKaffRend 54
Rohrbach 115
Rohrbech 4
Rohrlack 147
Rohrmann 151
Rohje 155
Roihl 36
Rolbes 184
Roll, Brgmstr, Buk 36
— — Schroda 29, 46
— DistrKomm, Neu-
  tomischel 60
— — Schwersenz 60
— KrSekr 29
— RAmw 40, 162
— RegHptAffBuchh 24
Rollenhagen 151
Roloff 146
Rolsti 134
Romahn 13
Romann 38
Rombusch 167
Romm 140
Ronte 3

Ronner 149
Ropinska 130
v. Rosainski 174
Rose, Landrath 29, 70
— Rathsbote 33
— SemLehr 4
— Stadtbaumstr 56
Rosenau, HptLehr 51
— LandesSekr 109
— ObTelegrAff 183
— PolWachtmstr 40
— Stadtv 58
Rosenbaum, Stadtv
  Jutroschin 38, 139
— — Kempen 38
Rosenberg, Stadtv 53
— Vikar 122
Rosenberger, Distr-
  Komm, Raschkow 59, 196
— — Wongrowitz 60
v. Rosenberg-Lipinski 142
Rosendorff 57, 141
Rosenfeld, Amtsraths
  Wwe 72
— Rathmann 47
— Rendant 50
— Stadtv 53
Rosengarten 56
Rosenke 53
Rosenow, Apotheker 10
— BetrSekr 151
— Schöffe 51
Rosenstedt 66, 212
v. Rosenstiel 26, 70
Rosenthal, Amtsrath 71
— Kantor 141
— KanzlRath 165
— Kfm 49, 204
— Lehrer 38
— Rentier 140
— StaatsanwSekr 164
Rosentreter, HptLehr 53
— Lehrer 68
Rosin 148
Rosinski, Arzt 9
— SanRath 9
— StatAff 155
Rostkowski 7, 61
Rosochowicz, Alumne 120
— Pfarrer 124
— PfarrVerw 128
— Vikar 122

Rosolski 136
Rospatt 94
Roß 166
Roßbach 51, 143
Roßdam 165
Roßdeutscher 103
Roßkamm 52
Roßner 41
Rost, GerKassiKontr 160
— Lehrer 33, 67
— ObFörster 81, 89
Rostek 152
Roszak 47
v. Rotenheim, Hoyer 175
Roth, PostVerw 180
— PostVorst 42
— ReiseJnsp 110
— Rgbef 24, 31
Rothe, Bahnmstr 150
— Diakonissin 202
— Fleischermstr 48
— ForstAuff 72
— Kfm, Birnbaum 35
— — Meseritz 64
— — Unruhstadt 48
— Landwirth 202
— ObPostAff 183
— Techniker 112
— Tischlermstr 34
Rothenbücher 24, 35
Rothholz 36, 139
Rothmann 58
Rothstein 42, 140
Rothstock 107
Rottkewitz, StatAff 155
— Zugführer 154
Rotzoll 154
Roy 1
Rozankiewicz 137
Rozanska 130
Rozanski, Konsist-
  Kanzl 120
— Pfarrer 124
Rozdzinski 57
Rozkoiz 130
Rozwalla 82
Rozynski 38
Rubach 95
Rubehn, Amtsrichter 167
— KanzlSekr 151
Rubenjohn 7, 37, 61
Ruby 161
Rucinski 120
Rudal 132, 133
Rude, Rektor 55

Wegener, Lehrerin 34, 67
— Maurermstr 188
— Rentmstr 30, 48, 71
— StadtvVorst 57
Wegenke 149
Wegner, CivSup 109
— DistrKomm 59
— GerSchr,Schubin 160
— — Wreschen 161
— Grundbes 213
— Gutsbes 24, 31
— KrKommKssRend 28, 31
— Lehrer 5
— ObPostSekr, Bromberg 183
— — Posen 179
— Postkassirer 183
— PostSekr 178
— Reg= u. Baurath 145
— SanRath 8, 61
— StdtWchtmstr 57
Wehle 112
Wehmann 153
Wehn 70
Wehnert, MatVerw 146
— technEisSekr 145
Wehowsky 148
Wehran 179
Weibel 149
Weiche 110
Weichert, Apotheker 12
— GerVollz 160
— Hallenmstr 33
— Schöffe 56
Weichler 154
Weichmann 35
Weidemann 115
Weidler 149
Weidlich, Bahnmstr 150
— Bgrmstr 36
— GerSchr 160
Weidner, GerVollz 159
— RegSekr 22
— Stadtv 37
Weigelt, Bahnmstr 148
— MagMitgl 38
— Stadtv 45
Weigert 157
Weigmann 153
Weigt, Ackerbürger 47
— Aichmstr 143
— Bäckermstr 43, 64
— Bgrmstr 41, 202

Weigt, HptLehr 46
— SchlachthInsp 57
— StadtSekr 33
Weihe 206
Weihnacht 48
Weiland 179
Weiler 4
Weimann, GymnRel= Lehrer 132, 133
— LandesSekr 109
— ObPostAss 179
— Präbendar 2
Weinberg, Förster 73
— ObStKontr 20
Weinert, Bgrmstr 32, 58
— StatAss 149
— technBurGeh 152
Weinhold 154
Weinschenk 183
Weise, Bgrmstr 27, 45
— EisBau= u. Betr= Insp 152
— GerDiener 166
— Kastellan 33
— LandgerPräs 161
— Rendant 33
— StadtSekr 44
— Stadtv 52
— VorschulLehr 2
Weiser 146
Weiske A., Förster 85
— P., Förster 85
Weiß, Apotheker 8
— Bahnmstr 154
— Bauergutsbes 198
— ForstAuff 77
— ForstSchutzbeamt 92
— Kaufmann 205
— LandschSekr 110
— LokomFühr 154
— ObSekr 33
— ObTelegrAss 179
— Pfarrer 128
— PostAss 179
— ProvStSekr 13
— RAnw u. Notar 166
— RechnDir 144
— Rektor 44
— Schuhmacher 48
— StatAss 150
— StatDiätar 146
— StAuff 20
Weißbrodt 144
Weißenstein 4
Weißkopf, ObAmtm 71
— Stadtv 46
Weißleder 165

Weithe, LdsSekr 109
— PolKomm 59
Weitze 16
Weitzenmiller, AmtsR 166
— LandgerDir 165
Wejta 131
Wellach 23
Wellmann 180
Wellniak 108
Wellnitz 30
Weltzer, BahnmstrAsp 144
— BahnmstrDiätar 147
Welz, Ackerbürger 47
— MagMitgl 47
— StatAss 147
Welzel 131
Wende, Alumne 121
— HauptLehr 50
— Jäger 83
— Schulvorsteherin 67
— StatAss 148
Wendland, ChaussOb= Aufseher 108
— DistrKomm 60
— LandschAss 110
— Propst 127
— StatAss 155
Wendler 35
Wendorff 1, 30, 112
Wendt, AmtsR 164
— Bahnmstr 146
— GerSchr 166
— ObFörster 85
Wendtland 156
Wengel, GehSanR 10
— ObSekr 33
Wenghoffer 196
Wenig 2
Wenk II 155
Wenrich 76
Wenski 23
Wentzel, GerVollz 166
— LokomFühr 156
— Rektor 43, 67
— Rgbes 25, 77, 217
— StadtSekr 46
v. Wentzky u. Peters= heyde 169
Wenzel, Aufseherin 105
— BahnmstrDiätar 148
— GesObAufsi 159
— GerDiener 166
— Kämmerer 52

Wenzel, Kaufmann 49
— Lehrer 52
— Postmstr 179
— Propst 126
— Schulrath 66
— Stadtv 58
Wenzelowski 37
Wenzlaff 107
v. Wenzyk 95
Weppner 161
Werckmeister 49
v. Werdeck 171
Werdin, AmtsR 167
— Bauunternehmer 58
— Schöffe 52
Werk 79
Werkmeister 161
Werner, AnstDir 9, 102
— Apotheker 12
— Baumstr 40
— BurDiät 110
— BurHilfsarb 110
— ChausseeObAufsi 108
— chem. Assistent 21
— GerSchr 164
— GerSchrGeh 166
— Hilfszeichner 12
— Lt u. Adj 170
— ObGrKontr 17
— Pastor, Gr.Kotten 117
— — Konstadt 139
— — Kröben 114
— PolSekr 40
— PostAss 178
— Rathmann 49
— RegBurDiät 22
— Reg= u.ForstR 21
— SchulKassRend 3
— SemLehrer 4
— StadtSekr 46
— Stadtv 38
— StatAss 155
— TurnLehrer 4
Wernicke, MedRath, Prof 5, 6, 142
— StatAss 154
— TelegrDir 178
Wernicke 106
Werthen 155
v. Werthern 160
Wesener 172
v. Wesierski, Amts= GerRath 165
— Rgbes 25
v. Wesierski-Kwilecki 90

Anzeigen-Anhang.

Verzeichniss der Inserenten.

306 Anzeigen.

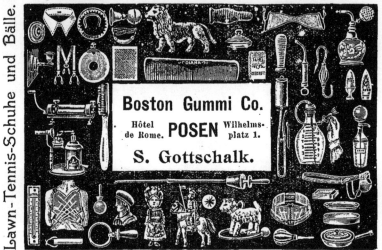

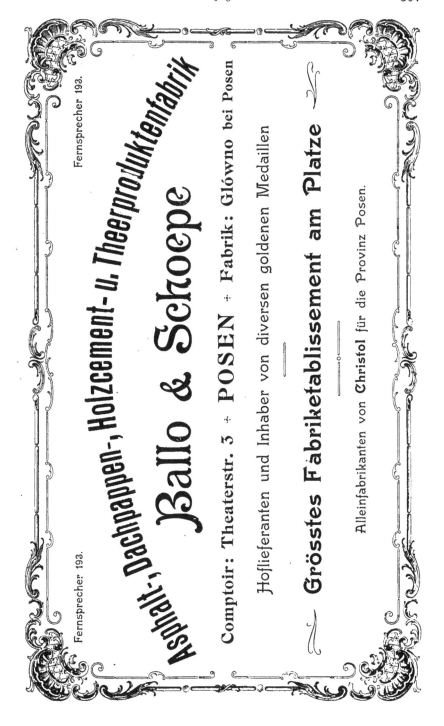

312 Anzeigen.

E. Rehfeldsche Buchhandlung
Curt Boettger
Wilhelmsplatz 1 ❋ POSEN ❋ Hôtel de Rome.
Telephon 1145.

Kunsthandlung
Gewähltes Lager der neuesten Literatur aus allen Wissenschaften.

Sämmtliche in hiesigen Schulen eingeführte
Schulbücher, Atlanten, Globen und Landkarten.

Grosse Auswahl von.
Jugendschriften, Bilderbüchern
Andachts- und Gesangbüchern.

Grosses Lager von
gerahmten Bildern in allen Grössen.

Photographieen, div. Ständer und Rahmen.
Prachtwerke u. Künstleralbums.

Reisehandbücher u. Kursbücher.

Journal-Lesezirkel. — Leihbibliothek.

Bestellungen auf literarische- und Kunst-Artikel, Pränumerationen auf periodische Werke und Journale
werden schnell und pünktlich besorgt.

Nebenlager der von der Königl. Preuss. Landesaufnahme herausgegebenen Generalstabskarten und Messtischblätter der Provinz Posen.

Silberne Medaille. Silberne Medaille.

Paul Siebert's
Konditorei und Honigkuchen-Fabrik
St. Martin-Strasse 52 ❋ Filiale: Halbdorf-Strasse 15
empfiehlt

zu Festlichkeiten und Gesellschaften
Torten ❖ Baumkuchen ❖ Bienenkörbe
Bunte Schüsseln ❋ Dekorirte Tafelaufsätze
Feinste Konfituren ❖ Dessert-Chocoladen
Crêmes und Weingelées ❖ Gefrorenes
in verschiedenen Formen, künstlerisch ausgeführt und zu billigsten Preisen

Gleichzeitig empfehle meine Lokalitäten.

Lese- und Billardsalon.   **Lese- und Billardsalon.**

Ed. Bote & G. Bock

∿∿ Musikalien=Handlung ∿∿∿∿∿

∿∿∿∿∿∿∿∿ Buchhandlung ∿∿

∿∿ Musikalien=Leihanstalt ∿∿∿∿

Wilhelm=Straße 23 • **Posen** • Wilhelm=Straße 23

Verzeichnisse über Musikliteratur, Bücherlager, fremde Literatur ∿∿∿∿∿ Leihbedingungen der Musikalien-Leihanstalt werden unberechnet frei durch die Post versandt. ∿∿∿∿∿∿

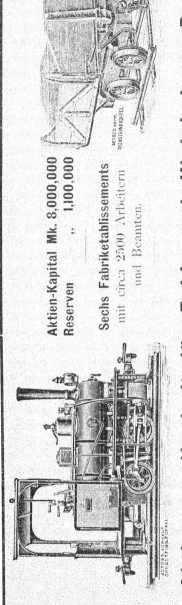

Aktien-Kapital Mk. 8,000,000
Reserven „ 1,100,000

Sechs Fabriketablissements
mit circa 2500 Arbeitern
und Beamten.

Aktiengesellschaft für Feld- und Kleinbahnen-Bedarf

vorm. Orenstein & Koppel

Filiale Posen, Victoria-Strasse 12.

Verkauf und Verniethung von Feldbahnen für Landwirthschaft und Industrie.

Fabrikation von Weichen, Drehscheiben, Personen-, Post-, Gepäck- und Güterwagen, sowie Lokomotiven für

Klein-, Strassen- und Anschlussbahnen.

Militär=, Marine=, Hof=, Staats=,

Gala= und Ordens=Uniformen

Civil=Bekleidung nach Maaß

nebst sämm'

Prober

Auf Wun

S

Wilhelmi

Gegrü

Offiz

Lightning Source UK Ltd.
Milton Keynes UK
UKHW010403120119
335297UK00011B/1165/P